DIE ANDERE OFFENBARUNG

Rolf Beyer

Die andere Offenbarung

MYSTIKERINNEN DES MITTELALTERS

Fourier Verlag · Wiesbaden

Bildnachweis

Archiv für Kunst und Geschichte Berlin: 18
Biblioteca Governativa Lucca/Foto: Corton passi: 5, 6, 7, 8
Bildarchiv Foto Marburg: 10, 19
Bibliothèque Royale Albert Ier Bruxelles: 13
Bischöfliches Diözesanmuseum Aachen: 12
Bischöfliches Diözesanmuseum Regensburg: 16
Kupferstichkabinett Staatliche Museen Preußischer Kulturbesitz Berlin: 9
Otto Müller Verlag, Salzburg: 1, 2, 3, 4
Stadtbibliothek Nürnberg, Foto Hilbinger: 14, 15
Statens Historika Museum Uppland: 17
Städtisches Museum Brüssel: 11

Schutzumschlag vorne

Die Liebe, Ausschnitt aus der 10. Vision aus: *Liber Divinorum Operum* der Hildegard von Bingen. Um 1230, Lucca, Biblioteca Governativa, Ms. 1942, Fol. 143r.

1. Auflage 1996
Fourier Verlag GmbH, Wiesbaden
Lizenzausgabe mit freundlicher Genehmigung des Originalverlages
© 1989 by Gustav Lübbe Verlag GmbH, Bergisch Gladbach
Druck und Bindung: Mladinska knjiga, Slowenien

ISBN: 3-925037-80-2

INHALT

Einleitung
Mystik – die andere Offenbarung ——————————— 8

1 »Schreibe, was du siehst und hörst« –
  Hildegard von Bingen ——————————————— 15

2 Vom Kosmosmenschen –
  Die großen Visionen Hildegards ——————————— 33

3 Mensch und Natur –
  Hildegards Natur- und Heilkunde —————————— 57

4 Schwärmerin und Warnerin –
  Elisabeth von Schönau ——————————————— 79

5 Beginen-Mystik – Die Anfänge ————————————— 101

6 Beginen-Mystik – Die großen Gestalten ———————— 127
  Ida von Nivelles · Beatrijs von Nazareth ·
  Luitgard von Aywière · Hadewijch

7 Eros und Feuer –
  Mystikerinnen in der Verfolgung —————————— 157
  Christina von Stommeln · Agnes von Blannbekin ·
  Marguerite Porète · Mechthild von Magdeburg ·
  Mechthild von Hackeborn und Gertrud die Große

| 8 | Vom Kindlein – Mystik der Dominikanerinnen | 189 |

Die Adelhausener Chronik · Die Chronik von
Katharinental · Luitgard von Wittichen ·
Die Chronik von Kirchberg · Die Engelthaler
Chronik der Christine Ebner ·
Chronik des Klosters Töss · Adelheid Langmann ·
Margareta Ebner von Medingen

| 9 | Grenzerfahrungen – Angela von Foligno | 217 |
| 10 | Mystikerin, Politikerin – Caterina von Siena | 247 |

Caterina von Genua

| 11 | »Eingemauert« – Dorothea von Montow | 275 |

Margery Kempe

| 12 | Gott als Mutter – Birgitta von Schweden und Juliana von Norwich | 293 |
| 13 | Die »Seelenburg« – Teresa von Avila | 309 |

Mystikerinnen des Mittelalters _____ 331
Werke und Literatur · Anmerkungen _____ 334
Bibliographie _____ 357
Bildnachweis _____ 362
Register _____ 363

Meinen Eltern gewidmet

DANKSAGUNG

Bevor dieses Buch dem Leser übergeben wird,
möchte ich mich bei all denen bedanken,
die mir geholfen haben, namentlich
Frau Christiane Landgrebe, Herrn Markus Grau
und Herrn Dr. Helmut Pesch für ihre unermüdliche
Kritik und ihr Engagement
und meiner Frau Marie-Martine,
der ich viele Inspirationen dieses Buches verdanke.

Heidelberg, im Mai 1989
Rolf Beyer

EINLEITUNG
MYSTIK – DIE ANDERE OFFENBARUNG

Eher belächelt als ernstgenommen, lieber für verrückt erklärt als angemessen gewürdigt, geistern, als wären sie nicht von dieser Welt, jene Frauen durch die historische Erinnerung, die wir als Mystikerinnen bezeichnen. Im besten Fall hält man sie für harmlose Spinnerinnen, doch die meisten von ihnen würde man heute sicher als psychisch krank aus der »normalen« Lebenswelt verbannen.

Schon zu ihrer Zeit empfand man sie als höchst sonderbar. Ende des zwölften Jahrhunderts traten sie zum erstenmal auf, zuerst beschrieben von Jakob von Vitry (1180–1254), dem späteren Bischof von Accon, Patriarchen von Jerusalem und Kardinalbischof in Frascati. Er berichtet über ihre Krankheiten, ihre Tränen, jedoch auch von ihrer »Geistestrunkenheit« und ihren mystischen Tänzen. Er selbst stand den Mystikerinnen wohlwollend gegenüber, doch andere Geistliche erklärten sie für besessen. Wieder andere meinten es zu gut mit ihnen und verklärten ihr Denken und Fühlen zu blutleeren Chimären. Ihr Bild schwankt von jeher zwischen Dämonisierung und Ikonisierung – beides hat einer gerechten Beurteilung ihrer Absichten und ihres Wirkens geschadet. Und so erstaunt es nicht, daß sie auch in unseren Tagen recht stiefmütterlich behandelt werden. Es läßt sich heute ein neuerwachtes Interesse an »mystischen« Themen beobachten, aber an den mystischen Frauen geht dieses Interesse vorbei, und so ist es auch früher gewesen. Kein Wunder, auch die Geschichtsschreibung der Mystik war immer eine männliche Domäne mit allen dazugehörigen »männlichen« Vorurteilen. Es ist deshalb an der Zeit, den mystischen Frauen Gerechtigkeit widerfahren zu lassen und die mitunter befremdlichen Formen ihrer Erfahrung nachzuvollziehen und verständlich zu machen.

Die Frauen haben die Mystik allerdings nicht erfunden. Mystische

Einleitung 9

Bewegungen sind allen Religionen – nicht nur der christlichen – bekannt, und sie brechen auch nicht zufällig auf. Besonders dann, wenn ein religiöses System in der Gefahr steht zu erstarren, sich zu veräußerlichen, sein Innerstes preiszugeben an die »Welt«, bilden sich mystische Gegenbewegungen. Auch wenn sich Glaubensinhalte zu Dogmen verhärten oder zu abstrakten Ideen verflüchtigen, treten Mystiker auf. Und wenn in dramatischen Umbruchzeiten festgefügte Glaubensgewißheiten ins Wanken geraten, lebt mystisches Denken auf. Immer wird es Mystikern – und das gilt für Männer und Frauen – darum gehen, einen persönlichen und damit neuen Zugang zu Glaubenswahrheiten zu gewinnen und diese erfahrbar zu machen. Niemals geben sie sich mit äußerlichen Frömmigkeitsübungen zufrieden, ihr Streben gilt der inneren Erfahrung. Obwohl sie ursprünglich von religiösen Ideen geleitet waren, wurden Mystiker oft zu Wegbereitern eines nicht nur religiösen Individualismus. Sie wirkten mit bei der Entdeckung des Selbstbewußtseins, indem sie die Würde des einzelnen Menschen erkundeten und zu bewahren suchten.

Die Ausprägungen mystischer Erfahrungen sind vielfältig, was ganz besonders für die Epoche des christlichen Mittelalters gilt. Eine entscheidende Rolle spielte die Mystik eines gewissen Dionysios Areopagita – nur unter diesem Pseudonym sind uns seine Schriften überliefert –, der im fünften oder sechsten Jahrhundert im Römischen Reich lebte, zur Zeit Justinians, der das oströmische Reich von Byzanz aus zu großer Machtentfaltung gebracht hatte, die Kirche jedoch unter das harte Zepter der weltlichen Herrschaft beugte.

Mystiker ließen sich von Prunk und Macht nicht blenden, sie verschlossen davor ihre Augen – das Wort »Mystik« stammt von dem griechischen »myein« und bedeutet »die Augen schließen«. Dionysios gehört zu jenen, die sich von der offiziellen Kirche in ein Kloster zurückzogen, sich nicht von dem aktiven Leben aufreiben und verschlingen ließen, sondern einem kontemplativen Lebensweg den Vorzug gaben. Die Mystik des Dionysios ist eine »Wegemystik«, in welcher das individuelle Selbst nicht in sich verschlossen bleibt, sondern über die Stufen von »Reinigung« und »Erleuchtung« zur »Vereinigung« mit dem Göttlichen *(unio mystica)* strebt.

Einen anderen Typus von Mystik schuf Bernhard von Clairvaux, der in der spannungsvollen Epoche des zwölften Jahrhunderts wirkte. Dieser wortgewaltige Zisterziensermönch, dem es mit seinen Reden gelang, zahllose Menschen zur Teilnahme an den Kreuzzügen zu ermuntern, begründete gleichzeitig das wegweisende Beispiel einer »Minnemystik«, niedergelegt in seinen Predigten zum *Hohenlied* der Bibel. Bernhard beschrieb die mystische Erfahrung als Liebesvereinigung der Seele mit Christus. In zärtlichen Worten und innigen Bildern stellte er religiöses Erleben als geistliche Verlobung und Vermählung dar.

Mit seiner ganz neuen Sprache schuf er ein Gegengewicht zur streng logisch argumentierenden Schultheologie, die zu seiner Zeit an den kirchlichen Universitäten herrschte. Wie das alles zusammenpassen konnte – aggressive Kreuzzugsgesinnung und eine nach innen gerichtete Liebesmystik –, das gehört zu den an Extremen nicht armen Merkmalen seines Zeitalters.

Im dreizehnten Jahrhundert erblüht eine dritte Form mystischer Religiosität, eine Leidens- und Kreuzesmystik, die exemplarisch von Franz von Assisi und den ihm nachfolgenden Bettelmönchen vorgelebt wurde. Gerade hatte die Kirche ihren Sieg über die hohenstaufischen Kaiser errungen, war zu einer gloriosen, in Reichtum und Machtgepränge glänzenden Universalgemeinschaft geworden, da trat jener Mann aus Assisi an die Öffentlichkeit, der sich entschlossen hatte, dem armen, leidenden und gekreuzigten Jesus von Nazareth nachzufolgen. Er trug die Wunden Jesu an seinem Leib und stellte der Kirche des Ruhmes eine Kirche des Kreuzes entgegen.

Das Beispiel der franziskanischen Leidens- und Mitleidensmystik entfaltete eine ungeahnte Wirkung, ergriff Männer und Frauen in allen Schichten und zeigt, daß Mystik sich nicht in der Abschließung von der Welt verwirklicht hat. Neue Formen der Verkündigung wurden entdeckt, es entstand eine Predigt-, Brief- und Traktatliteratur, die für die breite Masse gedacht war, doch den einzelnen Menschen zugleich persönlich ansprach. Von nun an spielte die Volkssprache in der religiösen Unterweisung neben dem gelehrten Latein eine wichtige Rolle. Eines der mystischen Volksbücher, *Die Nachfolge Christi* des Thomas von Kempen, wurde so etwas wie ein Bestseller des Spätmittelalters.

Einleitung

Selbst die streng logisch aufgebauten Denksysteme der Universitätstheologie nahmen mystisches Gedankengut auf, etwa die viel zu wenig bekannte Lehre der Victoriner in Paris oder die Theologie des Thomas von Aquin, der seine *Summa theologiae* nicht nur auf die Heilige Schrift und auf den Begriffsapparat der aristotelischen Logik stützte, sondern auch der Mystik eines Dionysios Areopagita seine Reverenz erwies. Thomas von Aquin hat Lateinisch geschrieben; er gehörte zu den Predigermönchen, die sich auf den heiligen Dominikus beziehen und sich zum Ziel gesetzt hatten, die überall in der Kirche aufbrechenden »Irrlehren« zu bekämpfen. Nicht zuletzt Frauen waren es, auf welche die Predigermönche ihr betreuendes, aber auch wachsames Auge warfen, und Frauen waren in der Mehrzahl jenes Publikum, an das sich das Dreigestirn der deutschen Mystik – Meister Eckart aus Köln (1260–1327/29), Johannes Tauler aus Straßburg (1300–1361) und Heinrich Seuse aus Konstanz (1295–1366) – wandte. Doch waren die Frauen nicht nur passive Adressaten ihrer mystischen Predigt, sondern sie selbst haben eigene mystische Denkformen entwickelt.

Meister Eckart wurde gerade durch die Begegnung mit Frauen zum wichtigsten Repräsentanten einer »Wesensmystik«, in der die Vorstellung von der »Gottesgeburt aus der Seele« in immer neuen Paradoxien umkreist wird. Von der »Entbildung« des Menschen, also der Absage an Leiblichkeit, geschöpfliche Mannigfaltigkeit und Zeitlichkeit, hat er in immer neuen Bildern gesprochen; er hat die »Gelassenheit« und den »Gleichmut« der Seele beschworen und dabei vor allem jene Frauen mit im Blick gehabt, die sich in Visionen und exzentrischem Gefühlsüberschwang – so seine Meinung – verzehrten.

Weniger spekulativ wirken auf uns die Predigten des Johannes Tauler, der von der »Verschmelzung« mit dem Göttlichen sprach und den Lebensweg eines mystischen Menschen entwicklungspsychologisch darstellte. Das für Tauler Entscheidende: Erst um das fünfzigste Lebensjahr wird sich die mystische »Übergießung« einstellen. So zurückhaltend ist Heinrich Seuse nicht gewesen. In teilweise romanhafter Form hat er sein eigenes Leben zu einem mystischen Modellfall stilisiert und den Mystiker in der Gestalt eines Ritters und Abenteurers beschrieben.

Die drei Großen der deutschen Mystik wirkten in der ersten Hälfte des vierzehnten Jahrhunderts, einer Zeit der Umbrüche: Der Anspruch der Papstkirche auf weltliche Herrschaft war in eine unübersehbare Krise geraten; nationale Kräfte regten sich allenthalben in den europäischen Staaten; in den Städten emanzipierte sich ein selbstbewußt gewordenes Bürgertum von den zu engen Fesseln kirchlicher Bevormundung; Ketzerbewegungen griffen um sich; die politischen Gewalten – besonders im Deutschen Reich – rivalisierten miteinander und lehnten sich gegen den Kaiser auf; die große Pest von 1348 raffte einen Großteil der europäischen Bevölkerung dahin. All diese Ereignisse und Entwicklungen, die zum Teil schon früher eingesetzt hatten, beunruhigten und irritierten die Zeitgenossen, zerschlugen bis dahin festgefügte Ordnungsmächte, rissen die Menschen aus bisher unbezweifelten Glaubensgewißheiten heraus.

Die Mystik in all ihren Spielarten ist immer eine Antwort auf den Werte- und Bewußtseinswandel, der sich in Umbruchzeiten ereignet – und ergreift Männer wie Frauen, Frauen jedoch in ganz besonderem Maße. Frauen waren es, die der mystischen Bewegung breite Resonanz verschafften, und die mystische Spiritualität war es, in welcher sich jene Frauenbewegung ausdrückt, die seit dem Ende des zwölften Jahrhunderts überall in Europa entstand; daß sie dabei der Mystik eigene Ausdrucksformen verschaffte, ist die These dieses Buches. Viele Frauen richteten sich nach bestimmten Mustern, orientierten sich an der Wege-, Minne-, Kreuzes- und Wesensmystik, doch gelang ihnen dabei ein Durchbruch zu Erfahrungen, die es so bei »mystischen« Männern nicht gegeben hatte. Die Auffassung, daß Frauenmystik nur eine Kopie der Mystik der Männer sei, soll in diesem Buch in Frage gestellt werden.

Hierzu vorläufige Beobachtungen: Da sind die »Vorboten« der mystischen Frauenbewegung, Hildegard von Bingen und Elisabeth von Schönau, mit denen wir uns in den ersten vier Kapiteln beschäftigen. Hildegard unterhielt briefliche Kontakte zu Bernhard von Clairvaux; dessen Braut- und Minnemystik hat ihr Visionswerk kaum berührt.

Einleitung

Die Beginenbewegung, jener massenhafte Aufbruch von Frauen vor allem in Nordeuropa mit ihrer Leidens- und Armutsmystik, hat sich unabhängig vom Vorbild des Franz von Assisi entwickelt. Selbst wo Beginen in den Bannkreis von Bernhards Minnemystik gerieten, bildeten sie ganz eigene Formen heraus, Thema der Kapitel 5 bis 7.

Auch die mystischen Frauen in süddeutschen und schweizerischen Dominikanerinnenklöstern waren eigenständig (Kapitel 8). Zwar sehen wir Meister Eckart, Johannes Tauler und Heinrich Seuse in rastlosem Einsatz bei der geistlichen Betreuung jener Frauen, doch sollte ihre Kritik nicht übersehen werden, wenn die Frauen eigene Formen der Religiosität entwickelten, allen Warnungen und Mahnungen ihrer männlichen Seelenführer zum Trotz. In Italien – Gegenstand unserer Kapitel 9 und 10 – wird der Einfluß des Franz von Assisi spürbar, doch die geheimnisvollen Exzesse der Angela von Foligno entziehen sich andererseits diesem großen Vorbild. Caterina von Siena und Birgitta von Schweden gingen ganz eigene Wege. Es ist unmöglich, die vielen bedeutenden weiblichen Gestalten der Mystik in das Begriffsnetz männlicher Mystik einzuspannen, ohne die tiefsten Impulse und Erfahrungen dieser Frauen zu verkennen.

Um die Mystikerinnen des Mittelalters kennenzulernen, muß man sich nicht nur um einige Jahrhunderte zurückversetzen; die mystischen Frauen sind kein Sujet, dem man sich mit traditionellen Vorstellungen nähern könnte. Ihre visionären Über- und Gegenwelten, ihre Ekstasen und Verzückungen, ihr Leidensenthusiasmus, ihre Verletzungen und Erfüllungen sind mehr als außergewöhnlich. Unmöglich erscheint es, die fremde Welt weiblicher Mystik in die heutige Gegenwart zu »übersetzen«. Trotzdem – unter der Schale fast undurchdringlicher Fremdheit, eingesponnen in eine ausschließlich religiöse Begriffs- und Bilderwelt – erkennen wir ein Ringen um weibliches Selbstbewußtsein. Mystische Frauen pochten unnachgiebig an die Pforten einer männlich bestimmten Lebenswelt. Das Menschenbild, das diese Mystikerinnen schufen – in welchem Frauen nicht untergehen, nicht diskriminiert oder abgeschoben werden –, ist von ungeahnter Aktualität, aber bis heute blieb es weitgehend unentdeckt. Wir nennen diese Herausbildung einer »Mystik des Weiblichen« die »andere« Offenbarung; sie ist das Leitthema dieses Buches.

1 »SCHREIBE, WAS DU SIEHST UND HÖRST« – HILDEGARD VON BINGEN

Wo der Glan in die Nahe mündet, nahe des malerischen Rheinstädtchens Bingen, erhebt sich in einer Tallandschaft der Disibodenberg, der seit jeher bemerkenswerte Überlieferungen, Sagen und Legenden auf sich gezogen hat.[1] In vorchristlicher Zeit mag auf ihm eine dem Donnergott Wodan geweihte Kultstätte gestanden haben; die oft gebrauchte Namensform »Disenberg« verweist vielleicht auf einen Kult, in dem heidnische Priesterinnen, die berüchtigten »Disen«, ihr Unwesen trieben. Die offizielle, seit dem Mittelalter überlieferte Namensdeutung weiß dagegen von einem hl. Disibod zu berichten, einem irischen Wandermönch, der, aus seiner Heimat vertrieben, hier am Zusammenfluß von Glan und Nahe ein Kloster errichtet habe, unterstützt durch großzügige Schenkungen des landsässigen Adels. Von der Schönheit der Naturlandschaft überwältigt, habe der bisher unstete Mönch sein Wanderleben aufgegeben, ein Einsiedlerleben neben dem aufblühenden Kloster geführt, sei schließlich auf dem Berg gestorben und begraben worden.[2] Das jedenfalls berichtet die faszinierendste Gestalt, die aus dem Disibodenberger Kloster hervorgegangen ist, Hildegard von Bingen, deren Bedeutung für ihre Zeit kaum überschätzt werden kann. Kaiser, Könige und Päpste hörten auf ihren Rat, Bischöfe und Priester hatten ihren Tadel zu fürchten, während sie – ungewöhnlich für eine Frau des Mittelalters – auf ausgedehnten und häufigen Predigtreisen die Menschen an sich fesseln konnte.

Bisher hat man Hildegard von Bingen durchaus als eine überragende Gestalt des zwölften Jahrhunderts zu schätzen gewußt, ob und inwieweit ihr jedoch als »mystischer« Visionärin Bedeutung zukommt, ist bis heute kaum untersucht und erforscht worden; dabei liegt ein staunenswertes Lebenswerk zur Deutung vor, niedergelegt in Visionswerken, in Kompositionen und Singspiel, in medizinischen und naturkundlichen Büchern.

Begonnen hat ihr ungewöhnlicher Lebensweg ganz unscheinbar, wenn auch für uns heute merkwürdig genug. Wir müssen in das Jahr 1106 zurückgehen, als eine seltsame Prozession den Disibodenberg hinaufschreitet, angeführt von einem achtjährigen Mädchen, das sich von seinen Eltern verabschiedet, durch die Klosterpforte tritt – und damit für die »Welt« gestorben ist.[3] Die Übergabe eines Kindes heraus aus dem schützenden Familienverband in eine klösterliche Gemeinschaft war keineswegs ein Einzelfall, sondern entsprach einer verbreiteten Sitte. Nicht Kinderreichtum oder Armut waren für diese elterliche Überweisung verantwortlich – es handelte sich durchweg um adlige und auch wohlhabende Familien, die sich entschlossen, einem Kloster ein *donum domini*, ein »Geschenk für Gott« darzubringen. Das geschah auch mit Hildegard, die als zehntes Kind dem Grafengeschlecht von Bermersheim aus dem Umkreis der Stadt Alzey entstammte.[4]

Ihr weiteres Leben glich einem »weltlichen« Begräbnis, einem Absterben aller »normalen« Bedürfnisse, einem Verzicht auch auf persönliche Wünsche und – sollte es sie gegeben haben – private Exaltationen. Entsprechend wenig erfahren wir über die persönliche Entwicklung der Hildegard, die sich offensichtlich ganz einfügte in den un- und überpersönlichen Lebensrhythmus des Klosterlebens, ausgerichtet auf das *ora et labora* (»Bete und arbeite!«) der Benediktinerregel, geordnet nach den stündlichen Gebetszeiten, die den Tagesablauf in ein äußerliches Gleichmaß verwandeln, unterbrochen allein von liturgischen Festzeiten, in denen sich Lebensverzicht in Innerlichkeit verwandeln mochte. Fünfunddreißig Jahre fließen auf diese Weise dahin, ein insgesamt kärgliches Leben.

Zwischen 1112 und 1115 legt Hildegard freiwillig das Nonnengelöbnis ab und empfängt von Otto von Bamberg den Schleier der Jungfrauenschaft. Gut zwanzig Jahre später übernimmt sie nach dem Tod der Jutta von Sponheim (1136) als *magistra,* als Meisterin, die Leitung der Schwesterngemeinschaft – alles in allem also ein scheinbar ereignisloses, aber gesichertes, von dramatischen Wechselfällen verschontes Leben. Nichts deutet darauf hin, daß Hildegard dazu

»Schreibe, was du siehst und hörst« – Hildegard von Bingen

berufen wäre, aus der Reihe jener Frauen herauszutreten, die sich dem unscheinbaren Gebetsdienst in einer Klostergemeinschaft gewidmet hatten, sieht man davon ab, daß diese Nonne von Kind an Visionen erhält.

Doch plötzlich wird sie von einem Ruf überwältigt, der ihr Leben von nun an verändert und bestimmt:

Im Jahre 1141 der Menschwerdung Jesu Christi, des Gottessohnes, als ich zweiundvierzig Jahre und sieben Monate alt war, kam ein feuriges Licht mit Blitzesleuchten vom offenen Himmel hernieder. Es durchströmte mein Gehirn und durchglühte mir Herz und Brust gleich einer Flamme, die jedoch nicht brannte, sondern wärmte, wie die Sonne den Gegenstand erwärmt, auf den sie ihre Strahlen legt. (Wisse die Wege, S. 89)

Doch nicht diese Lichtvision ist das Erstaunliche, sondern der ihr folgende, ausdrückliche und mehrfach ausgesprochene Befehl: »Schreibe, was du siehst und hörst!« Der Auftrag, ihre Erfahrung schriftlich niederzulegen und zu veröffentlichen, ist für Hildegard das Bestürzende:

Die Kraft und das Mysterium verborgener, wunderbarer Gesichte erfuhr ich geheimnisvoll in meinem Innern seit meinem Kindesalter, das heißt seit meinem fünften Lebensjahr, so wie auch heute noch. Doch tat ich es keinem Menschen kund, außer einigen wenigen, die wie ich im Ordensstand lebten. Ich deckte alles mit Schweigen zu bis zu der Zeit, da Gott es durch seine Gnade offenbaren wollte. (Wisse die Wege, S. 89)

Dieses also, den geschützten Raum privater Innerlichkeit und klösterlicher Begrenztheit zu verlassen, herauszutreten in das Licht der Öffentlichkeit, das war es, was Hildegard verunsicherte.

Verwundern kann das nicht, denn die Lebensmöglichkeiten für eine Frau waren im Mittelalter außerordentlich beschränkt. In der Gemeinde hatte die Frau zu schweigen, so lautete unter Berufung auf den Apostel Paulus die Vorschrift des kanonischen Rechtes; das Priesteramt mit dem Recht, die Sakramente zu spenden, war und ist bis heute Frauen verwehrt; weltliche und kirchliche Rechtsgeschäfte im öffentlichen Leben, in Staat, Kirche und Wirtschaft wurden Frauen untersagt. Der Zugang zur Universität war ihnen versperrt.[5]

Allein in Klöstern hatten Frauen bessere Wirkungsmöglichkeiten,[6] doch wir dürfen uns keine übertriebenen Vorstellungen machen. Viele Frauengemeinschaften sind im strengen Sinne nicht einmal als Klöster zu bezeichnen. Es handelte sich – besonders im sächsischen Reichsteil – weitgehend um adlige Damenstifte, in denen sich religiös gestimmte Frauen zusammenfanden. Sie waren nicht dazu verpflichtet, auf ihre adligen Vorrechte zu verzichten, da sie über den Eintritt ins Stift hinaus Eigentumsrechte über ihre familiären Güter behielten. Sie waren also nicht der persönlichen Armut unterworfen, wie es sonst in Klöstern üblich war. Auch mit der strengen Klausur nahm man es nicht so genau. Aufgabe der unverheirateten oder verwitweten Stiftsfrauen war das Totengedenken, eine wichtige Erinnerungspflege für die dynastische Adelstradition. Stiftsfrauen waren häufig sehr gebildet, der lateinischen Gelehrtensprache kundig und deshalb von Bedeutung für die kulturelle Entwicklung. Ein eindrucksvolles Beispiel begegnet uns in Hroswitha von Gandersheim (gest. um 1000), einer hochgebildeten Frau, die uns mit bedeutenden geistlichen Werken, Singspiel und gelehrten Schriften überrascht.

Ende des elften Jahrhunderts wurden die adligen Frauenstifte zurückgedrängt. Der Ruf nach Kirchen- und Klosterreform wurde laut, ausgehend von dem burgundischen Kloster Cluny, in Deutschland vorangetrieben von dem Kloster Hirsau im Schwarzwald, vom lothringischen Kloster Gorze und vom Kloster Siegburg im Rheinland. Hauptsächlich ging es um die Freiheit der Kirche von weltlichen Eingriffen. Auch die Frauengemeinschaften wurden vom Ernst der Klosterreform erfaßt: Armut, Gehorsam und Keuschheit wurden verpflichtend. Eingeordnet wurden die Frauen in die wiederbelebte Organisationsform von Doppelklöstern. Die rechtliche und religiöse Stellung der Frauengemeinschaften war allerdings außerordentlich prekär. Zwar wurde eine Äbtissin ernannt, doch auch diese hatte wie alle Klosterfrauen dem Abt des übergeordneten Männerklosters zu gehorchen.

Sehr oft aber kam es noch nicht einmal zur organisatorischen Einbindung in ein Doppelkloster. Dann lebten Frauen allein oder in Gruppen als »Inklusen« in der Nähe eines Männerklosters, wie

»Schreibe, was du siehst und hörst« – Hildegard von Bingen

Hildegard auf dem Disibodenberg oder die Dichterin Frau Ava in der Umgebung des österreichischen Klosters Melk (gest. ca. 1127). Von den Mönchen wurden die »Inklusen« oftmals sehr mißtrauisch beäugt, in der Bevölkerung galten sie häufig als Wunderheilerinnen und Wahrsagerinnen. Als fester Bestandteil eines Männerklosters galten die Inklusen selten, man duldete sie eher als »Anhängsel«, doch sie hatten den Weisungen der Männerklöster zu gehorchen. Ob also in Doppelklöstern oder in Klausen, niemals entkamen die Frauen der Herrschaft der Männerklöster. Wenn eine Frau doch unabhängig oder selbständig zu wirken suchte, endete dies zumeist schrecklich. Als Beispiel dafür mag jene rätselhafte Herluka gelten, die als »religiöse Vagabundin« herumzog, bis sie sich im Jahre 1086 dazu drängen ließ, beim Dorf Epfach am Lech seßhaft zu werden. Sechsunddreißig Jahre stand sie einer Frauengemeinschaft vor, die ohne klösterliche Regel und Gelübde, ohne Klausur und Unterstellung unter ein Männerkloster auskam. Von der lokalen Priesterschaft angefeindet und von »verbrecherischen Bauern« bedrängt, muß sie 1121 fliehen. Wer an Mönche denkt, sollte also nicht gleich an Nonnen denken; einen »Gleichklang« von Männer- und Frauenklöstern hat es auch zur Zeit Hildegards nicht gegeben.

Vor diesem Hintergrund erscheint der Aufbruch der Hildegard von Bingen um so erstaunlicher. Sie selbst hat das Ungewöhnliche ihrer Beauftragung schmerzhaft empfunden und reagiert zunächst mit Schweigen und Krankheit.

All dieses sah und hörte ich, und dennoch – ich weigerte mich zu schreiben. Nicht aus Hartnäckigkeit, sondern aus dem Empfinden meiner Unfähigkeit, wegen der Zweifelsucht, des Achselzuckens und des mannigfachen Geredes der Menschen, bis Gottes Geißel mich auf das Krankenlager warf. Da endlich legte ich, bezwungen durch die vielen Leiden, Hand ans Schreiben. (Wisse die Wege, S. 90)

Es gehört zu den Blindheiten der Hildegard-Forschungen, daß die Entscheidung Hildegards, den Weg zur Schriftlichkeit und damit zur Öffentlichkeit einzuschlagen, bisher kaum gewürdigt wurde. Viel zu schnell hat man sich auf die Krankheiten Hildegards geworfen und war sehr schnell bereit, diese als Hysterie zu etikettieren.

Hildegards Biograph Gottfried hatte – unwillentlich allerdings – den Weg gewiesen:

Beinahe von Kindheit an hatte sie fast ständig an schmerzlichen Krankheiten zu leiden, so daß sie nur selten gehen konnte. Und da ihr ganzer Körper ununterbrochen Schwankungen unterworfen war, glich ihr Leben dem Bild eines kostbaren Sterbens. Was aber den Kräften des äußeren Menschen abging, das wuchs dem inneren durch den Geist der Weisheit und Stärke zu. Während der Leib verfiel, entbrannte wunderbar feurig in ihr die Kraft des Geistes. (Leben, S. 53)

Diese Worte leisten schon jenem Vorurteil Vorschub, visionäre Sensibilität von der Krankheitskonstitution der Visionärin abhängig zu machen. Hildegards uns schon bekanntes Selbstzeugnis offenbart jedoch eher den umgekehrten Zusammenhang. »Gottes Geißel« wirft sie aufs Krankenlager, als sie sich weigert, dem visionären Ruf zu Niederschrift und Veröffentlichung nachzukommen. Und so sollte es immer bleiben. Die Krankheiten Hildegards wurden nicht durch visionäre Empfindlichkeit und Labilität ausgelöst, sondern setzten ein, wenn sie sich der visionären Beauftragung verweigerte. Geheilt wird sie, wenn sie dem Auftrag folgt. Visionäre Offenbarung bedeutet für Hildegard geradezu Gesundung und Wiederherstellung. Dieses Faktum gilt für alle großen Krankheitskrisen, von denen sie in ihrem langen Leben immer wieder heimgesucht wurde.

Hildegard hat sich gegen die Mißdeutung ihrer Visionen vehement zur Wehr gesetzt, um allen Verzeichnungen ihrer Erfahrungen ins Wahnhaft-Halluzinatorische vorzubeugen. Schon im Vorwort zu *Wisse die Wege* hält sie fest:

Die Gesichte, die ich schaue, empfange ich nicht in traumhaften Zuständen, nicht im Schlafe oder in Geistesgestörtheit, nicht mit den Augen des Körpers oder den Ohren des äußeren Menschen und nicht an abgelegenen Orten, sondern wachend, besonnen und mit klarem Geiste, mit den Augen und Ohren des inneren Menschen, an allgemein zugänglichen Orten, so wie Gott es will. Wie das geschieht, ist für den mit Fleisch umkleideten Menschen schwer zu verstehen. (Wisse die Wege, S. 89)

Diese Beschreibung macht es schwer, einen hysterischen Ursprung ihrer Visionen anzunehmen, denn Form und Inhalt ihrer Gesichte stehen nicht im Widerspruch zum Normalbewußtsein, ragen nicht – wie hysterische Halluzinationen – als Störungspotential in ihr Wachbewußtsein hinein. Ihre Visionen ereignen sich nicht als Ausbrüche zerstörerischer Energien, verbunden mit Angstgefühlen und Ausfällen im logischen, emotionalen und sozialen Lebenszusammenhang, ganz im Gegenteil, die Aussprache und schriftliche Fixierung visionärer Erfahrung zeitigt nicht nur therapeutische Erfolge, sondern erschließt Einsichten und Erfahrungen, die einer Frau des Mittelalters in anderen Äußerungsformen – der gelehrten Spekulation, der universitären Disputation, der scholastischen Theologie – verschlossen waren.

Hildegard hat auf diesen Zusammenhang hingewiesen, wenn sie unmittelbar im Anschluß an ihren Visionsbericht von den Wirkungen der Lichtvision spricht:

Nun erschloß sich mir plötzlich der Sinn der Schriften, des Psalters, des Evangeliums und der übrigen katholischen Bücher des Alten und Neuen Testaments. Doch den Wortsinn ihrer Texte, die Regeln der Silbenteilung und der Fälle und Zeiten erlernte ich dadurch nicht. (Wisse die Wege, S. 89)

Was hat diese Notiz über grammatische Regeln und sprachliche Formen in einem mystischen Erleuchtungsbericht zu suchen? Hildegard bekundet offensichtlich ihre »Ungebildetheit« und weist nachdrücklich darauf hin, daß sie ein Studium nicht vorzuweisen habe, das war eben allein Männern vorbehalten. Vom allein Männern reservierten Bildungsweg ausgeschlossen, bietet sie den visionären Erkenntnisweg auf, um den männergeleiteten Denk- und Vorstellungsformen eine eigene Erfahrungswelt entgegenzustellen.

Was Hildegard als göttlichen Überfall erlebt, bedeutet jedoch noch mehr. Visionäre Erfahrungen stellen eine Unmittelbarkeit zu Gott her, in welcher der Apparat der kirchlichen Gnadenvermittlung souverän übersprungen wird. Hildegard beharrt auf ihrer persönlichen Gotteserfahrung und läßt sich vom kirchlichen Gnadenmonopol, das in der Hand der beamteten Priester lag, nicht erschüttern.

Daran ändert auch nichts, daß Hildegard sich selbst trotz oder vielleicht sogar wegen ihrer visionären Auszeichnung ganz in das

Schema vom »schwachen Geschlecht« einfügt. Wie oft spielt sie an auf ihre Gebrechlichkeit und Schwäche, auf ihre Schüchternheit und Einfalt, auf ihre Unwissenheit und Ungebildetheit, ja sie geht sogar so weit, sich als »armseliges Weibsbild« zu bezeichnen.[7] Äußerlich bleibt sie immer auf der Linie der kirchlichen Geschlechterlehre. Doch ihr schöpferisches Lebenswerk war – so können wir paradox formulieren – klüger als ihre eigenen dogmatischen Ansichten.

Der Widerspruch zwischen Selbstbehauptung und Selbstdemütigung beginnt schon unmittelbar mit dem Auftrag zur Niederschrift der Visionen. Umgetrieben von Zweifeln, kann sie sich – wie wir schon wissen – nicht zur befohlenen Niederschrift durchringen. In eine langwierige Krankheit hineingetrieben, eröffnet sie sich schließlich »in Furcht und Demut« ihrem Lehrer Volmar, der als Propst der Nonnenklause fungierte; Hildegard hält sich also durchaus an den ihr verordneten »Dienstweg«. Volmar seinerseits informiert Kuno, den Abt des Disibodenberger Klosters, der daraufhin die »Klügsten« des Klosters benachrichtigt. Er ermuntert Hildegard weiter zum Schreiben, sieht er doch, daß sie beim Schreiben genest. Er ist davon überzeugt, einem »ungewöhnlichen Ereignis« beizuwohnen. Doch er verläßt sich nicht auf sein eigenes Urteil, sondern sieht sich verpflichtet, die Sache der Öffentlichkeit vorzulegen. Er begibt sich deshalb nach Mainz, dem das Disibodenberger Kloster unterstellt ist, weiht den Erzbischof und das Domkapitel ein und legt auch Schriftproben Hildegards vor.

Während Hildegard abgeschieden und zurückgezogen ihrem klösterlichen Tagwerk nachgeht, macht sich der Mainzer Erzbischof auf zum großen Kirchenkonzil nach Trier, um die höchsten Kirchenautoritäten der Christenheit mit den Schriften Hildegards zu konfrontieren.

Um diese Zeit hielt Papst Eugen seligen Angedenkens zu Trier eine allgemeine Kirchenversammlung ab ... Der Bischof von Mainz und die höhere Geistlichkeit hielten es für gut, die Angelegenheit Hildegards dem Papst zu unterbreiten, um durch seine Autorität zu erfahren, was anzunehmen und was zu verwerfen sei. Der Papst hörte mit großer Ehrfurcht und voller Staunen diese Neuigkeit, und da er wußte, daß bei Gott alles möglich ist, beschloß er, der Sache

»Schreibe, was du siehst und hörst« – Hildegard von Bingen

genau auf den Grund zu gehen. Daher sandte er den Bischof von Verdun und mit ihm ... andere geeignete Männer zu dem Kloster, wo die Jungfrau so viele Jahre als Inkluse lebte, und hieß sie, ohne Aufsehen und Erregung der Neugierde die Vorgänge bei ihr selbst zu erforschen. In Demut entledigten sie sich ihres Auftrags. Hildegard gab ihnen einfach und schlicht Auskunft. Sie kehrten zum Papst zurück und berichteten unter der großen Erwartung aller Versammelten, was sie in Erfahrung gebracht hatten. Nachdem der Papst dies vernommen, ließ er sich die Schriften der hl. Hildegard vorlegen, die ihm aus dem genannten Kloster überbracht worden waren. Er hielt sie mit eigenen Händen, übernahm das Amt des Vorlesers ... Auch Bernhard, Abt von Clairvaux seligen Angedenkens, war dort zugegen. Er ergriff das Wort und forderte unter dem Beifall aller den Papst auf, er möge nicht dulden, daß ein solch hellstrahlendes Licht von Schweigen überdeckt würde; er solle vielmehr eine solche Begnadung, die der Herr in seiner Zeit offenbaren wolle, durch seine Autorität bestätigen. Dem gab der verehrungswürdige Vater der Väter ebenso gütig wie klug seine Zustimmung. Er richtete an die heilige Jungfrau ein ehrenvolles Schreiben, in dem er ihr im Namen Christi und des hl. Petrus die Erlaubnis erteilte, alles, was sie im Heiligen Geiste erkenne, kundzutun, und ermunterte sie zum Schreiben ... (Leben, S. 56 ff.)

Hildegard hatte also nichts dagegen einzuwenden, ihre außergewöhnliche Begnadung einer eindringlichen Prüfung von Autoritäten zu unterziehen. Und die Kirche tat gut daran, Hildegard die Entfaltung ihrer Begnadungen zuzugestehen, wobei ihr freilich ein »Ausnahmerecht« zugebilligt wurde, das Hildegard allerdings nicht nur in Anspruch nahm, sondern nachhaltig betonte. Unbeschadet der Tatsache, daß Frauen innerhalb der kirchlichen Weihe- und Verwaltungshierarchie ohne Rechte dastanden, blieb Frauen neben dem Nonnenstand eine einzige »Lücke« offen, in der sie eine Männern vergleichbare Autorität gewinnen konnten – als »Prophetin«. Thomas von Aquin, der große Kirchenlehrer, hat später die gültige Einstellung zur weiblichen Prophetie folgendermaßen zusammengefaßt:

Die Prophetie ist kein Sakrament, sondern eine Gabe Gottes ...

Das weibliche Geschlecht versinnbildlicht nicht die Überlegenheit ihres Standes, hat es sich doch unterzuordnen, d. h. einer Frau steht das Sakrament der Priesterweihe nicht zu. Da sie sich aber in ihrer Seele nicht vom Manne unterscheidet, so folgt daraus, daß sie die Gabe der Prophetie empfangen kann, nicht jedoch das priesterliche Sakrament.[8]

Auch ihren Biographen Gottfried und Theoderich war bewußt, daß Hildegards Bedeutung in dieser Begnadung lag. Sie identifizierten Hildegard mit der aus dem Alten Testament bekannten Prophetin Debora, die als charismatische Persönlichkeit in der Frühgeschichte Israels allerdings nicht nur als Prophetin, sondern auch als geachtete Richterin fungierte und sogar in wichtigen Eroberungszügen »ihren Mann stand«:

Es bietet sich uns der schöne Vergleich an zwischen der Prophetin Debora und ihrer Stätte und unserer Prophetin und ihrer Wohnstatt. So spricht Origines darüber: »Es ist für das Geschlecht der Frauen kein geringer Trost, daß auch sie der Prophetengabe teilhaftig werden können, ein Umstand, der sie ermuntert, nicht wegen der Schwäche ihres Geschlechts zu verzweifeln. Doch sollen die Frauen erkennen und glauben, daß nicht die Verschiedenheit des Geschlechts, sondern ein reines Herz diese Gnade verdient.« Debora – der Name bedeutet »Biene« – lebte in prophetischer Schau. Es ist sicher, daß jede Prophetie den zarten Seim der himmlischen Weisheit und den süßen Honig göttlicher Beredsamkeit in sich birgt, wie David sagt: »Wie süß sind deine Worte meinem Gaumen, sie sind meinem Munde süßer als Honig« (Psalm 118, V. 103). Von Debora heißt es, sie habe ihren Sitz zwischen Rama und Bethel. Rama heißt die »Erhabene« und Bethel »Haus Gottes«. Vor dem Sitz der Prophetin kann sich nichts Geringes, nichts Niedriges befinden ... Sie [die Prophetin] lehrt dich, heilige Seele, die du dort wohnst, alles Irdische gering zu achten und das Himmlische zu suchen, dort wo Christus sitzt zur Rechten des Vaters. Dorthin zu steigen, dazu ermuntert dich die Prophetie, sie müht sich, ihre Zuhörer dorthin zu bringen.
(Leben, S. 81)

Doch nicht nur ihre Biographen, Hildegard selbst hat ihre Beauftragung und ihre Erfahrung ganz in das Modell prophetischer Erfahrung eingepaßt. Schon ihre Berufung hat sie streng nach dem Vorbild der prophetischen Berufung gestaltet. Sie kann diese in ihrer Plötzlichkeit und Unmittelbarkeit datieren wie einst die Propheten Jesaja, Jeremia und Ezechiel. Entsprechend wird die Lichterscheinung »eingeordnet«: Schon Moses hatte einen brennenden Dornbusch gesehen, dem Propheten Ezechiel widerfuhr die Erscheinung eines »lodernden Feuers«. Hildegard beschreibt die Wirkungen der Lichterscheinung als eine Körper und Seele durchströmende Glückserfahrung – diese Komponente fehlte bei den Propheten des Alten Testaments. Ihre anfängliche Weigerung entspricht ebenfalls alttestamentlichem Prophetenverhalten. Mose weigerte sich zu sprechen, weil er eine schwere Zunge habe; Jeremia versuchte sich dem prophetischen Auftrag mit dem Hinweis auf seine Jugend zu entziehen; Jesaja beklagte die Unreinheit seiner Lippen, und Ezechiel schließlich verstummte angesichts des Gehörten und Gesehenen.

Aber Hildegard beharrt nicht nur ausdrücklich auf ihrer Rolle als Prophetin, sondern nutzt sie, um die ihr zugestandene Position zu untermauern. Dies beginnt nach der Billigung ihrer Visionsschriften durch Papst Eugen und mit der Ausbreitung ihres Rufes im Binger Umland. Die Klause auf dem Disibodenberg wird zum Anziehungspunkt vieler adliger Töchter. Für Hildegard – immerhin schon im fünfzigsten Lebensjahr – war klar, daß ein neues Nonnenkloster gegründet werden mußte; und der Heilige Geist wies ihr »jene Stätte ..., wo die Nahe in den Rhein mündet, nämlich den Hügel, der früher vom heiligen Bekenner Rupertus seinen Namen erhielt«. (Leben, S. 58)

Das Rupertsberger Anwesen konnte schon auf eine beachtliche Geschichte zurückblicken.[9] In der zweiten Hälfte des siebten Jahrhunderts hatte hier der frühverstorbene Herzogssohn Rupertus als Bekenner gelebt, gemeinsam mit seiner Mutter Berta und dem Priester Wigbert. Der Rupertusberg mit seiner Burg, Kapelle und später auch einem Kloster war Ziel von Wallfahrten. Doch als im neunten Jahrhundert die Normannen Bingen zerstörten, wurde auch das Klosteranwesen geschleift. Der Rupertuskult geriet in Vergessenheit; es sollte Hildegard vorbehalten bleiben, mit der Neugründung eines Nonnenklosters an die vergessene Rupertusverehrung anzuknüpfen. Die Wahl des Rupertsberges verrät jedoch auch einiges über die weiterreichenden Absichten Hildegards. Im Unterschied zum Kloster auf dem Disibodenberg wählt Hildegard eine Stelle, wo das Leben höchst lebendig pulsierte. Das Kloster sollte an der alten Römerbrücke entstehen, wo seit Jahrhunderten Kaufleute und Heerzüge entlangzogen; am Rupertsberg stießen die Verkehrsstraßen zusammen, die nach Mainz, Köln und Trier führten.

Das Disibodenberger Kloster war mit Hildegards Gründungsplan keineswegs einverstanden. Die Klosterherren hatten Bedenken, ihre Einwilligung zu geben, weil sie Hildegard ungern wegziehen sahen. Es gab schwerwiegende Interessenkonflikte, in denen sich Hildegard auf eine für eine Frau ungewöhnliche Weise durchsetzen mußte. Zunächst ging es darum, die Besitzer des Rupertsberger Grundes für eine Klostergründung zu gewinnen; ein Teil des Anwesens gehörte den Mainzer Domherren; das Grundstück mit der verfallenen Rupertuskapelle befand sich im Eigentum des Grafen Bernhard von Hildesheim. Da es Hildegard als Nonne nicht zustand, in Grundstücksgeschäften aktiv zu werden, schaltete sie vermittelnd eine »Gesandtschaft treuer Leute« ein. Ein Streitpunkt betraf die Herausgabe der Güter, die den wegziehenden Nonnen bei ihrem Eintritt als »Mitgift« übereignet worden waren. Hildegard mußte zu massiven Mitteln greifen, um auch dieses Problem zu lösen. Was blieb ihr anderes übrig, als in eine hartnäckige Krankheit zu verfallen. Gottfried berichtet:

Die Füße versagten vollständig ihren Dienst, und sie konnte überhaupt nicht von ihrem Bett, in dem sie wie ein Felsblock lag, bewegt werden. Da der Abt denen, die davon erzählten, nicht recht glaubte, trat er zu ihr ein, um sich davon zu überzeugen. Nachdem er mit aller Kraft versucht hatte, sie am Kopf aufzuheben oder auf die andere Seite zu wenden, und mit diesem Versuch nichts auszurichten vermochte, erkannte er – fassungslos über ein so ungewöhnliches Zeichen –, daß es sich hier nicht um ein schlichtes Leiden, sondern um göttliche Strafe handelte. Und er sah ein, daß er sich nicht länger der göttlichen Weisung widersetzen dürfe, wenn er selbst nicht noch Schlimmeres erleiden wollte.
(Leben, S. 59 f.)

Hildegard hat noch eine andere Erklärung ihrer Erkrankung gegeben:

Eine Zeitlang waren meine Augen umdunkelt, ich vermochte kein Licht mehr zu sehen. Ich fühlte meinen Körper von einer derartigen Last niedergedrückt, daß ich mich nicht erheben konnte, und lag mit heftigen Schmerzen danieder. Dies erlitt ich deshalb, weil ich die Schau, die mir gezeigt worden war, nicht offenbaren wollte: daß ich von dem Ort, wo ich Gott geweiht worden war, zusammen mit meinen Schwestern an einen anderen Ort ziehen sollte. Das erlitt ich so lange, bis ich meinen jetzigen Wohnort [Rupertsberg] angab. Sofort erhielt ich meine Sehfähigkeit zurück, fühlte mich zwar erleichtert, doch war ich von der Schwäche noch nicht völlig befreit. (Leben, S. 77)

Wieder ist es die Weigerung, der visionären Weisung zu folgen, die Hildegard in die Krankheit treibt, dasselbe Phänomen also, das ihr nach der Berufungsvision widerfahren war. Erst als sie dem visionären Auftrag zur Klostergründung folgt, gesundet sie. Doch wie konnte die Überlebensfähigkeit des Klosters gewährleistet werden? Es blieb Hildegard nichts anderes übrig, als sich »ökonomisch« zu betätigen:

Um nicht den Anschein zu erwecken, sie sei in fremde Besitzungen eingebrochen oder habe sie in Beschlag genommen, erwarb sie den Ort, den sie bewohnte, von den genannten Besitzern mit Hilfe von Schenkungen der Gläubigen, die der Ruf ihres Namens hierhergeführt hatte, und zwar teils durch Bezahlung, teils durch Tausch. (Leben, S. 62)

Währenddessen blieben jedoch ihre Beziehungen zum Disibodenberger Mutterkloster weiterhin gespannt. Hildegard hatte sich zwar wohlweislich die Rupertsberger Neugründung in allen Details beurkunden lassen, sie befürchtete allerdings, daß sich die Disibodenberger Rechte über die Liegenschaften des Rupertsberges anmaßen würden. Ausgeräumt wurde dieser Streitpunkt erst, als sie – das allerdings sehr widerwillig – auf den Disibodenberg ritt und ihrem ursprünglichen Hauskloster all die Grundstücke schenkte, die ihr und ihren Mitschwestern einst beim Eintritt auf dem Disibodenberg als »Mitgift« übereignet worden waren. Um vor weiteren Forderungen verschont zu bleiben, legte sie noch eine nicht geringe Geldsumme dazu.[10]

Hildegard setzte sich auch nachdrücklich dafür ein, die Unabhängigkeit ihres Klosters zu festigen. Das gelang ihr mit der Gewährung der freien Priesterwahl, vorgenommen von den weiblichen Klosterinsassen, ein erstaunliches Privileg, da in der Regel die priesterliche Versorgung durch ein Männerkloster verordnet wurde.[11] Mit der freien Priesterwahl erstritt Hildegard ein direktes Frauenwahlrecht, das sie noch dadurch erweiterte, daß den gewählten Priestern neben der Pflege des Gottesdienstes nur untergeordnete Aufgaben in der Klosterverwaltung zugestanden wurden.

Sie war schon zweiundfünfzig Jahre alt, als sie 1150 mit etwa zwanzig Nonnen auf den Rupertsberg zog – die einzige Frau, die im zwölften Jahrhundert ein Kloster gründete, und die einzig bezeugte Klostervorsteherin, welcher der Titel einer *abatissa* verliehen wurde. Das Kloster bot fünfzig Nonnen, zwei Priestern und sieben »armen« Frauen, Gesinde und Gästen Raum. Die Arbeitsräume der Nonnen waren – eine Neuerung im damaligen Klosterbau – mit einer Wasserleitung verbunden. Vorbild für den Klosterbau war die Disibodenberger Abtei, deren Neubau Hildegard als Novizin miterlebt hatte. Die Klosterkirche wurde als dreischiffige Basilika errichtet, flankiert von zwei Türmen.[12] Erstaunlich ist die Lage des Nonnenchores, der sich zwischen Apsis und Hauptschiff befand. Solch eine hervorgehobene Plazierung eines Nonnenchores ist sonst in keiner anderen Kirche nachweisbar und spricht dafür, daß »weibliches« Selbstbewußtsein auch architektonisch zum Ausdruck drängte. Heute sind nur noch Ruinen der ehemaligen Klosteranlage zu sehen, doch einst bot das Kloster einen imposanten Anblick.

Die Nonnen litten in den ersten Jahren Mangel an allem Lebensnotwendigen, nicht zuletzt wegen der strittigen Besitzverhältnisse. Dazu kam der Spott der Umwohner, und auch im Kloster selbst kam es zu beträchtlichen Spannungen, wollten doch die adligen Nonnen nicht auf ein »standesgemäßes« Leben verzichten. Besonders schmerzlich mag Hildegard das Zerwürfnis mit ihrer adligen Mitschwester Richardis von Stade angekommen sein:

Als ich das Buch Wisse die Wege *schrieb, war ich einer adligen*

Nonne (Richardis), der Tochter der Markgräfin von Stade, in voller Liebe zugetan ... Sie hatte sich mir in allem durch liebende Freundschaft verbunden und litt in meinen Leiden mit mir, bis ich das Buch vollendet hatte. Danach neigte sie sich im Hinblick auf ihr angesehenes Geschlecht einer höheren Stellung zu: Sie wollte die Mutter eines vornehmen Klosters genannt werden. Dies erstrebte sie nicht im Sinne Gottes, sondern im Sinne weltlicher Ehrsucht.[13]

Hildegard muß ihren adligen Mitschwestern in der Tat viel abverlangt haben. Sie ließ es offensichtlich nicht zu, daß unter dem Vorwand eines frommen Nonnenlebens adlige Standesrechte weiterhin gepflegt wurden.

Erst 1158, acht Jahre nach der Übersiedlung auf den Rupertsberg, kam es in zwei Bestätigungsschreiben des Erzbischofs Arnold von Mainz zu Regelungen, in denen die Beziehungen zum Disibodenberger Kloster festgelegt wurden.[14] Das Kloster gewann durch die Strahlkraft seiner Äbtissin weites Ansehen über den engeren rheinhessischen Bereich hinaus. Es folgten Schenkungen und Vermächtnisse durch den Eintritt weiterer adliger Töchter, die von ihren Familien mit einer vorgeschriebenen »Mitgift« ausgestattet werden mußten. Auf Grund der »Fundationsbücher« sind wir in der Lage, den ausgedehnten und weitverzweigten Grundbesitz des Klosters zu erfassen;[15] mit erstaunlichem Geschick hat Hildegard den Grundbesitz des Klosters mehren und festigen können. Sicher, als Äbtissin standen Hildegard Rechte zu, die Frauen im Mittelalter nicht gewährt wurden und die sonst nur Feudalherren zustanden, z.B. die Eintreibung von Abgaben und Ernteanteilen und die Wahrnehmung einer gewissen Gerichtsbarkeit. Um die Stellung des Klosters zu festigen, hat Hildegard nachdrücklich einen Abwehrkampf gegen die Bevormundung des Klosters durch weltliche und geistliche Autoritäten geführt. Besonders vehement bekämpfte sie die Einsetzung eines Kirchenvogtes,[16] der normalerweise die weltlichen Angelegenheiten eines Klosters zu verwalten hatte. Solch einer Machtperson wollte Hildegard auf keinen Fall das Kloster ausliefern.

Unter den Seelsorgern ist vor allem Volmar zu nennen, der Hildegard treue Sekretärdienste leistete und das etwas ungeschliffene Latein der Seherin in eine gefälligere Form brachte. Hildegard hat das gerne anerkannt.[17] Ab 1174 übernimmt dann Probst Gottfried seelsorgerliche Aufgaben,[18] bekannt wurde er als Biograph des Hildegard-Lebens. Im Jahre 1163 erhält sie ein außerordentliches Privileg. Kaiser Friedrich Barbarossa stellt die Abtei unter den Schutz des Heiligen Römischen Reiches und gewährt dem Kloster die Freistellung von allen Reichssteuern.[19]

An einem Punkt riskierte es Hildegard, die mittelalterliche Klosterverfassung vorsichtig zu durchbrechen. Schon in den fünfziger Jahren hatte sie einen Brief aus dem Kanonissenstift St. Maria zu Andernach erhalten,[20] verfaßt von der Meisterin Tengswich, in dem ein sensibler Punkt zur Sprache gebracht wurde. Warum, so fragte Tengswich, werden nur adlige Frauen in ihrem Kloster aufgenommen? Hildegard muß dieser Frage lange nachgegangen sein. Denn erst Jahre später rafft sie sich zu einer Antwort auf, in der sie außerordentlich »konservativ« argumentiert. Gott habe eben nicht alle Menschen gleich geschaffen, eine Rangordnung der Menschen sei deshalb in Gott gegründet, eine Ständemischung sei auch einem Kloster nicht dienlich. Doch zufrieden scheint Hildegard mit ihrer Antwort nicht gewesen zu sein. Im Jahre 1165, also fünf Jahre nach ihrer Antwort auf Tengswichs Brief, kauft Hildegard auf der anderen Seite des Rheins, unweit des Schifferstädtchens Rüdesheim, ein leerstehendes ehemaliges Augustinerkloster. Eine zweite Klostergründung wurde ins Werk gesetzt, zumal das Rupertsberger Kloster wohl überlaufen war. Doch aufgenommen wurden in den Konvent des Eibinger Klosters nicht allein adlige Frauen, auch bürgerlichen Frauen wurde der Eintritt gewährt. Das jedenfalls ist aus den Klosterlisten zu erschließen, in denen Namen ohne adlige Namenszusätze vorkommen.[21] Mit der Eibinger Klosterpraxis wurde also eine wesentliche Neuerung eingeführt; eine gemischtständische Belegschaft mußte miteinander auskommen; das streng ständisch gegliederte Leben – typisch für das Mittelalter – war damit an einer Stelle vorsichtig durchbrochen worden.

Niemals verfiel Hildegard einem billigen Opportunismus. Bei aller Nähe, die sie in ihren organisatorischen Maßnahmen zu geistlichen und weltlichen Autoritäten suchte, blieb sie unbeugsam, wenn Wesensfragen ihres prophetischen Selbstverständnisses auf

»Schreibe, was du siehst und hörst« – Hildegard von Bingen 31

dem Spiel standen. Beispielhaft läßt sich das an ihrem Verhältnis zu Friedrich Barbarossa erfassen. Bei dessen Wahl zum deutschen König (1152) übersendet sie ihm ein Schreiben, das sich durchaus als Huldigungsschreiben verstehen läßt.[22] Es kommt sogar zu einer persönlichen Begegnung zwischen Kaiser und Äbtissin in der Kaiserpfalz zu Ingelheim, ein Vorgang, der das hohe Ansehen Hildegards dokumentiert. Leider sind weder das genaue Datum des Zusammentreffens – wohl nach 1154 – noch der Inhalt des Gesprächs bekannt. Wir wissen überhaupt nur von dieser Begegnung, weil Friedrich Barbarossa in einem Schreiben auf diese Unterredung Bezug nimmt. Wir dürfen jedoch vermuten, daß es um die Sicherung des Rupertsberger Klosters ging, die dann in der berühmten Schutzurkunde von 1163 gewährt wurde. Die Erhebung zum Reichskloster bei gleichzeitiger Steuerfreiheit war es Hildegard wert, zum kaiserlichen Hoftag nach Mainz zu fahren. Selbstverständlich hat sie dem Kaiser auch brieflich für die zugestandenen Privilegien gedankt, doch schon ein Jahr später (1164) schlägt sie in ihrem zweiten Schreiben mahnende, ja warnende Töne an. Hildegard ist nämlich ganz und gar nicht einverstanden mit Friedrichs Favorisierung von Gegenpäpsten, die ein Schisma in der christlichen Kirche bewirken und zu einer Zerrüttung der politischen, gesellschaftlichen und religiösen Einheit des *Imperium Christianum* führen mußte. Bei der ersten Einsetzung eines Gegenpapstes durch Friedrich hat Hildegard noch stillgehalten, vielleicht hat sie eine neutrale Stellung wahren wollen. Doch als Friedrich den Gegenpapst Paschalis III. einsetzt und obendrein noch ihren geistlichen Schutzherrn, den Erzbischof von Mainz, absetzt, erklärt sie den Kaiser rundum zum »Feind des Gottesreiches« und schreibt:

O König, es ist dringend notwendig, daß du in deinen Handlungen vorsichtig bist. Ich sehe dich nämlich in der geheimnisvollen Schau wie ein Kind, einen unsinnig Lebenden vor den lebendigen Augen [Gottes]. Noch hast du Zeit, über irdische Dinge zu herrschen. Gib acht, daß der höchste König dich nicht zu Boden streckt wegen der Blindheit deiner Augen, die nicht richtig sehen, wie du das Zepter zum rechten Regieren in deiner Hand halten mußt.

32   »Schreibe, was du siehst und hörst« – Hildegard von Bingen

Darauf hab acht: Sei so, daß die Gnade Gottes nicht in dir erlischt. (Briefwechsel, S. 86)

Harte Worte einer Frau gegen den mächtigsten Mann der Welt, harte Worte jedoch auch gegen sich selbst, da Hildegard die Gunstbezeugungen des Kaisers gefährdet sehen mußte. Die Entfremdung zwischen beiden sollte noch zunehmen, als Friedrich 1168 als dritten »Kaiserpapst« Calixt III. einsetzt. Mit schneidender Schärfe schreibt sie jetzt:

Der da ist, spricht: »Die Widerspenstigkeit zerstöre ich, und den Widerspruch derer, die mir trotzen, zermalme ich durch mich selbst. Wehe, wehe diesem bösen Tun der Frevler, die mich verachten.« Das höre, König, wenn du leben willst, sonst wird mein Schwert dich durchbohren. (Leben, S. 32)

Hier spricht Hildegard in der Vollmacht der prophetischen Gottesrede, Unheil ankündigend. Kaisergunst hielt sie nicht von Kaiserkritik ab, persönliche Bekanntschaft trübte ihren sachlichen Blick keineswegs. Die spätere Entwicklung hat ihr recht gegeben. Das Schisma unterminierte die Einheit der Kirche, die kaiserlichen Ambitionen in Italien verstärkten die Entfremdung zu den deutschen Fürsten, am Ende stand die Niederlage der hohenstaufischen Kaiser, ja des Kaisertums überhaupt; das Deutsche Reich geriet in eine Zeit der Friedlosigkeit, der Rechtsunsicherheit und des Machtkampfs rivalisierender Territorialfürsten.

2 VOM KOSMOSMENSCHEN – DIE GROSSEN VISIONEN HILDEGARDS

Was faszinierte die Geistlichkeit an den Visionen Hildegards? Was hat den wohl bedeutendsten Theologen seiner Zeit, Bernhard von Clairvaux, dazu bewogen, die Begnadung Hildegards durch seine Autorität zu bestätigen? Sicher ließ man sich mitreißen vom Schwung ihrer Gesichte. Da war jemand am Werk, der die dogmatisch erstarrten Vorstellungen durch grandiose Bilder aufbrach, da wurden Geheimnisse des Glaubens auf bisher unbekannte Weise entdeckt, ohne daß die beherrschende kirchliche Lehre verletzt wurde. Das Drama der göttlichen Heilsgeschichte wird entrollt, indem vom Schöpfungsgeschehen über den Sündenfall und Alten Bund geschaut wird bis hin zur Erlösung und Verherrlichung Gottes und des Menschen. Doch durchkreuzt wird diese Linie durch eine Bewegungsrichtung, in der, ausgehend vom Schicksal der sich befreienden Menschenseele, der Kosmos der himmlischen Chöre ebenso erscheint wie das Geheimnis der göttlichen Dreieinigkeit, um dann die Menschwerdung Gottes in Christus zu erleben und sich zu vertiefen in die Schau der Kirche, der die meisten Visionen gewidmet sind.

Das geschieht nicht geradlinig, Hildegard sieht in »Sprüngen«, schaut in Kontrasten, wenn etwa nach der Lichtvision des Anfangs die Schau vom Sturz Luzifers folgt, wenn der Vision des Kosmos die Betrachtung der Menschenseele gegenübersteht, Großes und Kleines, Fernes und Nahes, Schreckliches und Herrliches, Verborgenes und Offenbares in eins gefaßt werden. Es versteht sich von selbst, daß diese poetische und gedankentiefe Visionsdichtung jeden Leser in ihren Bann schlagen mußte. Leider erschöpfte sich die Auseinandersetzung mit Hildegard weitgehend im Nachweis der Übereinstimmung mit der katholischen Lehre, so daß das in den Visionen enthaltene Gottes- und Menschenbild mit seiner eigentümlichen Auflösung männlicher und weiblicher Prinzipien kaum entdeckt ist. Hildegards Visionen kommen einer Neuformulierung christlicher Theologie gleich; diese ließ sich allerdings nur in symbolischen Bildern aussprechen. Nur die Visionen erlaubten freiere und offenere Ausdrucksmöglichkeiten, die in der traditionellen Begriffssprache der Theologie verschüttet waren.

In Hildegards *Wisse die Wege*, ihrer Erstlingsschrift, an der sie zehn Jahre gearbeitet hat, lassen sich diese »weiblichen« Züge deutlich herausheben. Zunächst bleibt Hildegard noch ganz auf der Linie der traditionellen Bibelauslegung, wenn sie etwa die Jungfrauengeburt mit Wendungen der Überschattung Marias durch den Heiligen Geist oder mit dem unverfänglichen Bild der Einhauchung des Heiligen Geistes umschreibt. Auch die Vorstellung einer »Parallelgeburt« hält sich noch an die Tradition: »Denn als der Sohn Gottes auf Erden aus seiner Mutter geboren wurde, erschien er (der Sohn Gottes) im Himmel im Vater.« Eine Parallelgeburt suggeriert auch folgender Satz:

Die Liebe umfängt den eingeborenen Sohn Gottes im Himmel im Schoße des Vaters. Doch ist sie es auch, die ihn herabsandte auf die Erde in den Schoß der Mutter ... Denn durch das Wort, das der Lebensquell selber ist, kam die umarmende Mutterliebe Gottes hernieder.[1]

Hildegard nimmt hier die ersten Verse des Johannesevangeliums auf. »Und das Wort ward Fleisch«, heißt es dort, Hildegard allerdings deutet die Fleischwerdung des göttlichen Wortes mit dem Bilde der »umarmenden Mutterliebe« und sieht Christus als »Lichtmenschen«. Hildegard trägt in das traditionelle Gottesbild weibliche Züge hinein, was jedoch sehr vorsichtig geschieht und immer im Einklang mit der kirchlichen Lehre bleibt. Weiter wagt sich Hildegard vor, wenn sie in einer mystischen Gesamtschau den Menschen in Gott schaut und dabei die Vorstellungen biblischer Texte überschreitet:

Doch im Herzen des Lebendigen [Gott] siehst du etwas wie schwarzen, schmutzigen Lehm so breit wie das menschliche Herz, rings umgeben von kostbaren Steinen und Perlen. Das ist der Mensch, der schwache, hinfällige elende Lehm. Ihn trägt Gott durch die Liebe zu seinem menschgewordenen Sohne in seiner Brust, das

Vom Kosmosmenschen – Die großen Visionen Hildegards

heißt im Geheimnis seiner Weisheit. Schwarz erscheint er wegen der Schwärze der Sünden und schmutzig wegen der Befleckung des Fleisches. Durch seine Breite, die der eines menschlichen Herzens gleicht, deutet er auf die Weite der tiefen und großen Weisheit, mit der Gott den Menschen schuf und dabei alle die erschaute, die durch Buße das Heil ihrer Seele finden. Was immer für ein Laster ihrer Schwäche Kämpfe bereiten mag, endlich gelangen sie doch zu Ihm. Und dann leuchten sie alle in vielfacher Zier – die Märtyrer und Jungfrauen wie köstliches Edelgestein, die übrigen unschuldigen oder büßenden Kinder der Erlösung wie Perlen – und umstrahlen herrlich den Lehm. So große Kräfte leuchten im menschlichen Leibe auf – Kräfte, die in Gott sind und in Ihm funkeln in lichter Klarheit ... Darauf deutet der schmutzige Lehm, den du im Herzen des gütigen Vaters siehst. Denn der Sohn Gottes, der aus dem Herzen des Vaters hervorgegangen ist, kam in die Welt. (Wisse die Wege, S. 220)

In dieser einzigartigen Vision sind Gott und Mensch nicht mehr voneinander getrennt; der sündige, büßende und versöhnte Mensch wird in Gott geschaut. Im »mystischen« Körper Gottes sind sie plaziert, der schwache und hinfällige Mensch als »Lehmklumpen im Herzen Gottes«, Märtyrer und Jungfrauen als kostbare Edelsteine, die Kinder als Perlen. Der Glanz göttlicher Kräfte bleibt nicht in Gott verschlossen: Die »große(n) Kräfte« leuchten auch am menschlichen Leibe auf. Der Mensch wird in Gott geschaut und Gott am Menschen, eine Allverbundenheit, ein bewahrendes und behütendes Geborgensein des Menschen wird vergegenwärtigt. Von besonderer Bedeutung ist das Bild »Lehm im Herzen Gottes« – in der Bibel liest man anderes: Dort formte Gott – einem Handwerker gleich – den Menschen (Adam) aus jenem Lehm, den er im paradiesischen Garten vorfand. Hildegard jedoch verlagert das Schöpfungsmaterial (Lehm) in Gott selbst. Gott scheint mit den Menschenwesen »schwanger« zu gehen. Dieser Gedanke – mystisch und weiblich in einem – kann von Hildegard selbstverständlich nicht direkt zum Ausdruck gebracht werden, doch offensichtlich verdichtet sich in der Visionsphantasie Hildegards ein Gottesbild, das auch »weibliche« Züge besitzt. Das patriarchalische Bild des »Vatergottes« wird aufgebrochen, und das hat erstaunliche Konsequenzen: Gott wird nicht mehr als reine, unveränderliche, unbewegte und ideelle Substanz vorgestellt; mit der Einpflanzung des Lehmklumpens in Gott gerät Irdisches, Stoffliches, ja Schmutziges in Gott selbst hinein.

Auch Adam, der Urmensch, wird von Hildegard merkwürdig »weiblich« beschrieben (Abb. 3):

Alsdann sah ich eine unzählige Menge lebendiger Leuchten in strahlender Herrlichkeit. Wie des Feuers blitzende Glut flammten sie auf und prangten dann in ruhigem, heiterem Glanze. Doch alsbald erschien ein breiter, tiefer See. Sein Schlund öffnet sich wie ein Brunnen. Feurigen, stinkenden Rauch atmet er aus. Ein entsetzlich finsterer Nebel entstieg ihm und dehnte sich langgestreckt, bis er etwas wie eine Ader berührte, die voll des Truges zu sein schien. Durch diese drang er in ein lichtdurchstrahltes Land und wehte eine blendendweiße Wolke heran, die von eines schönen Mannes Gestalt ausgegangen war. Viele, viele Sterne trug sie in sich. Und der Nebel verjagte die Wolke mitsamt der Mannesgestalt aus dem lichten Lande. (Wisse die Wege, S. 98)

Hildegard hat eine Deutung dieses schwierigen Textes im Anschluß an ihre Vision mitgegeben. Aus ihr wird deutlich, daß wir es mit einer Vision des »leuchtenden« Paradieses zu tun haben, in welches die Mächte der Finsternis eindringen – Adam und Eva werden aus dem Paradies vertrieben.

In der Deutung der Vision wird auch auf erstaunliche Weise die Entstehung Evas erklärt: »Das [die Wolke] ist die unschuldige Eva, die aus dem unschuldigen Adam hervorgegangen, mit ihm im Garten der Wonne weilt. Alle Menschenkinder trägt sie – so hat es Gott verkündet – leuchtend in ihrem Schoß.« Das Bild der »Wolkengeburt« Evas aus Adam ist von faszinierender Einmaligkeit. In der biblischen Schöpfungsgeschichte steht – wieder einmal – etwas ganz anderes: Danach entnahm Gott dem Körper Adams eine Rippe, aus welcher er – getrennt vom Leib Adams – die Frau bildete. Auf das vermittelnde Handeln Gottes verzichtete Hildegard vollständig; ohne göttliches Dazwischentreten entläßt Adam aus sich eine blendendweiße Wolke, aus welcher – einer Fruchtblase gleich – Eva heraustritt. Kaum verhüllt entsteht vor uns das Bild eines »schwangeren« Adam. Später dann – in ihrer *Heilkunde* – hat Hildegard die Entstehung Evas unmittelbar mit der Geburt eines Kindes zusammengeschaut:

Wenn aber die Geburt unmittelbar bevorsteht, wird das Gefäß, in welches das Kind eingeschlossen ist, zerrissen, und die gleiche Kraft der Ewigkeit, die Eva aus Adams Seite nahm, kommt schnell herbei und ist zur Stelle, um alle Winkel seiner Behausung im weiblichen Körper aus ihrer alten Lage zu werfen. (Heilkunde, S. 130)

Zwar spricht Hildegard hier nicht von einer »Wolkengeburt« Evas aus Adam, sondern im Sinne der biblischen Tradition von der »Herausnahme« Evas aus Adam, doch es ist »die gleiche Kraft«, die auch bei der natürlichen Geburt eines Kindes am Werk ist.

Diese Bildphantasie vom »schwangeren« Adam mutet auf den ersten Blick ungewöhnlich und fremd an, aber die alte kirchliche Kunst kennt etliche Beispiele einer solchen Vorstellung:[2] Eine Bronzetafel der Augsburger Domtür aus dem elften Jahrhundert zeigt den ganzen Adam und die halbe Eva, deren zweite Hälfte noch im (bzw. hinter) dem Körper Adams verborgen ist. Variationen dieses Hervorgehens von Eva aus dem Körper Adams finden sich auch in anderen Darstellungen, etwa in San Zeno zu Verona oder in Andlau im Elsaß, in Freiburg ebenso wie in Nowgorod und auf einem Mosaik im Dom zu Monreale in Sizilien. Hier sitzt Gottvater in Herrscherstellung auf seinem Thron, während Adam im Schlaf versunken scheint, Eva geht aus der Seite Adams hervor. Und dann gibt es noch die vielleicht eindrücklichste Darstellung am Südportal des Wormser Domes: Gottvater zieht Eva aus der uns zugekehrten Seite Adams hervor; Adam hat, wie es sich für einen »schwangeren« Mann gehören sollte, einen geschwollenen Unterleib (Abb. 10).

Das Besondere besteht nun in der Ausgestaltung des Bildes: Bei Adams »Wolkengeburt« greift kein Gott mehr ein; das Schöpfungsgeschehen läuft natürlich und spontan ab, und Adam ist auch nicht mehr ein passiv hingestrecktes und schlafendes Wesen.

Wenn Hildegard allerdings beginnt, ihre Visionen in erklärende Reflexion zu übersetzen, mildert sie die außergewöhnlichen, gerade die Frau betreffenden Elemente ihrer Bilder beträchtlich ab. Dann heißt es auch bei ihr: »Die Frau steht unter der Herrschaft des Mannes, wie der Knecht unter der Herrschaft des Herrn steht.« Insofern bestätigt sich der Eindruck, daß Hildegard in ihren Visionen kühner als in ihren Reflexionen ist, ja daß allein das Medium visionärer Erfahrung den Freiraum verschafft, »weibliche« Ideen zu formulieren.

Auch das Mysterium der Kirche hat Hildegard immer wieder in ihren Visionen als weibliche Figuration erfahren. Das ist auf den ersten Blick nicht weiter verwunderlich, weit verbreitet war seit jeher die Erhöhung der Kirche zur Braut Christi und Jungfrau. Das *Hohelied* der Liebe aus dem Alten Testament war Vorbild für die Bilder der Geliebten, die auf die Kirche übertragen wurden. Hildegard jedoch hat diese Bildlichkeit auf bezeichnende Weise vertieft, wenn sie etwa die Kirche dem »Mutterschoß« gleichsetzt (Abb. 4):

Danach sah ich ein Weib von so hoher Gestalt, daß es wie eine Stadt anzuschauen war. Sein Haupt war mit wunderbarer Zier gekrönt. Von seinen Armen ging, herabfallenden Ärmeln gleich, ein heller Glanz aus, der vom Himmel bis zur Erde niederstrahlte. Netzartig öffnete sich sein Schoß in viele Spalten, durch die eine große Menschenmenge einzog ... Ein Gewand konnte ich an ihr nicht bemerken, ich sah nur, daß überaus helles Licht sie ganz durchstrahlte und schimmernder Glanz sie umfloß. Auf ihrer Brust erglänzte blitzend ein Morgenrot, und ich vernahm von dorther ein Lied, das im wundersamen Zusammenklang verschiedenartigster Musik das funkelnde Morgenrot besang. Und die Gestalt breitete ihren Glanz aus wie ein Gewand und sprach: »Ich muß empfangen und gebären!« Alsogleich eilte wie ein Blitz eine Schar von Engeln herbei. Sie bereiteten Stufen und Sitze in ihr für die Menschen, durch welche die Gestalt vollendet werden sollte. Dann sah ich schwarze Kindlein nahe der Erde durch die Luft daherschwimmen wie Fische im Wasser. Sie gingen durch die Spalten in den Schoß der Gestalt ein. Diese aber tat einen tiefen Atemzug und zog sie zu ihrem Haupte empor, wo sie aus ihrem Munde hervorgingen. Dabei blieb sie selber ganz unversehrt ... Die Kindlein, die in den Schoß des Weibes eingegangen waren, wandelten nun in dem Glanze, der sich rings um die Gestalt gebreitet hatte. Sie aber schaute sie mit einem Blick innigster Liebe an und sprach mit trauriger Stimme: »Diese meine Kinder werden wieder in den Staub zurückkehren. Viele empfange und ge-

Vom Kosmosmenschen – Die großen Visionen Hildegards

bäre ich, die mich, ihre Mutter, in mannigfachen Stößen ermüden, mich niederdrücken und wider mich kämpfen... (Wisse die Wege, S. 161 f.)

Die Kirche wird als »Gebärerin« vorgestellt, wobei nicht einmal der Vorgang der Besamung verhüllt wird. Hildegard wagt es sogar, von der Nacktheit der Kirche zu sprechen, eine Nacktheit, die durchstrahlt wird vom Lichtglanz göttlicher Herrlichkeit.

Wo Männlichkeit in krasser, nicht durch Weiblichkeit gemilderter Form auftaucht, findet Hildegard von Schrecken und Angst durchtränkte Bilder, etwa dann, wenn sie das Schicksal der *ecclesia,* der Kirche, in den schrecklichen Zeiten apokalyptischer Wirren beschwört (Abb. 2):

Aber auch die weibliche Gestalt ... wurde mir wieder gezeigt ... Von der Mitte des Leibes an abwärts bis zur Stelle des weiblichen Erkennens hatte sie mannigfaltige, schuppenähnliche Flecken. Ein unförmliches, ganz schwarzes Haupt erschien dort. Seine Augen glühten wie Feuer. Es hatte Ohren wie ein Esel, Nase und Maul wie ein Löwe. Klaffend sperrte es sein Maul auf und knirschte und wetzte die eisenähnlichen, schaurigen Zähne. Von diesem Haupt an bis zu den Knien war die Gestalt weiß und rot und erschien wie von heftigem Stoßen verletzt. Von den Knien an abwärts bis zu den zwei weißen Querstreifen, die oberhalb von den Knöcheln abgegrenzt wurden, erschien sie blutig. (Wisse die Wege, S. 329)

Es ist der »Sohn des Verderbens«, von dem hier die Rede ist, sein schändliches Werk ist die Vergewaltigung der weiblichen Kirche.

Hildegard hat die Kirche in der Figuration einer Frau nicht nur in einem allgemeinen Bild geschaut. Viel Sorgfalt hat sie darauf verwendet, um den mystischen Leib der Kirche in seinen einzelnen Funktionen zu beschreiben. Aufgebaut wird dieser durch Tugenden, die von ihr nach antiker Tradition »weiblich« verstanden werden: Kein Wunder also, daß zahlreiche Tugenden mit Schleiern auftreten, andere nach Art unverheirateter Frauen mit offener Haartracht geschaut werden. Das Besondere liegt in der Akzentuierung, die Hildegard vornimmt, wie z. B. bei der Darstellung des »Sieges«:

Die letzte der fünf Gestalten im Turm des Ratschlusses, die wie die »Barmherzigkeit« schon zur nächsten Säule überleitet, ist die

Kraft des Sieges« ... *Im siegessicheren Glauben an die Kraft der nahenden Kirche zertritt sie jede von Adam kommende Ungerechtigkeit und kämpft ohne Unterlaß machtvoll wider die Laster des Teufels ...*

Daher erscheint sie auch vom Kopf bis zu den Füßen geharnischt. Ein Helm bedeckt ihr Haupt, denn nach Gott, der das Haupt aller ist, muß der Mensch mit der Vollkraft himmlischen Sehnens streben, damit er das ewige Heil erreiche. Ein Panzer umschließt sie, weil der Mensch wider den Teufel kämpfen und in Gerechtigkeit den Willen seiner fleischlichen Begierden in die wahre Furcht und das gerechte Zittern der Gottunterwürfigkeit einengen soll. ... Mit Beinschienen ist sie gerüstet, damit sie ... durch Leibeszucht den Pfaden des Todes entrinne, und mit Eisenhandschuhen, damit sie durch Geistesbeschneidung ... sich der Werke des Teufels entschlage und so den Schlingen des mörderischen Feindes entkomme. Mit der Linken erfaßt sie den Schild, der ihr von der Schulter herabhängt. Sie schützt sich zur Linken – die den Kampf des Teufels gegen den Menschen darstellt – mit der Gnadenkraft der unüberwindlichen Gebote Gottes, ... Mit dem Schwerte ist sie gegürtet, weil der Mensch mit der Strenge des [Gottes-]Wortes seinen Leib in Zucht nehmen und jegliche Ungerechtigkeit von sich und andern abschneiden soll. Mit Zuversicht ziehe der Mensch in den Kampf wider allen Schmutz des Teufels. In Gott wird er Sieger sein.

Darauf deutet die Lanze in der Hand der »Tugend«, mit der sie im Bilde des Löwen den Teufel durchbohrt. Zwar sperrt das Raubtier seinen Rachen weit auf, um in wilder, bitterböser Gier das Menschengeschlecht zu verschlingen, aber der »Sieg« zertritt den Teufel und seinen Anhang in der Kraft Gottes. Jegliche Unreinheit fegt er hinweg, wie die Gestalt selbst es in ihren Worten kündet. (Wisse die Wege, S. 240f.)

Eine geharnischte Frau erringt den Sieg gegen Löwen – diese symbolisieren den Teufel und die in seinem Gefolge auftretenden »Laster«: Haß, Neid, Unreinheit usw. Hildegard hebt anders als in anderen, verwandten Darstellungen besonders die kämpferischen Züge hervor, so daß das aktive Moment dominiert. Dieser »weibliche« Krieg richtet sich nicht zerstörerisch gegen Leben und Güter

Vom Kosmosmenschen – Die großen Visionen Hildegards

anderer Menschen, sondern bleibt beschränkt auf den »inneren« Kampf, den jeder Mensch mit sich selbst zu bestehen hat.

Aus der großen Zahl der Tugenden wollen wir noch eine herausheben, die von Hildegard immer wieder aufs neue geschaut und umschrieben wird, die Jungfräulichkeit und die Keuschheit, Tugenden, denen sich Hildegard – wie jede Nonne – zu verschreiben hatte. Dem uralten und für alle Hochreligionen bedeutsamen Problem der Virginität gibt Hildegard eine eigenwillige Gestaltung und Deutung. Die Jungfräulichkeit ist im mystischen Leib der weiblichen Kirche beheimatet:

Inmitten [einer] Lichtbahn, die zur Höhe emporsteigt, erscheint ein holdes Mägdlein. Sein Haupt ist unbedeckt, fast schwarz sein Haar. Das ist die lichteste Jungfräulichkeit, unberührt von aller Häßlichkeit menschlicher Begierden. Ihr Haupt ist unbedeckt, denn sie beugt ihren Geist nicht unter die Fessel der Verderbtheit. Aber sie vermag sich in ihren Kindern, solange sie in dieser Welt sind, nicht ganz den Anfechtungen der Finsternis zu entziehen, obgleich sie männlich dagegen kämpft. Auf diese Leiden deutet ihr dunkles, fast schwarzes Haar. Sie ist ganz eingehüllt in die rote Tunika mühevoller Anstrengung in den Werken der Tugenden, und diese Tunika fällt ihr faltenreich hinab bis zu den Füßen, das heißt, die Jungfräulichkeit verharrt in diesem Kampfe bis zum Ende allumfassender, seliger Vollkommenheit, ganz umkleidet von den Tugenden dessen, der die Fülle aller Heiligkeit ist. Deshalb wird sie auch, wie du im Geheimnis des himmlischen Lichtes erkennst, der edelste Sprößling des himmlischen Jerusalem genannt, die Ehre und Zier derjenigen, die aus Liebe zur jungfräulichen Reinheit ihr Blut vergossen haben oder zwar in Frieden entschliefen, aber in dem blendenden Glanze der Demut ihre Unversehrtheit um Christi willen bewahrten; denn die Jungfräulichkeit ist dem höchsten Könige, dem Sohne des allmächtigen Gottes, vermählt, und durch Ihn wird sie Mutter des erlauchtesten Kindes, der auserwählten Schar der Jungfrauen, die sie hervorbringt, wenn sie im Frieden der Kirche erstarkt ... Weil also die Jungfräulichkeit so glorreich ist vor Gott, deshalb sollen diejenigen, die sie freiwillig Gott geopfert haben, sie in aller Klugheit bewahren. Kein Gebot hat sie zur Ablegung des Gelübdes gezwungen, sie waren frei in ihrer Entscheidung ... Mit keuscher Liebe möge sie Ihn [Christus] umfangen, denn auch Er liebt sie in geheimer Gnadenwahl. Sie ist ihm liebenswürdig, weil sie ihn mehr sucht als einen irdischen Bräutigam. Wenn sie aber nachher ihren heiligen Bund bricht, so ist sie gebrandmarkt vor allen, die in der Freude des Himmels weilen. Verharrt sie in ihrem Leichtsinn, so geht sie nach gerechtem Gerichte der ewigen Herrlichkeit verlustig. Tut sie Buße, so wird sie zwar wieder aufgenommen, aber als Magd, nicht als Herrin, denn sie hat die Gemeinschaft des Königs verlassen. (Wisse die Wege, S. 183 f.)

Auf den ersten Blick mögen sich alle Vorurteile bestätigen, die ein moderner Leser einer solchen Lobpreisung der Jungfräulichkeit entgegenbringen könnte. Ist diese Vision nicht ein Beweis für die leib- und sexualfeindliche Haltung des Mittelalters, der sich auch Hildegard offensichtlich nicht hat entwinden können? Hinzu kommt, daß in Hildegards Virginitätslehre eine Regression liegt, ein Rückfall in kindliche Verhaltensmuster. Tatsächlich erscheint die Jungfräulichkeit in der Gestalt eines Mädchens, bei welchem der Durchbruch zur vollen Geschlechtsreife noch nicht vollzogen ist – mögliches Symbol für die Sublimierung des Geschlechtlichen zur kindlichen Gottesliebe. Das würde jedoch voraussetzen, Hildegard habe Sexualität und Geschlechtlichkeit verdrängt, zumindest in ihrem Wert relativiert, doch das Gegenteil ist der Fall. Wohl niemals ist die sexuelle Bestimmung des Menschen im Mittelalter offener und direkter ausgesprochen worden als von Hildegard, wie ihre medizinischen und naturkundlichen Bücher zeigen werden. Einsichtiger erscheinen Erklärungen, die den kämpferischen Charakter der Jungfräulichkeit hervorheben: Zwar kann Hildegard auch vom Opfer der Jungfräulichkeit sprechen, doch auffällig sind die aktiven Züge, die sie besonders akzentuiert. So betont sie die freie Entscheidung zur Jungfräulichkeit, schaltet also aus ihrem Verständnis alle repressiven, unterdrückerischen Zwänge aus, die zur Jungfräulichkeit veranlassen können. Weiterhin betont sie die kämpferische Lebenshaltung der Jungfrau und tilgt damit alle verkniffenen und verschämten Züge aus dem Bild der Jungfräulichkeit.

Deutlich unterscheidet Hildegard den himmlischen Bräutigam

(Christus) vom irdischen Bräutigam. Was hat das zu bedeuten? Was machte den ordentlichen Ehemann auf Erden so unattraktiv, daß dem himmlischen Bräutigam der Vorzug gegeben werden konnte?

In der »Normalehe«[3] kam der Frau ein untergeordneter Status zu, dem Mann hatte sie sich getreu dem Befehl Gottes zu unterwerfen. Liebe, Zärtlichkeit und Leidenschaft waren der kirchlichen Ehelehre zufolge nebensächliche Elemente. Die freie Partnerwahl war dem Mittelalter fremd. Zwar hatte die Kirche der Ehe den Charakter eines Sakraments verliehen, doch jahrhundertelang dauerte schon deren Kampf gegen die »Begehrlichkeit«, auch in der Ehe. Wenn es zur sexuellen Vereinigung in der Ehe kam, dann nicht aus Lust – die wurde als Erbsünde verteufelt –, sondern ausschließlich um der Fortpflanzung willen. Ansonsten standen Versorgungsaspekte, Familieninteressen, Güterabwägungen und dynastische Ansprüche im Vordergrund der Eheanbahnungen, die durchweg über Väter und Brüder geregelt wurden. Den Ehealltag bestimmten eng umschriebene Aufgabenzuweisungen in Haus und Familie – die Frau als Dienerin des Mannes. Und wenn sie nicht gehorchen wollte, drohten ihr Schläge und Demütigungen. Eher einem Tier oder einer Sache ähnlich, so wurde die Frau oft von kirchlicher Seite beschrieben. Mögen wir auch die ritterliche Verehrung der Frau in Minnesang und Ritterspielen bewundern, diese Art von Frauenwerbung galt nur in den Kreisen des Adels und hatte weitgehend nur symbolischen Charakter. Und die leidenschaftliche Liebesgeschichte von Tristan und Isolde berührt nicht die mittelalterliche Ehepraxis.

Vor dem Hintergrund des harten Ehealltags bedeutete die bewußte Entscheidung für den jungfräulichen Stand auch und nicht zuletzt einen Ausbruch aus einer untergeordneten Position in der Ehe; der Eintritt in den Stand der Jungfräulichkeit war auch ein indirekter Protest gegen ein als tyrannisch empfundenes Eheleben.

*

In ihrem zweiten Visionswerk, dem *Buch der Lebensverdienste*, geht es um den Kampf zwischen Tugenden und Lastern. Im Zentrum ihrer Visionen steht ein überlebensgroßer Mann von kosmischen Ausmaßen (Abb. 8). Mit seinem Haupt ragt er hinein in den Äther, und seine

Füße werden verborgen von den Tiefen des Abgrunds. Während sich Tugenden und Laster einen pausenlosen, unaufhörlichen Kampf liefern, dreht sich der kosmische Mann in jeweils eine der Himmelsrichtungen und endlich rund um das All, ein Sinnbild »bewegter Ruhe«. Dieser kosmische Mann wird mit Gott identifiziert, und wir können nach allem bisher Gelesenen nur staunen über diese überlebensgroße Vermännlichung Gottes. Inspiriert zu diesem »Mannsbild« wurde Hildegard offensichtlich durch ihre Jesaja-Lektüre, wo sie den Satz las: »Der Herr zieht aus wie ein Held.«[4] Doch ein einziges Bibelzitat kann nicht ausschlaggebend gewesen sein.

Einer Erklärung kommen wir näher, wenn wir sehen, wie Hildegard einen ihrer Zentralbegriffe – die *viriditas*, »Grünkraft« – umkreist. Dieser Begriff weitet sich zu einem der eindrucksvollsten Lebenssymbole aus, das Hildegard überhaupt geschaffen hat. *Viriditas* bedeutet die grünende Kraft des Lebens, bezeichnet die geschlechtliche Fruchtbarkeit ebenso wie die kosmische Weltkraft, wird von Gott ebenso ausgesagt wie von Menschen und bezeugt Hildegards Lebensbejahung, die alle verneinenden und zerstörerischen Lebensimpulse ausschließt.[5] Im Begriff der *viriditas* hat sich nun eine Fülle von stammesgleichen Worten miteinander verwoben: *vita* (Leben), *vis* (Kraft) und *visio* (Schau), und schließlich *vir* (Mann); das mag für Hildegard Ausgangspunkt gewesen sein, die Lebensschau der *viriditas* in der Figur des kosmischen Männergottes zu sehen. Dessen leibliche Glieder symbolisieren die Tugenden. Ein besonderes Beispiel stellt die Tugend der *sophia*, der »Weisheit«, dar:

Eine starke Frau, wer wird sie finden? Ihr Wert geht weit über Korallen. Es vertrauet auf sie das Herz ihres Gatten, und es fehlt ihm nicht an Gewinn. Sie tut ihm Gutes an und nie Böses, alle Tage ihres Lebens. Sie sieht sich um nach Wolle und Flachs, und was ihren Händen gefällt, das schafft sie an. Sie ist gerüstet gleich den Schiffen des Kaufmanns, und von weit her schafft sie die Nahrung heran. Diese Worte wollen so verstanden sein: Ein Mensch, der treu erfunden werden will, lege die weibliche Schwäche ab und greife nach mannhafter Stärke unter der Form der Sanftheit.[6] Er sucht in allem Tun die Milde wie die Härte, wohl wissend, wo er weich und wo er hart sein muß, da er immerzu eifrig bedenkt, was einem jeden in seiner Haltung wie Handlung wohl bekomme ... Wer aber von den Menschen, der wirklich auf die Schwierigkeiten des Lebens achtet, wird wohl noch einmal eine solche Frau, die Weisheit nämlich, finden, die das Weichliche ablegt, um stark in der Tüchtigkeit dazustehen? ... Alles unterscheidet sie, was nur auf der Welt unterschieden werden kann; sie legt tausendfach ihr Augenmerk auf jenen Teil ihres Handelns und läßt nicht nach dabei, weil sie die Nützlichkeit in Person ist. Fern im Himmel wie auch hier auf Erden liegt ihr Wert, da sie Himmlisches und Irdisches wohl unterscheidet. Daher soll ihr der gläubige Mensch seine Seele derart zueignen, daß er sie in der beschaulichen Betrachtung ebenso an sich zieht wie in der handelnden Tätigkeit, da sie alles weise übt, was immer sie tut ... Diese Frau hatte in ihren geheimsten Bestrebungen nur die Sanftmut im Sinn, sozusagen die Wolle, wie auch die Frömmigkeit, das Linnen sozusagen. Die himmlischen Werke vollbrachte sie mit der umsichtigen Sorgfalt ihres Planens bei allen Handlungen, die sie in Weisheit zur Durchführung brachte. Damit gewährte sie den Menschenkindern Schutz, damit sie nicht nackt vor Gott auftreten müßten ... Daher ist sie gar treu, in welcher Treue sie einem Schiff gleicht, das alle Güter und Lebensmittel an den Menschen heranträgt ...* (Lebensverdienste, S. 196 f.)

Die Weisheit ist eine »starke« Frau, in deren Bild alle schwächlich-passiven Züge fehlen. Umgekehrt plädiert Hildegard wieder für eine durch Weiblichkeit gemilderte Form der Männlichkeit, wenn sie eine »mannhafte Stärke unter der Form der Sanftheit« fordert. Was Hildegard vorschwebt, ist ein Ideal des Menschlichen, in dem männliche Stärke und weibliche Sanftheit als Eigenschaften sich harmonisch vereinigen. Ein Menschenbild erscheint, in dem sowohl mit dem Ideal reiner Männlichkeit als auch mit dem Zerrbild schwächlicher Weiblichkeit gebrochen wird; beides, Männliches und Weibliches, werden als gleichwertig betrachtet. Auf fesselnde Weise hat Hildegard dieses schon »androgyn« anmutende Menschenbild entwickelt. Es hält davon ab, sich in spekulative Kontemplation zu verlieren, aber auch, sich in den Nöten der alltäglichen Praxis zu verschwenden, und überwindet die Zweiteilung der mittelalterlichen Ständelehre – die *vita contemplativa* der Nonnen und Mönche und die *vita activa* der Weltleute. Die »starke« Frau Weisheit verbürgt sowohl die kosmische Ordnung der »himmlischen Werke« als auch die umsichtige Planung des alltäglichen Lebens, ganz die »Nützlichkeit in Person« repräsentierend. Sie bewährt sich in Notfällen, bekleidet und schmückt den »Nackten« und steht ein für den »bedürftigen« Menschen. Hildegard deutete die sattsam beklagte »Schwäche« der Frau um in »Sanftmut«, der auch das Männliche bedürfe, was sie in einem einzigartigen Vergleich ausdrückt; Hildegard scheut sich nicht, die gleichsam produktiv-lebensschaffende »Schwäche« der Frau mit der »Schwäche« des Gottessohnes zu verbinden, die sich in Erlösungsstärke verwandelte.

Gott hatte ja den starken Mann und die schwache Frau geschaffen, deren Schwäche die Welt hervorbrachte. Und so ist die Gottheit stark, das Fleisch des Gottessohnes aber schwach, durch welches doch die Welt ihr früheres Leben zurückerhielt.[7]

*

In ihrem Alterswerk *Vom Werk Gottes* wird dieser »androgyne« Zug ihres Menschenbildes weiter entwickelt und verdeutlicht, freilich weitaus abgründiger und tiefsinniger als in den beiden anderen Werken. Die Zahl der Visionen wird beschränkt, der Schematismus der Auslegung wird zurückgenommen, dagegen steht vor allem eine Ausweitung der kosmisch-universalen Zusammenhänge.

Wir wollen die wohl faszinierendste Vision Hildegards, die zugleich die Eingangsvision ihres Alterswerks ist, etwas ausführlicher dokumentieren:

Und ich schaute im Geheimnisse Gottes inmitten der südlichen Lüfte ein wunderschönes Bild. Es hatte die Gestalt eines Menschen. Sein Antlitz war von solcher Schönheit und Klarheit, daß ich leichter in die Sonne hätte blicken können als in dieses Gesicht. Ein weiter Reif aus Gold umgab ringsum sein Haupt. In diesem Reif erschien oberhalb des Hauptes ein zweites Gesicht, wie das eines älteren Mannes. Dessen Kinn und Bart rührten an den Scheitel des ersten Kopfes. Vom Hals der Gestalt ging beiderseits ein Flügel aus. Die Flügel erhoben sich über den erwähnten Reif und vereinigten sich oben ... Von den Schultern dieser Gestalt ging ein Flügel bis zu den

Knien. Sie war gewandet in ein Kleid, das der Sonne gleich erglänzte. In ihren Händen trug sie ein Lamm, das leuchtete wie ein lichtklarer Tag. Mit ihren Füßen zertrat die Gestalt ein Ungetüm von entsetzlichem Aussehen, giftig und schwarz, und eine Schlange ... Alsdann erschien mitten in der Brust der erwähnten Gestalt, die ich inmitten der südlichen Luft erschaut hatte, ein Rad von wunderbarem Aussehen ... Inmitten dieses Riesenrades erschien die Gestalt eines Menschen. Sein Scheitel ragte nach oben, die Fußsohlen reichten nach unten bis zur Sphäre der starken weißen und leuchtenden Luft. Rechts waren die Fingerspitzen der rechten Hand, links die der linken Hand nach beiden Seiten in Kreuzform zu der Kreisrundung hin ausgestreckt. Genauso hielt die Gestalt die Arme ausgebreitet. In Richtung dieser vier Seiten erschienen vier Köpfe ... All diese Köpfe hauchten in das beschriebene Rad und auf die Gestalt des Menschen zu ... Oberhalb des Hauptes dieser Menschengestalt waren die sieben Planeten nach oben gegeneinander abgezeichnet ... Ich sah auch, daß aus dem Hauche jener Gestalt, in deren Brust sich das Rad zeigte, ein Licht mit lauter Strahlen und heller als der klarste Tag ausging. In diesen Strahlen wurden die Zeichen der Kreise und die Zeichen der übrigen Figuren, die an diesem Rad zu unterscheiden waren, aber auch die einzelnen Zeichen der Gliederung der Menschengestalt – jenes Bild, das mitten im Weltenrad stand – in rechtem und genauestem Maßstabe gemessen ... (Vom Werk Gottes, S. 25 f.)

Kompliziert in den Einzelheiten, entfaltet sich eine einfache Bilderfolge, die von Hildegard selbst in der anschließenden Deutung erklärt wird. Die glanzüberströmte Gestalt ist die »in aller Wirklichkeit verborgen(e) ... feurige Kraft«, das »heile Leben«, die »Liebe« und den »Gottessohn« in eins fassend. »Das ewig gleichbleibende Leben bin ich – spricht die Gestalt –, ohne Ursprung und Ende.« Eben dies Leben ist Gott, stetig sich regend und ständig am Werk, und doch zeigt sich dies eine Leben in dreifacher Kraft. Denn die Ewigkeit wird »der Vater« genannt, das Wort »der Sohn«; der Hauch, der beide verbindet, »der heilige Geist«. Diese Lichtgestalt aus Leben und Liebe wird überwölbt durch das

Haupt der göttlichen Güte, »die ohne Ursprung und Ende ist ... Kinn und Bart berühren den Scheitel des ersten Gesichts ...«

Diese Vision eines doppelköpfigen Wesens wurde in einer Miniatur der Handschrift von Lucca dargestellt (Abb. 7). Als Quelle für Hildegards Vision kommen die schon in der Antike vorhandenen Traditionen und Überlieferungen der Alchemie in Betracht, mit deren Spekulationen Hildegard – das beweist ihr ganzes Werk – sich intensiv auseinandergesetzt hat.[8] Der Alchemie waren doppelköpfige Wesen wohlbekannt; dabei fällt auf, daß es sich durchweg um den Kopf eines weiblichen und eines männlichen Wesens handelt, die in einem doppelgeschlechtlichen Gesamtkörper zusammengeschlossen werden, offensichtlich Sinnbild eines androgynen Menschen- und Weltbildes, in dem männliche und weibliche Eigenschaften nicht isoliert und getrennt voneinander auftreten, sondern sich gegenseitig durchdringen. Sonne und Mond, Schwefel und Merkurius, Warmes und Kaltes werden in das Wechselspiel des Männlichen und Weiblichen hineingezogen. Zahlreiche Abbildungen mit solchen Wesen finden sich in alchemistischen Büchern, manchmal sind die Köpfe übereinander, manchmal nebeneinander angebracht, manchmal schlangenartig ineinander verschlungen, sehr oft auf einem geflügelten Körper postiert (Abb. 9). Obwohl die von uns gewählte Abbildung aus einer viel jüngeren Zeit stammt, dürfen wir ruhig Beziehungen zu Hildegard feststellen, da sich die Grundvorstellungen der Alchemie seit der Antike kaum geändert hatten, allerdings bleibt ein Unterschied: Hildegard hat zwei männliche Häupter übereinandergesetzt; das eine symbolisiert die Liebe, das andere die Güte. Das scheint der These einer androgynen Konzeption zu widersprechen. Wenn wir uns freilich durch das gesamte Visionswerk hindurchringen, überrascht uns die Schlußvision, in der sich einige Elemente der ersten beiden Visionen wiederholen:

Darauf erblickte ich ... ein Rad von wunderbarem Umfang, das einer blendend weißen Wolke glich ... Und siehe da: Mitten in diesem Rade erblickte ich ... abermals die Gestalt, die mir eingangs als »die Liebe« genannt worden war. Ich sah sie aber in einem anderen Schmuck, als sie mir früher erschienen war. Ihr Gesicht leuchtete wie die Sonne, ihre Kleider glänzten wie Purpur; um den Hals ge-

schlungen trug sie ein goldenes Band, mit köstlichen Edelsteinen geschmückt. Sie hatte Schuhe an, die Blitzesleuchten ausstrahlten. Vor dem Antlitz der Gestalt erschien eine Tafel, die wie Kristall leuchtete. Und auf ihr stand geschrieben: »Ich werde mich in schöner Gestalt zeigen, glänzend wie Silber; denn die Gottheit, die ohne Anbeginn ist, strahlt in großer Herrlichkeit.« ... Daß du aber inmitten dieses Rades ... wiederum die Gestalt siehst, die dir vorher als die Liebe gezeigt worden war, und diesmal sitzend und mit einem anderen Schmuck als vordem angetan, das bedeutet: In jener Vollendung, in der Gottes Macht sich alles unterwirft, ist dem Willen Gottes die Liebe gleichsam ruhend verbunden; denn die Liebe erfüllt jeden Willen Gottes. Die Liebe ist bald mit diesem, bald mit jenem Gewande geschmückt. Denn auch die Tugendkräfte, die im Menschen am Werke sind, zeigen die Liebe wie mit Schmuckstücken geziert, da alles Gute aus Liebe geschieht. (Vom Werk Gottes, S. 281 ff.; Abb. Umschlagrückseite)

Hildegards Schlußvision fügt sich offensichtlich wieder mit ihrer Eingangsschau zusammen. Doch eine leichte Verschiebung hat sich ereignet: Die Liebesgestalt der ersten Vision umfaßte mit ihren Flügelarmen das kosmische Weltenrad, in ihrer Schlußvision wird dagegen die Liebesgestalt vom Weltenrad umschlossen. Damit ist auf bemerkenswerte Weise versinnbildlicht, daß die Liebe nicht nur ein jenseitiges, transzendentes Prinzip bleibt, sondern eingegangen ist in die Weltwirklichkeit. Die Liebesgestalt ist diesmal als weibliches Wesen dargestellt, in der Eingangsvision trug sie dagegen ein männliches Haupt, wie die Miniatur zeigt. Damit eröffnet sich eine faszinierende Einsicht: Einem filmischen Überblendungsvorgang ähnlich wird die männliche Liebesgestalt der Eingangsvision von einer geschmückten Frauengestalt der Liebe überlagert, der Gottessohn des Eingangs verwandelt sich in eine Gottesfrau der Vollendung.

Mit hintergründiger Konsequenz ringt sich Hildegard zu einer Weltsicht durch, in welcher Mann und Frau an einer einheitsstiftenden Gesamtpersönlichkeit bauen. Mann und Frau werden nicht mehr getrennt, ein Verhältnis von Über- und Unterordnung findet nicht mehr statt, der uralte Menschheitstraum der Einheit von Mann und Frau wird von Hildegard utopisch vorweggeschaut in der Umkreisung der tiefsten Glaubensmysterien. Das Gottesgeheimnis entschlüsselt sich als Vision androgyner Einheit, die den Fluch und die Qual der sich durch die Jahrhunderte fortzeugenden Frauenunterdrückung ebenso in sich aufhebt wie die erschreckende Gewalt männlicher Herrschaftsmacht auslöscht.

Hildegard nutzt ihr »androgynes Modell« für das Gesamtdrama von Weltwerden und Menschenschöpfung. Es zeigt sich eine großartige Bilderfolge (Abb. 8). Die doppelköpfige Lichtgestalt des Anfangs umschließt mit ihren Flügelarmen den gesamten Kosmos in der Gestalt eines Weltrades, dem kreuzförmig der Kosmosmensch eingezeichnet wird, wobei alle Anspielungen auf geschlechtliche Geburtsvorstellungen vermieden werden.

Das ist auch an der grandiosen Beschreibung des Kosmosmenschen zu beobachten. In ihr überwältigt uns ein Menschenbild, dem nichts anzumerken ist von der Selbstverlorenheit des Menschen in einer unheimlich-unendlichen Welt, dem die »modernen« Merkmale von der »Geworfenheit«, Selbstverlorenheit und Selbstentfremdung in einer »unbehausten Welt« fremd sind. Eingezeichnet in den sechssphärig geordneten Kosmos, der dem Weltenrad gleicht, erscheint der kreuzarmig ausgebreitete Kosmosmensch, zusammengehalten durch die Kräfte, die von kosmischen Tierzeichen – dem Leoparden, dem Wolf, dem Löwen und dem Bären – ausgehen und als Windkräfte Weltall und Kosmosmensch zusammenspannen. Sogar der innere »Kräftehaushalt« des Menschen entspricht den kosmischen Wirkkräften. Die Tierhäupter »entsenden ihren Hauch gegen das beschriebene Rad und auf die Gestalt des Menschen zu, die mitten darin steht, und zwar so, daß diese Winde die Welt und den Menschen und alles im Universum in ihren Kräften und Funktionen halten.« Dem Makrokosmos des Universums entspricht der Mikrokosmos des Menschen. »So ist jedes Geschöpf mit einem anderen verbunden, und jedes Wesen wird durch ein anderes gehalten.« Und das gilt im Guten wie im Schlechten: »Mit der Harmonie der äußeren Elemente befinden sich nämlich auch die Säfte des Organismus in Ruhe, während bei Erregung und Unruhe der kosmischen Kräfte auch die Säfte zerstört werden. Denn ohne den Ausgleich und die Unterstützung ihrer Weltkräfte könnte der Mensch einfach nicht existieren.«[9] Mensch und Natur stehen sich nicht feindlich gegenüber, sondern sind in einem Gleichgewichtssystem aufeinander abgestimmt. Undenkbar erscheint im Weltbild Hildegards, daß sich der Mensch als Beherrscher die Natur unterjocht; im Gegenteil, Schöpfung und Natur erscheinen als Beistand und Gehilfe des Menschen. Eingeordnet ins Kräftefeld kosmischer Wirkkräfte, verliert der Mensch trotzdem nicht seine Freiheit und Würde, so daß es heißen kann:

Mitten im Weltenbau steht der Mensch. Denn er ist bedeutender als alle übrigen Geschöpfe, die abhängig von jener Weltordnung bleiben. An Statur ist er zwar klein, an Kraft seiner Seele jedoch gewaltig. Sein Haupt nach aufwärts gerichtet, die Füße auf festem Grund, vermag er sowohl die oberen als auch die unteren Dinge in Bewegung zu setzen. Was er mit seinem Werk in rechter oder linker Hand bewirkt, das durchdringt das All, weil er in der Kraft seines inneren Menschen die Möglichkeit hat, solches ins Werk zu setzen.« (Vom Werk Gottes, S. 45)

Doch so großartig die Stellung des Menschen im Universum erscheint, vergessen wird nicht, daß er am »Kreuzweg« weltlicher Sorgen steht, getrieben von unzähligen Versuchungen, gepeinigt von Nöten und Ängsten. Und deshalb gerinnen auch die kosmischen Tierzeichen zu Merkmalen eines widersprüchlich anfechtungsreichen Lebens:

Beim Leopardenkopf erinnert er (der Mensch) sich an die Furcht des Herrn, beim Wolf an die Höllenstrafen, beim Löwen fürchtet er sich vor dem Gericht Gottes, und unter dem Bären wird er bei den Heimsuchungen des Körpers von einer Unzahl anstürmender Bedrängnisse erschüttert. (Vom Werk Gottes, S. 45)

Und trotzdem: In langen Bildreihen wird der Leib des Kosmosmenschen erklärt und als Abbild der universalen und sittlichen Weltordnung geadelt. Dem menschlichen Leib wird die Ehre zuteil, die ganzheitliche Weltordnung in sich abzubilden. Kein Wort darüber, der menschliche Körper gleiche einem Gefängnis der Seele oder ähnele einer störanfälligen »Maschine«, keine Rede von einer Mißachtung und Diskriminierung des menschlichen Leibes! Wer – wenn nicht Hildegard – vermag uns zu überzeugen, daß die vielgeschmähte Leibfeindlichkeit des »finsteren« Mittelalters eine Chimäre ist, und welch eine Leistung, daß es einer Frau vorbehalten blieb, die Würde des Leibes ins helle Licht einer kosmischen Weltschau zu verklären! Da bildet das Haupt des Menschen das himmlische Firmament, die Augen entsprechen den Gestirnen, der Schultergürtel steht mit dem Kraftsystem kosmischer Winde in Beziehung, die zwölf Gelenke symbolisieren zwölf Windkräfte, Meer und Flüsse stehen für das menschliche Gefäßsystem, der Brustraum verdeutlicht ätherische Eigenschaften, während der Bauchraum erdigeren Grundelementen zugeordnet wird. In vielschichtigen Vergleichsreihen werden Leib und Kosmos geschaut, und das geschieht, indem Sinnesorgane und Seelenkräfte, Natur- und Gnadenkräfte als Vermittler tätig werden. Die leibliche Verfassung wirft ihren Glanz hinüber auf die Weisheit des Kosmos und umgekehrt. Das Gehirn wird der Sonne zugeordnet, Augen und Ohren dem Mond, selbst die Zähne offenbaren noch etwas über die »Halteplätze« des Wassers, und sogar die Haare verdeutlichen etwas von den Naturkräften Tau und Regen, verweisen – merkwürdig genug – auf Potenz und Beständigkeit und veranschaulichen die Gnadengabe der Unschuld. Den Nieren wird nicht nur das Werk körperlicher, sondern auch sittlicher und religiöser Reinigung zugewiesen, und die Brüste verweisen auf Fruchtbarkeit und Sehnsucht des Menschen. Merkwürdig kurz und knapp bleibt jedoch die Behandlung der Geschlechtsteile des Kosmosmenschen:

Mit den Geschlechtsorganen, in denen sich die Zeugungskräfte wie auch schlüpfriger Leichtsinn ausbreiten, ist die fette Erde gemeint. Wie sich aus diesen Organen zuweilen ungeordnete Kräfte erheben, so bringt auch die reguläre Fettigkeit der Erde üppiges Wachstum und maßloses Überschießen der Früchte hervor ... Und wie in den Geschlechtsteilen die Kraft der rechten Zeugung und Gebrechliches, Glück und Unheil verborgen liegen, und wie die Erde durch Sonne, Mond und Luft und all das, was für den Menschen lebensnotwendig ist, Wertvolles und Schädliches sprießen läßt, so ist auch jene mächtige Kraft in der Seele, damit der Mensch durch dieses Vermögen Gutes und Böses, Nützliches und Unnützes zur Durchführung bringen kann. (Wisse die Wege, S. 137)

Vom Kosmosmenschen – Die großen Visionen Hildegards

Es ist nicht möglich, eine spezifische Geschlechtlichkeit des Kosmosmenschen auszumachen. Von Zeugungskräften ist die Rede, doch nicht von männlicher Zeugungsfähigkeit; Hildegard versteht unter Zeugungskraft sowohl die männliche wie die weibliche Lebenskraft; dasselbe gilt für die Bilder von »Wachstum« und »Überschießen der Früchte«.[10] Kein Wunder, daß die Miniaturen in der Handschrift von Lucca die Geschlechtlichkeit des Kosmosmenschen unbestimmt gelassen haben. Was in Hildegards Vision aufleuchtet, enthält in sich unübersehbar einen Hinweis auf ein Leitbild des Menschen, das jenseits der traditionellen Geschlechterrollen beheimatet ist. Die androgyne Verfaßtheit des Kosmosmenschen tritt damit überdeutlich ans Licht.

Das gilt auch für die Identifizierung der Geschlechtlichkeit des Kosmosmenschen mit der »fetten Erde«, ein Bild, das zunächst die Ineinssetzung mit der weiblichen Geschlechtsbestimmtheit nahelegt. Hildegard hatte in ihrem Werk *Wisse die Wege* die Jungfrau Maria mit dem Naturbild der »schlummernden Erde« verglichen.

Denn Gott wußte, daß Abrahams Gesinnung frei war vom Trug der Schlange, da sein Tun niemandem Schaden zufügte. Deshalb erwählte Gott aus seinem Geschlechte die schlummernde Erde, die gar nichts von jenem Geschmack an sich trug, mit dem die Schlange das erste Weib betrogen hatte. (S. 34)

Die Zuordnung der [schlummernden] Erde scheint eine weibliche Deutung nahezulegen. Doch Hildegard zerstört diese mögliche Deutung durch den folgenden Satz: »Jene Erde, vorgezeichnet durch Aarons Stab, war die Jungfrau Maria.« Die Zusammenschau von »schlummernder Erde« und »Aarons Stab« ist auf den ersten Blick kaum nachvollziehbar. Allein als androgyne Bildphantasie läßt sie sich verstehen, wird doch die traditionell weibliche Erde – aufnahmebereit – mit einem Männlichkeitssymbol – dem Stab Aarons – verknüpft. Marias Fruchtbarkeit wird offensichtlich androgyn verstanden, dasselbe gilt für die »fette Erde«, in deren Bildhaftigkeit die zwiegeschlechtliche Verfassung des Kosmosmenschen zum Ausdruck kommt.

Diese »Ungetrenntheit« bestimmt auch Hildegards Auffassung vom »Erdenraum«:

Das mittlere Gebiet der Erde ist an seinem oberen Teil zart, weich und durchlöchert. Ihre andere Mitte, nämlich die untere Partie, ist haltbar, hart und undurchdringlich, so daß ihre Härte und Stärke noch die Härte und Stärke des Stahls überragen. Auf diese Weise besitzt auch die vernünftige Seele in allen Funktionen ihre grünende Lebenskraft, mit der sie die Weichheit des Fleisches wie auch die Härte der Knochen und das ganze Gefäßsystem durchdringt. Ganz so wie Waffen, die durch die Härte des schneidenden Stahls einem Ding größere Festigkeit verleihen oder wie Brote im Feuer des Ofens durchgebacken werden, so werden auch die Werke des Körpers im brennenden Eifer der Seele vollendet. Denn sie hält ihren Leib mit Liebe zusammen, so wie der harte Teil der Erde den weichen Teil hält, und schafft unzertrennlich all ihre Werke mit ihm. So hängt ja auch die Frau an ihrem Mann, von dem sie nicht mehr getrennt werden kann, weil die beiden eine fleischliche Einheit geworden sind. (Vom Werk Gottes, S. 118f.)

Hildegard hat eine »androgyne« Gesamtkonzeption von der Wirklichkeit. Nicht allein die Gottesvision am Anfang und Ende, auch die Verfaßtheit des Kosmosmenschen, die Erde und die menschliche Seele und die Zuordnung von Mann und Frau werden von der Ineinanderschau von Männlichem und Weiblichem getragen.

Neben der androgynen Vision der Gottesliebe und des Kosmosmenschen hat Hildegard in der neunten Schau ihres Alterswerkes eine Männlichkeitsvision erlebt, deren Bedrohlichkeit auch heute nachvollziehbar ist:

In der Mitte der nördlichen Region sah ich eine weitere Gestalt, aufrecht stand sie da – eine wunderbare Erscheinung: Oben an ihres Hauptes Stelle erglänzte sie in solcher Herrlichkeit, daß dieser Glanz meinen Blick blendete. Mitten auf ihrem Bauch sah man das Haupt eines Menschen mit grauen Haaren und einem Barte; die Füße aber glichen den Klauen eines Löwen. Sechs Flügel hatte sie, von denen zwei von den Schultern aufwärts stiegen, indem sie sich rückwärts schwingend vereinigten und die genannte Herrlichkeit bedeckten ... Der übrige Körper aber war ganz und gar bedeckt von den Schuppen eines Fisches und nicht den Flügeln eines Vogels. (Vom Werk Gottes, S. 268; Abb. 6)

Vom Kosmosmenschen – Die großen Visionen Hildegards 55

Wir erahnen noch etwas von dem Schrecken, der die Seherin überfallen haben mag bei dieser Vision eines mit Schuppen gepanzerten und mit Löwenklauen ausgestatteten Wesens. Diese furchterregende Gestalt identifiziert Hildegard mit der »göttlichen Allmacht«, ein Zeichen dafür, daß nur Schreckliches und Angsteinflößendes imaginiert werden konnte, wenn Macht ohne Liebe, Gewalt ohne Milde, Herrschaft ohne Zurückhaltung erfahren wurden. Hildegard hat in ihrer Deutung alles versucht, die traditionelle Gotteseigenschaft der Allmacht positiv zu deuten – als königliche Majestät, als Gerechtigkeit des richtenden Richters –, doch, wie so oft, offenbaren die Visionsbilder Tieferes als die sich anschließende Deutung. Schon der Hervorgang einer »Greisengeburt« aus dem Bauche dieser fürchterlichen Machtgestalt läßt etwas anklingen von der Unfruchtbarkeit einer »Fast-schon-tot-Geburt«, mag sich Hildegard auch mühen, den Greisenkopf als »uralten Ratschluß« der Erlösung zu deuten.

Hildegard hat der Allmachtsgestalt Gottes eine weibliche Gestalt zugeordnet, jene Frau »Weisheit«, die wir schon in ihrem Werke *Lebensverdienste* kennengelernt hatten:

Darauf sah ich nahe dem nördlichen Winkel gegen Osten gewandt eine Gestalt, deren Gesicht und Füße von solchem Glanz erstrahlten, daß dieser Glanz meine Augen blendete. Sie trug ein Kleid aus weißer Seide, darüber einen Mantel in grüner Farbe. Dieser war mit den verschiedensten Edelsteinen reich geschmückt. An den Ohren trug sie ein Gehänge, auf die Brust fiel ein Halsband, an den Armen hatte sie Ringe, und alles war aus purem Gold und mit edlem Gestein verziert. (Vom Werk Gottes, S. 268)

In der nachfolgenden Deutung werden von Hildegard Kleidung und Schmuck dieser weiblichen Weisheitsgestalt ganz auf den Menschen hin gedeutet. Das Seidenkleid verweist auf die Geburt des Gottessohnes, der grüne Mantel deutet auf den Menschen hin, und der Schmuck offenbart sich als Herrschaftszeichen des Menschen, dem die Schöpfung anvertraut ist. Die Härte göttlicher Allmacht findet Milderung durch jene Frau Weisheit, die sich den Menschen in Liebe zuwendet.

3 MENSCH UND NATUR – HILDEGARDS NATUR- UND HEILKUNDE

Wir haben Hildegard bisher als Klostergründerin und mystische Visionärin kennengelernt. Sie hat sich auf diese ein Leben ausfüllenden Aufgaben keineswegs beschränkt. Im Jahre 1158 nämlich beginnt sie eine zehnjährige Predigttätigkeit, ein äußerst ungewöhnlicher Schritt. Erinnern wir uns: Frauen war es nach dem Kanonischen Recht verboten, in der Gemeinde zu reden. Hildegard übertrat dieses Verbot, oder genauer, sie umging es, indem sie unter freiem Himmel predigte. Predigerrecht war durchweg männliches Priesterprivileg, und Bischöfe und Priester wachten eifersüchtig darüber, daß keine fremden Prediger in ihre Seelsorgebezirke eindrangen. Und jetzt war es eine Nonne, die das Predigerrecht für sich in Anspruch nahm. Hildegard setzte sich auch über die strenge Fassung der Klosterregel hinweg, welche von den Nonnen die strikte Bleibepflicht im Kloster verlangte. Inhalt ihrer Predigten war in erster Linie eine heftige Kritik an Zeit und Kirche. Unnachgiebig geht sie mit Prunk, Pracht, Käuflichkeit und Verweichlichung der Kirche ins Gericht.

Ihre erste Reise führte sie zwischen 1158 und 1160 in den mainfränkischen Lebensraum. Nachweislich hat sie in Mainz, Wertheim, Würzburg, Kitzingen, Ebrach und Bamberg gepredigt. Es folgte die rheinisch-lothringische Reise. Aufsehen erregte ihre öffentliche Predigt in Trier, doch auch in Metz und Krauftal (Zabern) redete sie. Die dritte Reise (1161–1163) führt rheinabwärts über Boppard, Andernach und Siegburg nach Köln und endete wahrscheinlich in Lüttich. Auf ihrer letzten Reise (1170/1171) besuchte sie den Schwarzwald, machte Station im Kloster Maulbronn und gelangte bis Zwiefalten. Auf Bitten des Domdekans Philipp von Heinsberg hat Hildegard ihre Kölner Predigt schriftlich niedergelegt und nach Köln gesandt, und ihr entnehmen wir, weshalb sie auf Predigtreise ging. Zunächst demütigt sie sich pflichtgemäß, spricht von sich selbst als gebrechlichem, krankem und unvollkommenem Werkzeug Gottes: »Ich furchtsame und armselige Frau bin zwei Jahre hindurch sehr gedrängt worden, dieses von Magistern, Doktoren und anderen Gelehrten, an größeren Orten, wo sie wohnen, mit lebender Stimme vorzutragen.«[1] Daß sie sich selbst ostentativ demütigt, ändert nichts daran, daß sie sich als harte Kritikerin ihrer Kirche profilierte, umgetrieben von dem Geist alttestamentlicher »Unheilspropheten«, die Israel schreckliche Ereignisse voraussagten.

Anlaß ihrer Drohworte ist das Auftreten von katharischen Gruppen auch in Köln. Über den Ursprung und die Lehre der katharischen Sektenbewegung scheint Hildegard zunächst nur wenig informiert gewesen zu sein. Es ging ihr offensichtlich weniger um die Katharer selbst als um die Lage der Kirche und besonders um deren beamtete Repräsentanten. Die Katharer fungieren in ihrer Sicht als »Rute der Kasteiung«, als Geißel des göttlichen Gerichts, um den pflichtvergessenen Klerus zur Ordnung zu rufen. Die Worte, die sie gegen den Klerus findet, gehören zu den härtesten, die im zwölften Jahrhundert zu hören sind. Sie prangert die Verweltlichung der Kirche an, den Eigennutz, Reichtum, Geiz und die Eitelkeit kirchlicher Amtsträger, ihre Faulheit und Lauheit, den billigen Vorwand, »nicht alles tun zu können« und deshalb überhaupt nichts zu tun: »Deshalb sei euch gesagt: Euer sittliches Verhalten ist nicht dazu angetan, dem Volk eine feste Sittlichkeit zu geben, wie den übrigen Körper die Beine tragen.«

Während Hildegard in ihrem Kölner Brief noch ganz auf die Mißstände der Kirche fixiert ist, verrät sie in einem späteren Brief an das Mainzer Domkapitel[2] schon eine bessere Kenntnis der Katharer und das wahrscheinlich, weil sie in Ekbert von Schönau – unweit des Rupertsberger Klosters – einen zuverlässigen Informanten fand. Eine intensive Auseinandersetzung mit den Katharern – von diesem Wort leitet sich das deutsche Wort »Ketzer« ab – war deshalb notwendig, weil diese die katholischen Gläubigen mehr und mehr verunsicherten und ihnen innerhalb weniger Jahre eine ungewöhnliche Popularität in ganz Europa zuwuchs.

Mensch und Natur – Hildegards Natur- und Heilkunde

Im Jahre 1143 hatte der oströmische Kaiser Manuel I. die Bogomilen vertrieben, seitdem verbreitete sich die bogomilische Lehre – verstärkt durch Kaufleute und Kreuzfahrer – wie ein Lauffeuer über Süd- und Westeuropa. Ihre Anhänger wurden die »Reinen« (= Katharer) genannt und übten eine erstaunliche Wirkung besonders auf adlige und niedere Bevölkerungsschichten aus.[3] Der radikale Dualismus von Gott und Welt, von Geist und Materie, von Leib und Seele, von Gut und Böse bestimmte ihr Frömmigkeitsbewußtsein. Anknüpfen konnten sie an Erfahrungen, die jedem Menschen einsichtig waren. War nicht jedem von ihnen die Vergänglichkeit der Welt und die Hoffnung auf ein Unvergängliches eingegeben, erlebte nicht jeder von ihnen den Widerspruch zwischen der Hinfälligkeit des Leibes und der Sehnsucht nach Unsterblichkeit, konnte nicht jeder tagtäglich miterleben, wie die Kirche, die einst als »arme« Nachfolgerin Jesu begonnen hatte, immer stärker in Üppigkeit, Prunk und Bestechlichkeit versank? Und der Abgrund, der sich zwischen »Armen« und »Reichen«, zwischen »Niedrigen« und »Angesehenen« auftat, wird die Anfälligkeit für dualistische Lehren unterstützt haben. Arme und Erniedrigte erklärten ihren Mangel zum religiösen Lebensprinzip. An Leib und Seele gedemütigt, mag es besonders ihnen eingeleuchtet haben, wenn alles Weltlich-Materielle als böse und sündig verurteilt wurde.

Die Katharer machten radikal ernst mit der Verteufelung des Weltlichen: Nicht nur Reichtum und Besitz verfielen der Ächtung, die Institution der Ehe wurde angegriffen, die Fleischwerdung Gottes, die »Materialisierung« des Gottessohnes in Brot und Wein der Eucharistie, alle sinnlichen Zeichen der Sakramente – von der Taufe bis zur Letzten Ölung – bedeuteten den Katharern nichts mehr. Konventikel von Anhängern bildeten sich, Gegenmessen wurden zelebriert, Gegenbischöfe eingesetzt. Die katholische Kirche, in ihren Grundfesten angegriffen, wehrte sich mit allen Mitteln. Schon 1148 kam es in Köln, der damals reichsten und mächtigsten Stadt am Niederrhein, zur öffentlichen Verbrennung eines »Ketzers«, doch das katharische Feuer war damit noch lange nicht ausgelöscht.

Hildegards Predigten unter freiem Himmel hatten zum Ziel, Menschen, die der katholischen Kirche entfremdet waren, zurückzugewinnen. Zunächst scheint Hildegard nur an den radikalen Verweigerungen der »Ketzer« Anstoß genommen zu haben, an der Verwerfung der Ehe, an der Verleugnung der Sakramente, am elitären Hochmut der »Vollkommenen« und »Reinen«, die der Buße nicht mehr zu bedürfen schienen. Je stärker sie sich jedoch in katharische Lehren vertiefte, desto mehr mußte sie erkennen, daß sie es mit einer Form der Frömmigkeit zu tun bekam, die ihrem eigenen Erfahren und Erleben diametral entgegengesetzt war. Hildegard hatte die vielschichtige Bezogenheit von Gott, Kosmos und Mensch in ihren Visionen immer wieder umkreist; was sich ihr auftat, war das Bild einer guten Schöpfung, in der die Leiblichkeit des Menschen zur kosmischen Weltlichkeit verklärt war; Weltkräfte, Winde und planetarische Kraftlinien waren mit den geheimsten Tugenden des Menschen in Beziehung gesetzt worden. Die Harmonie von Mikrokosmos und Makrokosmos leuchtete im Sinnbild des Kosmosmenschen auf, ein Abbild göttlicher Herrlichkeit und Schönheit widerspiegelnd. »Die Gnade Gottes zerstört nicht die Natur, sondern vollendet sie« – dieser später von Thomas von Aquin ausgesprochene Grundsatz hatte auch für Hildegard tiefste Bedeutung, er war der Kraftquell ihrer Visionen und ihrer ganzheitlich-universalen Weltschau, in der auch das Kleinste und Geringste noch geordnet und geheiligt wurde.

Und jetzt erschienen die Katharer, die einen unversöhnlichen Abgrund zwischen weltlosem Gott und gottloser Welt aufrissen, denen die Berührung mit Materiellem ein Greuel war, die den reinen Geistfunken von aller Befleckung befreit sehen wollten und deshalb Welt und Natur, Leiblichkeit und Fleischlichkeit als gottfeindlichen Mächten entfliehen wollten.

Hildegard hat sich der Dämonisierung des Geschöpflichen mit aller Kraft widersetzt. Frucht dieser Anstrengung war nicht nur die visionäre Schau eines ganzheitlichen Lebens, sondern ein für das Mittelalter erstaunlicher Realismus in der Wahrnehmung der Lebensvorgänge. Daß Hildegard deshalb zur Naturforscherin und Ärztin wurde, erhöht ihren Rang, denn wer sonst konnte zu dieser Zeit spekulativ-visionäre Weltschau mit realistischer Lebens-, Heil- und Naturkunde verbinden? Ihr floß damit eine Kraft zu, die sie

Mensch und Natur – Hildegards Natur- und Heilkunde

nicht nur zur Auseinandersetzung mit der katharischen Irrlehre, sondern auch mit der katholischen Sexuallehre führte.

Was Hildegard in ihrer »Heilkunde« über die Sexualität von Mann und Frau zu sagen weiß, sprengt den Rahmen der mittelalterlichen Geschlechterlehre, und jahrhundertelang hat man die Drastik und Realistik ihrer Ansichten mit eher spitzen Fingern beiseite gelegt. Während die kirchliche Lehre der Sexualität nur ein untergeordnetes Platzrecht in der Ehe zubilligte und sie allein der Fortpflanzung zuordnete, erkennt Hildegard den Eigenwert sexueller Lust. Die Kirche setzte Sexualität mit der Erbsünde der »Begierde« gleich und propagierte letztlich das Ideal einer »enthaltsamen« Ehe; Hildegard dagegen – die jungfräuliche Nonne – weiß von der leidenschaftlichen Macht der Sexualität anderes zu berichten. Da spürt der Mann in sich

... den süßen Drang..., und wie sich der Hirsch nach der Quelle sehnt, so eilt auch heute noch hurtig der Mann zum Weibe hin. Die Frau aber verhält sich ihm gegenüber mehr wie eine Getreidetenne, die von wuchtigen Schlägen erschüttert wird und die, so wie die Körner in ihr zerschlagen werden, sich tüchtig erhitzt. (Heilkunde S. 204)

Von einer Verzärtelung und Sentimentalisierung der Frau nicht die geringste Spur, auch wird der Frau nicht die Fähigkeit zur Lust abgesprochen. Die Sexualität von Mann und Frau wird von Hildegard in bäuerlich-drastischen Bildern beschrieben:

Ist doch die Frau wahrhaftig wie ein Ackerland, das von der Schärfe des Pflugs aufgebrochen wird, damit der Same hineingeworfen werden kann; den hat sie zu empfangen und aufzunehmen und in großer Geduld zum Gedeihen zu bringen. (Heilkunde, S. 215)

Der Sexualakt wird an anderer Stelle recht drastisch als »Durchkochung« beschrieben:

Wie nämlich keine Speise rein aus ihrer natürlichen Wärme zum Kochen kommt, sondern ein anderes Feuer hinzugesetzt wird, so kann sich auch der menschliche Same nicht zu einem vollkommenen Gekochten entwickeln, wenn er nicht von dem Feuer eines anderen unterstützt wird. Wenn daher ein Mensch mit einem anderen Menschen oder mit einer anderen lebendigen und empfindsamen Natur zu einem Geschlechtsgenuß kommt, dann ergießt der Samen aus dessen Feuer der beiden Teile ein Gekochtes, das dem Fett ähnlich und voller Mark ist. Wenn dann ein Mann bei jener Ausgießung seines Samens einer Frau beiwohnt, ergießt er seinen Samen an die rechte Stelle, wie jener es tut, der die gekochte Speise vom Ofen nimmt und in einer Schüssel zum Mahl vorsetzt. (Heilkunde, S. 205)

Offen und unverstellt wird hier sexuelle Lust beschrieben. An der Legende, Frauen seien des Orgasmus unfähig, eine Legende, die übrigens bis weit in die Neuzeit hinein immer wieder kolportiert wurde, hat Hildegard nicht mitgewirkt:

Wenn sich eine Frau im Geschlechtsverkehr mit dem Manne befindet, kündigt ein Hitzegefühl, das die Empfindung der geschlechtlichen Lust mit sich führt, in ihrem Gehirn sowohl den Genuß dieser Lustempfindung bei der geschlechtlichen Vereinigung an als auch die Ergießung des Samens. So bald nun der Samen an seine bestimmte Stelle gefallen ist, zieht ihn jene obenerwähnte äußerst heftige Hitzeempfindung des Gehirns an sich und hält ihn fest, alsbald ziehen sich auch die weiblichen Geschlechtsorgane zusammen, und alle Organteile, die zur Zeit der Monatsblutung für die Eröffnung bereit sind, schließen sich wieder derartig, wie ein starker Mann irgendein Ding in seine Faust verschließt. (Heilkunde, S. 177 f.)

Hildegard beschreibt eindringlich die merkwürdig unbestimmbare Einheit von Lust und Schmerz, von Peinigung und Wollust sinnlicher Liebe, ohne diese zu dämonisieren; sie sublimiert Sinnlichkeit jedoch auch nicht, sondern gibt ihr, was ihr zukommt. Undenkbar etwa, daß ihr eine Schimpfkanonade gegen lüstern-verführerische Frauen entfährt wie dem Einsiedler Petrus Damiani, der die Frauen hemmungslos beschimpft als

Klerikerhäschen und Teufelswild, Paradiesauswurf, Verstandesgift und Seelendolch, Wolfswurz im Becher und Pfeilgift in der Schüssel, Sündenanreiz und Anlaß zum Verderben ..., Metzenhaus des alten Feindes, Wiedehopfe, Käuzinnen, Nachteulen, Wölfinnen und Blutegel ... Huren, Lasterweiber, Kußmäuler und Sausulen, Lager unsauberer Geister, Nymphen, Sirenen, Lamien, Dianen und wie sonst die Ungeheuer und Unholde heißen mögen ...[4]

Solch einer Vertierung und Verteufelung weiblicher Sexualität ist Hildegard nie verfallen, im Gegenteil, offen spricht sie über Sexualität, behandelt Probleme der Pubertät, Menstruation und Menopause. Doch überstrahlt wird ihre realistische Sexualbiologie vom Mysterium der Liebe, wenn sie etwa den wunderbaren Satz prägt:

Mann und Frau gehören sich bei diesem Werk so sehr an, daß einer den anderen verwirklicht und wirklich einer des anderen Werk wird. (Heilkunde, S. 214)

Hildegard hat Sexualität nur in der sich ergänzenden und erfüllenden Wechselseitigkeit der Geschlechter verstehen können. Auf dem Hintergrund dieser Grundeinsicht gewinnt sie die Offenheit für etwas, das manche als schamlose Ungeniertheit befremdet hat:

Auch kommen die ... Säfte an die menschlichen Geschlechtsteile, die in ihren Kräften, gleichsam spielerisch, oft täuschend und gefährlich werden können und die von den Sehnen und Blutgefäßen im Zaume gehalten werden. Auch in ihnen blüht die Vernunft, so daß der Mensch weiß, was er zu tun und zu lassen habe. Daher empfindet er auch Freude an seinem geschlechtlichen Tun ... (Vom Werk Gottes, S. 63)

In ihrer Beschreibung der Geschlechtsorgane, die wir schon kennengelernt haben, ordnet Hildegard ausgerechnet der Geschlechtsfähigkeit die Seelentugend der »Diskretion« zu,[5] die von ihr hoch angesetzte »Unterscheidungsgabe«, die nicht nur Gutes von Bösem scheidet, sondern auch das abwägende Maß angibt für die ins Negative und Positive überschießenden Kräfte des Menschen – ein beeindruckendes Zeugnis für Hildegards Bestreben, Sinnlichkeit und Geist in ihrer körperlichen Verwurzelung sichtbar werden zu lassen. Vernunft und Seele sind nicht »körperlose« Fähigkeiten, andererseits wird die menschliche Sexualität nicht als triebhaft angesehen. Hildegard schreibt der Geschlechtlichkeit als solcher Vernunft zu, eine Auffassung, die große Weisheit verrät.

Hildegard hat sich stets bemüht, ihre Einsichten auf der Linie der kirchlichen Lehre zu halten. Sie kann also durchaus einen Satz wie den folgenden formulieren:

Und so ist das Weib schwach und blickt zum Manne hin,[6] um von ihm umsorgt zu werden, ähnlich wie der Mond seine Stärke von der

Sonne empfängt. Deshalb ist die Frau auch dem Manne unterworfen und muß jederzeit zum Dienen bereit sein. (Vom Werk Gottes, S. 126)

Das entspricht nun wieder ganz der mittelalterlichen Lehre vom »schwachen« Geschlecht. Doch schauen wir etwas genauer auf das Umfeld dieses Satzes, dann hebt sie die »Frauenfeindlichkeit« dieser Worte wieder auf:

Sie bedeckt mit den Werken ihrer Kunstfertigkeit den Mann, weil sie ja von Fleisch und Blut gebildet ist, während der Mann zuerst Lehm war. Aus diesem Grund blickt er in seiner Nacktheit zum Weib hinauf, um sich von ihm bekleiden zu lassen (Vom Werk Gottes, S. 126).

Daß Eva aus der »Rippe« Adams geschaffen wurde, bedeutet für Hildegard nicht, daß die Frau sich dem Mann unterordnen soll.

Auch Eva ist ja nicht aus Mannessamen, sondern aus dem Fleisch des Mannes geschaffen worden, da Gott sie in der gleichen Kraft schuf... (Vom Werk Gottes, S. 260)

Die Frau scheint also dem »Schöpfungsmaterial« nach edler und differenzierter geschaffen zu sein, während die »lehmige« Ursubstanz des Mannes diesen qualitativ degradiert. Doch Hildegard geht es letztlich nicht um Unter- und Überordnung, Ziel ihrer Auslegung ist es, die wechselseitige Angewiesenheit von Mann und Frau hervorzuheben. Deshalb gibt sie auch der Verführungsgeschichte im Paradies, aus der oft die Überlegenheit des Mannes und die Sündhaftigkeit der Frauen abgeleitet wurde, eine eigene Wendung:

Und der Mann, der gemäß seinem Gott stark und mächtig ist, vollführt all seine Werke, die guten wie die schlechten, mit der Frau, welche zuerst den Fall verursachte, und durch die dann dieses Böse in einem besseren Zustand wiederhergestellt worden ist. (Lebensverdienste, S. 193)

Hier werden die Frauen gegenüber der christlichen Auslegungstradition rehabilitiert. Wenn eine Frau, Eva, den Fall verursacht, dann war es eben auch eine Frau, Maria, die den Erlösungsprozeß mit der Geburt des Gottessohnes eingeleitet hatte.

Welche Rolle die Frau bei der Erlösung der Menschheit spielt, kommt in folgender Vision zum Ausdruck:

Als der alte Drache sah, daß er seinen Platz verloren hatte ..., da schärfte er seinen Zorn gegen die Frau, denn er erkannte, daß sie als Gebärerin die Wurzel des ganzen Menschengeschlechts war. Er faßte einen gewaltigen Haß gegen sie und sprach bei sich selbst, nie und nimmermehr in ihrer Verfolgung nachzulassen, bis er sie wie in einem Meer ersäuft habe; denn er hatte sie zuerst verführt. Die Frau jedoch, die während der Geburt unter Ängsten leidet, ergriff dennoch das überaus kräftige Heilmittel des Trostes und, gestützt auf den himmlischen Schutz, setzte sie sich in jeder Beziehung dem Teufel entgegen. Ihr wurden die beiden Bollwerke der Glückseligkeit geschenkt: die Sehnsucht nach dem Himmel und die Heilung der Seelen ... Als dann die Zeit der schimmernden Morgenröte, der vollen Gerechtigkeit durch meinen Sohn [Christus] kam, da wurde die alte Schlange gewaltig erschreckt und bestürzt, da sie es nun war, die durch eine Frau – die Jungfrau – vollends getäuscht ward. Deshalb entbrannte sie in ihrer Wut gegen die Frau ... (Vom Werk Gottes, S. 202 f.)

Ähnlich dramatische Erfahrungen weiß Hildegard vom Mann nicht zu berichten. Kein Wunder, denn das luziferische Böse kannte seinen Feind, die Frau, Spenderin und Bürgin des Lebens. Hildegard erinnert an die Vitalität der Frau, die, den Ängsten und Wehen der Geburt ausgesetzt, auch der Heilung und Rettung des Lebens auf tiefere Weise als der Mann teilhaftig wird. Die Widersprüche des Lebens vermag sie standhaft auszuhalten, da sie ein größeres Maß für Lebensgefährdung und Rettung mitbekommen hat.

Hildegard wiederholt zwar die kirchliche Lehre von der »Unterordnung« der Frau, korrigiert jedoch diese frauenfeindliche Auffassung, indem sie die besondere Seinsverfassung der Frau herausarbeitet. Und wenn dann die Rede von der »Unterordnung« der Frau noch einen Sinn haben sollte, dann den, nicht einer falschen Heroisierung der Frau aufzusitzen. Hildegard geht es immer um die wechselseitige Angewiesenheit von Mann und Frau.

Ihre Sexualbiologie und Geschlechterlehre setzt sich folgerichtig in ihrem medizinischen Wissen fort. Erstaunlich, daß sie neben ihren organisatorischen Aufgaben im Kloster, der Arbeit an ihren großen Visionswerken, der Reisetätigkeit und der Auseinandersetzung mit ihren Gegnern auch das Ärztewissen ihrer Zeit zusammengetragen hat. Ausgerechnet Hildegard, die lebenslang von Krankheiten heimgesucht wurde, »so daß meine Adern mit dem Blute, mein Gebein mit dem Marke verdorrte und meine Eingeweide in mir zerrissen wurden, mein ganzer Körper aber so erschlaffte, wie das Gras im Winter seine Farbe verliert«, behauptet sich als »erste Ärztin Deutschlands« und gilt deshalb bis heute als Patronin von Krankenschwestern und -pflegern. In ihrer *Heilkunde* hat sie sich ausführlich mit vielen Krankenbildern beschäftigt, hütet sich jedoch davor, die Krankheiten herauszulösen aus ihrer ganzheitlichen Welt- und Lebensschau. Weder spaltet sie die Krankheiten vom »ganzen« Menschen ab – schon gar nicht wird der kranke Mensch als solcher abgeschoben –, noch wird die Krankheit zur Lebensprüfung hochstilisiert. Wesentlich für ihre Auffassung der Krankheit ist die Lehre vom »gesunden« Menschen. Sie schlägt hymnische Töne an, wenn sie den Menschen als intakten und heilen »Mikrokosmos« preist:

O Mensch, so schau dir doch den Menschen richtig an: Der Mensch hat ja Himmel und Erde und die übrige Kreatur schon in sich selber und ist doch eine ganze Gestalt, und in ihm ist alles verborgen schon enthalten. (Naturkunde, S. 50)

Vor dem Sündenfall erscheint der Mensch so:

Einst trug der Mensch ein himmlisches Gewand, das Licht seines Leibes, das in großer Klarheit leuchtete ... Bevor Adam und Eva das göttliche Gebot übertraten, leuchteten sie wie Strahlen der Sonne, deren Glanz sie wie ein Gewand umgab. Nach dem Übertreten des Gebotes strahlten sie nicht mehr wie zuvor, sondern wurden verdüstert und sind auch weiterhin in dieser Verdüsterung geblieben. (Naturkunde, S. 103)

Wieder verwendet sie den uns schon bekannten Begriff der *viriditas*, jener Kraft, welche alle Lebensvorgänge durchwirkt, sich in Tieren, Fischen und Vögeln, in allen Kräutern, Blumen und Bäumen wiederfindet, sich als »grünende« Geschlechtskraft ebenso darstellt wie als erlösendes Lebensprinzip. Die Menschwerdung Gottes enthüllt sich als »grünendes Mysterium«, und Maria heißt die »grünendste Jungfrau«, an der sich die »milde Grüne« des göttlichen Werkes bewahrheitet. Und der Heilige Geist »schwitzt« als vitales Lebensprinzip befruchtendes Leben aus. Hildegards Medizin scheint vor allem eine erfahrungsgesättigte Preisung des Lebens.

Krankheit erscheint ihr nicht als eigenes Sein, besitzt keine eigene Realität, sondern ist Abweichung, Abfall und Abirrung vom heilen Leben. Ihrem Wesen nach beruht Krankheit auf einer Störung von Gleichgewichten. Die »Säfte« des Körpers sind es, die beim kranken Menschen in Unordnung geraten, doch Hildegard beschränkt sich nicht auf eine rein körperliche Auffassung der Krankheit. Letztlich liegen der Krankheit »ökologische« Verwirrungen zugrunde, wenn die Unordnung der Weltelemente in den menschlichen Organismus hinüberreichen:

Es ist schon mehrfach geschildert worden, in welcher Weise die Elemente die Welt in ihrem Zusammenhang halten; auf die gleiche Art und Weise sind die Elemente auch das Gefüge des menschlichen Organismus ... Sobald sie aber von [der] Funktionsordnung abgehen, machen sie ihn krank und bringen ihn zu Tode. (Heilkunde, S. 112)

Die Unordnung der Elemente überfällt den Menschen nicht schicksalhaft, sie liegt in der »Übertretung Adams« begründet. Es ist die Ursünde der »Maßlosigkeit«, die sich im adamitischen Urmenschen verfestigt hat und sich wiederholt im Leiden des kranken Menschen. Speziell sind es die Körpersäfte, die in Übermaß, Mangel oder Widerstreit den menschlichen Organismus verwirren. Insbesondere die »schwarze Galle« spielt eine verhängnisvolle Rolle, produziert sie doch die Urkrankheit der Melancholie, die sich in einer verwirrenden Krankheitssymptomatik ausbreitet. Auch hier wird Adam zum Urpatienten, wenn Hildegard schreibt:

Bevor Adam das göttliche Gebot übertreten hatte, leuchtete das, was jetzt als Galle im Organismus existiert, in ihm wie ein Kristall und hatte den Geschmack aller guten Werke in sich; das, was jetzt im Menschen als Schwarzgalle ist, leuchtete in ihm auf wie die Morgenröte und hatte in sich das Wissen und die Vollkommenheit aller guten Werke. Als aber Adam gefehlt hatte, wurde der Glanz der Unschuld in ihm verdunkelt; seine Augen, die vorher die himmlische Herrlichkeit geschaut hatten, erloschen, seine Galle wurde in Bitterkeit umgewandelt und die Schwarzgalle in die Finsternis der Gottlosigkeit. So wurde er ganz und gar in eine andere Existenzweise umgewandelt. Da befiel Traurigkeit seine Seele, und sie suchte bald eine Entschuldigung dafür im Zorn. Denn aus der Traurigkeit entsteht der Zorn. Und so haben sich die Menschen vom ersten Elternpaare her die Traurigkeit und den Zorn sowie sonstige schädliche Affekte zugezogen. (Heilkunde, S. 222)

Hildegard hat an ihrem Urpatienten den engen Zusammenhang von psychischen und somatischen Beschwerden entdeckt. Obendrein erkennt sie den Zusammenhang von depressiver Traurigkeit und destruktiver Aggressivität, eine überaus moderne Einsicht.

Im Krankheitsbild der Depression lassen sich oft auf sich selbst gerichtete Züge der Selbstzerstörung, ein nach innen gerichtetes Aggressionspotential, ausmachen. Im Unterschied zu anderen Krankheitsmodellen der Antike und des Mittelalters spielt die »Begierde« keine beherrschende Rolle, während von Depression und Aggression als Grundleidenschaften alle anderen schädlichen Affekte ausgehen.

Die physischen Krankheiten hat Hildegard nach dem traditionellen Schema »von Kopf bis Fuß« beschrieben, in der Therapie folgt sie einer »weichen« Behandlungsweise. Das mag damit zusammenhängen, daß in der benediktinischen Klostermedizin die Chirurgie untersagt war; Hildegard bedient sich deshalb natürlicher Heilmittel, in denen ein weises Generationswissen zum Ausdruck kommt. Die härteste Behandlungsmethode, die Hildegard kennt, sind der Aderlaß und das Schröpfen, beides »austreibende« Mittel, um schädliche Säfte zu entfernen. Auch die zahlreichen Drogenrezepte dienen vornehmlich der Ausleerung, Reinigung, Beruhigung oder Neutralisierung schlechter Säfte. Hildegard kennt auch die Entsprechung von Heilmittel und Krankheitserreger, hält sich also an den antiken Grundsatz der Homöopathie, daß »Gleiches mit Gleichem« behandelt werden müsse. Eine andere Behandlungsweise orientiert sich an der Qualitätenlehre, die schon von dem spätantiken Arzt Galenus eingeführt worden war. Den in Paaren auftretenden Grundqualitäten Heiß und Trocken, Feucht und Kalt usw. werden Heilmittel mit entgegengesetzten Eigenschaften zugeordnet. »Kältekrankheiten« werden mit Wärmemitteln behandelt, Hildegard spricht von der Wärmewirkung des Weizens bei Rücken- und Lendenschmerzen, von warmen Umschlägen, die den Blutfluß zum Stillstand bringen.[7]

In einem besonderen Buch, der *Naturkunde*, hat Hildegard ihre Rezeptenlehre niedergelegt, bis heute ein in einigen Kreisen der Naturmedizin benutztes Lehrbuch, obwohl sie auch von magischen Eigenschaften der Pflanzen überzeugt ist. Besonders ausführlich hat sie sich mit der Alraune, der *mandragora officinalis*, beschäftigt.[8] Dieses Nachtschattengewächs mit seiner »menschenähnlichen« Gestalt soll aus derselben Erde wie Adam geschaffen sein, sei deshalb den Einflüssen des Teufels ausgesetzt, könne jedoch durch magische Reinigungsriten zum Gegenzauber werden. Besonders wirksam soll sie Männern helfen, die dem Laster der Wollust ausgesetzt sind.

Auch mit den Pflanzen ihrer Heimat, dem Nahegau, hat Hildegard sich intensiv beschäftigt. Das Farnkraut[9] soll dämonische Kräfte vertreiben und vor teuflischen Einflüsterungen schützen. An der Wiege angebracht, soll es Neugeborene vor teuflischen Nachstellungen bewahren. Auch Bäumen werden übernatürliche Kräfte zuerkannt. Ulmen bieten Schutz vor geistiger Verwirrung, besonders wenn man nachts unter ihnen ruht; vor teuflischen Nachstellungen schützen Zypressenholz und das Harz des Balsambaumes, überhaupt repräsentieren Bäume eindrucksvoll Tugenden und Laster: die Linde die Gebrechlichkeit, der Ölbaum das Mitleid, der Zitronenbaum die Sittenreinheit, der Lorbeerbaum die Beständigkeit, der Pfirsichbaum jedoch steht für Neid, der Schlehdorn für den Zorn, und die Haselnuß schließlich symbolisiert die Wollust.[10]

Hildegard vertritt eine vorbeugende Medizin. Deshalb spielen Fragen der Lebensführung und vor allem einer diätetischen Lebensweise eine wichtige Rolle.[11] Ihre Auffassung von Diätetik beschränkt sich nicht auf Nahrungsaufnahme und Beobachtung der Stoffwechselvorgänge, sie bezieht den ganzen Menschen mit ein, der maßvoll leben soll. Schlaf- und Wachzeiten sollen regelmäßig eingehalten werden, das *ora et labora* – Grundregel der benediktinischen Lebensführung – soll ausgeglichen angewandt werden, um vor Unrast, Unlust und Übermaß zu bewahren, für die Mahlzeiten gelten feste Einnahmezeiten, Hildegard bespricht sogar die einzelnen Gerichte, die abwechslungsreich serviert werden sollen. Sie plädiert für ein gutes Frühstück, berücksichtigt Lebensalter und Gesundheitszustand des Essenden, warnt vor Freß- und Trunksucht ebenso wie vor übertriebener Askese. »Solange dir die Möglichkeit geboten ist, arbeite!«, schreibt sie in einem ihrer Briefe, doch sie weiß auch etwas über die Tötung des Leibes durch übertriebene Arbeit. Leitbegriff einer gesunden Lebensführung ist die Tugend der »Diskretion«, der »Unterscheidungsgabe«, die alle anderen Tugenden stützt. Die Diskretion selbst ist nicht schöpferisch, sondern immer nur unterstützend wirksam, indem sie das Richtige vom Falschen scheidet, ein Gleichgewicht zwischen meditativen und aktiven Zeiten herstellt und die richtige Einordnung der geistlichen und leiblichen Bedürfnisse ermöglicht. Diskretion unterscheidet nicht nur, sondern mäßigt alles und ermöglicht deshalb eine Krankheiten verhütende Lebenspraxis. Wenn Hildegard schreibt: »Alle Kräfte hält zusammen die Diskretion«, dann erfaßt sie als tiefstes Wesen der Krankheit die einseitig-maßlose Freisetzung von Kräften, die es zu bändigen gilt.

Magische und medizinische Wirkungen schreibt Hildegard auch Steinen, besonders den Edelsteinen zu.[12] Das entsprach seit jeher alchemistischen Erkenntnissen. Steine galten nicht als tote Gegenstände, Edelsteine etwa sollten im Paradies den unschuldigen Menschen schmücken, aber auch der gefallene Mensch konnte einen heilenden Abglanz derselben erfahren. Im Osten, von wo das Heil der Menschen ausging, sind sie – so Hildegard – in der Sonnenglut entstanden. Erkrankte Körperteile können mit ihnen behandelt werden, auch in Pulverform oder in Tinkturen, Aufgüssen, Pflastern und Salben entfalten sie heilende Wirkungen. Der Smaragd etwa hilft bei Herz- und Magenbeschwerden und soll bei epileptischen Anfällen in den Mund geschoben werden. Eine Weintinktur mit eingelegtem Onyx hilft bei Augenleiden, eine Essig-Onyx-Tunke mildert Fiebererkrankungen, Bißwunden heilt der Achat, der auch bei Mondsüchtigen anzuwenden ist. Jaspis und Sarder erleichtern die Geburt und wirken auch bei Gehstörungen. Bei Wurmerkrankungen hilft der Kristall.

Viele von Hildegards praktischen Heilvorschlägen sind zeitbedingt. Wesentlich daran ist folgendes: Ob kosmische Vision oder ärztliches Wissen, ob Sexualbiologie oder Kräuterkunde, ob Diätetik oder Gesteinslehre, in allen Lebensäußerungen dokumentiert sich Hildegards tiefes Wissen von der Heiligkeit des natürlichen Seins.

Mensch und Natur – Hildegards Natur- und Heilkunde

Die Katharer mit ihrer naturfeindlichen Lehre von der »bösen« Schöpfung stellten ihre ganzheitliche Lebens- und Weltschau grundsätzlich in Frage. Ihre Natur-, Leib- und Kosmosfreudigkeit, das Gefühl einer tiefen Allverbundenheit allen Seins, eine für das Mittelalter ungewöhnliche Bejahung des kreatürlichen Lebens mußte sich bedroht sehen durch die welt-, natur- und leibfeindlichen Lehren der Katharer.

Nur so wird verständlich, wenn Hildegard in ihrem Brief an das Mainzer Domkapitel das Ausmaß der katharischen Gefahr in apokalyptischen Farben malt:

Die alte Schlange hat in eurer Mitte gegen die Ohren ihre Belagerungstürme errichtet, das heißt mit denen ..., die Gott Baal nennen und den rechten Gott nicht kennen ... Diese Menschen aber, aus denen der Teufel seine Belagerungswerke gegen das Gehör erbaut, sind wie der Krebs, der von vorne und von hinten sich ausbreitet, und wie Skorpione, die mit feurigen Schwänzen euch im Dunkeln stechen und mit dem schlimmsten Gift grausigsten Unglaubens euch vernichten ... (Briefwechsel, S. 173)

Die Katharer sind nach Hildegards Meinung zu apokalyptischen Ungeheuern aufgestiegen, und wir dürfen nicht verschweigen, was ihr die göttliche Vision für die Zuhörer aufträgt:

Hört die Worte der Priester, die meine Gerechtigkeit verteidigen und ihr dienen, und in deren Ohren diese meine Worte tönen, und die auch diese Worte in meinem Namen an euch richten: Werft jenes besagte schmutzige und gemeine Volk mit zum Schreien erhobenen Stimmen hinaus, peinigt sie mit scharfen und harten Worten und sorgt allenthalben für ihre Vertreibung; und treibt sie zuhauf ein für allemal und leert ihre Spelunken aus, weil sie euch verführen wollen. Und dies tut deswegen, damit ihr nicht von Gott verflucht werdet ..., denn Magister und Priester, Könige und Herzöge und Fürsten angesichts Gottes könnt ihr nicht genannt werden, solange ihr diesen Leuten Wohnstatt unter euch gewährt: Denn eure Städte und Dörfer würden zerstört werden, und eure Besitztümer würden in der Nähe dieser verbrecherischen Menschen verheert werden, wenn sie unter euch blieben ... (Briefwechsel, S. 173)

Auch diese Worte also stammen von Hildegard, prophetenhafte

Worte, die zur erbarmungslosen Verfolgung der Katharer aufrufen. Hildegard hat nicht zur Tötung, sondern zur Vertreibung der Katharer angestachelt, doch auch das muß einen dunklen Schatten auf ihre Lebensfrömmigkeit werfen. Vielleicht wollte sie mit ihrem Aufruf zur Vertreibung Schlimmeres verhüten, doch in ihrer harten und ungeduldigen Sprache lassen sich keine Zwischentöne entdecken. Am Ende des Briefes treibt sie zur schnellsten Ausführung des »göttlichen« Auftrags an. Und was sie selbst nicht ausdrücklich gefordert hatte, besorgen andere: Einen Monat nach ihrer Vertreibungsrede stehen in Köln und Bonn Vorsteher und Anhänger der Katharer im Dom zum Verhör. Wenig später werden sie auf dem Scheiterhaufen verbrannt.[13]

Gemessen an ihren tiefen Einsichten in den Lebenszusammenhang von Gott, Mensch und Kosmos, an ihrer Bejahung des natürlichen und kreatürlichen Lebens, an ihrer leibfreundlichen Sexualethik erscheint die rigorose Vertreibungspredigt als Rückfall ins »finstere« Mittelalter. In ihrer Größe wird ihre Grenze spürbar, Hildegard war ein »Mensch in seinem Widerspruch«, verstrickt auch in die Auffassungen ihres Zeitalters.

*

Ihre letzte Lebensphase ist von Dunkelheit umgeben. Beinahe wäre ihr Leben in kirchlicher Ächtung zugrunde gegangen. Was war geschehen, daß sich die kirchliche Oberleitung in Mainz zu der schärfsten Strafmaßnahme hinreißen ließ, der Verhängung des Interdikts über Hildegards Kloster auf dem Rupertsberg?

In ihrem letzten Lebensjahr betete Hildegard oft am Grab eines Edelmannes, der im Jahre 1178 auf dem Klosterfriedhof beigesetzt worden war. Doch dieser Mann war vom Mainzer Prälaten exkommuniziert worden. Kurz vor seinem Tod hatte sich der immer noch Exkommunizierte mit der Kirche ausgesöhnt und die Sakramente empfangen. Die Mainzer Kirchenbehörde blieb hart und befahl, den Körper des Verstorbenen auszugraben und vom Klosterfriedhof zu entfernen. Hildegard jedoch gehorchte nicht, denn sie hatte in einer Vision die Weisung empfangen, den Toten in der geweihten Erde zu belassen. Sie trat an das Grab, zeichnete mit ihrem Äbtissinnenstab

Mensch und Natur – Hildegards Natur- und Heilkunde

ein Kreuz darüber, machte jedoch die Grablegegrenzen unkenntlich. Mainz verhängte wegen dieser Gehorsamsverweigerung das angedrohte Interdikt. Öffentliche Gottesdienste waren damit dem Rupertsberger Kloster untersagt, das Heilige Abendmahl durfte von den Nonnen nicht mehr empfangen werden; nur bei verschlossenen Türen war es erlaubt, mit gedämpfter Stimme Psalmen zu singen und Lesungen zu rezitieren. Die Kirchenglocken hatten zu verstummen.[14]

Welches Leid hierdurch über Hildegard gekommen ist, kann man einem Brief entnehmen, den sie an die Mainzer Prälaten sandte. Sie schildert darin ausführlich den Hergang der Ereignisse und rechtfertigt ihre Weigerung. Erschütternd wirkt auf uns noch heute, was sie über die Unterdrückung des Gotteslobs ausspricht:

Diejenigen also, die der Kirche in bezug auf das Singen des Gotteslobs Schmerzen auferlegen, werden, da sie auf Erden das Unrecht begingen, Gott die Ehre des ihm zustehenden Lobes zu rauben, keine Gemeinschaft haben mit dem Lob der Engel im Himmel ... (Briefwechsel S. 236 ff.)

Die Unterdrückung der von ihr geliebten Musik muß sie ganz besonders gequält haben. Denn Musik war für Hildegard nicht nur Beiwerk der Liturgie, nicht nur Gesang volkstümlicher Weisen. Für sie war Musik Abbild und Sinnbild dessen, was sie in Visionen erschaut hatte, ja ihre Visionserfahrungen übersetzten sich oftmals bruchlos in Klangvisionen, wobei Bild- und Hörerfahrungen unauflöslich ineinanderspielten. So heißt es schon am Ende ihres Erstlingswerkes:

Darauf sah ich eine von Licht durchstrahlte Luft. Aus ihr ertönten mir auf wundersame Weise mannigfaltige Klänge. Es waren Lobgesänge für jene, die im Himmel wohnen ... (Wisse die Wege, S. 351)

Das ungestaltete Licht verwandelt sich in die unsichtbare, aber hörbare Symphonie der Töne. Hildegard hat nicht nur in Worten beschworen: den Einklang von Gott, Mensch und Kosmos, die Sympathie alles Seienden, die Zusammenschau von Licht und Finsternis, sie hat ihre Bild- und Worterfahrungen in das Medium der Töne übertragen. Damit kommt Hildegard auch als bedeutende Musikerin des Mittelalters zu Gehör. Ihr symphonisches Weltempfinden hat sie zu Klang werden lassen in immerhin siebenundsiebzig überlieferten Gesängen.[15]

Sie hat antiphonische Wechselgesänge zwischen zwei Chorgruppen komponiert, Responsorien, in denen dem Vorsänger von der Gemeinde geantwortet wird, doch auch strophisch gegliederte Hymnen und freier gestaltete Sequenzen, die im Anschluß an das Große Halleluja gesungen wurden. All diese Musikgattungen hat sie in der traditionellen Kirchenmusik, der Gregorianik, vorgefunden, doch war diese ihrem Ausdrucksreichtum nicht mehr gewachsen. Sie läßt die Kirchentonarten mit ihrem festen Tongefüge hinüberspielen in Dur- und Molltonarten, sie erweitert den Tonumfang über eineinhalb bis zweieinhalb Oktaven – uns heute kaum vorstellbar! –, noch erstaunlicher die für mittelalterliche Ohren sprunghaft wirkenden Intervallschübe. Neu ist auch die zentrale Rolle der Melodik. Auch ein geistliches Singspiel hat Hildegard verfaßt – *Die Ordnung der Tugenden* –, in welchem die Seele mit den Waffen der Tugenden gegen den Teufel streitet. Die Tugenden vermögen zu singen, dem Teufel jedoch entringt sich nur dumpfes Getöse. Hildegard hat zwar betont, daß sie weder Gesang noch Noten (Neumen) gelernt habe, doch sie kennt das harmonikale Weltbild des spätantiken Philosophen Boethius, der mit seiner Schrift über die Musik das mittelalterliche Musikgeschehen weitgehend bestimmt hatte. Auch Hildegard unterscheidet von der instrumentellen Musik ein unhörbares Klanggeschehen, die Sphärenmusik, in welcher sich die Harmonie der vollendeten Himmelsbewegung ausdrückt. In der menschlichen Musik klingt der Gleichklang von Leib und Seele auf. Deshalb kann Hildegard von der »himmlischen Harmonie« ebenso sprechen wie davon, daß »die Seele symphonisch ist«; in ihren Liedern möchte sie die »symphonische Harmonie der himmlischen Offenbarungen« anklingen lassen.

Der größte Teil von Hildegards musikalischem Werk ist »weiblichen« Themen gewidmet, der Preis der Jungfräulichkeit klingt auch in den Kompositionen nach, die hl. Ursula und ihre zwölftausend Jungfrauen tauchen ebenso auf wie Maria, die Gottesmutter. Während Hildegard in ihrer Sexualbiologie jedoch zu drastisch-realistischen Beschreibungen vorstößt, trägt sie an Maria ein Bild der Mutterschaft heran, das »unbefleckt« von aller Sexualität und »befreit« von den Schmerzen und Ängsten des Gebärens erscheint: »Ihr Schoß frohlockte, da alle Symphonie des Himmels in ihr tönte«[16] – das Bild einer gleichsam »musikalischen« Geburt entsteht. Einer ihrer schönsten Mariengesänge lautet:

O strahlender Edelstein,
der Sonne lichter Glanz,
er strömte in dich ein,
der Springquell aus des Vaters Herz,
sein einzig Wort,
durch das er schuf
der Welten Urstoff,
von Eva erschüttert.
Dies Wort hat, Vater,
dir den Menschen bereitet.
Darum bist du
der lichte Stoff,
aus dem dies Wort verströmt hat
alle Kräfte,
wie er herausgeführt
in Urstoff alle Kreaturen.
(Lieder S. 218 f.)

In diesem gedanklich nicht vollständig aufschlüsselbaren Gesang sammeln sich vielfältige Bildimpulse, um das Mysterium der Geburt zu umkreisen. Maria wird zum »strahlend-hellen Edelstein«, die Gottesgeburt wird zur Lichtgeburt verklärt, Marias Schoß zur »lichten Materie« vergeistigt. Und was zum »Einströmen« drängt, ist das Wort, der Logos, nicht etwa der göttliche Same. Hildegard hebt das Geheimnis der Jungfrauengeburt vollständig ab vom Drama menschlichen Gebärens, ein lichtes Wortgeschehen findet statt, dem Lust- und Schmerzerfahrung fremd bleiben.

Man könnte glauben, Hildegard habe vielleicht ihre eigene jungfräuliche Nonnenexistenz sublimiert, sexuelles Empfinden vergeistigt, den Geburtsvorgang »geschlechtslos« aufgehoben, doch ein genaues Lesen offenbart uns Tieferes: Etwa in der Mitte des Liedes fällt am Ende der Verszeile das Wort von der »ersten Materie« *(prima materia),* dem Urstoff allen Seins. Die jungfräuliche Geburt wird in eins geschaut mit dem Drama der Weltschöpfung. Und wie Eva einst die »Urmaterie« erschütterte, so geschieht in Maria die Wiederherstellung einer »lichten Materie« *(lucida materia).* Menschen- und Weltschöpfung werden zu einer Einheitserfahrung, die mit »geschlechtlichen« Bildern nicht wiedergegeben werden kann. Zu dieser Vision von Allverbundenheit gehören die Lebensmächte der Entstehung und des Werdens, der Erschütterung und der Wiederherstellung, der Trennung und Vereinigung.

Daß der musikalische Ausdruck ihrer tiefsten Erfahrungen kurz vor Ende ihres Lebens verboten wurde, hat Hildegard als Teufelswerk angesehen:

Der Teufel erschrak, ja er quälte sich ungemein, als er sah, daß der Mensch zu singen begann, weil dadurch seine trügerischen Ränke vereitelt werden könnten. Darum sucht er ohn Unterlaß den Lobpreis Gottes und die Schönheit der geistlichen Gesänge aus den Herzen der Menschen und aus dem Mund der Kirche in Disharmonie zu bringen und zu verbannen ... Ihr müßt euch beim Fällen eines Urteils in acht nehmen, daß Satan, der den Menschen die himmlische Harmonie und die Wonnen des Paradieses entriß, euch nicht umzingelt. Das Singen des Gotteslobs ist in der Kirche durch den Heiligen Geist wurzelhaft grundgelegt als Widerhall der himmlischen Harmonie. Der Leib ist das Gewand der Seele, die der Stimme Leben gibt. Alle Künste, die dem Nutzen des Menschen dienen, sind von dem Hauch ersonnen, den Gott in den Leib des Menschen gesandt hat. Die Seele entstammt der himmlischen Harmonie, sie ist harmonisch. (Briefwechsel, S. 236 ff.)

Das gnadenlose Interdikt zog sich hin. Eine Klärung verzögerte sich, da der Erzbischof von Mainz in Rom weilte, und erst als Hildegard den Papst um Intervention gebeten hatte, wurde das Interdikt aufgehoben. Der Erzbischof entschuldigte sich:

Wir haben mit der Trübsal und Bedrängnis, die der geweihte Konvent zusammen mit dir wegen der Suspension des Gottesdienstes erleidet, um so innigeres Mitleid, je klarer sich in der Sache Eure Unschuld darstellt. Daher richteten wir an die Kirche in Mainz ein Schreiben folgenden Inhalts: Wir bestimmen, daß, wenn durch eine der Wahrheit entsprechende Aussage von bewährten Männern die Absolution des genannten Verstorbenen nachgewiesen ist, der Gottesdienst bei euch gefeiert werden soll ... (Leben, S. 46)

»Bewährte Männer« waren also aufzubieten; dem Zeugnis von Frauen schien man bei allem Wohlwollen Hildegard gegenüber doch nicht so recht zu trauen. Die Aufhebung des Interdikts hat sie gerade noch erlebt. Am 17. September 1179 endet ihr hochbetagtes Leben. Ihr bedeutendes Lebenswerk hat sich im Mittelalter nicht durchsetzen können. Eine gelehrte Wissenschaft, die Scholastik, verdrängte es. An der Bilderwelt und dem Reichtum ihrer Visionen orientierte man sich nicht, dagegen wurde die Logik des Aristoteles verbindlich. Die visionär-ganzheitliche Lebensschau Hildegards wurde von analytischen Deduktionen abgelöst. Übrig blieb nur ein kleiner Rest von Hildegards Gesamtwerk, etwa ihre apokalyptischen Mahnreden, die besonders im Kloster Eberbach im Rheingau gepflegt wurden. Hildegard wurde auf die Rolle einer »Propheta teutonissima« verkleinert, ein Titel, der seit der Herausgabe ihrer Schriften durch den Sponheimer Abt Johannes Trithemius eingeführt wurde. Aufgenommen wurden dann ihre kirchenkritischen Drohworte noch einmal in der protestantischen Kirchenkritik des Mathias Flacius (1567), denn sie ließen sich trefflich ins Feld führen, um den Verfall katholischer Moral und Sitte im Mittelalter zu dokumentieren.[17]

Auch heiliggesprochen wurde Hildegard zunächst nicht, obwohl es schon früh Bemühungen in dieser Richtung gegeben hatte.[18] Schon die Abfassung ihrer Biographie durch die Mönche Gottfried vom Disibodenberg und Theoderich von Echternach und eine andere durch den Mönch Wibert von Gembloux zeigen, daß Hildegard zumindest in bestimmten Kreisen als Heilige verehrt wurde. Papst Gregor IV. bringt dann den Heiligsprechungsprozeß am 27.1.1227 auf Antrag des Konvents vom Rupertsberg in Gang. Doch merkwürdig, die Mainzer Kommissare engagieren sich nicht, ihr Bericht wird zurückgeschickt. Auch eine neue Untersuchung führt zu nichts. Mainz scheint das Verfahren nachhaltig blockiert zu haben, ein Abschlußbericht ist vermutlich gar nicht nach Rom gelangt. Auch spätere Bemühungen bleiben erfolglos. Waren die Mainzer vielleicht ungehalten über die Wallfahrtsstätte auf dem Rupertsberg, oder stieß man sich vielleicht immer noch an den kirchenkritischen Drohworten Hildegards? Denkbar ist auch, daß man es in Mainz nicht mit dem deutschen Kaiserhaus verderben wollte, nachdem Hildegard so eindeutig gegen Kaiser Friedrich Barbarossa Stellung bezogen hatte. Möglicherweise ist es auch das Gesamtwerk Hildegards gewesen, das sich nicht bruchlos in die orthodox-kirchliche Lehre einzufügen schien.

4 SCHWÄRMERIN UND WARNERIN –
ELISABETH VON SCHÖNAU

Hildegard von Bingen ist – wegen ihrer schöpferischen Kraft, der Mannigfaltigkeit ihrer kreativen Äußerungen, der kosmischen Weite ihres visionären Schauens, des Realismus ihrer auf Leiblichkeit und Natürlichkeit hin ausgerichteten Phantasie, der Konsequenz und Geradlinigkeit ihrer Lebenspraxis – eine herausragende Frauengestalt, an der alle landläufigen Vorurteile über den allein nachahmenden, passiven und unselbständigen Charakter von Frauen zerbrechen. Ein verwandtes und doch ganz unterschiedliches Lebensschicksal begegnet uns, wenn wir das Rupertsberger Kloster verlassen und uns auf das andere Rheinufer begeben. Hinter dem Rheinstädtchen St. Goarshausen – unweit des Loreleyfelsens –, auf dem Hochplateau des Taunus und etwa dreißig Kilometer von Wiesbaden entfernt, steht in einsam-öder Landschaft ein mächtiges Gebäude, die Ruine des Klosters Schönau, der Wirkungsstätte Elisabeths von Schönau (1129–1164), einer Zeitgenossin Hildegards.[1]

Elisabeth kommt aus adligen Kreisen, wohl aus einer Familie, die dem Bonn-Andernacher Raum zuzurechnen ist. Mütterlicherseits ist uns ein Großonkel bekannt, der als Bischof von Münster gewirkt hat, und ihr Bruder Egbert gehörte dem Cassiusstift in Bonn an.[2] Wie Hildegard wird auch Elisabeth im Kindesalter der klösterlichen Gemeinschaft zugeteilt. Nach eigenen Angaben kann sie damals erst zwölf Jahre alt gewesen sein. Anders als das einstige Mutterkloster Hildegards auf dem Disibodenberg war Schönau jedoch weitaus ärmer ausgestattet, ein Umstand, den Elisabeth später immer wieder hervorhebt.[3] Dies hing wohl unter anderem damit zusammen, daß Schönau auch nichtadligen Mönchen und Nonnen geöffnet war. Auf klösterliche »Eintrittspreise« wie die standesgemäße »Mitgift« mußte deshalb weitgehend verzichtet werden. Elisabeth wird jedoch, anders als Hildegard, ihr Leben lang in diesem Kloster ausharren; auf die Idee, ein eigenes Kloster zu gründen oder auf Reisen zu gehen, ist sie nicht gekommen.

Im Alter von dreiundzwanzig Jahren, also im Jahre 1152, empfing sie die ersten Visionen. Diese sind weniger vielschichtig und weniger ins kosmisch Universale ausgerichtet als die der Hildegard von Bingen. Dafür berühren uns die Visionen Elisabeths unmittelbarer, denn sie sind stärker von persönlicher Erfahrung geprägt. Im Unterschied zu Hildegard erfährt sie ihre Schauungen nicht in einem Zustand des Wachbewußtseins, sondern sie verfällt in Ekstasen und wird entrückt, während ihr Körper in Starrkrampf und Unempfindlichkeit verbleibt. Auch reagiert sie anders als Hildegard:

Ich danke Gott, ich, die geringste unter seinen Armen, denn von dem Tage an, da ich angefangen habe, in dieser geregelten Ordnung zu leben, bis auf diese Stunde, ist seine Hand so stark auf mir gewesen, daß ich niemals aufgehört habe, seine Pfeile in meinem Leibe zu tragen. Meine verschiedenen und langwierigen Krankheiten haben mich nicht bloß gequält, sondern auch alle Schwestern, welche um mich sind. Gott möge ihnen Barmherzigkeit verleihen, denn sie haben die Last meines Leibes mit mütterlichem Mitgefühl mit mir getragen! Öfters haben sie mir auch in meinen Schwachheiten Arzneien gereicht, aber ich bin dadurch nur schwächer geworden und habe in einem Gesichte des Nachts eine Stimme zu mir sagen hören: »Unser Gott ist im Himmel, er kann schaffen, was er will.« Ich habe erkannt, daß ich dadurch ermahnt wurde, nicht den Heilkünsten der Menschen, sondern dem Willen meines Schöpfers meinen Leib zu überlassen, und so habe ich es gemacht. (Visionen, S. 169f.)

Elisabeth akzeptiert ihre Krankheiten und vertraut eher als auf medizinische Hilfe auf die Selbstheilungskräfte des Körpers, denen sie sich ungeschützt überläßt. Besonders auffällig ist ihr Vertrauen auf die solidarische Hilfe ihrer Mitschwestern. Auf deren Beistand verläßt sie sich. Hildegards Leiden trug dagegen einen ganz individuellen, einsamen Charakter. Solidarität tritt bei Elisabeth auch in ihrer visionären Erfahrung hervor. Ihre Mitschwestern werden zu Zeugen ihrer Visionen, die sie in ihrem Beisein ausspricht. Als einmal ihre Mitschwestern die Klosterkapelle verlassen, sehen sie einen

Schwärmerin und Warnerin – Elisabeth von Schönau

Regenbogen am Himmel, den Elisabeth unmittelbar vorher schon visionär geschaut hatte. Und in ihre Visionen dringen manchmal Bekannte und Verwandte ein. Ein Freund etwa, den sie sehr verehrt hatte, erschien ihr in einem weißen Gewande. Für ihn hatte sie inbrünstig gebetet.[4]

Heimgesucht wird Elisabeth jedoch nicht nur von körperlichen Beschwerden, ausgerechnet zum Pfingstfest wird sie von Schwermut heimgesucht. Elisabeth beschreibt sie:

Es geschah an dem Pfingstfest, daß ich, da die Schwestern zu dem Tisch des Herrn zusammenkamen, durch einen Umstand abgehalten wurde, jenes göttlichen und lebendigmachenden Sakramentes teilhaftig zu werden. Daher erheiterte mich die Feier jenes Tages nicht wie sonst, und ich verblieb den ganzen Tag über in einer gewissen Finsternis des Geistes, und ich konnte die Traurigkeit gar nicht von dem Geiste abschütteln. Es stiegen in meinem Herzen mehr wie sonst alle Sünden auf und ich vergrößerte jede einzelne bei mir und vermehrte mir so selbst meine Schmerzen. So wuchs nach und nach bei mir diese nicht gute Traurigkeit, und ich wurde so in meinem Sinn verfinstert, daß, wohin ich mich auch wandte, ich in Finsternis zu wandeln glaubte ... Dabei empfand ich auch einen solchen Ekel, daß nichts war, was meine Seele nicht anwiderte ... (Visionen, S. 170f.)

Elisabeth gibt hier eine interessante Beschreibung der gefürchteten depressiven Schwermut, und sie liefert auch gleich eine Erklärung mit. Der penible Detailgehorsam, die moralische und religiöse Skrupulösität sind verantwortlich für die Traurigkeit mit ihren merkwürdig zwiespältigen Folgen, einer Mischung aus Lethargie und Unrast, aus Mutlosigkeit und Lebensekel. Sie spricht etwas später sehr bildhaft von einem »Zusammenbrechen des Geistes« und wird immer stärker in den Sog einer alles Feste auflösenden Traurigkeit hineingezogen. Der Zustand ihrer Verzweiflung wird noch verstärkt, als Elisabeth von bedrängenden und ganz bedrohlichen Angstvisionen heimgesucht wird:

Am andern Tage des Morgens, als ich allein im Kapitel stand und betete, trat mir wieder mein Widersacher entgegen, vor mir in der Gestalt eines wollüstigen Priesters, bekleidet mit einem weißen Ca-

misole. Ich erschrak, verharrte aber in meinem Gebet und tat nichts langsamer, daß ich ihn desto mehr zu Schanden machte. Als aber das Gebet vollendet war, stieg ich hinauf ins Schlafgemach, und er folgte mir dahin nach. Ich ging von hier in die Kirche und kam mitten zwischen zwei betende Schwestern zu stehen. Auch hierhin folgte er mir nach und stand vor mir, indem er meiner mit einer obszönen Gebärde spottete. Ich konnte aber das Auge des Geistes ... nicht von ihm abwenden ... Dann ging ich hinaus und saß in der Gesellschaft; auch hierhin folgte er mir, und er stand still und lachte mich an ... Als ich aber dann die Messe gehört und kommuniziert hatte und zum Frühstück ging, konnte ich vor allzu großer Anfechtung kaum die Speise anrühren. Nach dem Frühstück aber ward ich plötzlich ohnmächtig, und es blieb mir gar nichts von Kräften übrig, und ich wurde von allen Seiten so zusammengeschnürt, daß keins meiner Glieder ohne Schmerzen war. Als dann die Schwestern um mich herumtraten, konnte ich kaum die Zunge bewegen ... Während sie aber beteten, fühlte ich meine Kehle wie von einer scharfen Hand zugezogen, so daß mein Atem fast erstickt wurde. (Visionen S. 176f.)

Hier handelt es sich um eine Angstvision, in welcher verdrängte Lust und Sexualität in der geschauten Gestalt eines wollüstigen Priesters verkörpert werden. Anstelle eines Priesters ist es manchmal ein Stier, der ihr bedrohlich nahe kommt, oder Satan selbst, dessen »Zunge flammend und lang aus dem Munde« ihr entgegenstrebt.[5]

Elisabeth fällt in Ohnmacht, leidet an Erstickungsängsten, fühlt sich eingeschnürt, kann nicht mehr atmen, zeigt lauter Merkmale einer hysterischen Reaktion, in der sexuelle Erfahrungen in quälende Angstvisionen »verschoben« werden. Der solidarische Beistand der Mitschwestern kann nur vorübergehend lindern, Befreiung wird ihr erst zuteil, als sie einer Kontrastvision teilhaftig wird, in welcher eine von Sexualität nicht verdunkelte Lichtgestalt erscheint: die Jungfrau Maria.

Dann, als die Messe der allerseligsten Jungfrau, unserer Herrin, begonnen hatte, kam ich in Verzückung. Und mein Herz wurde aufgetan, und ich sah über der Luft das Rad eines großen Lichtes, ähnlich dem Vollmond, aber wohl doppelt so groß. Und ich sah hinein mitten durch das Rad, und ich sah das Bild einer königlichen Frau stehen in der Höhe, wie mit weißesten Gewändern angetan, und mit einem purpurnen Mantel umgeben. Sogleich erkannte ich, dies sei die erhabene Himmelskönigin, die Mutter unseres Heilands, nach deren Anblick ich mich immer gesehnt hatte ... Meine Herrin stand, schlug über mich das Kreuz und prägte in meine Sinne, ich weiß nicht wie, diese Worte ein: »Fürchte dich nicht, denn dir soll das nicht schaden!« Den Schall der Stimme habe ich zwar nicht gehört, sondern nur deutlich die Lippen gesehen. Darauf schritt sie zurück in das Innere ihres Lichtes ... Und sogleich erfrischte ich meinen Geist durch die heilsame Hostie. (Visionen, S. 174).

Von Sexualängsten gepeinigt, flieht Elisabeth zur Jungfrau Maria, die ihr als Herrschergestalt erscheint. In ihr vermag sie ihre Ängste zu sublimieren und aufzuheben. So herrscherlich Maria auch erscheint, in einem himmlischen Lichtrad – wir erinnern uns an Hildegards Kosmosvision – mit dem purpurnen Königsmantel und mit dem weißen Muttergewand, Elisabeth tritt mit ihr in einen geradezu familiären Kontakt. Als Trösterin erscheint sie ihr »gewöhnlich fast an jedem Sabbath und etliche Male an anderen Tagen, wenn das Offiz ... gefeiert wurde«. Einmal steigt Maria sogar ein wenig zu ihr hinab, Elisabeth verfolgt ihre Lippenbewegung und siehe da, es sind die Silben ihres Namens, die sie Maria von den Lippen abliest. Sie scheut sich auch nicht, neugierige Fragen zu stellen, und erfährt sogar das Alter Marias. Und wenn sie unwissend ist oder Dinge nicht versteht, bittet sie einfach um Aufklärung. Manchmal wird ihr eine Antwort gegeben, manchmal wird sie ihr verwehrt, einmal wird sie – einer ungeübten Seminaristin gleich – an Gelehrte verwiesen, dann wieder wird ihr aufgetragen zu schweigen und sich demütig zu bescheiden. Auch kann es ihr passieren, daß sie in der Vision gescholten wird, wenn sie sich nicht an Visionsweisungen hält, oder es wird ihr eine Besinnungsfrist eingeräumt.[6] Da mag sich der Eindruck festsetzen, Elisabeth repräsentiere eine naiv-kindliche Spielart des Sehertums, und so ist es auch oft geschehen. Durchweg wird die etwas unbedarft-kecke Elisabeth ihrer herben und strengen Nachbarin vom Rupertsberger Kloster gegenübergestellt, die eine in ihrem beinahe vertraulichen Umgang mit Maria und vielen Heiligen, die andere in objektiv-harter Distanz zu ihren Visionsbildern; die eine in ihrem ekstatisch-verzückten Erleben, die andere in ihrem wachen Bewußtsein. Elisabeth ist dennoch keine naive, nur gefühlsbetonte Visionärin, sie hat ihren Anteil am erwachenden Selbstbewußtsein der Frauen.

Es geschah in der Sonntagnacht, welche die erste war nach dem Fest des Heiligen Jakobus, daß ich aus dem Leib herausgerufen und in Verzückung hineingerissen wurde. Und siehe, ein großes, flammendes Rad leuchtete am Himmel auf: Diese Erscheinung verursachte mir große Beängstigungen und sogleich verschwand sie. Darauf öffnete sich an demselben Ort eine Tür und ich sah durch sie hinein, und ich sah Licht viel glänzender als das, was ich zu sehen gewohnt war und viel tausend Heilige in ihm; sie standen aber im Kreise um die große Majestät, gestellt nach dieser Ordnung: Es waren in dem vorderen Teil dieses Kreises Männer, großartige und sehr ausgezeichnete, geschmückt mit Palmen und reichfunkelnden Kronen und waren geziert an der Stirn mit dem Titel der Passion. Und ich erkannte, sowohl aus ihrem Titel als aus der einzigartigen Glorie, welche sie vor den anderen hatten, daß diese die ehrwürdigen Apostel Christi waren. Zu ihrer Rechten stand ein zahlreiches Heer, glorreich mit denselben Insignien. Hinter diesen standen noch andere leuchtende Männer da, aber das Zeichen des Martyriums erschien nicht in ihnen. Zur Linken aber der Apostel glänzte die heilige Schar der Jungfrauen hervor, geschmückt mit den Zeichen des Martyriums. Hinter diesen noch ein anderer Chor ausgezeichneter Mädchen, gekrönt zwar, aber ohne Insignien des Martyriums. Dann noch andere zu verehrende Frauen, die mit Schleiern erschienen. Auch ein andrer Kreis schien unter diesem, den ich als den Kreis der heiligen Engel erkannte. In der Mitte aller aber die Glorie der unendlichen Majestät, welche ich schlechterdings nicht bereden kann, den herrlichen Thron umgaben leuchtende Regenbogen. Zu der Rechten der Majestät schaute ich einen gleich eines Menschen Sohn in höchster Glorie thronen, zu der Linken aber erschien das Zeichen des Kreuzes, gewaltig strahlend. Als ich dieses alles mit zitterndem Herzen anschaute, würdigte mich der Herr, auch dieses noch hinzuzufügen, daß er mir, der unwürdigsten Sünderin, von der Glorie seiner unaussprechlichen Trinität auf eine Weise, welche darzulegen ich weder im Stande bin, noch den Mut habe, dies anzeigte, wie in Wahrheit eine Gottheit in drei Personen und drei Personen in dem einen göttlichen Wesen sind. Zur Rechten aber des Menschensohnes saß die Königin der Engel und die Herrin der Reiche auf einem Throne wie von Sternen, umflossen von unendlichem Licht. (Visionen S. 182f.)

Das Besondere dieser Vision besteht in der Darstellung von Frauen, die den Männern gleichberechtigt zugeordnet sind. Die Entsprechung wird sogar leicht zu Gunsten der Frauen verschoben, denn neben Märtyrerinnen und Jungfrauen erscheinen auch verschleierte, d.h. verheiratete Frauen. Von einer Sondergruppe verheirateter Männer ist jedoch auf der »rechten« Visionshälfte nichts zu sehen. Die Gruppe der Engel befindet sich eindeutig auf der Frauenseite, eine weitere, untergründige Erhebung und Würdigung der Frauen. Elisabeth hat also Frauen einen sichtbaren Platz im Stand der Herrlichkeit verschafft, und interessant dabei ist, daß nicht – wie bei Hildegard – einzelne Frauengestalten präsentiert werden, sondern Frauengruppen, wieder ein Zeichen, wie eindrucksvoll Elisabeth den solidarischen Gemeinschaftscharakter von »Frausein« erfährt, selbst wenn sie entsprechend ihrer Zeit noch ganz im Rahmen einer ständischen Ordnung verbleibt, indem sie die Rangordnung zwischen Märtyrerinnen, Jungfrauen und verheirateten Frauen beibehält.

Elisabeth spricht weiterhin von der Vergegenwärtigung der göttlichen Trinität, welche ihr an der Schau von Gottesglorie, Menschensohn und Kreuz aufgeht, doch sie fügt dem Bild des thronenden Menschensohnes die thronende »Königin der Engel« und »Herrin der Reiche« hinzu, offensichtlich darauf bedacht, der männlichen Gottesgestalt eine weibliche Person zuzuordnen. Die Bedeutung der Weiblichkeit wird jedoch noch wachsen. Am Fest Mariae Himmelfahrt, dem 15. August 1156, fragt Elisabeth – auf ihre uns schon vertraute neugierige Art – die Himmelskönigin, »ob sie bloß im Geiste, oder auch im Leib gen Himmel gefahren sei«.[7] Einer Antwort wird sie nicht sofort gewürdigt, sondern erst ein Jahr später. Ein Engel offenbart ihr, daß Marias Himmelfahrt nicht nur ein geistig-symbolisches Auffahren gewesen sei, sondern daß sie leibhaftig in den Himmel aufgenommen wurde. Elisabeth hat damit zu einem schwierigen Problem der Dogmatik eindeutig Position bezogen. Die leibliche Himmelfahrt Mariens bedeutete eine wesentliche Erhöhung der Gottesmutter, denn bisher wurde die leibliche Himmelfahrt allein dem Gottessohn zuerkannt. In Elisabeths Visionserfahrung steht Maria also eindeutig mit Christus im gleichen Rang, ein Vorgang, der die Bedeutung der Weiblichkeit in Elisabeths Visionen hervorhebt.

Das konnte nicht unwidersprochen bleiben. Und so erging an Elisabeth die Weisung, ihre Offenbarung nicht unter das Volk zu bringen, sondern sie allein in der schwesterlichen Klostergemeinschaft zu vertreten. Es ist bezeichnend, daß nicht nur mittelalterliche Gelehrte skeptisch blieben, auch die Sammler der Heiligenlegenden aus dem achtzehnten Jahrhundert, die Bollandisten, hatten beträchtliche Schwierigkeiten, Elisabeths Marienvisionen anzuerkennen. Sie halfen sich damit – raffiniert und effektiv zugleich –, die Offenbarungen im vierten Teil ihres Visionsbuches für unecht zu erklären. Sie seien ihr nachträglich untergeschoben worden.[8] Triftige Gründe für eine solche Interpretation hatten sie allerdings keine. Allein männlicher Dogmatismus erklärt die Willkür der Herausgeber. Erst 1952 wurde die Frage im Sinne Elisabeths geklärt: Papst Pius XII. erhob die Lehre von der leiblichen Himmelfahrt der Maria zum unumstößlichen Lehrsatz der katholischen Kirche. Beim einfachen Volk erfreuten sich Elisabeths Marienvisionen allerdings immer schon größter Beliebtheit.

Elisabeths Ansehen wuchs, als sie in eine Auseinandersetzung eingriff, die weite Kreise zog. Im Jahre 1156 waren vor den Mauern Kölns – auf dem sogenannten »Blutfeld« – Gebeine ausgegraben worden, Knochenüberreste von Männern und Frauen. Ein bisher unbekanntes Begräbnisareal war entdeckt. Und, merkwürdig passend, wurden gleich auch noch einige treffende Inschriften aufgefunden, auf denen unübersehbar und spektakulär sowohl die Namen der hl. Ursula als auch die Namen einiger ihrer Gefährtinnen aufgezeichnet waren.[9] Der Abt des Schönauer Klosters, Hildelin, hatte ebenso wie der Abt Gerlach von Deutz einige der Gebeine als Reliquien erhalten. Was beide und nicht nur sie leidenschaftlich interessierte, betraf die Echtheit dieser Reliquien und der aufgefundenen Namenstäfelchen. Angefragt wurde deshalb bei Elisabeth, ob die Reliquien, in Sonderheit die der hl. Verena, die nach Schönau verbracht wurden, echt seien. In mehreren Visionen schaute Elisabeth Verena, die ihr alles das bestätigte, wessen die wundersüchtige und reliquienbesessene damalige Zeit bedurfte. Verständlich wird das, wenn wir uns den Inhalt der Ursulalegende etwas genauer ansehen.

Die heilige Ursula soll mit einem Gefolge von elftausend Jungfrauen einst nach Köln gekommen sein, auf der Flucht – so die Legende – vor dem zudringlichen Werben eines angelsächsischen Fürstensohnes. Denn dieser soll Heide gewesen sein, und Ursula wollte sich als Christin nicht mit ihm verbinden. Sie machte sich auf zu einer Pilgerfahrt nach Rom und war mit ihrem Gefolge schon nach Köln gekommen, als sie in die Fänge der Hunnen geriet. Der hunnische Heerführer begehrte Ursula zur Frau, ihre Begleiterinnen sollten den hunnischen Soldaten zugeteilt werden. Dem Beispiel Ursulas folgend, beharrten alle jedoch auf ihrer Jungfräulichkeit und fanden gemeinsam den Tod.[10]

Daß Elisabeth sich dieser Legende bereitwillig annahm, beweist ihr Engagement für die Frau. Hier sieht sie eine »weibliche Heeresgefolgschaft« als Gegenbild zur brutalen Welt der »Männerheere«, die Friedlosigkeit und Rechtsunsicherheit mit sich bringen. Die Propagierung der Ursulalegende ermöglichte es Elisabeth, das Bild eines friedlichen »Frauenheeres« zu vertreten, um dadurch das »männliche« Verständnis von Krieg und Kampf zurechtzurücken. Wir dürfen uns also nicht wundern, wenn Elisabeth hier recht großzügig mit der historischen Wahrheit umgeht. Historische Fakten interessieren sie offensichtlich nicht. Ihr geht es allein darum, die Vision eines weiblichen Heeres zu verbreiten, deshalb beglaubigt sie visionär die Echtheit der Reliquien und auch der Inschriften. Elisabeth verstand es, sich in den Visionen von der hl. Verena sämtliche Zweifel und Ungereimtheiten nehmen zu lassen. Beweisstück ist in diesem Zusammenhang, u. a. eine Inschrift, die den Namen eines gewissen Papstes Cyriacus trägt. Ein solcher Papst wurde in den offiziellen Papstannalen niemals geführt. Auch Elisabeth fand ihn nicht. Eine Vision erklärte ihr jedoch, Papst Cyriacus habe sein Amt niedergelegt, als er Ursula samt ihrem Frauenheer begleitete. So sei er in den Papstbüchern einfach ausgelassen worden.[11] Mögen wir heute über solche visionären Verbiegungen den Kopf schütteln: Modernes Bewußtsein ist etwas anderes als visionäre Phantasie, die im Falle Elisabeths offensichtlich darauf abhebt, das Bild einer weiblichen Gefolgschaft zu festigen. Das hat ihrem Ruf in der Neuzeit jedoch eher geschadet, sie ist heute weit weniger bekannt als Hildegard. Im Mittelalter war es umgekehrt; ihre Weiterbildung und visionäre Beglaubigung der Ursulalegende hat zu ihrer Popularität beträchtlich beigetragen.

Eine ihrer Visionen ist so ungewöhnlich, daß wir sie in ihrer vollen Länge vorstellen wollen:

Als wir die Vigil der Geburt des Herrn begingen, ungefähr zur Stunde der Eucharistiefeier, geriet ich in Geistesentrückung und sah etwas wie eine Sonne von wunderbarer Klarheit am Himmel erstrahlen. In der Mitte der Sonne war das Bild einer jungen Frau von ansehnlicher Gestalt. Die Haare über die Schultern ausgebreitet und mit einer prächtigen Goldkrone auf dem Haupt saß sie da und hielt einen goldenen Becher in der rechten Hand. Sie trat aus der Sonne heraus, die sie von allen Seiten umgab, und der Glanz der strahlenden Helle dieser Frau verbreitete sich zuerst über unseren Wohnort, danach allmählich über andere Gebiete, so daß er sichtbar die ganze Erde überflutete. Neben dieser Sonne erschien jedoch eine große, äußerst dunkle, schrecklich aussehende Wolke. Und als ich dies sah, schob sich die Wolke plötzlich über die Sonne und verdunkelte sie und nahm der Erde eine Zeitlang ihren Glanz. Dann wieder entfernte sich die Wolke, und die Erde erstrahlte erneut im Licht der Sonne. Dies aber wiederholte sich sehr oft, so daß die Erde abwechselnd von der Wolke beschattet und dann wiederum von der Sonne beleuchtet wurde. So oft dies geschah, daß jene Wolke sich vor die Sonne schob, so daß das Sonnenlicht die Erde nicht erreichte, sah ich die junge Frau, die in der Sonne saß, gleichsam vor großem Leid über die Weltfinsternis heftig weinen. Diese Vision hatte ich unaufhörlich an jenem Tag und die ganze folgende Nacht hindurch, denn ich blieb stets wachsam im Gebet. Am Festtag aber, als die feierlichen Messen gefeiert wurden, fragte ich den heiligen Engel des Herrn, der mir

Schwärmerin und Warnerin – Elisabeth von Schönau 89

erschien, wie jene Vision beschaffen wäre, und welche Bedeutung sie hätte. Und er antwortete mir auf die Frage nach der jungen Frau, deren Identität ich vor allem aufzuklären begehrte: »Jene junge Frau, die du siehst, ist die heilige Menschennatur des Herrn Jesus. Die Sonne, in der die junge Frau sitzt, ist die göttliche Natur, die sie ganz besitzt, und welche die menschliche Natur des Erlösers verherrlicht. Die finstere Wolke, die ab und zu das Sonnenlicht von der Erde fernhält, ist das Unrecht, das auf der Welt herrscht. Die Wolke beeinträchtigt die Güte des allmächtigen Gottes, die sich durch die vermittelnde Menschennatur des Herrn Jesus auf die Menschheit ergießen sollte. Die Wolke bedeckt die Welt mit dem Schatten des göttlichen Zornes. Daß du aber die junge Frau weinen siehst, ist gleichbedeutend mit dem, was geschrieben steht, daß Gott vor der Vernichtung des ersten Menschengeschlechts wegen des großen menschlichen Unrechts im Innersten seines Herzens schmerzlich berührt wurde und sagte: ›Es reut mich, den Menschen geschaffen zu haben.‹ So wie in jenen Tagen, so wachsen auch in diesen Tagen die menschlichen Vergehen ins Unermeßliche, und die Menschen denken nicht daran, wieviel Gott für sie getan hat durch die Menschwerdung seines eingeborenen Sohnes, den sie mit Untaten entehrten. Sie traten die Gnade der Erlösung gleichgültig mit Füßen, anstatt ihm den würdigen Dank für alle seine Leiden zu zeigen, durch die er wegen ihrer Frevel zerrüttet wurde. Daher steht jetzt eine bittere Anklage gegen sie schrecklich vor den Augen Gottes. In dieser Generation der Frevler wird dem Menschensohn keine Freude zuteil; vielmehr ist es ihm leid, daß die Empfänger seiner Wohltaten nur Undank zeigen. Das ist das Wehklagen der jungen Frau, die über die Wolke weint. Weshalb du aber zuweilen siehst, daß die Wolke sich entfernt und die Erde von der Sonne beleuchtet wird, das zeigt, daß Gott durch seine übergroße Barmherzigkeit nicht völlig davon absteht, vom Himmel aus auf die Erde zu blicken wegen seiner gesegneten Nachkommenschaft, die ihm dort noch immer dient. Die Goldkrone auf dem Haupt der jungen Frau ist die Himmelsglorie, die durch Christi Menschheit all denen, die an ihn glauben, erworben wurde. Der Becher in ihrer rechten Hand ist der Quell des lebendigen Wassers, das der Herr der Welt reicht, indem er die Herzen derer, die zu ihm kommen, belehrt und erquickt. Er sagt: ›Wenn jemand dürstet, so komme er zu mir und trinke, und lebendiges Wasser fließt aus seinem Körper.‹« Am dritten Tag danach, als man wie üblich des Evangelisten Johannes Messe feierte, erschien mir der Erwählte des Herrn und gleichzeitig mit ihm die glorreiche Himmelskönigin. Und ich fragte ihn, wie ich ermahnt worden war: »Mein Herr, warum wurde mir die Menschennatur des Herrn Erlösers unter der Gestalt einer jungen Frau und nicht in männlicher Gestalt gezeigt?« Als Antwort auf meine Frage sagte er: »Der Herr wollte, daß dies deshalb geschieht, damit die Vision um so passender auch seine selige Mutter bedeuten könnte. Denn sie selbst ist in Wahrheit die junge Frau, die in der Sonne sitzt, denn die Majestät des höchsten Gottes hat sie vor allen, die vor ihr auf der Erde waren, ganz verherrlicht, und durch sie stieg die Gottheit herab in den Schatten der Welt. Die Goldkrone, die du auf dem Haupt der jungen Frau gesehen hast, bedeutet diese, dem Fleische nach aus dem Königsgeschlecht gezeugte, auserlesene Jungfrau, die mit königlicher Macht im Himmel und auf der Erde herrscht. Der Trank aus dem goldenen Becher ist die sehr süße und reiche Gnade des Heiligen Geistes, die in größerer Fülle als auf die anderen Heiligen des Herrn auf sie herabkommt. Sie reicht auch anderen diesen Trank, da der Herr durch ihren Beistand seine Getreuen in der heiligen Kirche an dieser Gnade teilhaben läßt. Das Wehklagen dieser jungen Frau ist aber die unermüdliche Eingabe dieser sehr barmherzigen Mutter, die sich bei ihrem Sohne immer für die Sünden des Gottesvolkes einsetzt. Was ich dir sage, ist wahr. Denn wenn sie den Zorn Gottes nicht durch ihr unaufhörliches Bitten besänftigte, wäre die ganze Welt schon durch die Überfülle ihres Verschuldens verloren gegangen.«[12]

Diese Vision konfrontiert uns mit überraschenden Formulierungen. Die erste ist die Schau des Gottessohnes in der Gestalt einer jungen Frau. Genauer: Es ist die »menschliche Natur«, nicht die göttliche Natur Christi, die in einer weiblichen Gestalt geschaut wird. Daß die Menschlichkeit Jesu in dieser eindeutigen Weise verweiblicht wird, ist einzigartig im Mittelalter. Auch Hildegard hat niemals eine vergleichbar eindeutige Schau der Weiblichkeit Jesu niedergeschrieben. Elisabeth selbst war offensichtlich genauso überrascht wie wir als heutige Leser, denn sie fragt nachdrücklich, warum ihr Jesus unter einer weiblichen und nicht einer männlichen Gestalt gezeigt wurde. In seiner Antwort scheint Jesus selbst die erste Auslegung der Vision zu korrigieren. Denn nun wird die junge Frau als die Gottesmutter Maria gedeutet. Von der weiblichen Menschennatur Jesu ist nicht mehr die Rede. Wenn überhaupt, dann wird nur noch auf die Geburt Jesu durch eine Jungfrau hingewiesen. Elisabeth hat also die Eindeutigkeit ihrer Ursprungsvision, die vom weiblichen Menschensohn handelte, vorsichtig zurückgenommen. Doch es stehen beide Auslegungen nebeneinander, sie selbst hat die erste Deutung nicht unterdrückt, vielleicht noch nicht einmal wirklich korrigieren wollen. Doch gleichgültig, welcher Deutung wir uns anschließen, beide Vorstellungen führen zu einer dritten. Zunächst ist davon die Rede, daß die junge Frau aus der Sonnenglorie göttlicher Herrlichkeit heraustritt, in der späteren Deutung wird gesagt, daß damit auch die Göttlichkeit der jungen Frau symbolisiert sei. Diese Verklärung einer Frau zur göttlichen Natur muß in mittelalterlichen Ohren geradezu skandalös geklungen haben, denn sie ist unvereinbar mit der kirchlichen Lehre von der Dreieinigkeit von Vater, Sohn und Heiligem Geist, nach welcher die göttlichen Personen verschieden waren und unterschiedliche Werke zu vollenden hatten, Gottvater das Werk der Schöpfung, Gottes Sohn das Werk der Erlösung, der Heilige Geist das Werk der Vollendung. Die Idee, eine Frau in die heilige Trinität aufzunehmen, ist allein von Elisabeth geäußert worden. Wir sollten also vorsichtig sein, in ihr nur ein naives und kindliches Gemüt zu bestaunen und zu belächeln. Denn sie hat hier der »Weiblichkeit« einen gleichberechtigten Platz in der bisher allein männlichen Wesen zugedachten Trinität eingeräumt. Vielleicht ist gerade ihre Eindeutigkeit die Kehrseite ihrer oft harmlos und phantastisch anmutenden Naivität, die sie – verglichen mit Hildegard – verletzbarer machen konnte und ihr auch schon zu Lebzeiten viele Gegner verschaffte.

*

In den ersten Jahren ihres Wirkens erscheint uns Elisabeth als nach innen gerichtete Visionärin, eingeschlossen in ihre subjektiven Erfahrungen, ganz als weltabgewandte, fromme Nonne. Im fünften Jahr ihrer Berufung jedoch wendet sie sich außer rein religiösen Themen, die meistens durch die Feier der Heiligentage angeregt wurden, anderen Fragen zu. Gemeint ist vor allem ihre berühmte »Ständepredigt«,[13] mit der sie den engen Wirkungskreis ihrer bisherigen Lebenspraxis verläßt.

Elisabeth erblickt einen hohen Berg, dessen Gipfel von reichem Licht überflutet wird. Drei Wege führen zu ihm hinauf: Der eine – gerade vor ihr – erscheint wie der hehre Himmel und glänzt hyazinthblau, den Weg zur Rechten erblickt sie in grüner, den zur linken in purpurner Farbe. Auf dem Gipfel steht ein herrlicher Mann, angetan mit einem Gewand, ebenfalls hyazinthblau, die Lenden mit einem weißen Schurz umgürtet. Später sieht sie zur Linken dieses Mannes noch drei andere Wege, einen mit dichten Dornen umsäumt, einen anderen schmalen, wenig begangenen Fußpfad, einen dritten, der viel breiter und mit rötlichen Steinen gepflastert ist. Zur Rechten des Mannes tun sich vier weitere Wege auf, ein zunächst von Dornen behinderter, später jedoch von Blumen gesäumter Pfad, der zweite, trocken wie ein gepflügtes Feld, rauh, von gewaltigen Erdschollen zerklüftet und nur schwer zu begehen; die beiden anderen Wege erscheinen dagegen eben und bequem und ähneln einer viel benutzten Heerstraße.

Es handelt sich um die Wege zu Gott hin, die Elisabeth in Visionen gedeutet werden: Präsentiert wird ihr der hyazinthblaue Weg als Weg der Beschaulichkeit und Kontemplation, der grüne als Weg der aktiven Menschen, der purpurne als Pfad der Märtyrer, der dornige als Weg der Verehelichten, der dornenlose als Weg der Enthaltsamen, der gepflasterte als der der Regenten, der mit Gutem und Bösem gemischte Weg als derjenige der Weltleute, die erst in der Mitte ihres Leben den Stand der Enthaltsamen wählen, schließlich der Weg der Eremiten, dann der der Kinder, die vor ihrem siebten Lebensjahr sterben, und endlich der der Jünglinge. Alles in allem ein durchsichtiges Bild mittelalterlicher Lebensformen und ein Spiegel der damaligen Ständeordnung.[14] Und dennoch gibt es einige interessante Unterschiede. Da präsentieren sich bunt gemischt die rein religiösen Ständemerkmale der Kontemplativen, der Märtyrer und

Eremiten, die natürlichen Stände der Jünglinge und Kinder, die normalerweise nicht als eigene Stände verstanden wurden, auch der politische Stand der Regenten und die gesellschaftlichen Stände der Verehelichten und der arbeitenden Menschen tauchen auf. Ein striktes Gliederungssystem wird nicht sichtbar.

Elisabeth bleibt mit ihrer Predigt nicht auf der Linie rein visionärer Selbsterfahrung. Sie hält sich nicht mehr bei der Ausmalung farbiger Visionen auf, sondern richtet nüchterne Predigtworte an die einzelnen Stände. Aus der Vision wird eine reine Wortpredigt, die sich unabhängig von der visionären Einkleidung behaupten könnte. Nichts ist darin zu spüren von der subjektiven Befindlichkeit der Verkünderin, von ihren Krankheiten, ihrer meditativen Suggestion, nichts von ihrer mystischen Neugierde. Unbeugsam redet sie den Ständen ins Gewissen, legt hartnäckig bloß, was an Heuchelei und hintergründiger Bosheit sein Wesen treibt. Schonungslos geht sie mit den Kontemplativen in den Klöstern um, unter deren Gewand der Demut sie nur Selbstsucht findet. Den Einsiedlern wirft sie ihre Einsamkeit vor, die ihnen nur als Vorwand zur Auslebung ihres freien Willens dient, und empfiehlt allen Einsiedlern eine nur mäßige Askese. Interessant ist ihre Mahnrede an die Verehelichten. Den Sinn der Ehe sieht sie, ganz im mittelalterlichen Sinne, in der Fortpflanzung. Die Frauen haben sich den Männern nicht nur unterzuordnen, obendrein wird ihnen verordnet, auch deren »schlechte Sitten zu dulden«. Hier zeigt sich, daß auch Elisabeth die Einsichten ihrer Visionen nicht halten kann, wenn sie den Rahmen ihrer Visionserfahrung verläßt und sich der »visionslosen« Weisung zuwendet. Niemals erreicht sie die tief durchdachte Ehelehre Hildegards, die Mann und Frau in ihrem wechselseitigen Aufeinanderangewiesensein beschreibt. Die untergeordnete Stellung der Frau in Ehe und Familie bleibt gültig und wird sogar untermauert. Den Reichtum ihrer »weiblichen« Visionen – so wie wir sie heute verstehen – hat sie in der Lehre von der Ehe nicht aufgehen lassen. Obwohl sie in ihren Visionen stärker als Hildegard weibliches Selbstbewußtsein zum Ausdruck bringt – die gleichberechtigte Stellung der königlichen Maria neben Christus, der »weibliche Jesus« oder die weiblich modifizierte Erfahrung der Trinität –, in eine konkrete Lebenslehre hat sie diese Erfahrungen nicht überführt. Hildegard von Bingen erscheint in ihrer Sexual- und Ehelehre zukunftsweisender.

Elisabeth geißelt auch die kleinen Schwächen der Frauen, etwa ihre Putzsucht, wobei sie besonders an die »Notdurft der Armen« erinnert. Sie kritisiert auch den »Überfluß an Kleidern; jenes Zuschnüren der Kleider ist zu nichts nutze, als die Kindlein im Mutterleibe zu ersticken, und der Schmuck zur Bedeckung der Haare rührt von feilen Dirnen her«. Der Männer nimmt sie sich auch an: »Auch bei den Männern sieht's übel genug aus. Welch eine Kleiderpracht, welch ein weibischer Haarschmuck, welch ein Spielen, Essen und Trinken, welch ein Spotten und Höhnen, Hadern und Unterdrücken der Unschuld!«

Doch all diese Mahnungen und Drohworte werden überboten von ihren Angriffen auf die kirchlichen Würdenträger. An den Prälaten etwa läßt sie kein gutes Haar, ihre »Kirchenrede« gehört zu den heftigsten Brandreden, die überhaupt im Mittelalter gehalten wurden:

Ich sage euch aber, daß die Ungerechtigkeit der Erde, welche ihr verbergt um Gold und Silber, aufsteigt vor mir wie der Rauch vom Feuer; sind die Seelen nicht mehr wert als Gold und Silber; sie, die ihr erstickt im höllischen Feuer durch euren Geiz? Darum klagt euch eure Religion vor mir an. Siehe, ihr habt stinkend gemacht eure Heiligung vor den Augen des Volkes, und sie ist mir zur Abscheu geworden. Ihr habt das Fürstentum meiner Heiligen an euch gerissen, und ich habe es nicht gewußt, ihr habt mein Lager befleckt, und ich habe geschwiegen. Die Hirten schlafen und wachen nicht, die Schafe sind zerstreut und zerrissen. Die Hirten sind stumm, verschlagen, streitsüchtig, habsüchtig, meineidig, wucherisch und betrügerisch in Maß und Gewicht, spielen am Sonntag ... Das Haupt der Kirche und ihre Glieder sind tot, denn der apostolische Stuhl ist von Hochmut besessen und wird durch Geiz verehrt und ist voll Ungerechtigkeit und Unfrömmigkeit. (Visionen, S. 207 f.)

Freunde hat sie sich bei den Angesprochenen nicht gemacht. Die Anfeindungen gegen sie werden zahlreicher und massiver, nachdem sie den geschützten Raum klösterlicher Innerlichkeit verlassen hat. Gefälschte Briefe werden in Umlauf gebracht. Das »Gerede der

Schwärmerin und Warnerin – Elisabeth von Schönau

Leute« greift um sich, sie wird als apokalyptische Schwärmerin hingestellt, die angeblich sogar den Tag des Jüngsten Gerichts geweissagt hat. Das jedoch ist bei schwerster Strafe auch visionär Begabten untersagt. Elisabeth hat unter den Unterstellungen, Verfälschungen und nicht zuletzt unter der Falschheit derer gelitten, die ihre Gesichte als »Weibermärlein« zu denunzieren suchten. Um Schutz und Beistand hat sie bei Hildegard gebeten, welche sie wohl im Jahre 1156 auf dem Rupertsberg aufgesucht hat. Auch ein Brief Elisabeths an Hildegard ist uns überliefert, der sehr anschaulich ihre Lage beschreibt.

Die Gnade und der Trost des Allerhöchsten erfülle Euch mit Freuden, da Ihr mit meiner Trübsal gütig Mitleid gehabt habt, wie ich aus den Worten meines Trösters erfahren habe, welchen Ihr, um mich zu trösten, fleißig ermahnt habt. Wie Ihr sagt, daß es auch von mir offenbart worden sei, so gestehe ich wirklich, daß mich neulich eine Wolke der Verwirrung im Geiste ergriffen hat wegen der törichten Rede des Volkes, das gar viel, was nicht wahr ist, von mir spricht. Aber das Gerede der Leute trüge ich leicht, wenn nicht auch die, welche im Kleide der Frömmigkeit wandeln, meinen Geist schärfer betrübten. Denn auch diese, ich weiß nicht durch welche Stacheln gespornt, verlachen die Gnade Gottes in mir. Ich höre auch, daß Briefe, von ihrem Geiste geschrieben, unter meinem Namen herumgetragen werden, die da ausschwatzen, ich habe von dem Tage des Gerichts geweissagt, was ich mich niemals zu tun unterfangen habe, da seine Ankunft sich der Erkenntnis aller Sterblichen entzieht. Aber ich will auch den Anlaß dieses Gerüchts kundtun, damit Ihr urteilen mögt, ob ich in dieser Sache etwas kühnlich getan oder geredet habe. Wie Ihr durch andere gehört habt, so hat der Herr seine Barmherzigkeit an mir verherrlicht über das, was ich verdient habe oder je verdienen kann, so sehr, daß er mich gewürdigt hat, mir gewisse himmlische Geheimnisse häufig zu offenbaren. Er hat mir auch durch seinen Engel, häufig angezeigt was in diesen Tagen über sein Volk ergehen soll, wenn es nicht über seine Sünden Buße tut, und befohlen, daß ich dies öffentlich ankündige. Ich aber habe mich, so viel ich konnte, bemüht, dieses alles zu verbergen, damit ich alle Anmaßung vermeide und nicht die Urheberin von Neuigkeiten zu sein schiene. Als ich nun in gewohnter Weise an einem Sonntage in Verzückung war, stand der Engel des Herrn bei mir und sprach: »Warum verbirgst du wegen verzogener Gesichter das Gold im Schmutze? Das ist das Wort Gottes, welches durch deinen Mund in die Welt geschickt wird, nicht um verborgen, sondern um offenbart zu werden zu Lob und Ehre unseres Herrn und des Heilandes seines Volkes.« Als er dies gesagt hatte, erhob er eine Geißel über mich, mit welcher er mich wie in großem Zorn fünfmal heftig schlug, so daß ich drei Tage lang in Folge jener Geißelung am ganzen Leibe krank war. Dann legte er die Finger auf meinen Mund und sprach: »Du sollst stumm sein bis zur neunten Stunde, dann wirst du das offenbaren, was der Herr in dir gewirkt hat.« Ich blieb nun stumm bis zur neunten Stunde. Dann gab ich der Meisterin ein Zeichen, daß sie mir ein Buch brächte, welches ich in meinem Bette verborgen hatte. Es enthielt zum Teile, was der Herr mit mir getan hatte. Als ich dieses in die Hände des Abtes Hildelin legte, der gekommen war, mich zu besuchen, wurde meine Zunge gelöst ... (Visionen, S. 214 ff.)

In der Folge berichtet Elisabeth, wie sie den Abt um Verschweigen ihrer Offenbarungen bittet, wie sie immer wieder um visionären Rat nachsucht, wie sie immer öfter zur Veröffentlichung ihrer Visionen gedrängt wird, sich weiterhin zurückhält und erst nach qualvollen Bestätigungen zur Freigabe ihrer Visionen gelangt. Ihr Schwanken zwischen Unsicherheit und Weisung, zwischen Erwählungswissen und Selbstdemütigung erinnert an Hildegards Schicksal, doch bei Elisabeth scheint sich alles noch länger und beunruhigender hinzuziehen. Das Selbstbewußtsein Hildegards hat sie jedoch niemals erlangt, denn immer schaltet sie den Abt Hildelin ein, der sich schließlich dazu durchringt, die Worte und Weisungen, die Mahnungen und Drohworte Elisabeths weiterzutragen. Nicht Elisabeth selbst, sondern ihr Abt wird zum Prediger an ihrer Statt.

Hildegard hat in ihrem Antwortbrief die indirekte Selbstoffenbarung Elisabeths über die vermittelnde Predigttätigkeit ihres Abtes gutgeheißen, mit dem Argument, daß die Prophetin einer Posaune ähnlich sei, die nur das verkündet, was ihr eingegeben wird.[15] Sie selbst fungiert nur als Mundstück der Posaune, den Klangkörper überläßt sie den Predigern, in ihrem Fall dem Abt Hildelin. Diese

Schwärmerin und Warnerin – Elisabeth von Schönau 97

Arbeitsteilung zwischen der Visionärin und dem Prediger mag Elisabeth entlasten, doch die Härte ihrer Drohpredigten bleibt unnachsichtig bestehen. Als dann das Buch *Von den Wegen Gottes* herausgegeben wird, greift sie die Bischöfe von Trier, Mainz und Köln direkt an:

Dem Bischof zu Trier und den Bischöfen zu Köln und Mainz. Es sei Euch kundgetan von dem Herrn, dem großen und erschrecklichen Gotte und von dem Engel des Testaments, daß Ihr diese Worte, welche Ihr im gegenwärtigen Buche geschrieben findet, der Römischen Kirche und allem Volke und der ganzen Kirche Gottes verkündet. Reinigt Euch selbst und bekehrt Euch von Euren Irrtümern und wollt recht einmütig aufnehmen die heilige und göttliche Ermahnung, denn dies ist nicht von Menschen erfunden. (Visionen, S. 221)

Ein fordernder Ton wird hörbar, der auch vor hohen Autoritäten nicht haltmacht. Immerhin waren die Erzbischöfe von Trier, Köln und Mainz Kurfürsten des Deutschen Reiches. Elisabeths Eingreifen in die Politik sollte sich jedoch noch verstärken. Sie nahm eindeutig Partei in den sich anbahnenden Streitigkeiten zwischen Kaiser und Papst. Papst Hadrian IV. starb im Jahre 1159, und es folgte ein Kampf um die Papstwahl. Auf der einen Seite wurde Alexander III. gewählt – gestützt auf den Klerus, auf der anderen als Gegenpapst Viktor IV., hervorgegangen aus dem römischen Stadtadel und vom deutschen Kaiser Friedrich Barbarossa unterstützt. Die Papstwahl war tumultös verlaufen, und bis heute sind die Vorgänge nicht klar zu durchschauen. Jede Partei versuchte, vollendete Tatsachen zu schaffen. Es kam zu blutigen Parteikämpfen, ganz Europa wurde von diesem Schisma betroffen.[16] Auch Deutschland blieb von den Kämpfen nicht verschont, bis nach Schönau werden die Auseinandersetzungen getragen. Das Unheil dieses Schismas, das dem Großen (abendländischen) Schisma von 1378 bis 1415 vorausging, hat Elisabeth vorausgesehen. Im Jahre 1159, als Hadrian verstirbt, verwirrt sie die Öffentlichkeit mit erschreckenden Drohworten, die nicht auf fernste Zeiten ausgerichtet sind, sondern auf die unmittelbare Zukunft zielen:

Siehe, der Engel des Herrn kam, stand vor mir und sprach: »Weißt du wohl, daß im nächsten Jahr Ostern auf denselben Tag fällt, da der Herr auferstanden ist und der Tag der Verkündigung auf den Martertag?« Ich schwieg, weil ich es wirklich nicht wußte. Und er fuhr fort: »Du sollst wissen, daß in jener Zeit der Satan von Gott Macht erhalten wird, die Menschen gegeneinander zu erregen, daß einer den anderen tötet. Die Sonne soll mit Röte begossen und mit Finsternis bedeckt werden, was nichts anderes sein wird, als daß großes Blutvergießen und unendliche Traurigkeit im Christenvolke sein wird. Darauf wird eine Schlange, Gift einträufelnd, unsichtbar die Menschen töten, und es wird auf Erden eine große Trübsal sein, so daß jeder, der mit unversehrter Seele entrinnt, dem Herrn ewig Lob schuldig ist. Wenn ich aber das, was bald nachher geschehen wird, dir erzählen wollte, so weiß ich, daß du vor großer Furcht nicht stehen könntest.« (Visionen, S. 222)

Diese Drohworte festigten den prophetischen Ruf Elisabeths endgültig. Man sah darin eine Vorhersage der acht Jahre später einsetzenden Malariaepidemie und damit die schicksalhafte Niederlage Friedrich Barbarossas. Diese Deutung wiederum konnte nicht ganz im Sinne Elisabeths sein, denn sie hatte eindeutig Partei ergriffen für den vom Kaiser favorisierten Papst Viktor IV. Diese Entscheidung ist außerordentlich interessant, denn sie stand im Gegensatz zur Entscheidung Hildegards, ihrem verehrten Vorbild, die sich ganz klar gegen die kaiserliche Einmischungspolitik in kirchliche Angelegenheiten ausgesprochen hatte. Trotz der unterschiedlichen Parteinahme kam es nicht zum Bruch zwischen den beiden Frauen. Während alle Welt sich über die Papstfrage entzweite, blieb die persönliche Freundschaft zwischen beiden unberührt.

Wie ist das zu erklären? Was mochte stärker gewesen sein als die unterschiedliche Stellungnahme in einer politisch bedeutsamen Streitfrage, in der es um die Unabhängigkeit des Papstes vom Kaiser ging? Vielleicht lagen beide Frauen in ihrer grundsätzlichen Kritik gar nicht so weit auseinander, wenn sie auch in der konkreten Entscheidung zu unterschiedlichen Lösungen kamen. Ein Hinweis läßt sich vielleicht einem Brief Elisabeths an den Erzbischof von Trier entnehmen,[17] der je nach Opportunität die kaiserliche oder päpstliche Karte spielte. Wichtig ist, wie sie darin mit dem Apostolischen Stuhl ins Gericht geht, der »eingenommen« ist von Stolz. Was hier im

Schwärmerin und Warnerin – Elisabeth von Schönau

Deutschen mit »eingenommen« übersetzt wird, entspricht dem lateinischen *obsessio* und kann auch »Wahnsinn« bedeuten. Sie geißelt weiterhin den Geiz des päpstlichen Stuhls und spielt damit auf das unerträgliche Finanzgebaren der Päpste an. Unbeschadet ihrer konkreten Stellungnahme zur Frage der Päpste und Gegenpäpste zielt ihre Kritik wohl tiefer auf die offensichtliche Verfassung des päpstlichen Amtes, das aus der Sicht klösterlicher Armut, Demut und »armen« Christusnachfolge als diabolischer Abfall erscheinen mußte. In dieser prinzipiellen Kritik scheint sich Elisabeth mit Hildegard zu treffen, und es war vielleicht diese Verbundenheit im Grundsätzlichen, welche das Zerbrechen der persönlichen Freundschaft beider Frauen verhindert hat.

Die Nachwelt hat beiden Frauen nicht gedankt. Offiziell »selig« oder »heilig« gesprochen wurde Elisabeth ebensowenig wie Hildegard. Zwar taucht sie 1584 als inoffizielle Heilige im Römischen Martyrologium auf, doch gewürdigt wurde sie allein wegen ihrer Beachtung des klösterlichen Lebens, von ihren Visionen ist nicht die Rede.[18] Daß Elisabeths kirchen- und insbesondere papstkritischen Worte ihr in Rom keine Freunde gemacht haben, versteht sich von selbst.

*

In der Rückschau hat man Elisabeths Parteilichkeit gerne entschuldigt, denn vieles an Elisabeths Visionen und Weisungen hat man auf ihren Bruder Egbert geschoben, der in der Tat eine nicht unwichtige Rolle in ihrem Leben gespielt hat. Was für Hildegard der Propst Volmar gewesen war, das war Egbert für seine Schwester, nämlich persönlicher Vertrauter und gelehrter Berater. Egbert muß älter als seine Schwester gewesen sein, denn als Elisabeth im Alter von dreiundzwanzig Jahren ihre visionäre Begabung entdeckte, amtierte Egbert schon als Weltgeistlicher in Bonn. Befreundet war er mit dem Kanzler des Deutschen Reiches, Rainald von Dassel, dem wohl hartnäckigsten Propagandisten der kaiserlichen Macht[19] und Befürworter der Wahl von Papst Vikor IV. Egbert hat ganz im Banne der Kaiserpolitik Rainalds gestanden, und es liegt nahe, daß Elisabeths Eintreten für die Papstpolitik Friedrich Barbarossas auf den Einfluß ihres Bruders zurückgeht.[20] Auch ist zu vermuten, daß die Korrektur der Vision vom »weiblichen« Jesus zur Jungfrau Maria auf die kritische Einsprache ihres Bruders zurückzuführen ist. Doch merkwürdig, die angeblich so unselbständige Elisabeth war es, die ihren recht weltläufigen Bruder ins Schönauer Kloster holte. Andererseits wurde sie wiederum von ihrem Bruder zu etlichen visionären Weisungen ermuntert. Elisabeth hat sich manchmal sogar über diese Zudringlichkeit beklagt und damit sicher auch ihren Bruder gemeint. Egbert half bei der lateinischen Abfassung der Visionen, doch wie man den Einfluß Egberts auch einschätzt, Elisabeth repräsentiert sicher jene seherisch Begabten, in welchen sich ein naives Temperament mit nicht zu unterschätzenden Zügen kämpferischer Energie verbindet. Mag sie auch nicht die Tiefe Hildegards erreichen; ihr zutraulich-vertraulicher Visionsumgang zeigt ein Bild prägnanten weiblichen Selbstbewußtseins. Ihr Bild der königlichen Maria gewinnt eine erstaunliche Gleichberechtigung neben dem männlichen Gottessohn. Ihre Gesichte göttlicher Dreieinigkeit werden mit weiblichen »Anteilen« durchdrungen; mit der Erscheinung des »weiblichen« Jesus eröffnet sie der von Männern beherrschten christlichen Theologie neue Perspektiven. Und selbst dort, wo sie wie in der Weiterbildung der Ursulalegende unbekümmert die Grenzen historischer Wahrheit überspringt, geht es ihr letztlich um das Gegenbild eines weiblichen Heeres, das nichts mehr zu tun haben sollte mit männlichem Soldaten- und Kriegertum.

Diese bedeutenden Beiträge Elisabeths von Schönau zum Selbstbewußtsein der Frau sind für uns heute vielleicht ihre wichtigste Leistung, ihre bedeutendste Botschaft.

5 BEGINEN-MYSTIK – DIE ANFÄNGE

Hildegard von Bingen und Elisabeth von Schönau erscheinen uns als herausragende Einzelpersönlichkeiten, die ihrer Zeit und der Nachwelt ein Lebenswerk hinterließen. Wie weit waren nun ihre Erfahrungen verallgemeinerungsfähig? Lassen sich Auswirkungen ihres Lebenswerkes feststellen, oder bleibt ihre Lebensleistung beschränkt auf den klösterlichen Lebensraum, dem sie entstammen?

Für Elisabeth ist diese Frage eindeutig zu beantworten. Heute relativ unbekannt, war sie im Mittelalter eine populäre Mystikerin. Das beweisen schon die etwa einhundertfünfzig Elisabeth-Handschriften, unter denen sich etwa fünfzig mittelalterliche Codices nachweisen lassen.[1] Die Verbreitung ihrer Schriften reicht bis nach England, Frankreich und in die Schweiz; besondere Aufmerksamkeit erfuhren sie im nordfranzösisch-belgischen Raum, und das ist kein Zufall.[2] Gerade in Belgien nämlich entstand im letzten Drittel des zwölften Jahrhunderts eine Frauenbewegung, die es so nur dort gegeben hat.

Bis Belgien reicht nachweislich auch der Einfluß der Hildegard von Bingen. Wir wissen, daß Hildegard auf ihrer dritten Predigtreise auch den belgischen Raum durchstreifte und wahrscheinlich in Lüttich Quartier genommen hatte. Lüttich war schon zu ihrer Zeit ein Zentrum jener Frauenbewegung, und es überrascht uns nicht, daß Hildegard in dieser Gegend umherzog und predigte.

Einer ihrer eifrigsten Anhänger war Wibert von Gembloux, der zeitweise auf dem Rupertsberg sogar ihr Beichtvater war. Wibert sorgte dafür, daß Hildegard in belgischen Kreisen bekannt wurde. Vor allem das Zisterzienserkloster Villiers wurde von ihm zu einer besonderen Pflege der Hildegardschen Mystik veranlaßt. In den berühmten achtunddreißig Fragen, welche die Mönche von Villiers an

Hildegard richteten, ging es um mystische Themen der Entrückung und der Geisttaufe. Hildegards Korrespondenz machte sie weithin bekannt; zahlreiche Kleriker, aber auch viele Laien besonders im Lütticher Raum und in den Niederlanden waren ihre Briefpartner. Umgekehrt finden wir zu Lebzeiten Hildegards immer wieder Pilger auf dem Rupertsberg, die besonders aus den belgischen Provinzen Brabant und Flandern kamen und ihren Ruf vor allem in Nordwesteuropa verbreiteten. Solch intensive Kontakte sind deshalb nicht verwunderlich, weil sich eine große Anzahl Frauen, besonders in den aufblühenden Bürgerstädten Nordwesteuropas, anschickte, eine neue Lebensweise zu erproben.[3]

Vieles an dieser Frauenbewegung – besonders Ursprung und Frühzeit – liegen immer noch im Dunkeln, und es hat sich trotz ausgiebiger Forschungsarbeit daran wenig geändert.[4] Doch hängt gerade das scheinbar Dunkle und Ungeklärte zutiefst mit dem inneren Wesen dieser Frauenbewegung zusammen. Merkwürdig unorganisiert und ungebunden entwickelt sich in fast allen Städten Nordwesteuropas eine Bewegung, welche ausschließlich von Frauen getragen wird – ohne eine Spur von überragenden Stifter- oder Gründerpersönlichkeiten.[5] Es hat sie offensichtlich nicht gegeben. Alle schriftlichen Dokumente entstammen einer späteren Zeit, als sich diese Frauenbewegung längst gefestigt hatte; jene Dokumente wurden jedoch von Männern verfaßt, die ihren helfenden Anteil an der Unterstützung der Frauen ungebührlich stark hervorheben.

Nicht einmal der Name für diese Frauenbewegung ist eindeutig geklärt. In Frankreich nannte man die Frauen »Papelarden« (falsche Priesterinnen), in Italien »Bizoken« (Mitglieder papstfeindlicher Sekten), in der Lombardei »Humiliaten« (»Demütige«), in Spanien »Beatae« (»Selige«), in Deutschland »Coquenunne« (scheinheilige Nonne); einige dieser Bezeichnungen galten offensichtlich als Schimpf- und Schmähnamen.[6] Bekannt geworden sind diese Frauen dann unter dem Namen »Beginen«, ein offensichtlich nicht nur unrühmlicher, sondern auch gefährlicher Name, denn dieses Wort leitet sich von der Ketzerbezeichnung »Albigenser« ab. Wer mit dem Namen »Begine« behängt wurde, rückte unweigerlich in die Nähe der gefürchteten Ketzerbewegung, die von der Kirche mit allen Mit-

Beginen-Mystik – Die Anfänge

teln ausgerottet wurde.[7] Kein Wunder, daß sich die betroffenen Frauen selbst zunächst nicht als Beginen bezeichneten; sie zogen Benennungen wie *mulieres religiosae* (religiöse Frauen) oder *virgines continentes* (enthaltsame Jungfrauen) vor.[8]

Offensichtlich wurde die aufbrechende Frauenbewegung zunächst einmal unter den Verdacht gefährlicher Ketzerei gestellt; erst von der zweiten Hälfte des dreizehnten Jahrhunderts an galt der Beginenname als wertfreie Bezeichnung, doch der Ketzerverdacht sollte immer wieder auch in späterer Zeit erhoben werden, sehr zum Schaden der Frauen, die ihm anheimfielen.

Was machte diese Frauen so verdächtig? Was trug ihnen Verleumdungen und Schmähungen ein? Die Antwort darauf ist nicht schwer zu geben, denn diese Frauen führten ein Leben am Rande der Gesellschaft. Schon im letzten Drittel des zwölften Jahrhunderts kam es vor, daß Frauen sich hartnäckig weigerten, in den bürgerlichen Ehestand zu treten, doch schlossen sie sich keineswegs einer der bestehenden Klostergemeinschaften an. Das bedeutete einen Affront gegen die Ordnungsvorstellungen, die im Mittelalter verpflichtend waren. Sehr schön hat Caesarius von Heisterbach, ein nicht unwichtiger Zeuge dieser Frauenbewegung, ihre merkwürdige Sonderstellung beschrieben: »Wir wissen, daß solche Frauen ... in weltlicher Weise unter Weltlichen leben, vielen in Klöstern Eingeschlossenen sind sie dennoch an Liebeswerken überlegen: unter Weltleuten Geistliche, unter Prunksüchtigen enthaltsam, führen sie inmitten des Volkes ein einsiedlerisch-abgeschlossenes Leben.« Der Franziskaner Gilbert von Tournai notierte, offensichtlich etwas ratlos: »Unter uns leben Frauen, von denen wir nicht wissen, ob wir sie als Weltleute oder als Nonnen bezeichnen sollen, teils nämlich bedienen sie sich der weltlichen, teils der klösterlichen Lebensweise.« Robert von Béthune hatte noch einhundert Jahre nach dem ersten Auftreten dieser Frauen nicht recht begriffen, worum es eigentlich ging. Sein Urteil klingt recht barsch: »Diese weltlichen Personen sind keine geistlichen Personen.«[9]

Dabei hatten jene Frauen ein tiefes religiöses Anliegen, wenn sie der prunkvollen und reichen Machtkirche die Ideale der christlichen Urgemeinde entgegensetzten. Leitbilder waren Armut, Einfachheit und Buße, verbindlich waren Jungfräulichkeit oder Keuschheit, doch anders als die »ordentlichen« Nonnen legten sie kein förmliches, lebenslanges Gelübde ab; auch eine der klösterlichen Gemeinschaft entsprechende Lebensregel kannten sie nicht. Das jedoch mußte die kirchlichen Autoritäten auf den Plan rufen, die nichts als Ungehorsam witterten. Diese Art des frommen Lebens entzog sich einfach ihrer hartnäckig geforderten Kontrolle. Nicht einmal mit der Stabilität, der in der Benediktinerregel festgelegten Verbands- und Ortsbeständigkeit, nahmen es diese Frauen so genau; einzelne von ihnen gaben manchmal ihren festen Wohnsitz auf und zogen im Land umher, sie tauchten in den Städten auf, und wenn die Obrigkeit ihnen das Aufenthaltsrecht verweigerte, zogen sie in Gruppen weiter. Die meisten dieser religiös begeisterten Frauen verblieben jedoch im Verband ihrer angestammten Familie, lebten weiterhin zu Hause und zwar zumeist in einem zellenartig eingerichteten Zimmer. Doch verließen sie diese häusliche Zelle, um ihrer Arbeit nachzugehen.

Daß sie von ihrer eigenen Hände Arbeit lebten, unterscheidet sie nicht unwesentlich von den Nonnen. Sie versorgten in Spitälern oder Armenhäusern Kranke, Gebrechliche und Alte oder schlugen sich mit Nähen, Spinnen und Weben durch. Einige der Frauen gingen sogar einem regelrechten Handwerksberuf nach. Es gab allerdings auch zahlreiche Frauen, die als »Einsiedlerinnen« *(reclusae)* in der Nähe von Klöstern lebten. Doch ein förmliches Gelübde legten auch sie nicht ab, und strenge Einsiedlerinnen waren sie nur in den seltensten Fällen, denn gerne nahmen sie Kontakt zu Frauen in ihrer Nähe auf, die demselben Lebensstil wie sie anhingen. Manchmal kam es zu regelrechten Zellenhäufungen in der Nähe der Klöster; die Frauen, die dort lebten, standen sich gegenseitig bei. Irritierend für ihre Umwelt mußte es sein, daß sie auch ein religiöses Leben auf Zeit führen konnten. Nicht verpflichtet auf eine lebenslang geltende Klosterregel, konnten sie ihr Beginendasein aufgeben, um eine Ehe einzugehen und ein normales Bürgerleben zu führen. Ob dies häufig vorgekommen ist, entzieht sich unserer Kenntnis.

Die Beginenbewegung erlebte einen ungeheuren Aufschwung. In den belgischen Provinzen, in den Niederlanden und im Rheingebiet gab es kaum eine Stadt, die nicht ihre Beginen aufzuweisen hatte; bis in das spätere Preußen, bis nach Österreich und in die Schweiz lassen sich Beginen nachweisen. Wie kam es zu dieser Bewegung? Waren es ausschließlich religiöse Motive, von denen die Frauen bewegt waren, oder gibt es noch andere Ursachen, die ihr Auftreten erklären? Sicher, im Hochmittelalter gab es wesentlich mehr Frauen als Männer, so daß eine eheliche Bindung für viele Frauen unmöglich war. Diese blieben ohne Ehemann, und gerade in den Gebieten, in denen die Beginenbewegung aufblühte, ließen sich heiratsfähige Männer für die Teilnahme an den Kreuzzügen begeistern.[10] Hinzu kamen tiefgreifende Veränderungen im sozialen Gefüge der mittelalterlichen Gesellschaft. Besonders in den Städten bildeten sich neue Klassen, eine Schicht von mittellosen Bürgern entstand, unter denen besonders alleinstehende Frauen leicht ins gesellschaftliche Abseits gedrängt wurden. Selbst die weiblichen Handwerkszweige waren durchweg nicht in der Lage, den Zustrom mittelloser Frauen aufzufangen, zumal Zünfte und Gilden Produktion und Arbeitsorganisation überwachten und die Zulassung zu einem Handwerk äußerst restriktiv handhabten. So blieb es den betroffenen Frauen selbst überlassen, durch Zusammenschluß mit anderen neue Formen solidarischen Zusammenlebens zu versuchen.[11] Die Beginensammlungen waren also gewiß eine Möglichkeit, Selbstachtung zu bewahren und ein Minimum an gesicherter Versorgung zu erlangen.

Nun wäre es zu einseitig, das Beginentum allein aus der wirtschaftlichen und gesellschaftlichen Not von alleinstehenden Frauen abzuleiten. Besonders in der Frühzeit der Bewegung stießen auch Frauen aus dem wohlhabenden Adel zu den Beginen. Das fiel schon Thomas von Cantimpré, einem der frühesten Historiker dieser Frauenbewegung, auf, der bemerkt, daß auch »Töchter von Grafen und Baronen« zu den Beginen stießen.[12] Statt ihre materielle Habe als »Mitgift« in bestehende Klöster einzubringen, verteilten diese adligen Frauen Hab und Gut unter Arme und Bedürftige und wählten das Leben einer Begine.

Weshalb selbst adlige und begüterte Frauen das Beginenleben einem Klostereintritt vorzogen, ist nicht ganz leicht zu durchschauen. Mit dem Aufblühen einer städtischen Bürgerkultur entstanden neue religiöse Bedürfnisse, die von den traditionellen Institutionen, besonders von den feudalistisch organisierten Klöstern, nicht mehr überzeugend befriedigt werden konnten. Die Beginenbewegung war ein Aufbruch der städtischen Laien, die einfach nicht mehr akzeptierten, daß allein das Klosterleben die höchste Form religiösen Lebens darstellen sollte. Die Lehre der Kirche hatte dafür sicher kein Verständnis. Nur im Kloster konnte nach traditioneller Auffassung des Mittelalters ein religiös vollkommenes Leben verwirklicht werden, ausgerichtet an den harten Forderungen des Gehorsams, der persönlichen Armut und der lebenslangen Keuschheit. Nun waren es jedoch auch verheiratete oder verwitwete, adlige und bürgerliche, reiche und mittellose Frauen, die außerhalb eines Klosters ein religiöses Leben führen wollten.

Es ist auffällig, daß den Beginen Frauen aus allen Schichten zuströmten und die Bewegung der frommen Frauen einen entschieden klassenübergreifenden Charakter aufwies. Das bemerkte schon der erste zeitgenössische Historiker der Bewegung, Jakob von Vitry, der ausdrücklich hervorhebt, daß Beginengemeinschaften besonders in Brabant und den deutschen Provinzen am Rhein »nicht länger nur Töchter von Rittern und Adligen« bevorzugten.[13] So sah es auch Johannes von Dürbheim, Bischof von Straßburg (1306–1328), der ausdrücklich feststellte, daß »einige erlauchten, einige adligen, einige mittleren und einige niederen Standes« waren, die sich den Beginen anschlossen.[14]

Die verfaßte Kirche stand dieser vielschichtig motivierten und gesellschaftlich so unübersichtlich zusammengesetzten Frauenbewegung recht hilflos gegenüber. Solch einen Aufbruch von frommen Frauen hatte man noch nie gesehen. Und wo Hilflosigkeit herrscht, nisten auch schnell Mißtrauen und kräftige Abwehr. Sicher, die Kirche respektierte durchaus »ihre« Nonnen, doch die Zahl der Klöster war begrenzt; eine Eingliederung der andrängenden Frauen in die bestehenden Klöster kam schon deshalb nicht in Frage, weil sie nicht alle versorgt werden konnten. Deshalb hatte man seit jeher in der Regel darauf geachtet, daß allein adlige Frauen in Klöster aufgenommen wurden, denen eine nicht

Beginen-Mystik – Die Anfänge

unbeträchtliche Mitgift abverlangt wurde. Jetzt forderten aber auch Frauen aus mittellosen Schichten ihr religiöses Recht.

Wo wirtschaftliche Gründe nicht vorlagen, wurde das Mißtrauen gegen Frauen im allgemeinen wirksam. Keuschheit, Gehorsam und Armut war schließlich auch das Leitbild der großen mittelalterlichen Reformbewegungen gewesen. Doch gerade diese hatten radikal und unnachsichtig alle Frauen aus ihrem Reformwerk ausgeschlossen. Die Lehre, Organisation und Praxis der Kirche war in ihrer Substanz frauenfeindlich.

Der Protest der Frauen entbehrte allerdings jeglicher umstürzender Polemik, ihre Opposition kam demütig, bescheiden und unspektakulär daher. Still und zurückgezogen lebten sie bei ihren Familien oder in ihren bescheidenen Häuschen, gingen einem unscheinbaren Tagwerk nach, verzehrten sich in Werken der Kranken- und Armenpflege. Obwohl sie streng das Keuschheitsgebot befolgten und zumindest in der Frühzeit in persönlicher Armut lebten, fehlte ihnen eine militante Kampfgesinnung, die sich gegen die Mißstände der Kirche gerichtet hätte. Weder geißelten sie den kirchlichen Ämterkauf, noch kritisierten sie mit scharfsinnigen Programmschriften die Prunksucht der Kirche; auch ließen sie sich nicht einspannen in den politischen Machtkampf, der zwischen Kaiser und Papst tobte. In diesem Zusammenhang hatten Hildegard von Bingen und Elisabeth von Schönau ganz andere Worte gefunden. Die Protesthaltung der Beginen wirkte allein durch das schlichte Vorleben urchristlicher Ideale; nicht in Worten, sondern in Werken vollzog sich ihr Aufbegehren. Einen direkten Konflikt mit der Kirche suchten die Beginen nicht, doch für ihre Kritiker spielte das keine Rolle.

Wer wie die Beginen ein weltliches Leben auf »unweltliche« Weise leben wollte, entzog sich in ihren Augen jeglichem kontrollierenden Zugriff. In die mittelalterliche Lebensordnung paßten die teils weltlich, teils »religiös« lebenden Beginen nicht hinein. Jakob von Vitry – er allerdings mit viel Verständnis und Wohlwollen – hat die widersprüchliche, ganz und gar »unmittelalterliche« Lebensweise der Beginen sehr schön beschrieben:

Seitdem zurückhaltende und demütige Frauen es nicht für angemessen halten, im Haus ihrer Eltern unter weltlich gesonnenen und schamlosen Personen ohne schwere Gefahr zu verbleiben, nehmen sie heutzutage Zuflucht zu Klöstern ... Aber jene, welche unfähig sind, Klöster zu finden, welche sie aufnehmen wollen, leben zusammen in einem Einzelhaus ... Unter der Aufsicht einer von ihnen, welche die anderen an Integrität und Vorsicht überragt, werden sie unterrichtet in Sitten und Wissenschaften, in Nachtwachen und Gebeten, im Fasten und anderen Abtötungen, in Handarbeit und Armut, in Selbstauslöschung und Demut. Denn wir sehen viele, welche die Reichtümer ihrer Eltern verachten, die adligen und wohlhabenden Ehemänner, die sich ihnen anbieten, abweisen und in tiefer Armut leben, nichts anderes besitzend, als was sie erwerben können durch Spinnen und Handarbeiten, ausgestattet mit schäbigen Kleidern und bescheidener Speise.[15]

Dieses Zeugnis ist aufschlußreich, denn wir erfahren hier, daß den Beginen durchaus daran gelegen war, in ein Kloster aufgenommen zu werden; sie wurden jedoch durchweg abgewiesen. Dennoch blieben sie ihrer Entscheidung treu und fanden sich außerhalb der Klöster in Frauengemeinschaften zusammen.

Nun soll nicht verschwiegen werden, daß es durchaus Versuche gegeben hat, die aufbrechende und sich rasant entwickelnde Frauenbewegung in die Lebensordnung des Mittelalters einzufügen. Besonders der Prämonstratenserorden, begründet von Norbert von Xanten, unternahm beträchtliche Anstrengungen, um den Zustrom religiös begeisterter Frauen aufzufangen.[16] So kam es schon früh zur Gründung von Doppelklöstern, in denen Frauen und Männer streng getrennt voneinander beherbergt wurden. Um etwa 1150 sollen gegen zehntausend Frauen in Prämonstratenserklöstern gelebt haben. Diese Frauen wurden noch nicht Beginen genannt, sondern »Konversen«. Sie hatten praktische Hilfsarbeiten zu verrichten, waren aber in ihrem religiösen Status den »ordentlichen« Nonnen und Mönchen nicht ebenbürtig. Meist siedelten sie sich in der Nähe der Spitäler an, die zu den Prämonstratenserklöstern gehörten. Sie widmeten sich der Kranken- und Armenpflege, besaßen aber nicht die vollen geistlichen Rechte: Als Laien durften sie weder im Chor noch in der Kirche in die liturgischen Gesänge einstimmen, allein das private Stillgebet und der »heimliche« Psalmengesang wurden ihnen zugestanden. Später mag ihnen erlaubt worden sein, die Messe durch ein Fenster hindurch mitzuerleben, und auch ein begrenztes Schriftstudium scheint ihnen manchmal ermöglicht worden zu sein. Alles in allem blieb es jedoch dabei, daß den Frauen allein niedere Arbeiten zugeschoben wurden.

Diese Integration der Frauen auf niedrigem Niveau hatte keinen Bestand. Der übermächtige Andrang der Frauen auf die Prämonstratenserklöster führte schon 1141 zum Verbot, weitere Doppelklöster zu gründen. Wenig später begann man damit, die bereits bestehenden Doppelklöster aufzulösen. Im Jahr 1198 trennte der Orden sich dann endgültig von seinem weiblichen Zweig. Offensichtlich fühlten sich die Prämonstratenser überfordert.

Von den Frauen, die sich als Konversen in oder bei Prämonstratenserklöstern ansiedelten, sind uns nur wenige namentlich bekannt. Eine Ausnahme bildet Ivetta von Hoei.[17] Sie wurde 1157 geboren und entstammte einer wohlhabenden Bürgerfamilie (Abb. 13). Ihr Vater war an verantwortlicher Stelle in der Finanzverwaltung Lüttichs tätig. Von ihren Eltern wurde sie zur Heirat gezwungen, brachte drei Kinder zur Welt, gab jedoch nach dem Tod ihres Mannes das bürgerliche Leben auf, nachdem sie die Versorgung ihrer Kinder sichergestellt hatte. Ivetta ging dann ganz in der Pflege todkranker Menschen auf. Sie begab sich vor die Tore Lüttichs, wo eine verwahrloste Leprastation existierte. Hier im Outremeuse bezog sie Quartier, und es dauerte nicht lange, bis andere Frauen ihrem Beispiel folgten, darunter auch durchaus wohlhabende Leute, die ihr Eigentum in die Gemeinschaft einbrachten. Bald konnte die verfallene Kapelle erneuert werden, und regelmäßig konnte seitdem für Pestkranke und Aussätzige die Messe gelesen werden.

Outremeuse war nicht die einzige weibliche Spitalgemeinschaft frommer Frauen. Es ist bezeichnend, daß sich die als Beginen Verketzerten oft in der Nähe von Spitälern niederließen, dort ihren Wirkungskreis fanden und ausbauten. Die später bedeutenden Beginensiedlungen in Tongern, Grathem bei Looz, Stenvort, Vilvorde, Mecheln, Brüssel, Löwen, Brügge, Antwerpen u. a. sind nachweislich aus Spitalgemeinschaften hervorgegangen.[18] In Lüttich stand das Christopherusspital, das zu einem bedeutenden Zentrum der

Beginenbewegung wurde. Dies geschah nicht ohne Grund, denn hier hatte sich schon sehr früh der Kirchenreformer Lambert di Beges (der Stammler) frommer Frauen angenommen. Hartnäckig drängte er auf eine Reform der verweltlichten Kirche, hatte sogar Teile der Bibel in die Volkssprache übersetzt, denn seine Adressaten waren vor allem Leute aus dem einfachen Volk, insbesondere Weber und Kürschner. Doch auch »heiligen Frauen« – unter ihnen Töchter von Baronen, Adligen und Bürgern – hatte er die Erlaubnis gegeben, im Umkreis des Spitals zu siedeln. Man hat deshalb die Christopherusgemeinde in Lüttich als erste Beginage bezeichnet, man ernannte den 1177 verstorbenen Lambert di Beges sogar zum ersten Organisator der Beginenbewegung. Selbst den Namen »Beginen« wollte man auf seinen Nachnamen zurückführen. Doch der Beiname »di Beges« taucht erst achtzig Jahre nach Lamberts Tod auf.

Überall in Belgien drängten unabhängig von Lamberts Aktivitäten religiös begeisterte Frauen in die Nähe von Spitälern. Lambert akzeptierte die ungewöhnliche Lebensweise der Lütticher Frauengemeinschaft; einen »Adelsnachweis« der Frauen verlangte er nicht; von einer planmäßigen Organisation der Frauenbewegung durch Lambert ist nichts bekannt.[19]

Daß die Lütticher Gemeinschaft schon im Mittelalter als älteste Beginenvereinigung galt, geht aus einem Brief Heinrichs von Gent hervor, der im Jahre 1266 die »weltweite« Ausstrahlung des Beginenlebens konstatiert: »Diese heilige Pflanzung religiöser Mädchen und Frauen hat sich schon längst und zuerst in der Stadt und in der Diözese Lüttich ausgebreitet ... [Diese Gemeinschaft] hat lange und verbreitete Zweige hervorgebracht, über die ganze Erde Blüten ausgestreut und süßesten Duft verbreitet.«[20] Die im Jahre 1240 verfaßte *Vita Odiliae* nennt – immerhin über sechzig Jahre nach dem Tod des Lambert di Beges – die Beginenbewegung von Lüttich allerdings »eine neue Pflanzung«,[21] ein Hinweis darauf, daß die sich in Lüttich entwickelnde Beginage nicht zu eng mit den Aktivitäten von Lambert verbunden werden darf.

Thomas von Cantimpré, neben Jakob von Vitry der wichtigste Zeuge der Beginenbewegung, bezeichnet übrigens nicht Lüttich, sondern Nivelles, eine Stadt, etwa dreißig Kilometer südlich von

Brüssel in Brabant gelegen, als Ursprungsort der Beginen.[22] Tatsächlich spielten Frauen aus Nivelles eine besondere Rolle bei der Beginenbewegung.

Maria von Oignies

Das Leben der Maria von Oignies (1177–1213) hat Jakob von Vitry[23] überliefert. Dieser hatte in Paris Theologie studiert, fühlte sich jedoch vom universitären Betrieb zunehmend abgestoßen. Da erreichte ihn die Kunde von einer gewissen Maria von Oignies, die aus Nivelles stammte und seit 1207 in Oignies (Aiseau), unweit von Nivelles, wirkte. Ein Besuch in Oignies führte dann unter dem Einfluß Marias zum Eintritt des Priesters in den Orden der Augustinerchorherren in Oignies, von wo aus er – wieder unter maßgeblichem Einfluß Marias – eine intensive Predigertätigkeit entfaltete. Das war keineswegs so selbstverständlich, wie es uns vielleicht heute erscheint. Geistliche sahen damals ihre Hauptaufgabe durchweg in der Feier der Messe, in welcher die Predigt keinen Platz hatte. Doch besonders die aufblühende Bürgerkultur erwartete mehr als eine liturgisch festgelegte Meßfeier. Im Gottesdienst suchte man zunehmend Rat und Klärung schwieriger Lebens- und Glaubensfragen. Besonders war die Auseinandersetzung mit den uns schon bekannten Albigensern zu führen, welche sich in fast allen Punkten der kirchlichen Lehre entgegenstellten. Maria war eine der wenigen Frauen, die in ihrer Zeit die Bedeutung der Predigt erkannten. Was vor allem in Italien und Frankreich das Werk des Franz von Assisi werden sollte, nämlich die Pflege der Predigt, war in Belgien dem Einfluß Marias zu danken. Sie selbst unterwarf sich dem mittelalterlichen Verbot der Frauenpredigt, darf aber für sich in Anspruch nehmen, Jakob von Vitry zum wichtigsten Prediger seiner Zeit gemacht zu haben. Unter Tränen hat sie ihn, der zunächst unwillig war, gemahnt, das Amt der Predigt, das ihr selbst verwehrt war, zu übernehmen. Ihre eigene Vollmacht trat sie ab an »eine andere Person«.[24]

Auch später entzog sich der gelehrte Theologe niemals dem

Bannkreis Marias, auch dann nicht, als er zum Bischof von Accon in Palästina erhoben wurde, am verhängnisvollen Kreuzzug von Damiette (1218–1221) teilnahm und sich 1229 als Kardinalbischof von Tusculum in den Umkreis des Papstes begab. Sein Leitbild war und blieb Maria von Oignies, deren radikaler und mystischer Lebensernst dem eher zurückhaltenden Kirchenmann unauslöschlich eingeprägt blieb, so daß er seiner Mentorin zwei Jahre nach ihrem Tod eine Biographie widmete, in der er äußerte, daß sich in Maria aufs schönste Anliegen und Lebenspraxis der aufbrechenden Beginenbewegung verkörperten.

Jakob bediente sich der bekannten Elemente traditioneller Heiligenbiographien.[25] So schreibt er ihr bestimmte Erlebnisse und Visionen zu. Die Hostie schaut sie als Christuskind; im dunklen Wald wird sie von einem wunderbaren Licht geleitet; Sterne halten nachts den Regen von ihr ab, Engelgesang vertreibt die Dämonen des Schlafes; ihren Gewändern entströmt Weihrauchduft; Engel stützen sie links und rechts, als sie – vom Fasten entkräftet – ein Muttergottesheiligtum aufsucht. Auch andere Elemente seines Lebensberichts sind typisch für Heiligenbiographien und werden uns ein wenig skeptisch stimmen: Schon als Kind findet sie keinen Gefallen an »vergänglichen Gütern«, an Spiel und schönen Kleidern liegt ihr nichts; sie sträubt sich gegen eine Verehelichung, unterwirft sich jedoch gehorsam dem Befehl ihrer Eltern, als ein geeigneter Heiratskandidat auf den Plan tritt. Nachts gibt sie sich nicht ihrem Ehemann, sondern inbrünstigem Gebet hin. Sie vollzieht Dauergebete mit ermüdenden Verbeugungen und Kniefällen, sie schläft so gut wie nie, bekleidet sich mit rauhen Gewändern, ist unempfindlich gegen Kälte, unternimmt Wallfahrten mit bloßen Füßen. Neben dieser Darstellung harter Askese verklärt Jakob das Leben seiner »Heiligen« mit mystisch-innigen Farben, die er dem biblischen *Hohenlied* entlehnt:

Sie suchte gleichsam durch bestimmte Stufen in der Region der Lebenden – wandelnd durch Dörfer und Gassen – den, welchen sie liebte: nun wurde sie durch die Lilien der heiligen Jungfrauen erfreut, jetzt wiederbelebt vom wohlriechenden Rosenduft der heiligen Märtyrer, einmal vom Rat der heiligen Apostel ehrenvoll empfangen, einmal in die Gemeinschaft der Engel aufgenommen, als sie durch alle Stufen aufgestiegen war, als sie alle Orte des Paradieses mit fröhlichem Sinn durchstreift hatte. Als sie alles durchwandelt hatte, gelangte sie endlich zu dem, welchen ihre Seele heftig begehrte, bei dem sie endlich vollkommene Ruhe fand, wo sie bewegungslos verharrte. Ihre Umwelt versank in Vergessenheit, nicht mehr gedachte sie der heiligen Engel. Alle Heiligen gleichsam hinter sich lassend, hing sie jenem an, nach dem sie sich verzehrend sehnte. (Vita Mariae, S. 658)

In der Sprache des *Hohenliedes* wird die mystische Loslösung von allem Weltlichen beschrieben, welche in selbstvergessener Gottesversenkung gipfelt. Solch eine Nähe des mystisch Geliebten hatten Hildegard und Elisabeth niemals gefunden; Hildegard hatte sich ganz in eine visionär beschworene Gegenwelt hineinbegeben; Elisabeth von Schönau hatte zwar traulichen Umgang mit Maria und anderen Heiligen gepflegt, niemals jedoch war ihr solch eine mystische Einswerdung mit dem geliebten Christus zuteil geworden. Die mystische Aura, in welcher sich Maria bewegt, mildert den asketischen Lebensernst und schafft eine sonderbare Spannung, die auch einen heutigen Leser nicht unberührt läßt: einerseits härteste Bußübungen, andererseits das liebliche Jesuskind, das ihr ans Herz gelegt wird; einerseits Weinkrämpfe von beängstigender Heftigkeit, wenn sie den leidenden und gekreuzigten Jesus vergegenwärtigt, andererseits die Wonnen des ihr zugeneigten Seelenbräutigams. Von Krankheit gezeichnet und dem Sterben nah, entringt sich ihr ein drei Tage und Nächte währender Jubelgesang, in welchem sie den »schönen König« besingt.[26]

Wir müssen vermuten, daß uns Jakob ein mystisches Heiligenbild präsentiert, wobei nicht immer ganz auszumachen ist, was historisch verbürgt ist. Fest steht allerdings, daß Maria von Oignies kurz nach 1191 mit dem Einverständnis ihres Ehemannes Hab und Gut unter Bedürftige verteilt und sich nach Williambroux vor den Toren von Nivelles zurückzieht, wo sie sich ganz der Pflege von Aussätzigen widmet. Ihre Abneigung gegen das städtische Leben muß stark gewesen sein; die Handelsherren der Stadt, deren Geiz und Habsucht, haben sie abgestoßen; und auch für die ritterliche Kultur mit ihren Turnieren und sportlichen Wettkämpfen hatte sie nichts im Sinn.[27]

Ihr Beispiel übte eine große Anziehungskraft auf andere Frauen aus; viele eifern ihrem Vorbild nach. Besuche aus nah und fern, aus allen Himmelsrichtungen, wie ihr Biograph versichert, veranlassen Maria schließlich nach etwa zwölf Jahren, Williambroux zu verlassen und sich als Einsiedlerin in die Nachbarschaft des damals armen und bescheidenen Augustinerstiftes in Oignies zu begeben. Jakob beschreibt sehr schön die tiefsten Impulse dieser außergewöhnlichen Frau:

So groß ... war ihre Liebe zur Armut, daß sie kaum an das Lebensnotwendige dachte. Deshalb wurde sie einst dazu bestimmt, zu fliehen, um – unerkannt und verachtet – von Tür zu Tür unter Fremden zu betteln, nackt, dem nackten Christus nachfolgend. Oft versenkte sie sich in die Armut Christi, welcher bei seiner Geburt keinen Platz in der Herberge gefunden hatte, keinen Ort, sein Haupt niederzulegen, kein Geld, um Steuern zu bezahlen. Er wollte durch Almosen ernährt und in der Fremden Haus aufgenommen werden. Manchmal wurde sie so entflammt von dieser Sehnsucht nach Armut, daß sie ein kleines Täschchen nahm, um Almosen zu sammeln, und eine kleine Tasse, um Wasser zu trinken oder ein Mahl aufzunehmen, welches ihr als einer Bettlerin gegeben wurde. Gekleidet in alte Lumpen, konnte sie davon kaum von ihren weinenden Freunden abgehalten werden. Als jedoch die kleine Arme Christi [paupercula Christi] ihnen den Abschied gegeben hatte und dabei war, in diesem Aufzug wegzuziehen mit Tasche und Tasse, da entstand solch ein Klagen und Weinen unter ihren Freunden, welche sie in Christus anflehten, so daß sie – überwältigt von tiefstem Mitleid – es nicht ertragen konnte. Von zweien bedrängt, blieb sie – trotz ihrer Sehnsucht zu fliehen und zu betteln um Christi willen – zum Heil ihrer Brüder und Schwestern bei jenen, welchen ihre Abwesenheit unerträglich schien. Doch sie tat, was sie konnte. Ihre Liebe zur Armut hielt so stark an, daß sie manchmal die Tischdecke oder das Leinen, auf welchem sie ihr Brot aß, teilte, einen Teil verwendete sie für sich selbst, den anderen bot sie den Armen an. (Vita Mariae, S. 557)

Diese Beschreibung ist sicherlich authentisch, denn Jakob war von der religiösen Leidenschaft Marias nicht nur zutiefst erschüttert, er selbst sah auch die Gefahren einer allzu radikalen Armutsnachfolge, die zur Selbstzerstörung führen konnte. Daß sie als Bettlerin durch die Lande ziehen will, findet keineswegs seine uneingeschränkte Zustimmung. So berichtet er auch, daß Maria durch eindringliches Bitten und Flehen ihrer Familie davon abgehalten wurde. Doch Maria ist immer diese »kleine Arme Christi« geblieben, ob sie unter armseligen Bedingungen in der Leprastation zu Williambroux oder in der Klause zu Oignies wirkte.

Auf den ersten Blick erscheint Marias Armutsnachfolge gar nicht so umstürzend, denn das Armutsgelübde galt seit jeher als verpflichtend für Mönche und Nonnen. Doch für das Mittelalter gilt eben auch, daß sich freiwillige Armut nur in der Institution von zugelassenen Klöstern oder Einsiedeleien bewähren durfte, wobei in zahlreichen Klöstern die individuelle Armut der Insassen durchaus mit beträchtlichem Gemeinbesitz der Klöster verbunden sein konnte. Marias Entschluß, in Armut zu leben, war jedoch eine durch und durch persönliche Entscheidung; weder fragte sie um Erlaubnis, noch legte sie ein förmliches Gelübde ab; und ebensowenig begab sie sich in die schützende Obhut einer Klostergemeinschaft. Ihre Beziehungen zum Augustinerchorherrenstift in Oignies blieben zeit ihres Lebens recht locker.

Vergleichbar ist ihre Entscheidung mit der des hl. Franz von Assisi, doch ist sie den Weg in die persönliche Armutsnachfolge vor ihm gegangen. Marias Form der Armut unterscheidet sich allerdings in einem Punkt von der der Franziskaner. Maria und ihre Anhängerinnen erwerben sich ihren Lebensunterhalt nicht durch Bettelei, sondern durch ihrer eigenen Hände Arbeit. Dies wurde zu einem bezeichnenden Merkmal aller Beginen. Der Bischof von Lincoln, Robert Grosseteste, lobte die Frauen, die von ihrer Arbeit lebten, während er die Franziskanerbrüder wegen ihres Bettlertums kritisierte.[28]

Körperliche Arbeit gehörte neben Gottesdienst, Gebet und Lektüre zwar seit jeher auch zur mönchischen Lebensform, doch die körperliche Arbeit spielte eher eine untergeordnete Rolle. Die Benediktiner etwa widmeten sich hauptsächlich geistiger Arbeit, dem Abschreiben und Lesen, und selbst die Zisterzienser, die der körperlichen Arbeit einen höheren Stellenwert beimaßen, ließen Laienbrüder und -schwestern, sogenannte »Konversen«, die härtesten körperlichen Arbeiten erledigen. Die Beginen verrichteten körperliche Arbeiten nicht allein aus asketischen Gründen, sondern weil sie damit ihren Lebensunterhalt bestritten. Jakob von Vitry hat den Doppelsinn der Beginenarbeit beschrieben; er führt dem Bischof Fulko von Toulouse erneut vor Augen, was dieser selbst bei einem Besuch gesehen hatte:

Du hast es gesehen und dich erfreut in den Liliengärten des Herrn an vielen Gruppen heiliger Jungfrauen an verschiedenen Orten, welche – die fleischlichen Genüsse um des Heils Christi willen verachtend und die Reichtümer der Welt der Sehnsucht des himmlischen Königreiches wegen verschmähend – dem himmlischen Bräutigam in Armut und Demut treu bleiben und ihren körperlichen Unterhalt durch die Arbeit ihrer Hände suchen, obgleich ihre Eltern im Überfluß leben, doch – ihre Verwandten und Hausgemeinschaft vergessend – ziehen sie es vor, Bedrängnis und Armut zu ertragen, als sich zu rekeln unter üblen Reichen oder zu verbleiben in der Gefahr unter dem Hochmut und Pomp der Welt. Du hast unter Frohlocken verheiratete Frauen Gott dienen sehen, den großen Eifer, mit welchem sie die Ehrbarkeit junger Mädchen schützen und selbige unter heilsamen Warnungen belehren, allein den himmlischen Gemahl zu ersehnen. Auch Witwen dienen Gott durch Fasten und Gebete, in Nachtwachen und Handarbeit, in Tränen und Flehen. Wie sie früher ihren Ehemännern im Fleisch zu gefallen suchten, streben sie nun, dem himmlischen Bräutigam im Geiste zu gefallen. Oft wiederholen sie die Worte des Apostels: Die Witwe, welche vergnüglich lebt, ist tot; die heilige Witwe jedoch, welche sich kümmert um den Bedarf der Heiligen, die Füße der Armen wäscht, Gastfreundschaft spendet und Taten der Dankbarkeit vollbringt, erntet sechzigfach Früchte. (Vita Mariae, S. 547)

Es ist wohl kein Zufall, daß Jakob von Frauen aus verschiedensten Lebenssituationen – Mädchen, verheirateten Frauen, Witwen – berichtet, die dem beginischen Leben folgten. Es ist auch kein Zufall, daß in der Beschreibung ihres Lebens Züge der Religiosität und Eigenschaften eines bürgerlichen Lebens miteinander verwoben sind. Daß sie nützliche Arbeiten verrichten, bezieht sich jedoch keineswegs auf reine Erwerbsarbeit; die besondere Domäne war und blieb

Beginen-Mystik – Die Anfänge

die Pflege in Spitälern und Armenhäusern. Wir wissen aus der Geschichte der späteren Beginensiedlungen, daß sogar für hinfällige Beginen »Armenhäuser« eingerichtet wurden; kein Wunder, daß in einem alten französischen Dokument die Beginen als »Väter und Mütter der Armen« erscheinen.[29]

Besonders sind wir über die Armenpflege der Beginen in Brüssel unterrichtet.[30] Die Kosten für den Unterhalt des Krankenhauses werden verrechnet mit den Erträgen einer Landschenkung; was übrigbleibt, wird unter dreißig der ärmsten Beginen verteilt, so ein Zeugnis aus dem Jahre 1258. Noch über einhundert Jahre später wußte man, daß »seit langen Zeiten im Hospital des Beginenhofes von Vinea [Weingarten] in Brüssel demütige, arme und gebrechliche Frauen, die unfähig waren, sich aus eigenen Kräften zu unterhalten, in Gastfreundschaft aufgenommen worden sind«. In Brüssel gab es neben dem Krankenhaus noch eine besondere »Liebesinstitution«, die »Heilig-Geist-Tafel«, genannt »Ter Kisten«. Hier verteilte man Essen und Geld an Arme. Armentische gab es außerdem in den Beginagen von Brügge, Audenarde, Antwerpen, Tongern, Zoutleew (Léau), Lierre, Tirlemont, Fosses, Mecheln, Löwen, Dinant und Bouvignes.[31] Es scheint, daß von den Beginen allerorten Aufgaben übernommen wurden, die vordem in den Händen städtischer oder kirchlicher Behörden gelegen hatten. Die Beginen waren gesellschaftliche Randgruppen, die besonders den Armen, Kranken und Gebrechlichen in den Städten verpflichtet waren.

Über die Gemeinschaft der Beginen in Gent heißt es in einem Bericht:

In jenen Häusern sind viele so arm, daß sie nichts besitzen außer ihrem Bett und einer Kleiderkiste, aber sie fallen niemandem zur Last. Durch ihrer Hände Arbeit verdienen sie täglich so viel, daß sie nicht nur eine bescheidene Lebenshaltung bestreiten, sondern auch dem Gesetz der Kirche gehorchen und von dem wenigen noch Almosen geben. Im Konvent wird eine als Werkmeisterin berufen, deren Aufgabe es ist, Arbeit und Arbeiterinnen so zu leiten, daß alles dem göttlichen Willen entsprechend getan wird. Im Arbeiten befolgen sie eine feste Regel: Nach dem frühen Aufstehen treffen sie sich in der Kirche, jede an ihrem eigenen Platz, so daß die Abwesenheit einer von ihnen sofort bemerkt werden kann. Wenn sie die Messe gehört und jede ihre Gebete verrichtet hat, kehren sie in ihre Häuser zurück und arbeiten schweigend alle Tage in einer Weise, daß sie niemals vom Gebet ablassen. Oder sie wiederholen das Miserere *oder andere Psalmen, welche sie kennen. Spät am Abend nach der Vesper, wenn sie Muße haben für Gebet und Meditation, gehen sie wieder in die Kirche und begeben sich danach zur Ruhe. Häufig fasten sie bei Brot und Wasser, sie dulden kein Leinen auf der Haut und schlafen auf Betten, die auf dem Fußboden aufliegen. Und in all dem verhalten sie sich so umsichtig und vertraut in Haushaltsdingen, daß mächtige und ehrenwerte Leute ihre Töchter zu ihnen bringen, hoffend, daß sie, in welchen Lebensstand sie später auch berufen werden – ob religiös oder zur Ehe bestimmt –, besser als andere vorbereitet werden ... Ihre Kleidung ist grau, einfach in der Form, ohne irgendwelchen Schmuck.*[32]

Dieses Genter Zeugnis gewährt Einblick in das alltägliche Leben der Beginen. Religiöse Versenkung, nützliche Handarbeit und Armenfürsorge bestimmen ihren Tageslauf; außerdem haben sich die Beginen offensichtlich der Unterweisung minderjähriger Adelstöchter angenommen. Dies ist auch aus anderen Beginagen bekannt. In Zoutleeuw etwa wird Beatrijs von Nazareth erzogen – sie wird uns noch beschäftigen –, in Brüssel und Antwerpen werden Mädchen in einer Elementarschule unterrichtet.[33] Über die Unterrichtsmethoden wissen wir nur wenig, können aber davon ausgehen, daß es Beginen waren, die den Unterricht erteilten. Über eine Begine namens Clarissa Leonard in Mecheln wird berichtet, daß man nach ihrem Tod eine wohlverschlossene Bücherkiste gefunden hat.[34]

Beginen haben, wie wir sahen, auf mehreren Gebieten soziale Dienste geleistet. Diese Aufgaben konnten sie um so eher erfüllen, als sie zugleich religiöse und weltliche Gemeinschaft waren und deshalb vielleicht beweglicher als die durch Traditionen festgelegte Institution Kirche.

Maria von Oignies hat all die Charakterzüge der beginischen Frauenbewegung in herausragender Weise verkörpert. In folgendem Bild hat Jakob von Vitry die mystisch-weltliche Doppelrolle ihres Wirkens festgehalten: »Während sie ihre Hand geschickt anlegte,

Beginen-Mystik – Die Anfänge

je nachdem ihre Finger in die Spindel griffen, hielt sie den Psalter aufgestützt vor sich und sprach leise die Psalmen.«[35]

Die Ursprünge von Marias radikaler Armutsnachfolge liegen in einer Grunderfahrung der Mystik, der Nachfolge Christi. »Der Grundsatz deiner Bekehrung, des Erstlings der Freude, ist dein Kreuz, deine Passion gewesen«, schreibt Jakob von Vitry,[36] und er beschreibt auch recht befremdliche Beispiele ihrer Leidensmystik:

Getrieben von der Leidenschaft des Geistes – gleichsam berauscht von der Süßigkeit des Passahlamms – schneidet sie sich voller Ekel mit einem Messer nicht geringe Fleischstücke ab, was sie aus Furcht auf Erden verborgen hat, und – zu sehr von Liebesleidenschaft entflammt – überwand sie den Schmerz des Fleisches, dabei einen der Seraphime in dieser Ekstase des Geistes vor sich sehend. Die Wundstellen sahen Frauen, als ihr Leichnam gewaschen wurde, und sie bewunderten sie ... Wer Simeons Würmer, die aus seinen Wunden hervorkrochen, wer des Heiligen Antonius Feuer, mit welchem er sich die Füße verbrannte, schauervoll verehrt, warum sollte der nicht auch im schwachen Geschlecht die Unerschrockenheit solch einer Frau bewundern, welche – von Liebe verwundet und von den Wunden Christi erschüttert – sich nicht vor den Verletzungen des eigenen Körpers scheute. (Vita Mariae, S. 641f.)

Nicht nur der heutige Leser, dem solche Marterungen als lebens- und leibfeindliche Selbstaggressionen erscheinen müssen, erfährt mit Befremden davon. Auch Jakob von Vitry hat Marias übersteigerte Passionsleidenschaft abgelehnt. Ausdrücklich hebt er einmal hervor, daß es bei der Askese niemals um eine Zerstörung unseres »armen Körpers« gehen dürfe, sondern daß allein unsere »inneren Laster« bekämpft werden sollten. Doch Jakob eröffnet uns auch einige Erklärungsmöglichkeiten, um Marias Selbstverstümmelung zu verstehen. Er faßt ihre Verwundungen als Versuch auf, die »Herrschaft des Geistes über den Körper« auszuüben; doch mit einer solchen asketisch-moralischen Deutung ihres Handelns gibt er sich nicht zufrieden. Er sieht in Maria die Nähe von Leiden und Leidenschaft verkörpert. Das Leidensbegehren als buchstäbliche Leiden-schaft ist Ausdruck ihrer unendlichen Liebessehnsucht.

Dies zu verstehen, setzt nun in der Tat ein tieferes Verständnis von Leidenschaft voraus.

Wir kommen hier an eine Grenze alltäglicher Erfahrung, denn hier stößt die Absolutheit der Leidenschaft in Weiten vor, die den endlichen und begrenzten Raum der leibgebundenen Erfahrung überwinden sollen. Eine Bewußtseinserweiterung wird ersehnt, die sich nicht an die Grenzen von Körper und Seele halten möchte. Dabei bleibt aber Marias Bewußtsein, für andere verantwortlich zu sein, intakt, ihr Einfluß auf Frauen und Männer, die ihre Nähe suchten, ist eindeutig bezeugt.

Wichtig scheint uns deshalb ein anderer Gedanke, den Jakob von Vitry hervorhebt. Für ihn ist Maria ein Beispiel dafür, daß auch das »schwache Geschlecht« extreme Leiden auf sich nehmen kann. So macht er sie zu einem Sinnbild der Stärke, der *fortitudo*, die man nur als männliche Tugend wahrzunehmen gewohnt war. Dies wird einer der Gründe für ihre Verehrung durch andere Frauen gewesen sein.

Maria von Oignies ist sicher eine der faszinierendsten Gestalten aus der Frühzeit der Beginenbewegung. Doch kann sie nicht als Begründerin einer wohlorganisierten städtischen Beginensiedlung angesehen werden. Sie hat als Einsiedlerin begonnen und eine Gruppe von Gleichgesinnten um sich gesammelt, doch hatte sich diese Frauengruppe noch nicht in der Lage gesehen, eine offizielle Anerkennung durch die Autoritäten der Kirche und der weltlichen Obrigkeit zu gewinnen. Weder die Nachbarschaft Ivettas von Hoei zum Prämonstratenserorden noch die Marias von Oignies zu einem Augustinerstift bedeuteten schon selbständige Organisation.

Was sollte nun mit den Massen frommer Frauen geschehen? Wem waren sie zu unterstellen? Wer war für sie zuständig? Wie sollte man sich diesen weltlich-religiösen Frauen gegenüber verhalten? Wenn sie keine Nonnen waren, was waren sie dann? Waren sie nicht doch ungehorsam-eigenwillige Ketzerinnen, die sich einfach nicht den geregelten und geordneten Lebensformen in Haus und Familie unterwerfen wollten? All diese Fragen blieben offen, bis zum denkwürdigen Jahr 1216, in welchem Kardinal Jakob von Vitry bei Papst Honorius III. vorstellig wurde.[37] Er rühmte und lobte die frommen Frauen über alles, erzählte von Maria von Oignies, entdeckte

Beginen-Mystik – Die Anfänge

aber auch, daß nicht nur in den belgischen Provinzen, sondern auch am Niederrhein, in Frankreich und in Italien Frauen nach Beginenart lebten. Ihm gelang es, die mündliche Zusicherung des Papstes zu erwirken, »daß es religiösen Frauen erlaubt sei ..., in demselben Haus zu wohnen und sich wechselseitig durch Ermahnungen zum Guten anzuspornen«. Mit dieser mündlichen Zusicherung, die 1233 in der Bulle *Gloriam virginalem* schriftlich bestätigt wurde, schlägt die Geburtsstunde des organisierten Beginentums, denn jetzt war es den Beginen möglich, in Wohngemeinschaften zu leben und ihre ungewöhnliche Lebensweise weiterhin zu pflegen. Ein förmliches Gelübde wurde von ihnen nicht verlangt, damit blieb auch das Prinzip der Freiwilligkeit lebenslang gewahrt; zur Klausur wurden sie nicht verpflichtet, damit konnten sie ihren weltlichen Aufgaben auch weiterhin nachgehen. Mit der päpstlichen Anerkennung hatte die Bewegung einen beachtlichen Erfolg errungen, doch es sollte noch vieler Kämpfe bedürfen, bis die grundsätzliche Anerkennung Wirklichkeit wurde.

Hierbei kommt der belgischen Beginenbewegung eine besondere Bedeutung zu. Dort bildeten sich nicht nur kleine Hausgemeinschaften, sondern regelrechte Beginensiedlungen,[38] die oft sogar als eigene Stadt- und Kirchenbezirke anerkannt wurden, also eine eigene Kirche, einen eigenen Priester und einen eigenen Friedhof hatten. Manchmal wurden sie sogar von der obligatorischen Steuer- und Abgabenpflicht befreit, was ihre Unabhängigkeit noch erhöhte.[39] Doch dauerte es lange, bis die Gründung selbständiger Beginagen, der Beginenhöfe, verwirklicht wurde. Abgelehnt wurden selbständige Beginenhöfe vor allem von der städtischen Pfarrgeistlichkeit, die nicht nur eine Einbuße ihres Ansehens befürchtete, sondern auch mit dem Verlust der Schenkungen an die Beginen rechnen mußte; mißtrauisch waren manchmal die observierenden Klöster, bei denen die Frauen leicht in den Geruch der Unbotsamkeit und Ketzerei gerieten; öfter als ihnen lieb war, bekamen es die Beginen auch mit den städtischen Handwerkszünften zu tun, welche die Konkurrenz der arbeitsamen Frauen fürchteten und es nicht gern sahen, wenn sich die Beginen in den lukrativen Erwerbszweigen der aufblühenden Tuchindustrie betätigten. Und die weltlichen Herren der

Städte beäugten manchmal mißtrauisch, wie ihnen die Beginen auf Grund der einst verliehenen Privilegien einen gehörigen Steuerbatzen vorenthielten.

Andererseits waren die Beginenhöfe nicht mehr aus den Städten wegzudenken, schließlich übernahmen die dort ansässigen Frauen wichtige Aufgaben der Allgemeinheit, insbesondere im Bereich von Kranken-, Alten- und Armenpflege, und entlasteten dadurch die städtischen Kassen. Daß den Beginen trotz aller Widrigkeiten dennoch die Einrichtung von Beginenhöfen gelang, verdanken sie oft dem Einsatz weltlicher Autoritäten, begüterter Privatleute, aber auch den zuständigen Bischöfen. Diese waren von dem Interesse geleitet, die religiöse Frauenbewegung in die städtische Lebensgemeinschaft zu integrieren.

Einer der ältesten Beginenhöfe befindet sich in Löwen. Hier wurde 1232 durch den Einsatz des Abtes von Villiers eine eigene Kapelle errichtet.[40] In Cambrai entstand auch schon früh ein Beginenhof, der in seinen Glanzzeiten eintausenddreihundert Frauen beherbergt haben soll.[41] In den flandrischen Städten[42] erfreuten sich die Beginen der Zuwendung von Johanna und Margarete, Gräfinnen von Flandern und dem Hennegau. Schon 1233 erhielten die Beginen in Gent Wohnrecht im Bereich des Zisterzienserklosters Biloke. Als die Zahl der Beginen anstieg, kam es zur Gründung der »Alten Beginage« in der Nähe der St. Elisabethkirche. Doch auch hier waren die Räumlichkeiten sehr beschränkt, so daß es zu einer weiteren Gründung, der Beginage Ten Hooie, kam. Bis zu achthundert Frauen sollen den Beginenhöfen angehört haben. Allerdings gab es über Jahrzehnte immer wieder Auseinandersetzungen mit der Pfarrgeistlichkeit, und noch 1284 verlangte die Stadtherrschaft die Rückgabe einmal geschenkter Güter. Die Beginen waren reichlich empört und vermerkten mit besonderem Unwillen, daß der Bailli, der Vogt von Gent, einfach in ihren Konvent eingebrochen war.

Mit Johannas und Margaretas Hilfe entstanden auch die Beginenhöfe in Ypern (1240), Valenciennes, Cantimpré bei Mons, in Kortrijk und in Brügge (1241), wo ein Jahr nach dem Tode Johannas der große Beginenhof errichtet wurde. In Brüssel[43] gab es neben der »Großen Beginage« (Abb. 11) noch zwei kleinere Beginensiedlungen, daneben das Armenhaus Ter Kisten, ja sogar eine eigene Mühle wurde den Beginen zugestanden. Interessant ist, daß zahlreiche Frauen auch außerhalb ihrer Siedlung einer geregelten Arbeit nachgingen, was noch 1271 zum Eingreifen des Herzogs von Brabant führte, dem der Erwerbssinn der Frauen nicht geheuer war. Ein Großteil der Frauen war außer in den traditionellen Pflegeberufen auch in der Tuchindustrie tätig, wobei man insbesondere dem Waschen, Appretieren und Noppen der Stoffe nachging.

Doch nicht nur ökonomisch spielten die Beginen eine beargwöhnte Rolle. Den Geistlichen fiel unliebsam auf, daß sich die Frauen offen über diffizile religiöse Sonderfragen auseinandersetzten, etwa über das Wesen der Trinität oder die Bestimmung des göttlichen Wesens, Themen, über die Frauen nicht urteilen durften. Hinzu kamen immer wieder die Übergriffe der Pfarrgeistlichen, die es nicht verwinden konnten, daß die Beginen dem Einflußbereich ihres Pfarrbezirks entzogen waren. Ruhe kehrte erst ein, als den Zisterziensern von Villiers Beaufsichtigungsrechte zuerkannt wurden. Die Äbte von Villiers arbeiteten wiederum mit den Franziskanern zusammen, und schließlich kümmerte sich der Benediktinerabt an der Schelde um die Beginensiedlungen. Daß all dies zu Zwistigkeiten führte, verwundert nicht, zumal die Frauen häufig mit den ihnen verordneten Priestern unzufrieden waren.[44]

Ein Brüsseler Stadtplan von 1572 zeigt, daß die Anlage der Beginensiedlung La Vinea durch eine Mauer und einen Wassergraben von der Stadt abgetrennt war. Diese festungsartige Anlage war notwendig, da sich die Beginage ursprünglich am Rande der Stadt befunden hatte und nicht vollständig in die Stadtbefestigung eingebunden war. Die Gesamtanlage war der flämischen Städtebauweise entsprechend mit einem rechtwinklig ausgelegten Straßennetz versehen, ausgerichtet auf eine Hauptachse, die jeweils mit einem Nord- und Südtor abschließt. Außer dem Hospital und der Kirche waren die Häuser ursprünglich aus Holz gebaut.

Ganz problemlos gestaltete sich auch die Beginengründung in Diest nicht. Lange blieben die Beginen noch der Pfarrgeistlichkeit zu Abgaben verpflichtet, die darin vom Abt des Klosters in St. Trond unterstützt wurden, obwohl der Beginenhof seit 1247 formal unabhängig war. Beschwert wurden die Beginen auch durch den Statthalter von Diest, der die Frauen immer wieder und bei Strafe des Ausschlusses zu unbedingtem Gehorsam gegenüber dem Bischof von Lüttich verpflichtete und sogar verlangte, daß die Beginen ihre graue Tracht ablegen sollten.[45]

Bedenkt man, daß in fast allen belgischen Städten Beginenhäuser und Beginensiedlungen aus dem Boden schossen, kann man sich vorstellen, welche Kraft und Entschiedenheit in diesen Frauen steckte. Mit dem schließlich erkämpften Recht auf selbständige Beginenhöfe begann sich das Beginentum allerdings zu verändern. War man ursprünglich unmittelbar mit einem Hospital verbunden gewesen, so kam es jetzt doch zumindest räumlich zu einer Abtrennung. Sehr schön kann man das in Antwerpen[46] beobachten. Dort bestand ursprünglich die Beginensiedlung Klapdorn als Hospitalgemeinschaft. 1246 wurde dann der große Beginenhof Zion außerhalb der Stadtmauern vor dem St. Joristor angelegt. Mit der Anlage von Gebäudekomplexen veränderte sich auch die ursprünglich strikte Befolgung der Armutsregel. Der Bau von Häusern erforderte die Aufwendung beträchtlicher Kapitalien, und wenn Schenkungen nicht zur Verfügung standen, mußten die Frauen selbst die notwendigen Mittel aufbringen. So kam es, daß begüterte Frauen Beginenhäuser bauen ließen und dort ihren eigenen Hausstand führten. Ärmere Frauen wohnten dagegen zu zweit oder dritt in einer Wohnung, auch Konvent genannt. Da die begüterten Frauen materiell ihren Status wahren konnten, verlor sich das Armutsideal mehr und mehr.

Im Laufe der Entwicklung zu eigenen Beginensiedlungen veränderte sich auch die soziale Zusammensetzung der Gemeinschaften. Waren in der Frühzeit der Bewegung noch zahlreiche adlige Frauen mitbeteiligt gewesen, so drängten vor allem im vierzehnten Jahrhundert ärmere Frauen in die Beginenhöfe. So spricht im Jahre 1354 Ludwig von Maele, Graf von Flandern, von der großen Zahl von Frauen, die keinen Ehegatten von Rang und Stand fanden, von dem Mangel an Klöstern, von der Armut, in welche viele Töchter aus Adelsfamilien gesunken waren.[47] In einer Genter Denkschrift von 1328 werden dieselben Gründe für den Eintritt ins Beginenleben genannt; hervorgehoben wird jedoch auch, daß diese Frauen sich

Beginen-Mystik – Die Anfänge

mit Nahrung und Kleidung selbst zu versorgen hatten.[48] Anders als in der Frühzeit scheinen die Beginenhöfe also später auch Aufgaben eines Versorgungsinstitutes übernommen zu haben, doch wir müssen uns hüten, diese spätere Entwicklung in die Entstehungs- und Blütezeit der Beginengeschichte zurückzuprojizieren.

In den ersten Jahrzehnten des dreizehnten Jahrhunderts wurde ein Eingliederungsversuch der Beginen unternommen, und zwar von den Zisterziensern.[49] Diese schienen auf den ersten Blick bestens geeignet, fromme Frauen anzusprechen, da sie ein strengeres Lebensideal verkörperten als der vornehmlich auf Kulturleistungen hin ausgerichtete Benediktinerorden. Sie lehnten die prunkvoll-herrscherliche Machtkirche ab, pflegten in ihren Reihen eine ungewöhnlich verinnerlichte Passionsmystik und räumten auch der Marienverehrung einen hohen Stellenwert ein. Kein Wunder, daß fromme Frauen immer wieder versuchten, in ein Zisterzienserkloster aufgenommen zu werden. Im Bistum Lüttich etwa wurden zur Zeit Jakobs von Vitry allein sieben neue Zisterzienserklöster errichtet, in ganz Belgien kam man zwischen 1196 und 1244 auf immerhin dreiunddreißig Neugründungen.[50]

Bereits im Jahre 1212 wurden Klagen über die Frauenklöster laut, weil sie in zu enger Nachbarschaft zu den Männerklöstern gelegen seien. Die Seelsorgemönche sahen sich bei der geistlichen Betreuung der Frauen überfordert, zumal ihnen ein Leben in strenger Klausur nicht möglich war. 1228 verbot die Ordensleitung schließlich die Neugründung von Frauenklöstern grundsätzlich und gedachte eine Übertretung dieses Verbotes mit strengen Strafen zu ahnden, und das, nachdem schon Jakob von Vitry bemerkt hatte, daß eigentlich dreimal mehr Klöster notwendig wären, um die andrängenden Frauen aufzunehmen.[51] Es erging den Frauen wie bei den Prämonstratensern. Sie wurden auch von den Zisterziensern abgewiesen und damit weiterhin auf eine halb geistliche, halb weltliche Lebensweise verwiesen, was beträchtliche Unsicherheiten mit sich brachte. Unklar blieb, welche Autoritäten für sie zuständig waren, ungeklärt war, wer die Frauen vor Übergriffen schützte, und immer wieder wurde der Vorwurf der Ketzerei laut. Wenn Familienangehörige vor Gewalttätigkeiten nicht zurückschreckten, um ihre

Töchter vom Beginenleben abzuhalten, so mußte das von den betroffenen Frauen klaglos hingenommen werden.

Obwohl es den Zisterziensern verboten war, Frauenklöster zu gründen, standen sie der religiösen Frauenbewegung nicht unbedingt feindlich gegenüber. Es spricht für sie, daß sie die Festigung von Beginengemeinschaften außerhalb der Klöster positiv begleiteten; besonders die bedeutende Zisterzienserabtei Villiers begünstigte die Gründung von Beginensiedlungen. Gerade in Villiers wurden Hildegard von Bingen und Elisabeth von Schönau weiterhin verehrt.[52] Einigen Frauen gelang es auch, vom Beginenstand in ein Zisterzienserinnenkloster überzuwechseln, was wichtige Folgen für die Mystik der Beginen hatte.

6 BEGINENMYSTIK –
DIE GROSSEN GESTALTEN

Ida von Nivelles

Ida von Nivelles (1199–1231) wurde als Tochter einer begüterten Bürgerfamilie geboren und verließ nach dem Tod ihres Vaters das Elternhaus, um nicht zur Ehe gezwungen zu werden. Eines Nachts floh sie durch ein Fenster, ausgestattet mit einem einfachen Kleidchen und einem Marienpsalter in den Händen. Zuflucht suchte sie bei den »religiösen Frauen«, den Beginen also, die in Nivelles nahe der Kirche vom Heiligen Grab lebten und Hospitaldienste verrichteten. Warum Ida ausgerechnet diese Beginage – es gab in Nivelles noch drei andere – wählte, ist uns unbekannt.

Sieben Jahre verbleibt sie in Nivelles. Dann treibt es sie in die Nähe des Zisterzienserklosters von Kerkom, etwa zwanzig Kilometer von Löwen entfernt. Schließlich gelingt es ihr im Jahre 1216, im Zisterzienserinnenkloster La Ramea (Jauchelette) unterzukommen, wo sie 1218 die Profeß ablegt. Ida ist damit Zisterzienserin geworden; die Erfahrungen ihres Beginenlebens hat sie jedoch niemals verleugnet. Das wird besonders in der Brückenvision deutlich, welche wichtige Merkmale der Frauenmystik enthält. Ida befindet sich in großer Sorge und Angst um eine ihr gut bekannte Frau.

Körperlich zerrüttet und von maßloser Trauer erfüllt, wurde sie von Blutstürzen heimgesucht. Dann geriet sie in eine Verzückung des Geistes und wurde, indem sich ihre Seele vom Körper entfernte, zu den Fegefeuerorten entrückt, wo sie viele Seelen fand, welche gemäß der Schwere ihrer Vergehen mehr oder weniger die Fegefeuerstrafen abbüßten. Sie begann aber – wie es ihr schien – stark zu zittern und zu zagen, um nicht vom Gestank des Wassers, von den Flammen des Feuers und von den schrecklichen Qualen der uner-

träglichen Kälte berührt zu werden. Nichts von all dem Furchtbaren jedoch geschah, weil sie alle diese Strafen unverletzt überstand. Dann sah sie sich vor einem großen Fluß, welcher dichteste Rauchnebel und schrecklichen Gestank ausschied, aus welchem klagende Stimmen leidender Seelen gehört wurden; und über dem Fluß sah sie eine Brücke, deren vorderer Teil einem schmalen, scharf geschliffenen Schwert glich. Und siehe, an demselben Ort vor der Brücke erschien ihr jene Frau, für welche sie Gott, dem Herrn, viele Bitten und Tränen demütigst dargebracht hatte. Sie erhob ihre Augen und sah jenseits des Flusses einen erquicklichen Ort, anmutig eben und von wunderbarer Lieblichkeit, gleichsam das Paradies des Herrn, und an demselben Ort sah sie den Erlöser stehen, in dessen Hand – so schien es ihr – der Himmel und die Mächte des Universums gehalten wurden. Der Erlöser rief sie mit angenehmer Stimme herbei und sprach: »Überschreite, meine Freundin, den Fluß und komm zu mir!«

Als sie jenes gehört hatte, begann sie zuerst zu zittern wegen der schmalen Brücke, aber – von der Hilfe des Herrn gehalten – legte sie ihre Hand in die der vorher genannten Frau, zog jene hinter sich her, damit sie gemeinsam die Brücke überquerten. Aber jene zog bestürzt und tief erschrocken ihren Fuß zurück. Der Herr jedoch schaute jene mild an und sprach: »Laß es geschehen, süße Tochter, damit dir zur Rettung ein gutes Urteil gesprochen wird. Bedenke ohne Unterlaß, was ich erlitten habe, damit ich dich errette vor den ewigen Martern der Hölle!« Da begann Schwester Ida sie einmal und wiederum hinter sich her zu ziehen – sie machte drei Schritte –, und sie begann hinüberzuschreiten, jene andere jedoch verschmähte es, ihr zu folgen.

Das sehend, bedrohte der Herr jene Frau, falls sie nicht voranschreite und sich nicht helfen lasse. Da zog die Magd Christi jene stark stützend hinter sich her, aber vergebens, weil jene sich nicht rührte. Als das der Herr wiederum sah, ermahnte er zornig seine Geliebte, sie möge die Erbarmungswürdige zurücklassen in ihrem Eigenwillen, damit sie selbst sich nicht weiter ermüde. Da wagte sich die Jungfrau Christi über die Brücke und überschritt sie ohne Hindernis. Je mehr sie weiterschritt, desto breiter fand sie die Brücke.

1. Das Weltall. Schau I,3.
Miniatur zu *Scivias* der Hildegard von Bingen
aus dem Rupertsberger Kodex,
um 1165. Wiesbaden, Landesbibliothek.

2. Das Ende der Zeiten. Schau III, 11.
Miniatur zu *Scivias* der Hildegard von Bingen
aus dem Rupertsberger Kodex,
um 1165. Wiesbaden, Landesbibliothek.

xxi Quod uir non nisi in forti etate,
non nisi nubilem uxorem ducat.
xxii De uitanda illicita 7 libidinosa
pollutione.
xxiii Quare mulier post partum uel
a uiro corrupta in occulto mane,
at 7 ab ingressu templi abstineat.
Qui in coitu pregnantis se pollu/
unt, homicide sunt.
xxiiii Osee de eadem re.
xxv De commendatione castitatis.
xxvi Iohannes de eadem re.
xxvii Qd expulso adam ds paradysi
munim.
xxviii Qd quia homo deo rebellis exsti/
tit. creatura ei prius subiecta se
illi opposuit.
xxix De amenitate paradysi que su/
cum 7 uim terre tribuit. ut
anima corpori.
xxx Quare ds hominem talem fecit
quod peccare potuit.
xxxi Qd homo non debet summa p
scrutari cum nec infima ualeat
examinare.
xxxii Qd homo nunc clarior fulget
quam prius in celo.
xxxiii Similitudo horti. ouis. 7 marga/
rite ad hominem.
xxxiiii De commendatione humilitatis
7 caritatis. que clariores ceteris
uirtutib3 existunt.

3. Der Sündenfall. Schau I,2.
Miniatur zu *Scivias* der Hildegard von Bingen
aus dem Rupertsberger Kodex,
um 1165. Wiesbaden, Landesbibliothek.

4. Das Mysterium der Kirche. Schau II,3.
Miniatur zu *Scivias* der Hildegard von Bingen
aus dem Rupertsberger Kodex,
um 1165. Wiesbaden, Landesbibliothek.

5. Der kalendarische Weltlauf.
4. Vision aus: *Liber Divinorum Operum* der
Hildegard von Bingen, um 1230.
Lucca, Biblioteca Governativa, Ms. 1942, Fol. 38r.

6. Die Allmacht Gottes.
Vision aus: *Liber Divinorum Operum* der
Hildegard von Bingen, um 1230.
Lucca, Biblioteca Governativa, Ms. 1942, Fol. 135r.

7. Die höchste und feurige Kraft. Liebe und Güte.
1. Vision aus: *Liber Divinorum Operum* der
Hildegard von Bingen, um 1230.
Lucca, Biblioteca Governativa, Ms. 1942, Fol. 1.

8. Die göttliche Schöpferkraft
mit dem Universum und dem Kosmos-Menschen
in den Armen. 2. Vision aus: *Liber
Divinorum Operum* der Hildegard von Bingen,
um 1230. Lucca, Biblioteca Governativa,
Ms. 1942, Fol. 6r.

Und als sie gelangt war zur Schau ihres Geliebten – er selbst war schön und herrlich an Gestalt vor allen Menschensöhnen, ausschüttend Süßigkeit und Erbarmen –, da würdigte er sie seiner Gunst, seiner Umarmung und seinem Kuß und erlebte den Festtag mit ihr. Häufig war sie gewillt, ihn im heimlichen Gemach ihres Herzens zu küssen und zu umarmen in brennender Liebe und Überfluß der Tränen.

Sich umschauend, sah sie am vorgenannten ebenen Ort viele von ihren Freunden, von noch lebenden und schon hingeschiedenen, für welche sie Antwort und Sicherheit vom Herrn empfing, daß sie zum Königreich der höchsten Seligkeit gelangten. Endlich ist sie nach süßem Getuschel mit dem Herrn und mit Erlaubnis desselben zu sich selbst zurückgekehrt, und es schien ihr, daß sie den Geist in ihre Glieder zurückkehren fühlte.[1]

Idas Vision beschäftigt sich mit der Jenseitsbrücke. Jenseitsvisionen spielten schon vor ihr eine gewichtige Rolle, wurden jedoch immer von Männern verfaßt, so schon von Gregor dem Großen im sechsten Jahrhundert und dann von vielen Visionären des zwölften Jahrhunderts.[2] Nicht genugtun können sie sich an der Darstellung der schönen und vor allem schrecklichen Orte, die sie visionär durchwandern müssen. Besonders intensiv verweilen sie bei der Beschreibung der Fegefeuerqualen, welche manchmal mit sadistischer Detailgenauigkeit ausgemalt werden. Da wird etwa der Visionär Owen mit eisernen Haken durchs Feuer gezerrt, aufs Rad gespießt und in den Feuerpfuhl gestoßen. So etwas findet sich bei Ida nicht: Weder ergeht sie sich in einer ausgefeilten Beschreibung der Fegefeuerorte, noch verliert sie sich in monströse Folterphantasien. Wohl muß sie die messerscharf geschliffene Brücke überschreiten, doch am Ende steht ihre liebende Vereinigung mit Christus, der die Geliebte umarmt und küßt, alles Umschreibungen der *unio mystica,* eingetaucht in die Bilderwelt des *Hohenliedes* und besonders gern ausgemalt in der zisterziensischen Frömmigkeit. Solch eine *unio mystica* war von den männlichen Visionären niemals beschrieben worden. Ida geht es nicht in erster Linie darum, sich die ferne Welt des Jenseits vorzustellen, sondern um die intensiv erlebte Ich-Du-Beziehung zu ihrem Geliebten. Die Jenseitsvision ist in Wahrheit ein Erlebnis erfüllter Innenerfahrung, in welcher es um eine ganz persönliche Beglückung geht. Dieser Zug zur Subjektivierung und Verinnerlichung der religiösen Erfahrung macht im wesentlichen die »mystische« Revolution aus, die sich im Bewußtsein der Beginen abspielte und auch Einfluß auf die zisterziensische Frömmigkeit nahm.

Idas Jenseitsvision geht keineswegs von einem platten Subjektivismus aus. Ihr Ringen gilt nicht einmal ihrer eigenen Seligkeit und Rettung, sondern der ihrer Gefährtin, welcher sie beim bedrohlichen Übergang über die Brücke mit allen Kräften behilflich ist. Zwar gelingt es ihr nicht, den »Eigenwillen« der Freundin aufzubrechen, doch ihre mehrmals einsetzenden Rettungsversuche tragen schon heroische Züge, welche sie selbst an den Rand des Zusammenbruchs führen. Ein solch mitmenschliches Moment, das sich in Angst- und Leidenssolidarität ausdrückt, ist ein klares Beispiel dafür, daß der den Mystikerinnen oft gemachte Vorwurf eines selbstsüchtigen »Heilsegoismus« nicht berechtigt ist. Idas Jenseitsvision ist eines der schönsten Zeugnisse dafür, daß sich nach innen gerichtete Selbsterfahrung mit Selbstlosigkeit paart.

Die Tiefe und Weite von Idas Erleben schließt übrigens auch die Welt des Natürlichen mit ein. Sie preist Blumen, versenkt sich in das Geheimnis der Bäume und hört auf die Sprache von Fluß und Meer.

Da sie oftmals der Gotteswerke andächtig war in Beschauung der Dinge, die er geschaffen hatte, der Blumen namentlich oder der Bäume oder des Wassers oder welch anderer Geschöpfe auch immer, konnte sie diese kaum ansehen, ohne Tränen zu vergießen, aber von diesen Geschöpfen aus gab sie – die Gottheit und Weisheit des Schöpfers anschauend – in wunderbarer Offenheit ihre unaussprechlichen Gefühle des Dankes dem Schöpfer zur Ehre. Bisweilen mußte sie sich mit äußerster Anspannung darum mühen ..., um nicht ganz in den Abgrund der glänzenden Gottheit zu versinken.[3]

Eine solche Naturfrömmigkeit verbindet Ida mit Franz von Assisi, der in seinem *Sonnengesang* ebenfalls einen ganz neuen Ausdruck für die Schönheit und Würde des Natürlichen suchte. Doch anders als Franz von Assisi beläßt Ida die natürlichen Dinge nicht in ihrer geordneten Selbständigkeit, auf fast gefährliche Weise gibt sie jegliche Distanz auf und verbindet sich mit dem göttlichen Wesenskern der Dinge, als ob sie im »Abgrund der Gottheit« versänke. In das mystische Geschehen wird die natürliche Welt einbezogen.

BEATRIJS VON NAZARETH

Stärker noch als Ida von Nivelles gehört Beatrijs von Nazareth (1200–1268) in den Umkreis zisterziensischer Frömmigkeit.[4] Geboren wurde sie kurz vor Ostern im Jahre 1200 als jüngstes von sechs Kindern in der brabantischen Stadt Tienen (Tirlemont) bei Löwen. Über ihr Leben berichtet uns eine lateinisch geschriebene Vita. Danach verlor sie ihre Mutter mit sieben Jahren, ihr Vater widmete sich in der Armenpflege und der gottesdienstlichen Liturgie religiösen Aufgaben eines Konversen, eines nichtgeistlichen Laien. Schon mit sieben Jahren wird sie in die Obhut des Beginenkonventes zu Zoutleeuw (Léau) in der Nähe ihrer Heimatstadt gegeben, dort erhält sie Unterricht in den Sieben Freien Künsten. Die letzten Jahre ihrer Ausbildung absolviert sie wahrscheinlich bereits in der Zisterzienserabtei Bloemendael bei Waver. Dort legt sie 1216 das Nonnengelöbnis ab und wird weitergeschickt in das Kloster La Ramea (Jauchelette) bei Gent, wo sie sich in der Kunst der Kalligraphie vervollkommnen soll, um »später Bücher zu kopieren, die von ihrer Kirche benötigt werden«. Sie bleibt dort ein Jahr und schließt in dieser Zeit eine lebenslange Freundschaft mit der uns schon vertrauten Ida von Nivelles, die drei Jahre älter ist als sie. Diese erkennt die Begabung von Beatrijs und weissagt ihr zahlreiche mystische Begnadungen. In einem Zwiegespräch können wir erleben, wie die etwas Ältere die in ihrer Bestimmung noch nicht festgelegte jüngere Nonne stützt und fördert. Sie kündigt ihr die Erhebung zur »treuesten Braut« an, eine Erfahrung, die Beatrijs jedoch erst nach langen Lehrjahren ausschöpfen kann. Ida aber ist die schon Wissende, die damals nur ermutigen konnte, während Beatrijs ihrerseits immer wieder den ermunternden Beistand der Freundin erbittet.

Nach einem kurzen Aufenthalt in Bloemendael begibt sich Beatrijs für vierzehn Jahre ins Kloster Maagdendaal bei Oplinter, um dann endgültig als Priorin im Zisterzienserkloster Nazareth in der Nähe der Stadt Lier zu wirken. Daß Beatrijs so häufig die Klöster wechseln konnte, lag an dem Beruf ihres Vaters. Dieser leitete nicht nur die klösterlichen Umzüge ein, er selbst war als begüterter Geschäftsmann auch an der materiellen Ausstattung der jeweiligen Klöster beteiligt.

Von Beatrijs' religiösem Weg erfahren wir aus ihrer Lebensbeschreibung. Ida hatte sie in Hoffnung und Vertrauen nachdrücklich bestärkt, aber die mystische Gnade erlangte sie erst in einem viele Jahre währenden Prozeß. Ihre Biographie bezeichnet die achtzehn Jahre ihres Aufenthaltes in Zoutleeuw und Bloemendael sowie die ersten Jahre in Maagdendaal als Anfangsphase. Auf diese folgt die von 1225 bis zum Tode ihrer Freundin Ida im Jahre 1231 währende Zeit des Fortschritts. Beatrijs unterzieht sich grausamen Kasteiungen und Selbstgeißelungen, zerbricht jedoch nicht an den Verletzungen, die sie sich zufügt. Merkwürdigerweise entdeckt sie gerade unter den extremen Bedingungen der körperlichen Abtötungen die »natürliche Schönheit der Seele«, findet zu »natürlichem Stolz«, »natürlicher Einfalt« und »Großzügigkeit«.[5] Doch der mystische Weg ist noch lange nicht zu Ende. Auch wenn ein Bewußtsein »natürlicher« Würde erkämpft wird, bleiben Beatrijs doch härteste Anfechtungen und Ängste nicht erspart. Drei lange Jahre erscheinen ihr, »als ob sie – die Eingeschlossene eines Kerkers – in einem dunklen Gefängnis festgehalten würde«,[6] doch plötzlich wird sie den dunklen Mächten der Angst entrissen, indem ihr Teilhabe gewährt wird am himmlischen Chor der Seraphim. Der Aufschwung in diese unvergeßliche Glückserfahrung erweist sich als das Reich kummer- und leidlösender Musik, von welcher die von Menschen komponierte Musik nur ein Abglanz sein kann. Es ist deshalb ein »neues Lied des Lobes«, das Beatrijs vernimmt. Dem wohlgefügten Reich der Töne wird die Ordnung der himmlischen Chöre zugesellt: »Dort erblickt ihr Geist jene Glückseligen des himmlischen Reiches, unterschieden in neun Chören und in glänzenden Wohnungen von der göttlichen Weisheit geordnet.«[7] Beatrijs findet jetzt endlich die vollkommene Ruhe, die weder der Nacht des Schlafes noch der Unbeweglichkeit des Todes gleicht, sie tritt ein in den Lebensraum der Kontemplation

Beginenmystik – Die großen Gestalten

in welcher Fülle, Vollkommenheit und universelle Ordnungsmacht erschaut werden. Mystisches Erleben stellt sich hier nicht als Verschmelzungsprozeß dar, sondern symbolisiert sich in der spirituellen Musik der himmlischen Chöre. Die endlich erreichte Glückserfahrung ist nicht die Folge schnellerlangter Gnade, sondern ist aus jahrzehntelanger Vorbereitung erwachsen. Dennoch erlebt Beatrijs dieses Glück als unverfügbares Geschenk, das sie nicht sich selbst verdankt.

Beatrijs' seraphische Vision bildet den Übergang in den Status der Vollkommenheit. Dessen Wesen können wir deshalb aufschlüsseln, weil wir ein authentisches Selbstzeugnis der Beatrijs besitzen; wir sind also nicht auf Zeugnisse aus zweiter Hand angewiesen. Es handelt sich bei ihrem Traktat *Van seven manieren van minne* nicht nur um ein bedeutendes Dokument mystischen Erlebens, sondern um das erste poetische Schriftzeugnis der altflämischen Literatur überhaupt. Beatrijs bedient sich also nicht mehr der Gelehrtensprache des Lateinischen, sie bewegt sich in der Volkssprache, streift damit rigoros alle elitären Ambitionen ab. Die Wendung zur Volkssprache signalisiert aber auch, daß es darum ging, außerhalb der Klostermauern Einfluß und Verständnis zu finden. Jetzt konnten auch des Lateinischen unkundige Laien angesprochen werden, ein Anliegen, das sicher die Nähe der Beatrijs zum Beginentum beweist.

Vertiefen wir uns in dieses grandiose Zeugnis der flämischen Mystik, so sind wir zunächst überrascht. Kein Wort fällt über die grausamen Askese- und Bußübungen, kein Wort auch über visionäre Begnadungen, deren Beatrijs teilhaftig geworden war. Sie vertieft sich in die Geheimnisse der Minne, doch sie geht dabei ganz andere Wege als jene Nonnen, die in den Bannkreis der Minnemystik Bernhards von Clairvaux geraten waren. In Frauenklöstern wurde das *Hohelied* immer wieder ausgelegt, gelesen, gepredigt und besprochen. Doch immer waren es bislang Männer gewesen, die es kommentiert oder in Predigten wiederbelebt hatten, wie etwa Bernhard von Clairvaux, Honorius von Augsburg oder Rupert von Deutz. Diesen Männern waren tiefe Einsichten in Wollen und Fühlen der Frauen gelungen, und deshalb waren ihre Kommentare in Frauenklöstern populär.

Vom Bräutigam und der Braut ist im *Hohenlied* die Rede, von Sehnsucht, Schmerz und Erfüllung der Liebenden. Braut und Bräutigam werden ganz weltlich beschrieben. Besonders die Braut wird in den schönsten Farben geschildert. Von ihren Küssen ist die Rede, Bernhard predigte sogar über Fußkuß, Handkuß und Kuß von Mund zu Mund. Der Leib der Braut wird in allen Einzelheiten beschrieben, doch auch ihre Abgeschlossenheit im Garten der Liebe. Braut und Bräutigam treffen sich heimlich, ihr Genießen und ihr Schmerz, Ankunft und Abschied, Unrast und Beseligung werden immer wieder umkreist.

Dabei hatte man das *Hohelied* gar nicht weltlich verstehen wollen. Man deutete es allegorisch oder mystisch. Die Braut wurde vornehmlich mit der Kirche oder mit Maria identifiziert, doch im elften Jahrhundert entdeckte sich auch die einzelne Seele im Bilde der von Christus geliebten Braut.

Beatrijs ist eine der ersten Frauen, die sich zum Thema »Minne« zu Wort meldete. Einen Kommentar zum *Hohenlied* hat sie allerdings nicht geschrieben. In ihrer Deutung werden Geliebte und Geliebter, Sinnenpracht und Leibesfreude nicht vergegenwärtigt. Das Minnegefühl hebt alle Gegenständlichkeit auf; ein »reines« Selbstbewußtsein bietet sich uns dar, dem alle Bildhaftigkeit abhanden gekommen ist.

Auf der ersten Stufe der Liebe vereint sich die Mystikerin nicht mit dem Geliebten, sondern bemüht sich um Einklang mit ihrem eigenen Wesen. Sie fordert die anderen Mystikerinnen auf, sich »zu vereinigen und in der Reinheit und in der Freiheit und in dem Adel zu sein, darin es [das menschliche Herz] von alle Geschöpfen geschaffen wurde – nach dem Bilde [Gottes] und nach seinem Gleichnis«.

Selbsterkenntnis also ist der erste Schritt der Liebe, Selbsterkenntnis, die das Wesen des Menschen als »Gottesebenbildlichkeit« erfährt. Doch schon die Selbsterkenntnis findet die Ausrichtung auf die »Minne«:

Die Minne aber zielt mit ihren Wirkungen allein auf die Reinheit, die Erhabenheit und den göttlichen Adel, die ihr Wesen bestimmen. Dies nachzuvollziehen, lehrt sie diejenigen, die sich ihr anvertrauen.[8]

Auf der zweiten Stufe beschreibt sie die Selbstlosigkeit des Minnedienstes, die *gratuitas*, die uns auch bekannt ist aus der weltlichen Minnelyrik und aus zahlreichen Ritter-Epen, in denen der ritterliche Liebhaber Leib und Leben aufs Spiel setzt, um der Minne würdig zu sein. Doch es gibt auch die andere Seite der Minne, jenes Sehnen und Begehren, das keine Ruhe und Befriedigung finden kann. Das ist die dritte Stufe der Minne, welche die Liebenden in eine gefährliche Krise hineintreibt. Eingespannt in eine unendliche Bewegung der Sehnsucht, verbleibt das Ich in unstillbarer Qual. Bereitwillig bietet sich die liebende Seele dar, doch sie findet keinen Halt. Mit begrenzten Zielen kann sie sich nicht mehr begnügen und wird deshalb in eine ruhelose Selbstbewegung hineingerissen. Die Gefahr besteht, daß die mystische Seele gleichsam in sich selbst verglüht, da alle Inhalte des Bewußtseins ausgelöscht sind. Dies ist die Verfassung der liebenden Seele, die auf die Ankunft des Geliebten wartet, der sich noch nicht offenbart.

Die sehnsüchtig irrlaufende Seele erhält dennoch – dies ist die vierte Stufe der Minne – unerwartete Momente euphorischen Glücks, in welchem die umarmende, verschlingende, atemberaubende Macht der Minne erfahren wird, erlebt als »Minneorkan«, jene *orewoet*, unter der auch weltliche Minnesänger gelitten haben. Wo die Urgewalt der Minne erfahren wird, geschieht auch der Absturz: die Momente, in denen sich die Liebende wieder ihres Mangels bewußt wird. Sie fällt zwar nicht aus der Liebe heraus, doch der Mangel an Erfüllung überschattet die Leidenschaft ihres Aufschwungs. Beatrijs hat diese Einheit von Minnedienst und Mangel, die fünfte Stufe der Minne, als »Wunden der Liebe« erlitten. Auch diese Wunden wurden von anderen Liebenden eindringlich beschrieben. Gezeichnet von der Minne, war den immer männlichen Minnesängern das Glück der Erfüllung fast immer versagt. Die adligen Frauen, um welche sie »minnten«, waren für die Ritter so gut wie unerreichbar.

Beatrijs gibt uns keine Beschreibung der Minne in den Farben des *Hohenliedes*, eher läßt sie sich den weltlichen Minnesängern vergleichen, wenn sie die leidenschaftlichen Seiten der Minne heraufbeschwört. Beatrijs' Traktat ist eine Psychologie jenes Gefühls, das vor ihr noch niemals von einer Frau in Worte gefaßt wurde.

Verglüht die mystische Seele in unendlicher Sehnsucht, verfällt sie in dämmernde Melancholie, oder verschwendet sie sich in Euphorien, die wieder in sich zusammenfallen?

Die sechste Stufe bringt eine überraschende Klärung. Auf einmal präsentiert sich uns eine Mystikerin, die wir kaum wiedererkennen können. Beatrijs fixiert sich nicht auf die extremen Seelenstimmungen, denen sie ausgesetzt war; das mystische Lebensideal faßt sie ins ungewöhnliche Bild der sorgsamen Hausfrau:

»Und dann ist sie [die Mystikerin] wie eine Hausfrau, die sich voll und ganz ihrer Wohnung widmet und diese klug eingerichtet hat. Sie hat diese schön gestaltet. Umsichtig führt sie den Haushalt, und alles tut sie mit Überlegung. In all ihrem Tun und Lassen folgt sie spontan ihrem Willen.« [9]

Diese Wendung ins Hausfräuliche ist nach all den mystischen Zusammenbrüchen und ekstatischen Aufschwüngen erstaunlich. Die zwischen Depression, Wahnsinn und Euphorie schwankenden Gefühlsexzesse schwingen ab in bürgerlich geordnete Alltäglichkeit, geprägt von behutsamer Umsichtigkeit, überschaubarer Lebensführung und berechenbarer Zuverlässigkeit. Beatrijs, inzwischen schon längst Priorin eines Zisterzienserinnenklosters, hat hier den Beginen ein Denkmal gesetzt, den Gefährtinnen ihrer Jugend, die sich am ehesten im Bild der »mystischen Hausfrau« wiedererkennen konnten.

Beatrijs' »Hausfrauenmystik« gibt den Blick frei für ein besonderes Merkmal der Frauenmystik überhaupt. Aus dem unordentlichen, ja chaotischen Erleben entsteht eine geordnete und maßvolle Lebenshaltung. Der Überschwang der Gefühle, die Exzesse der Leidenschaften treiben nicht in Zerstörung und Selbstauflösung, sondern verwandeln sich in Kräfte eines geregelten und selbstbeherrschten Lebens. Der mystische Umschlag von Unordnung in Ordnung, von Leidenschaft in Ausgewogenheit gehörte deshalb zu den befremdlichsten Phänomenen des mystischen Erlebens. Daß dies dennoch existierte, zeigt das Beispiel aller großen Mystikerinnen. Gerade aus den scheinbar chaotischen, eruptiven und exzessiven Gefühlsspannungen entstand eine humane Lebenspraxis, unbeugsam und sanft, konsequent und doch mild.

Es wäre falsch, Beatrijs' Wendung ins »Hausfräuliche«, geschweige denn die beginische Lebensweise überhaupt einer oberflächlichen »Verbürgerlichung« zu zeihen. Beatrijs selbst hat darauf bestanden, daß keine der exzessiven Liebesstufen übersprungen werden darf. Mystisches Leben verzehrt sich jedoch nicht in privaten Exaltationen, sondern findet zu einer geordneten Lebenspraxis. Deshalb legt Beatrijs auch soviel Wert auf die wichtigste Eigenschaft der »mystischen« Hausfrau, das ist die Spontaneität ihres Tuns und Lassens, die unmittelbare Lebenspraxis im Besorgen und Behüten, jedoch auch im Verweilen und Unterlassen, Eigenschaften, die sich in herausragender Weise vor allem im Beginenleben verkörperten.

Man hat die Welt des Mittelalters gern als eine Welt der Widersprüche beschrieben, hier die Inbrunst entzückter Mystikerinnen, dort der Schrei von Gefolterten und Verbrannten, hier die mystische Leidenschaft der Liebe, dort das blutige Schwert der Kreuzfahrerheere, hier die Verehrung von Armut und Passion, dort die weltlichen Machtansprüche der Kirche. Die Mystik der Beatrijs, die in ihrem Wesen eine Mystik der Beginen darstellt, geht in diesen Alternativen nicht auf: Das Ideal der »mystischen Hausfrau«, die bewußte Pflege einer geordneten Lebensweise erscheint uns als ein unübersehbares Bollwerk gegen alle zerstörerischen Exzesse, gegen religiösen Fanatismus und pompöse Machtvergötzung.

LUITGARD VON AYWIÈRE

Enger als Beatrijs und Ida von Nivelles, deren beginischer Hintergrund immer sichtbar bleibt, ist die flämische Mysterikerin Luitgard von Aywière (1182–1246) mit der zisterziensischen Frömmigkeit verbunden. Ihr Leben wurde von dem uns schon bekannten Thomas von Cantimpré aufgezeichnet, der sechzehn Jahre lang Luitgards Beichtvater war. Geboren wurde sie im Jahre 1182 in Tongern als Tochter eines mittelmäßig begüterten Kaufmanns und einer aus dem Adel stammenden Mutter. Ihr Vater schmiedete schon früh vorteilhafte Heiratspläne, steckte allerdings die dafür aufzubringende Mitgift der Tochter in ein Frachtschiff, das dann fatalerweise unterging. Jetzt sollte die Mutter eine Mitgift aus ihrem Familienvermögen bereitstellen, doch sie weigerte sich und war nur bereit, der zwölfjährigen Tochter den Eintritt in ein Kloster zu ermöglichen. Sollte sie sich weigern, müsse sie auf eine Mitgift verzichten und einen Kuhhirten heiraten.

Luitgard trat als Schülerin ins Benediktinerinnenkloster St. Katharina zu St. Truijen (St. Trond) ein. Das Leben in diesem Kloster entsprach allerdings schon lange nicht mehr der strengen Klosterregel, Besuche konnten freizügig empfangen werden. Ein junger Ritter besucht Luitgard regelmäßig, scheut zwar davor zurück, in ihre klösterliche Zelle einzudringen, doch immerhin kommt es zu heimlichem Liebesgeflüster vor dem vergitterten Sprechfenster des Klosters. Nachdem ihr eine Vision zuteil geworden ist, weist sie den werbenden Ritter strikt ab. »Weiche von mir, du Lockspeise des Todes, du Nahrung des Lasters; ich gehöre einem anderen Bräutigam!«[10] Der so verschmähte Liebhaber weiß nicht, wie ihm geschieht. Daß er zum Leibhaftigen erklärt wird, mag ihm ebenso wenig eingeleuchtet haben wie die merkwürdige Konkurrenz eines »göttlichen« Nebenbuhlers. Er ist jedenfalls von seinen Bemühungen nicht abzubringen und entschließt sich, Luitgard bei der nächstbesten Gelegenheit aus dem Kloster zu entführen. Als Luitgard eines Tages die Erlaubnis erhält, ihre Schwester zu besuchen, wird sie mit zwei Begleiterinnen von einer Soldatenhorde überfallen; der Liebhaber scheint sein Ziel erreicht zu haben. Doch Luitgard kann gerade noch seinem Zugriff entfliehen und sich bei ihrer Amme verstecken. Als sie sich wieder aufmacht, um ins Kloster zurückzukehren, steht eine gaffende Menge am Wegesrand. Luitgard, die bislang verschleiert auf einem Pferd gesessen hat, reißt ihren Schleier vom Gesicht und zeigt sich selbstbewußt der schaulustigen Menge. Sie stellt sich jedoch keineswegs schamlos zur Schau, denn gleichzeitig erblickt sie visionär den schmachvoll gegeißelten und verhöhnten Körper Jesu.

Ins Kloster zurückgekehrt, beginnt die erst Fünfzehnjährige damit, sich gegen die laxen Klostergebräuche aufzulehnen, was ihr beträchtliche Schwierigkeiten einbringt. Unterbrochen werden ihre harten Bußwerke allerdings immer wieder von der Erfahrung inniger Vereinigung mit dem göttlichen Bräutigam, etwa dann, wenn sie ihr Herz mit dem des gottmenschlichen Gemahls tauscht, eine Erfahrung, die seit Luitgard immer wieder von mystisch begabten Frauen erlebt wurde. Luitgard ist deshalb zur Begründerin der Herz-Jesu-Verehrung geworden, einer schwer nachvollziehbaren Erlebensweise. Das Herz als sinnbildliches Lebenszentrum erfährt eine Verwandlung, die hervorgerufen wird durch den Ansturm göttlicher Liebeskraft.

Um dies zu begreifen, sei an die Unterscheidung von Sexus, Eros und Agape erinnert.[11] Sexuelle Leidenschaft bleibt an die geschlechtliche Bestimmung des Menschen gefesselt; erotische Liebe bricht zwar den Bann leiblicher Fixiertheit, manifestiert sich jedoch im Wechselspiel gegenseitiger Erwartung und Hingabe. Erst die Agape, welche nicht mehr an Geschlecht und Leiblichkeit, an Erwartung und Versagung gekettet bleibt, nicht mehr verstrickt ist in das Wechselspiel der Passionen, erst sie setzt einen Erfahrungsraum frei, in dem verfügbare, rein geschenkte Liebe erlebt werden kann. Thomas von Cantimpré hat einen Versuch gemacht, Luitgards Erlebnis in Worte zu fassen:

Von jener Zeit an ruhte Luitgard in der Seitenwunde Christi wie ein Kind in seiner Wiege. Und Jesus vertrieb alle anstürmenden Versuchungen, wie die Kindermädchen die Fliegen von den Wiegen verscheuchen. Von da an war Luitgard von keinen fleischlichen Gedanken oder Vorstellungen mehr geplagt; ihre Seele wurde von Fleisch nicht mehr belästigt und blieb in ungetrübter Vereinigung mit dem Herzen Jesu. (Vita Lutgardis, S. 193)

Um 1200 legt Luitgard ihr Ordensgelübde vor dem Bischof von Lüttich ab, und etwa fünf Jahre später wird sie zur Priorin des Klosters gewählt. Glücklich ist sie darüber allerdings nicht. Das Leben in einem Benediktinerinnenkloster entspricht nicht ihrer strengen Lebensauffassung, und deshalb reift in ihr der Plan, in ein Kloster härterer Observanz überzuwechseln. Dafür kam nur ein Zisterzienserkloster in Frage. Anders als die Benediktiner begnügten die Zisterzienser sich mit einer weniger prunkvollen Liturgie, auch gaben sie einer schlichteren Architektur den Vorrang: keine himmelstürmenden Turmbauten, keine schmuckvollen Pfeilerkapitelle, keine farbigen Glasmalereien. Nur ein hölzerner Glockenturm rief zum Stundengebet, das den Tagesablauf unterbrach. Vor allem aber zogen sich die Zisterzienser in unzugängliche Tallandschaften zurück, in denen sie ein Leben der Stille führen konnten. Auch die innere Lebensgestaltung mußte Luitgard anziehen. Die Hochschätzung der Maria, die Verehrung des menschlichen Jesus, die Passionsfrömmigkeit und auch die Anleitung zum mystischen Leben – insbesondere vermittelt durch die Schriften des Bernhard von Clairvaux – entsprachen den Erfahrungen Luitgards.

Auf Rat eines Lütticher Predigers ging sie in das Kloster von Aywière im brabantischen Lillois, das die weißen Mönche von Villiers leiteten. Luitgard hatte zunächst gezögert, denn in Aywière sprach man Wallonisch; Luitgard beherrschte jedoch nur die flämische Sprache und scheute sich, eine Fremdsprache zu erlernen. Sie wäre lieber ins Kloster von Herkenrode übergewechselt. Erst nach der Begegnung mit einer als Christina Mirabilis bekannten Klausnerin,[12] die wahrscheinlich in der Nähe des Klosters von St. Trond lebte, also ein ähnliches Leben wie Maria von Oignies führte, wurde sie umgestimmt.

Es gibt eine Reihe Geschichten über diese Christina. Als Viehhüterin soll sie nach dem Tod ihrer Eltern begonnen haben, angeblich weil man ihr nichts anderes zutraute. Eines Tages findet man sie ohne ein Lebenszeichen auf dem Boden liegen. Man hält sie für tot, bahrt sie in einer Kirche auf, doch siehe da, sie erhebt sich von der Bahre und klettert in das Gebälk der Kirche. Nur mit den Sakramenten kann sie der Priester zwingen herunterzusteigen. Magisch wurde Christina immer wieder angezogen von hohen Kirchentürmen, immer in der Gefahr hinabzustürzen, ein Verhalten, das dem einer Somnambulen gleichkommt. Andererseits ein merkwürdiges Martertreiben: So hält sie ihre Hand ins Feuer, begibt sich in einen brennenden Ofen, wirft sich in siedendes Wasser, hält sich tagelang in eisigem Wasser auf, läßt sich auf Mühlrädern treiben, flicht sich aufs Rad, hängt sich an einem Galgen auf, weilt in Gräbern.

Das alles ist in dieser Form von ihrem Biographen Thomas von Cantimpré sicher übertrieben geschildert; historisch ist aber die Begründung, die Christina für ihr absonderliches Treiben gegeben hat. Sie wolle, so ihr Selbstzeugnis, stellvertretend die Fegefeuerstrafen leidender Seelen auf sich nehmen. Verwechseln wir also nicht Wesen

Beginenmystik – Die großen Gestalten 149

und Erscheinung ihrer Anstrengungen. Was sich in extremen Bußwerken darstellt, ist in Wahrheit ein tiefer Ausdruck von Solidarität mit leidenden Menschen. Diese Erfahrung ist für heutige Menschen schwer zu begreifen, die es gewohnt sind, Mitleid allein für noch lebende Menschen zu empfinden. Christina hat auf ihre Weise daran zu erinnern versucht, daß auch vergangenes Leiden noch des Mitleidens und der Versöhnung bedarf.

Im Unterschied zu den bisher bekannten mystischen Frauen hat sich Christina offensichtlich nicht mit einer allein »seelischen« Erfahrung zufriedengeben können. Wie sonst sollen wir verstehen, was über ihren Körper im Zustand der Ekstase berichtet wird. Während andere Frauen wie starr zu Boden fallen und erleben, wie sich ihre Seele vom Körper löst, geschieht bei Christina genau das Gegenteil. Wie ein Kreisel soll sie sich dann gedreht haben, mit einer Schnelligkeit, daß ihre Glieder nicht mehr zu unterscheiden waren.[13] Wenn sie dann zur Ruhe kam, entrang sich ihr ein innerer Gesang, der merkwürdigerweise zwischen Brust und Kehle vernehmbar gewesen sein soll. Ob sie ihrem Leib die Leiden des Fegefeuers antut oder in einer tänzerischen Drehung die beseligende Verzückung Gestalt gewinnen läßt, immer übersetzt sich ihre innere Leidenschaft in körperliche Ausdrucksformen.

Daß sich eine solche Frau der strengen, jeglichen Exzessen abgeneigten Luitgard nähert, wird seine Wirkung nicht verfehlt haben. Leider besitzen wir keine Dokumente, die das Treffen beider Frauen genauer beschreiben, bekannt ist nur, daß sich Luitgard daraufhin entschlossen hat, nach Aywière umzuziehen. In Aywière gibt sie sich einer strengen Askese hin. Ein siebenjähriges Fasten setzt ein, in welchem sie stellvertretend Buße tut für die abgefallenen »Irrlehrer«, vor allem die Albigenser. Sie schließt gleich ein weiteres siebenjähriges Fasten an, ist jetzt jedoch in das Gebet für alle Sünder versunken. Noch ein drittes siebenjähriges Fasten ist zu verzeichnen, diesmal wegen Kaiser Friedrich II., dessen kirchenbedrohendes Verhalten ihr keine Ruhe läßt.[14] Im Jahre 1216 wird sie von einer sie tief erschütternden Vision heimgesucht. Es war die Zeit nach dem Laterankonzil, Höhepunkt der Ära des Papstes Innozenz III., dessen Macht- und Herrschaftswille die Epoche beherrschte. Doch was schaut Luitgard? Ausgerechnet diesen Papst, der sich noch seines Lebens freut, sieht sie schlimmen Fegefeuerstrafen ausgesetzt. An seinem Leib züngeln mächtige Flammen empor. Sie erfährt auch, warum es dem mächtigen Kirchenfürsten so schrecklich ergeht. Drei Gründe sind es, die ihn leiden lassen. Leider verschweigt Thomas von Cantimpré, um welche Gründe es sich handelt, er wollte es wohl mit der Kirche nicht verderben.

Luitgard hat auch zu dem Einfall der Tartaren Stellung genommen, die unter Dschingis-Khan bereits Rußland, Polen und Ungarn überrannt hatten. Es wurde zum Kreuzzug gegen diese tief gefürchtete Gefahr aufgerufen, doch das Kreuzfahrerheer wurde vernichtend geschlagen. Jetzt war Böhmen dem Tartarensturm ausgesetzt, und es »bemächtigte sich der Bewohner von Deutschland und Frankreich die unheimliche Angst, es möchte ihnen ergehen wie den übrigen«.[15] Im Jahre 1242 eilt ein Dominikanerpater zu Luitgard, um ihre Fürbitte zu erflehen. Luitgard ist allerdings kaum zu beruhigen, sie ist ganz sicher, daß die Tartaren niemals bis in »unsere Gegend« vorstoßen werden. Tatsächlich stirbt der Anführer, ein Sohn des Dschingis Khan, und das Tartarenheer löst sich auf.

Luitgards Interesse schließt Welthistorie mit ein. Kaiser, Papst und Heerführer beschäftigen sie. Neben ihrer Herz-Jesu-Minne erweist sie sich als politische Mystikerin und steht damit dem Zisterzienserorden näher als den Beginen.

Maria von Oignies, Sinnbild des frühen Beginentums, war mit Luitgard befreundet. Noch auf ihrem Totenbett prophezeit sie ihr die Gabe der Krankenheilung.[16] Und Luitgard ihrerseits wird in einer Vision von Maria aufgefordert, Fürbitte einzulegen für einen sterbenden Prior im Augustinerstift zu Oignies, der sich wohl zu sehr auf weltliche Händel eingelassen hatte. Auch im Fall der Christina Mirabilis war die Zisterzienserin Luitgard durchaus aufgeschlossen gegenüber den Beginen.

*

Übergänge von der Beginenfrömmigkeit zur Zisterziensermystik lassen sich am Beispiel zweier weiterer Frauen erkennen. Gemeint ist einmal Ida von Löwen (gest. um 1300),[17] die jahrelang als Begine

Beginenmystik – Die großen Gestalten 151

lebte, bevor sie in das Zisterzienserinnenkloster Rosendaal bei Mecheln (Malines) eintreten konnte. Nachts arbeitete sie, um ihren Lebensunterhalt zu bestreiten. Die andere ist Ida von Leeuw (gest. 1260).[18] Beide Frauen wurden beim Empfang der Hostie oft von Ekstasen ergriffen und waren unfähig, in den Chor zurückzukehren. Ida von Löwen begab sich deshalb vorsorglich hinter den Altar, wo sie stundenlang verzückt auf dem Boden saß.[19] Einmal will sie sogar das Tabernakel aufbrechen, um den geliebten Jesus zu sehen. Ida von Leeuw mußte manchmal auf ihren Platz zurückgetragen werden. Daß das alles nicht nach zisterziensischen Sitten vor sich ging, wußte Ida von Leeuw genau, dies geht aus einer Marienerscheinung hervor, bei welcher ihr der Jesusknabe visionär in die Arme gelegt wird. Doch passierte dies gerade während des Responsoriengesanges, bei dem es nach Zisterziensersitte vorgeschrieben ist, die Arme hängen zu lassen. Ida weiß nicht, wie sie sich verhalten soll. Resolut fordert sie das Kind auf, sich um sich selbst zu kümmern, dann läßt sie ihre Arme fallen. Zum Glück umschlingt das Jesuskind ihren Hals und hängt sich an sie.

Solche außergewöhnlichen Erlebnisse gehen mit großer Wahrscheinlichkeit auf den religiösen Individualismus der Beginen zurück. Zisterziensischer Geistigkeit entstammen sie mit Sicherheit nicht.

Daß Zisterzienser und Beginen miteinander in Verbindung gebracht wurden, wird durch ein Dokument nahegelegt, dem wohl ältesten Beleg, in dem der Name »Begine« auftaucht. Er findet sich bei dem Historiker Caesarius von Heisterbach, der über einen Vorgang aus dem Jahre 1199 berichtet.[20] Danach macht sich der spätere Zisterzienserabt Walter von Villiers auf, um eine begnadete Zisterzienserin aufzusuchen, die in der Lage ist, die Gabe der Tränen zu vermitteln. Walter rastet auf seiner Reise in einer brabantischen Stadt und unterhält sich mit der Gastgeberin. Als diese erfährt, daß er zu einer Zisterzienserin möchte, fragt sie spitz: »Warum wollt ihr jene Begine sehen?«

Nun darf uns die beginische Frauenfrömmigkeit im Umkreis der Zisterzienser nicht darüber hinwegtäuschen, daß es mit der organisatorischen Einbindung der frommen Beginen in Zisterzienserklöster nicht allzu weit her war. Das Verbot, neue Zisterzienserinnenklöster zu bauen (1228), tat seine Wirkung. Einen neuen Orden zu gründen, kam den Beginen nicht in den Sinn, zumal seit 1215 schon das päpstliche Verbot neuer Ordensgründungen bestand.

HADEWIJCH

Eine wichtige Vertreterin der Beginenmystik, Hadewijch, verfaßte ihr Werk in flämischer Sprache, was sie neben Beatrijs von Nazareth zur Begründerin der flämischen Literatur gemacht hat. Aus Antwerpen soll sie stammen, das behaupten spätere Überlieferungen, doch gesichert ist diese Nachricht nicht. Um die Mitte des dreizehnten Jahrhunderts soll sie gewirkt haben, doch auch das ist umstritten. Es gibt Forscher, die in ihr die berüchtigte Heylewige Bloemardinne erkennen wollen, eine Ketzerin, die um 1300 herum in Brüssel hohes Ansehen genoß.[21] Wenn sie lehrte oder schrieb, saß sie auf einem silbernen Thron; näherte sie sich der Heiligen Kommunion, durchschritt sie zwei Reihen von Seraphim-Figuren. Sie verbreitete angeblich eine hochgestimmte Lehre von der Venus-Minne, welche dem vollendeten Menschen alles – auch Verwerfliches – erlaubte. Erst Johannes Ruysbroec, damals noch junger Kaplan an der Brüsseler Hauptkirche, entlarvte angeblich die ketzerische Lehre. Schuld an der Identifizierung Hadewijchs mit der Bloemardinne ist deren Vorname Heylewige, doch dieser Identifizierung können wir nicht folgen. Die Briefe, Gedichte und Visionen geben keinen Anhalt dafür, daß Hadewijch einer freizügigen Venus-Minne das Wort geredet hat.

Fest steht, daß sie einen weit verbreiteten Freundeskreis pflegte; ihre »Liste der Vollkommenen« enthält sechsundfünfzig Namen, darunter Beginen in Brabant und Flandern, Frauen in Köln, eine Klausnerin in Sachsen, Männer und Frauen in England und eine Freundin in Böhmen.[22] In einer dunklen Notiz ist die Rede von einem »vergessenen Meisterlein«, das, in Paris in einer Zelle hausend, mehr von ihr wisse als sie selber. Sie vergißt auch nicht, eine Begine zu erwähnen, die vom Großinquisitor getötet worden sein soll. Leider hat sich Hadewijch nicht dazu entschließen können, ausführ-

Beginenmystik – Die großen Gestalten

licher über ihr »internationales« Kontaktnetz zu berichten. Es habe ihr dafür an Ausdauer gefehlt, gibt sie selbst einmal zu.[23]

Ansonsten erhalten wir nur wenige Aufschlüsse über ihr äußeres Leben. Mit ihrer Brieffreundin hat sie zeitweise zusammengewohnt, läßt auch Grüße an befreundete Frauen ausrichten. Sie muß unter beträchtlichen Nachstellungen gelitten haben. Von »falschen Brüdern« ist die Rede, die sich in die fromme Hausgemeinschaft eingeschlichen hätten, um Zwietracht zu säen. Dadurch sei sie von ihren Mitschwestern isoliert worden. Also hat Hadewijch wahrscheinlich auch längere Zeit als Einzel-Begine gelebt. Mit ihrer adligen Familie hatte sie ohnehin gebrochen. In einem ihrer Gedichte hat sie einmal ihrer Familie gedacht, doch nachdrücklich und konsequent hat sie das Leben einer Begine vorgezogen.[24] Ihrer Brieffreundin schreibt sie:

Ich aber habe sehr wenig die Gewohnheiten der Menschen mitgemacht in ihrem Essen, in ihrem Trinken und ihrem Schlafen, und ich habe mich nicht mit Kleidern geziert noch auch mit ihren Farben und ihrem äußeren Schein ... (Werke, S. 59)

Das weltliche Ritterleben hat sie abgelehnt, doch von der großen Entdeckung der ritterlich-höfischen Kultur – die Verehrung der Minne – war sie so tief beeindruckt, daß sie selbst zur Minnesängerin wurde. Doch nicht ein weltlicher Geliebter war es, den sie besang, sondern der göttliche Geliebte. Hadewijch war also von einem hohen Selbstwertgefühl bestimmt. Als »armseliges Weibsbild« wie Hildegard von Bingen, als »demütige Magd« wie Elisabeth von Schönau oder als »lahmer Hund« wie Mechthild von Magdeburg[25] hat sie sich niemals bezeichnet. Sie hat nicht einfach nur Visionen gehabt, sondern sich selbst in ihren eigenen Visionen eine wichtige Rolle zugeschrieben, wie folgendes Beispiel zeigt.

Der Seraph, der mir angehört und der mich hingeführt hatte, der hob mich auf und sogleich sah ich in den Augen des göttlichen Antlitzes einen Sessel. Darauf saß die Minne, geschmückt und in der Gestalt einer Königin ... Davor stand ein anderer Sessel. Der Seraph, der mich aufgehoben hatte, setzte mich darauf und sprach zu mir: »Sieh, dies ist die Minne, die du mitten im

Antlitz der Gottesnatur schaust; sie wurde hier noch nie einem geschaffenen Wesen gezeigt...« (Werke, S. 99)

Hadewijch bringt sich also nicht nur als eigenständige Person in ihre Visionen ein, sie wagt es auch, »Ich« zu sagen, und nicht nur das, sie weiß sich darüber hinaus außergewöhnlicher Erfahrungen gewürdigt, die bisher unbekannt gewesen waren. Es ist das Geheimnis der Minne, das sich ihr mitteilt. Diese Minne ist keine sentimentale Neigung, sondern eine erschütternde Lebenserfahrung, die tiefstes Leiden und höchsten Genuß in einem verbürgt:

Du bist boshaft und mildgesinnt,
Gewaltsam wie ein Wüstentier,
Wild, wie ein Löwe, sanft wie ein Kind,
Und doch voll ungezähmter Gier.
(Werke, S. 67)

Sie weiß etwas vom »Schwanken der Minne«, erlebt sich auch oft von der Minne verlassen:

Man sang die Messe in der Kirche, und ich war dabei. Mein Herz und meine Adern und alle meine Glieder zitterten und bebten vor Begierde, und, wie mir schon oft gewesen war, so wütend und schrecklich war mir zumute, daß ich glaubte, ich sei meinem Geliebten nicht genug und mein Geliebter erfülle mich nicht ganz, so daß ich ganz gegen mich selbst wütend sterben und sterbend gegen mich wüten mußte. (Werke, S. 85)

Neben Gedanken an Selbstmord, neben dem Willen, diesen Minnedienst zu beenden,[26] finden sich andererseits erschütternde Liebesklagen:

Gott sei geklagt, was dem geschieht,
Den es jagt und den es flieht,
Zur Minne hin und wieder zieht,
Und der es doch nicht hört und sieht.
Es jagt ihn auf der Spur des Lichts
Und schließlich jagt es ihn ins Nichts.
(Werke, S. 66)

Was ist dieses »es«, das den Liebenden jagt und ihn flieht, das der Liebenden unaussprechlich erfüllt und sich auf rätselhafte Weise gleichzeitig entzieht? Ein weltlicher Geliebter ist es nicht – es ist da

Geheimnis des Göttlichen, das sich auf widersprüchliche Weise darbietet und entfernt:

Es ist ein Wesen wunderbar,
Das hüllte mich in tiefstes Grauen.
Was vielen Grund, mir ist es klar:
Auf Minne setzt ich mein Vertrauen,
Und es verschlang mich immerdar
In ein einfältig edles Schauen.
(Werke, S. 66)

Hadewijch erlebt die Ankunft des Heiligen, dem sie sich mit Zittern und Zagen aussetzt, das sie mit Grauen überfällt, von dem sie aber auch gleichzeitig hemmungslos angezogen wird. Die Erfahrung des Heiligen ist für Hadewijch nicht mehr in traditionellen Bildern und Vorstellungen sagbar. Zwar bedient sie sich auch der überkommenen Redeweise von Gott, dem Vater und Schöpfer, von Gott, dem Sohn und Erlöser, vom Heiligen Geist, der tröstet und beseelt, doch letztlich weiß sie, daß Gott nicht in einer Sprache der bildhaften Vergegenständlichung gefaßt werden kann. Deshalb löst sie überkommene Bilder auf; Gott wird zu einem Gegenwärtigen, das sich entzieht, das sich nähert und entfernt, das anwesend abwesend ist also nur im Paradox ausgedrückt werden kann. »Wohl ist es wahr, und ich weiß es selbst, daß er oft den betrübt, der ihn entbehren muß, und nicht weiß, ob er sich nähert oder entfernt.«[27] Oder etwas positiver ausgedrückt: »Dieses Ausgießen und Ansichhalten – das ist die reine Gottheit und die ganze Natur der Minne.«[28] Hadewijchs Bedeutung liegt darin, daß sie die Widersprüchlichkeit der sich verbergenden Offenbarung des Göttlichen niemals beschwichtigend aufgelöst hat; bei aller Hochgestimmtheit, bei allem Selbstbewußtsein ist sie eine Mystikerin des Mangels geblieben. An ihre Freundin schreibt sie:

»Er ist in der Höhe seines Genießens, und wir sind in der Tiefe unseres Gebrechens ... Mit der Menschheit Gottes mußt du hier leben in Mühe und Elend, mit dem mächtigen und ewigen Gott aber wirst du in süßer Gelassenheit lieben und jubilieren tief im innersten Wesen.« (Werke, S. 16)

Wie sich die Allmacht Gottes ganz verborgen und entäußert hat in die Ohnmacht seines göttlichen Sohnes, so weiß auch sie: »Das ist eine unsäglich wonnige Wonne; aber ach, immer mit Weh gemischt.«[29] An dieser Erfahrung drohen ihre Worte zu zerbrechen:

Und in die Einheit, in die ich da aufgenommen und verklärt war, da verstand ich dies Wesen und erkannte es klarer, als man eine noch so klar erkennbare Sache auf Erden mit der Sprache, mit der Vernunft und mit dem Gesichte erkennen und erklären kann. Aber es erscheint wunderbar. Doch – nenne ich es auch wunderbar – ich weiß wohl, daß es dich nicht wundert, denn die Erde kann himmlische Denkkraft nicht begreifen. Für alles, was es auf Erden gibt, kann man Gedanken und Deutsch [Flämisch] finden; aber hierfür weiß ich kein Deutsch und keine Gedanken, obwohl ich mich auf des Denkens verborgensten Sinn verstehe, wie nur ein Mensch es verstehen mag. Alles, was ich dir gesagt habe, das ist, als ob es kein Deutsch dafür gäbe. (Werke, S. 35 f.)

Auch Hadewijch hat die Grenzen der Sprache erlebt, doch vielleicht ist sie gerade darüber zur Dichterin geworden.

7 EROS UND FEUER – MYSTIKERINNEN IN DER VERFOLGUNG

Nicht nur in Belgien und den Niederlanden, auch im benachbarten Deutschland gehörten die Beginen zum gewohnten Erscheinungsbild zahlreicher mittelalterlicher Städte. Wir entdecken eine beginenartige Sammlung schon in den zwanziger Jahren des dreizehnten Jahrhunderts in Ulm, in den vierziger Jahren werden Konvente in Frankfurt und Straßburg beurkundet, also müssen die Gemeinschaften schon viel länger existiert haben. Beginen lassen sich im hessischen, norddeutschen und im mitteldeutschen Raum nachweisen.[1] Und nicht nur in Städten sind sie anzutreffen, sondern auch in manchen Dörfern, etwa im Bistum Würzburg oder im mittleren Hessen. Die bedeutendsten Beginagen fanden sich allerdings in Köln und Umgebung.[2] Zum erstenmal werden Beginen dort urkundlich im Jahre 1223 erwähnt; das ist eine erstaunlich frühe Bezeugung, die vor irgendeiner urkundlichen Erwähnung in belgischen Dokumenten liegt.

Erstaunlich ist die Zahl der Beginen. Der englische Chronist Matthäus von Paris zählt 1243 in Köln tausend Beginen, das sind sechs Prozent der damaligen Gesamtbevölkerung. Ob dies ganz der Wirklichkeit entspricht oder nicht, die Zahl der nachgewiesenen Beginenkonvente ist beeindruckend. Im Ganzen kommt man bis 1351 auf rund einhundertundsiebzig Sammlungen, die sich vornehmlich in der Nähe von Franziskaner- und Dominikanerkirchen niederließen. In Straßburg zählte man fünfundachtzig, in Frankfurt siebenundfünfzig und in Worms noch sechzehn Konvente. Zu regelrechten Beginensiedlungen wie in Belgien und den Niederlanden ist es im deutschen Raum allerdings nicht gekommen. In der Regel lebten die Beginen in Hausgemeinschaften. Ein den belgischen Beginen vergleichbares Maß an Unabhängigkeit konnten sie sich nicht erkämpfen. Stärker als diese blieben sie der Kontrolle der Stadtpfarrer ausgesetzt. Mißtrauisch wurden auch die engen Kontakte der Beginen zu den Bettelorden vermerkt. Aufschlußreich ist etwa ein Prozeß eines Pfarrers von St. Columba in Köln gegen die Franziskaner im Jahre 1341. Die Anklagepunkte: Erbschleicherei und Auflehnung der Frauen gegen die Stadtpfarrer. Immer wieder wird vermerkt, daß die Beginen in Köln von Klerikern und Laien belästigt wurden. So lernen wir die wichtigsten urkundlichen Belege durchweg im Zusammenhang mit Strafandrohungen gegen die Beginen kennen. Eine Mainzer Synode von 1233 verbietet das Herumziehen von Frauen, fordert Erwerbsarbeit und vor allem Unterordnung unter die zuständigen Stadtpfarrer. Eine Synode in Fritzlar von 1244 legt obendrein fest, daß nur unbescholtenen Frauen über vierzig Jahren der Beginenstatus erlaubt sei; jüngere Frauen hätten zu oft das Keuschheitsgelübde verletzt.[3] Überhaupt wird das Keuschheitsgebot hier anders aufgefaßt als in den Nachbarländern. Nachdrücklicher als in Belgien wurden die Frauen zu einem förmlichen Keuschheitsgelübde gedrängt, das vor dem zuständigen Stadtpfarrer abzulegen war. Immerhin sind etwa sechzig solcher Gelübde überliefert.[4]

Aber trotz aller regulierenden Eingriffe breitete sich das Beginenwesen auch in Deutschland weiter aus. Schließlich erfüllten die Beginen wichtige »öffentliche« Aufgaben. Zur Armen- und Krankenpflege traten Aufgaben in der für Köln so wichtigen Pilgerbetreuung. Auch im Erziehungswesen wurden sie aktiv, eine besondere Bedeutung erlangten die Beginen in der Totenpflege. Der Kölner Konvent zum Hohen Dürpel widmete sich speziell der Kinder »mit krätzigen Köpfen«, andere nahmen sich besonders gefallener Mädchen an; in Frankfurt kamen Findelkinder in die Obhut der Beginen.[5] Die Kölner Beginen spielten auch in der Erschließung neuer Erwerbsfelder eine wichtige Rolle. Sie beschränkten sich nicht auf Dienste in privaten Haushalten, sondern eroberten sich einen wichtigen Platz in den Industriezweigen der Weberei, Näherei und Spinnerei. Das brachte beträchtliche Anfeindungen mit sich, da die Handwerkszünfte die unliebsame Konkurrenz der Frauen fürchteten. Die Auseinandersetzungen lassen sich über Jahrhunderte verfolgen. Oft fanden Gegner der Frauenarbeit ein offenes Ohr bei der weltlichen Obrigkeit, was

Produktionsverbote oder Produktionsbegrenzungen zur Folge hatte. Im Kölner Konvent Stern in der Sternengasse waren Handel und Weberei verboten, dem Schelenkonvent in der St. Gereonsstraße wurde dagegen die Weberei auf sechs Webstühlen und die Wappenstickerei erlaubt. Im Haus Hardefurt wurde das Weben unnützer Sachen wie etwa Gürtel untersagt; die Konvente Heyman-Mommersloch, Tafeler und die Ver-Lore-Einung lebten dagegen gänzlich von der Weberei; der Konvent Hollender befaßte sich mit der Seidenfertigung; das Haus Monheim durfte Seidenbänder und Gürtel vertreiben.[6] Für die Beginen in Lübeck ist die Weberei Haupterwerbsquelle; daneben betätigen sie sich in der Herstellung von Seife, sehr zum Unwillen der zunftmäßig organisierten Seifensieder. Manche Beginen brauten und verkauften Bier, was besonders in Köln die Bierzunft gegen sie aufbrachte, andere unterhielten Mühlen, wobei sie geschickt die steuerliche Abgabe der Akzise zu umgehen wußten, wogegen zeitweise Zunft und Rat der Stadt protestierten. Die Hutmacherzunft brachte es fertig, den Beginen die Hutbestickerei zu untersagen. In Mainz beschäftigte sich eine Begine mit der Kerzendreherei. Es hat also viele Berufe gegeben, in denen Beginen aktiv geworden sind.

Daraus ist jedoch nicht zu schließen, daß die deutsche Beginenbewegung aus der Notlage armer und unverheirateter Frauen erklärt werden kann. Neben Frauen aus Ritterfamilien oder dem Stadtpatriziat sind vor allem Frauen aus dem mittleren Bürgertum vertreten. Nur eine geringe Zahl von Beginen stammte aus dem niederen Bürgertum und aus Handwerkerkreisen. In Köln etwa sind unter den Beginen fast alle patrizischen Namen vertreten, in Mainz dominieren Frauen aus dem niederen Adel und dem gehobenen Bürgertum.[7] Eine Ausnahme macht allein die Stadt Straßburg: Hier finden sich in der Überzahl Frauen aus dem ärmeren Bürgertum in den Beginenkonventen wieder.[8]

Christina von Stommeln

Doch wie steht es mit dem inneren Leben der Beginen? Wie dachten, was fühlten sie? Aus welchen Erfahrungen speiste sich ihr oft befehdetes und bedrohtes Leben? Die offiziellen Dokumente geben uns so gut wie keinen Hinweis auf diese Fragen. Nichts wüßten wir, wenn uns nicht die Biographien einiger herausragender Beginen überliefert worden wären, etwa die Lebensgeschichte der Christina von Stommeln, die von ihrem Seelenfreund Petrus von Dacien stammt, einem schwedischen Mönch, dem ersten namentlich bekannten Schriftsteller Schwedens.

Geboren wurde Christina wohl 1242 in Stommeln, etwa zwölf Kilometer von Köln entfernt (Abb. 12). Ihr Vater war ein vermögender, später aber verarmter Bauer. Sie selbst vermag deshalb später ihr Elternhaus kaum zu halten. Schon im Kindesalter verlobt sie sich geistlich mit Christus und erfährt in einer Vision: »Du wirst bei den Beginen bleiben.«[9] Von diesem Tag an kann sie niemand mehr irre machen; ihre einzige Sorge besteht darin, wie sie zu den Beginen kommen könnte. Als sie dreizehn Jahre alt ist, geht sie ohne Wissen ihrer Eltern nach Köln, wo sie sich wahrscheinlich dem Schelenkonvent in der Stolkgasse anschließt. Doch sie bleibt nur vier Jahre dort; über den Grund gibt folgender Bericht Aufschluß:

Folgendes geschah in der Kirche der Dominikaner von Köln; sie [Christina] erzählte, sie sei so von Sinnen gewesen, daß sie aus der Kirche in den Konvent zurückgetragen worden sei und ihre Ekstase drei Tage ununterbrochen angehalten habe. Die Beginen aber, die sich bei ihr aufhielten, verstanden nichts und glaubten, Christina sei wahnsinnig oder leide an Epilepsie. (Vita Christinae, S. 111)

Auf Grund ihrer Verzückungen hat sie sich also von den nüchternen Mitschwestern isoliert. Sie kehrt nach Hause zurück, findet aber keine Aufnahme bei ihren Eltern:

Ihre Eltern verhielten sich ihr gegenüber schlecht, weil sie gegen ihren Willen von zu Hause weggegangen war; sie gönnten ihr kaum das Brot; die Beginen [in Stommeln] lachten über alles, was sie tat; ob sie betete oder gar um Verzeihung bat – alles achteten sie gering. So fand sie zu Hause und draußen bei niemandem Trost. Zu allem,

Eros und Feuer – Mystikerinnen in der Verfolgung

was sie tun mußte, sagten sie nur, sie lasse ihre Heiligkeit leuchten. (Vita Christinae, S. 114)

Auch den Beginen in Stommeln war Christina also zutiefst suspekt; schließlich fand sie Zuflucht im Hause eines Priesters mit Namen Johannes.

Christina wurde nicht nur von spektakulären Entrückungen heimgesucht, seit ihrem fünfzehnten Lebensjahr zeigten sich an ihr die Stigmata, entsprechend den Leidenswunden Jesu, an Händen, Füßen, Haupt und Seite. Petrus von Dacien will die Stigmata selbst gesehen haben, zum erstenmal am Karsamstag 1268:

Während sie, vom Geist erfaßt, so völlig von Sinnen war, öffnete sie ihre linke Hand, und ich sah, was ich mir von Kindheit an gewünscht hatte: in der weißen Hand der Jungfrau das Kreuz unseres Herrn von blutroter Farbe. Dieses Kreuz aber war nicht nur mit Farbe oder Blut gemalt, sondern als Wunde in die Hand geprägt; es war auch nicht ein einfaches Kreuz, es war vielmehr mit den schönsten Blumen geschmückt und wunderbar gestaltet. (Vita Christinae, S. 16)

Petrus hat noch mehrmals Stigmata an Christina bemerkt. Im Jahre 1269 beschreibt er erneut alle fünf Wunden Christi an Christinas Leib und dazu die Wunden der Dornenkrone. Er nimmt zwei skeptische Zeugen mit und schreibt:

Ich sah aber an der jungfräulichen Hand fünfzehn Zeichen, nicht allzu groß, rund und rosa gefärbt, wunderbar angeordnet: Mitten in der Hand war ein rundes Mal zu sehen, nicht ganz so groß wie ein Sterling, aber größer als alle anderen Zeichen; rund herum befanden sich vier Male, angeordnet in Kreuzform, etwas kleiner als das erste, aber größer als die zehn übrigen. Alle hatten voneinander denselben Abstand. Die fünf erstgenannten Male waren in das Fleisch der Handfläche eingeprägt; die restlichen zehn aber waren auf die fünf Finger verteilt, daß sich auf jedem Finger zwei befanden, und zwar eines in der Mitte der Fingerglieder, die sich an die Handfläche anschließen ... Mitten auf der Ober- und Unterseite des rechten Fußes befand sich eine Wunde, ein wenig größer als ein Sterling. Von hier aus flossen vier ziemlich breite Rinnsale von Blut nicht den Fuß hinab zu den Zehen, sondern den Fuß hinauf ... Nach Ostern hörten wir von den Mädchen, die bei Christina waren, daß ihr Unterkleid in der Herzgegend von Blut durchtränkt war auf einer Fläche, die so groß war wie eine Menschenhand ... Als sie aber die Stirn freigemacht hatte, sahen wir drei Blutbäche, wohl aus einer Quelle fließend, jeder zwei Finger breit. Die beiden äußeren flossen zu den Schläfen, der mittlere aber zur Nase hin. (Vita Christinae, S. 61)

Welche Erklärungen stehen für solche Wundmale zur Verfügung? Beruhte alles auf »übernatürlichen Ursachen«, dann müßten wir schweigen, mit Argumenten ließe sich dann nicht streiten. An übernatürliche Ursachen dachte ein gewisser Caspar Peter Lull, der sich im Jahre 1689 in der Jülicher Kirche St. Mariae Himmelfahrt den noch heute ausgestellten Schädelknochen Christinas aufmerksam anschaute. Er bemerkte einen merkwürdigen grünen Streifen mit roten Punkten am Stirnbein des Schädelknochens. Kein Wunder, daß dieses bis heute nicht eindeutig geklärte Phänomen dazu angetan war, als Hinweis auf Christinas Dornenkronenwunde betrachtet zu werden. Zwei zu Rate gezogene Ärzte allerdings wußten im Rahmen des Seligprozesses nichts über diese Verfärbung auszusagen.[10]

War vielleicht alles nur ein fromm-unfrommer Schwindel, dem eine wundersüchtige Zeit anheimfiel? Beispiele dafür gäbe es in Hülle und Fülle. Oder wenn nicht Betrug oder Täuschungen der Zeit vorlagen, beruhte vielleicht alles auf Selbstsuggestion, ausgelöst durch einen übersteigerten Messias- und Kreuzigungskomplex? Tatsächlich wird Christina von Erfahrungen heimgesucht, die Hysterikern verwandt sind: Sie fällt in Ekstasen, die mit Starrkrämpfen verbunden sind; ihre natürlichen Wahrnehmungssinne werden dann vorläufig ausgeschaltet; auffällig ist auch die Tatsache, daß Christina ihre Stigmata mit erstaunlicher Schmerzunempfindlichkeit »erleidet«. Was Selbstsuggestion vermag, wurde in allerdings seltenen Fällen an der Klinik Salpêtrière in Paris nachgewiesen. Dort beobachtete man auf dem Körper von Hysterikerinnen Sinnbilder und Inschriften, wobei es sich um Abzeichnungen auf der Haut handelte, die durch eine Blutüberfüllung der Kapillargefäße unter der Haut hervorgerufen werden.[11] Ein Blutausfluß wurde jedoch bei diesen sogenannten Dermographien nicht beobachtet, bei Christina aber war nach Aussagen aller Zeugen Blut geflossen.

Auffällig ist, daß Petrus von Dacien sehr genau die einzelnen Stigmata beschreibt, jedoch eine gewisse Zurückhaltung an den Tag legt, wo es um die Erklärung dieses Phänomens geht. Auszuschließen ist deshalb nicht, daß Christina sich die Stigmata durch ekstatische Selbstverletzungen beigebracht hat. Dafür spräche das regelmäßige Aufbrechen der Wunden zur Osterzeit, die präzise Formgebung der Verletzungen und die merkwürdige Leidensunempfindlichkeit der Mystikerin.

Solche Selbstverstümmelungen haben wir schon bei Maria von Oignies kennengelernt, ähnliche ekstatische Selbstverletzungen werden auch von anderen Frauen berichtet, z. B. von Elisabeth von Herkenrode und Lukardis von Oberweimar. Elisabeth imitierte die Passion Jesu dergestalt, daß sie »gleichzeitig die Person unseres leidenden Heilands wie jene des Verfolgers und des ihn marternden Schergen verkörperte – des Herrn, wie er sich selbst demütigt, des Verfolgers, wie er ihn stößt, zerrt, schlägt oder bedroht«.[12] Bei ihrer symbolischen Wanderung von einem zum anderen Gerichtsort packt sie mit der Rechten ihr Kleid an der Brust, zerrt sich nach links und rechts, versetzt sich einen heftigen Schlag gegen das Kinn, reißt sich an ihren Haaren nach unten und versetzt sich – auf dem Rücken liegend – Schläge gegen die Brust. Kein Wunder, daß bei diesen Mißhandlungen Blut fließt.

Lukardis von Oberweimar (1276–1309), eine Zisterzienserin, galt als Stigmatisierte, nachdem sie sich immer wieder selbst verletzt hatte.

Das Bild davon, wie die Nägel in das Kreuz Christi eingeschlagen werden, trug sie im Herzen und stellte es auch äußerlich dar. Immer wieder schlug sie mit dem Mittelfinger heftig an die Stelle, an der sich die Wunden in der Handfläche befunden haben mußten. Dann hob sie die Hand zwei Fuß hoch empor und gab auf die gleiche Stelle einen neuen heftigen Schlag, mit der Fingerspitze, die wie ein Nagel aussah. Man konnte daran weder Fleisch noch Knochen spüren. Die ihn befühlt hatten, erklärten, er habe die Härte eines Metallstücks. Wenn sie sich in dieser Weise schlug, konnte man einen Ton hören, ähnlich dem Schlag eines Hammers, der einen Nagelkopf oder einen Amboß trifft. Einmal hielt ein Mann von Rang, der diesen Schlag für eine Täuschung oder einen bloßen Trick ansah, die eigene Hand hin, um die Wahrheit herauszufinden. Als sie ein einziges Mal zugeschlagen hatte, zog er die Hand schnell zurück und erklärte, daß er sie nicht mehr brauchen könne, wenn er sich einen zweiten hätte versetzen lassen. Zur sechsten und neunten Stunde pflegte die Dienerin Gottes sich mit dem gleichen Finger heftig auf jene Stelle der Brust zu schlagen, an der später die Wunde aufbrach. Der Lärm, den sie machte, hallte durch das ganze Kloster. Sie hielt sich so genau an die sechste und neunte Stunde, daß sich die Klosterfrauen mehr auf diesen Ton als die Turmuhr verließen ... Ferner bohrte sich die Dienerin, bevor sie die Wundmale erhielt, mit der großen Zehe in die Füße, da sie die Stellen, an denen sich die Wunden befinden, in ihrem großen Verlangen zu öffnen wünschte.[13]

Kein vernünftiger Grund spricht dagegen, daß Christina sich selbst ihre Stigmata beigebracht hat. Wir brauchen also nicht an übernatürliche Ursachen zu denken, wollen jedoch nicht den ernsten und frommen Leidensenthusiasmus verkennen, der besonders bei Frauen zur Erscheinung von Stigmata geführt hat. So kennen wir Hunderte stigmatisierter Frauen, jedoch nur wenige Männer wie etwa Franz von Assisi. Möglicherweise kommt durch die starke Leibesbezogenheit, in welcher mystische Frauen, die sich stigmatisierten, ihre religiösen Erfahrungen umsetzen, ein typisch weibliches Moment zum Ausdruck.

Ähnlich wie die Stigmatisierung haben auch Christinas Teufelsanfechtungen Verwunderung, wenn nicht Spott herausgefordert, etwa die folgende:

Als Christina mit Gertrud und Hedwig, den Schwestern des Pfarrers, das Bett teilen mußte, bat sie diese, in ihrer Mitte liegen zu dürfen. Die beiden willigten ein, und Christina sagte: »Ich will mein Kleid nicht ausziehen.« Es war nämlich bitter kalt. Als alle gerade eingeschlafen waren, erzitterte plötzlich das ganze Haus. Alle wachten auf und erschraken. Da öffnete ein Windzug auf einmal drei Türen des Hauses. Der Teufel aber riß Christina aus der Mitte der Mädchen, zwischen denen sie im Bett lag, und warf sie durch alle drei Türen nach draußen. (Vita Christinae, S. 120)

So berichtet Petrus von Dacien über den sündlosen Schlaf der

Eros und Feuer – Mystikerinnen in der Verfolgung 165

Frauen. Es scheint sich hierbei um ein verunglücktes »lesbisches« Nachtlager gehandelt zu haben, wobei aus der Sicht des frommen Biographen der Teufel seine Hand im Spiel hatte. Eine andere Geschichte weist in eine ähnliche Richtung.

Danach *warf der Teufel Christina völlig nackt in einer frostklirrenden Winternacht in einen Holzhaufen, aus dem sie sich nicht befreien konnte. Das Holz lag im Hof des Hauses eines alten Anwalts, einen Steinwurf weit entfernt vom Haus Christinas, aus dem sie geworfen worden war. Die ältere Tochter des Anwalts hörte Christina in der Nacht weinen, wunderte sich und suchte sie. Als sie sie endlich gefunden hatte, zog sie ihr eines von den Kleidern an und schickte sie nach Hause zurück.* (Vita Christinae, S. 210)

Wo Petrus von Dacien Teufelswerk sieht, ist eher an erotische Neigungen zu denken, die von Christina gleichzeitig hilflos und reumütig erlitten werden. Solche und ähnliche Erfahrungen hat Christina häufig gemacht, beendet wurden sie erst vom Jahr 1288 an. Damals war Christina sechsundvierzig Jahre alt, vielleicht führte ihr Klimakterium zu einer gewissen Beruhigung ihrer Leidenschaften, wahrscheinlich jedoch spielte ein für sie wesentliches Erlebnis eine Rolle, der Tod ihres Biographen und mystischen Liebhabers Petrus von Dacien.

Dieser war auf der Insel Gotland geboren und trat wahrscheinlich im Jahr 1245 in Visby in den Dominikanerorden ein, von wo aus er an die Kölner Universität geschickt wurde, um im »Konvent zum Heiligen Kreuz«, der von Albertus Magnus geleitet wurde, zu studieren. In Paris setzte er sein Studium bei Thomas von Aquin fort.

Christina begegnete er am 21.12.1267 zufällig bei einem Aufenthalt in Stommeln. Er besuchte sie später noch dreizehnmal.[14] Die Beziehung der beiden spiegelt ein ungewöhnlicher Briefwechsel voller heimlicher Bekundungen leidenschaftlicher Hingabe wider, etwa wenn Petrus schreibt:

Wenn ich Dich frage, ob Du mich fragtest, ob ich Dich liebte oder von Dir geliebt würde, so kann jeder von uns beiden mit Sicherheit antworten: Ich liebe und ich werde geliebt. Wenn einer mich fragte, ob ich Christina liebte, so antwortete ich mit voller Überzeugung: Ich liebe! (Vita Christinae, S. 163)

Und Christina schreibt: »Weil ich aus Deinen Briefen sehe, wie nahe Du mir stehst, so mußt Du wissen, daß ich Dir gegenüber – bei Gott – dieselben Gefühle hege.«[15] Im zehnten Brief bekennt sie: »Liebster, Du sollst wissen, daß ich für Dich die innigste Liebe empfinde.«[16] Sie beschenken sich gegenseitig. So erhält Christina von Petrus ein Kleid geschenkt, wofür sie sich brieflich bedankt. Petrus seinerseits erwartet acht Kölner Silberstücke von Christina, damit er sich einen Anzug kaufen könne, doch leider entwendete der »Teufel« das Geld.[17] Im Jahr 1270 bricht Petrus von Stommeln nach Schweden auf. An ein Wiedersehen ist kaum mehr zu denken. Petrus schreibt darüber:

Als wir also gingen, beide todtraurig über die bevorstehende Trennung, war der Abschied ein einziger Seufzer, und wir konnten kaum reden. Ich versuchte etwas zu sagen: »Leb wohl, liebste Christina, wir müssen uns nun trennen; leb wohl im Herrn, Liebste!« *Sie hörte kaum zu, sagte gar nichts, schlug nur ihren Mantel vors Gesicht, setzte sich auf den Boden und weinte bitterlich ... Als wir endlich wirklich gingen, Tränen in den Augen und in völliger Verzweiflung, setzte sie sich wieder hin, schlug ihren Mantel vors Gesicht und weinte noch mehr.* (Vita Christinae, S. 108)

Neun Jahre später sahen sie sich wieder. Christina eröffnete ihm ein »Geheimnis«. Sie hatte ihm zwar vorher angedeutet, sie wolle ihm etwas erzählen, was sie noch keinem Menschen gesagt habe, doch erst 1279 ist sie bereit, darüber zu sprechen:

Seit meiner Kindheit habe ich dich gekannt, dein Gesicht gesehen und deine Stimme gehört, dich mehr als alle Menschen geliebt. Immer mußte ich dich beim Gebet in meine Bitten miteinschließen. Als ich nun Gott inständig eine lange Zeit hindurch darum bat, mir zu zeigen, ob er die Ursache dieser Geschichte sei, wurde mir am Tag der hl. Agnes Sicherheit zuteil; denn bei der heiligen Kommunion wurde mir sichtbar ein Ring gegeben und in den Finger gezeichnet. (Vita Christinae, S. 156)

Christina beschreibt hier eine Verlobung, jedoch nicht mit Christus, ihrem geistlichen Gemahl, sondern mit Petrus, ihrem weltlichen Geliebten, ein einmaliger Vorgang in der mittelalterlichen Mystik. Im Gewande einer mystischen *unio* vollzieht sich eine Ver-

Eros und Feuer – Mystikerinnen in der Verfolgung

einigung mit einem wirklichen Liebhaber. Christina selbst muß etwas von der Unschicklichkeit dieser Vision geahnt haben, warum sonst hätte sie ihr Geheimnis über ein Jahrzehnt lang sogar vor ihrem Geliebten gehütet? Petrus seinerseits hat Christina keineswegs zur Ordnung gerufen, denn er will selbst an seiner Hand ein kleines rotes Mal entdeckt haben, für ihn eine Bestätigung der geistlichen Verlobung, die auf so ungewöhnliche Weise von einer Frau mystisch ins Werk gesetzt wurde.[18]

Hier befreit sich im mystischen Leben die Liebe zwischen Mann und Frau von aller moralischen und kirchlichen Bevormundung. Christina setzt an die Stelle des geistlichen Liebhabers Christus einen wirklichen Liebhaber, beglaubigt durch eine mystische Vision, deren Wahrheit anzuzweifeln sie niemals unternommen hat. Petrus seinerseits ist bemüht, seine Liebe zu Christina in einem Konzept der Gottesliebe unterzubringen. Während Christina nach dem »Grund unserer Liebe« fragt, antwortet Petrus nicht als Liebhaber, sondern als Theologe: »Gott ist – das ist mein Glaube – der Urheber und Vollender unserer Liebe und Freundschaft.«[19] Christina dagegen konstatiert – ungeschützt und viel unmittelbarer: »Dein Verhältnis zu mir ist nicht wie das zu anderen Menschen«, und Petrus wieder theologisch: »Niemals ging es mir darum, daß du mich um meinetwillen liebtest, sondern immer nur darum, daß du in deiner Liebe ganz auf Christus bezogen warst.«[20]

In Christinas Umgebung muß man etwas von ihrer Liebesbeziehung geahnt haben. Und wenn man auch nicht alles verstand, genügte doch das wenige, was man zu wissen meinte. Petrus legt dem Teufel in den Mund, was das Gerede auf den Punkt brachte:
Wisse, wenn Du mir [dem Teufel] nicht folgst, werde ich Dich in den Schmutz ziehen; ich werde ein Kind in der Kirche vor Dir hinlegen und allem Volke sagen, es sei das Deine, und Du habest es mit deinen geistlichen Freunden gezeugt.[21] Vorhaltungen, die man dem mystischen Liebespaar machte, hat Petrus so beantwortet: »Wer aber ist so unverschämt zu behaupten, die Braut Christi dürfe nicht in solcher Reinheit geliebt werden? – Aufschreien soll die ganze Welt und lachen!«[22] Petrus hat den Versuch unternommen, Christina zu sich nach Schweden zu holen. Er bat Beginen in

Schweden, Christina nach Gotland einzuladen, doch die Einladung zerschlug sich.

Diese mystische Liebesgeschichte hat Folgen gehabt. Als im Jahre 1908 der Seligsprechungsprozeß für Christina durchgeführt wird, macht der Kölner Kardinal Antonius Fischer auf Stellen der Briefe aufmerksam, die ihm mehr als nur geistliche Liebe zu offenbaren scheinen.[23] Einige Mystikforscher haben Christina nicht sehr positiv eingeschätzt.[24] Die mystische Liebesgeschichte mit Petrus zeugt von dem Doppelleben einer Begine, von der seltsamen Erfahrung einer geistlichen Liebe, die sich in eine rein weltliche Liebeserfahrung verwandelt.

Agnes von Blannbekin

Agnes Blannbekin (ca. 1250–1315) ist eine Begine, deren Leben über Jahrhunderte ins Vergessen geriet. Erst im Jahre 1731 wurde die von ihrem Beichtvater verfaßte Biographie veröffentlicht. Bernardus Pez, der Herausgeber, hatte gewisse Schwierigkeiten, die eigenwilligen Visionen dieser Begine aus Wien mit der katholischen Dogmatik in Einklang zu bringen. Von seiten der Wiener Jesuiten erfuhr Agnes härteste Ablehnung. Diese brachten es fertig, die gesamte Auflage einziehen zu lassen, indem sie über den Präfekten der Wiener Hofbibliothek auf Kaiser Karl VI. Einfluß nahmen.[25]

Agnes lebte als Begine in einer eigenen Wohnung und hatte sich eng an die Wiener Franziskaner angeschlossen. Über ihr Leben ist nicht viel bekannt, von Bedeutung sind ihre Visionen. Etwa jene, in welcher sie – kirchenkritisch wie nur wenige Beginen – Priester schaut, die sich tiefschwarz und nackt darbieten, Ausgeburten der Hölle ähnlich, mit ausgerissenen Augen, vorspringenden Zähnen, und Händen, die mit Kot und Blut besudelt sind.[26] So drastisch wurde im Mittelalter selten Kritik an der Priesterschaft geübt.

Eine Meßfeier anläßlich des Beschneidungsfestes Christi erlebt sie folgendermaßen:

[Agnes] pflegte seit ihrer Jugendzeit am Beschneidungstag aus großem Herzeleid ängstlich das vergossene Blut Jesu Christi zu be-

weinen, welches zu vergießen er schon seit Beginn seiner Kindheit gewürdigt worden ist ... So auch leidend und weinend begann sie nachzudenken über die Vorhaut des Herrn, wo sie sei. Und siehe, bald fühlte sie auf ihrer Zunge ein kleines Häutchen nach Art einer Eihaut von größter Süßigkeit, welches sie hinunterschluckte. Als das geschehen war, spürte sie wieder ein süßes Häutchen auf ihrer Zunge wie zuvor, das sie wiederum hinunterschluckte. Und das geschah gut hundertmal. Und als sie es so oft spürte, hat sie versucht, es mit dem Finger zu berühren. Als sie das machen wollte, rutschte das Häutchen in ihren Hals. Und es wurde ihr gesagt, daß die Vorhaut Jesu am Auferstehungstag sich miterhoben habe. So groß ist die Süßigkeit beim Kosten dieses Häutchens gewesen, daß sie in allen Gliedern und Untergliedern eine süße Veränderung erfuhr. (Ven. A. Blannbekin, S. 36)

Diese Vision scheint auf den ersten Blick das Produkt einer verstiegenen Phantasie zu sein. Im Mittelalter allerdings hat man sich mit der Vorhaut Christi immer wieder beschäftigt, wobei es um die dogmatische Frage ging, ob diese auch gen Himmel gefahren sei. Nach Agnes' Meinung ist sie ganz in das Verklärungsgeschehen mitaufgenommen. Diese Aussage konnte kaum großen Anstoß bei ihren Zeitgenossen erregen, skandalös allerdings war die persönliche Seite dieser Erfahrung. Agnes selbst hat die Anstößigkeit dieser Erfahrung gespürt, denn sie weigerte sich zunächst, ihrem Beichtvater von ihrer »oralen« Vision zu berichten.[27] Es bedurfte einiger Unterweisungsvisionen, bis sie sich zur Beichte durchringen konnte.

Der moderne Leser wird erstaunt sein. Dem vom Christentum geprägten Leser ist die Beschneidung fremd. Für Psychoanalytiker ist die Beschneidung eine symbolische Kastration, die ursprünglich am jungen Mann beim Übergang ins Mannbarkeitsalter vorgenommen wurde, eine Art Initiation, die ihn vor einem ungehemmten Ausleben der Sexualität warnen sollte. Bruno Bettelheim deutet die Beschneidung als symbolische Geschlechtsumwandlung, bei der Männer sich weibliche Eigenschaften aneignen – das Beschneidungsblut entspräche der symbolischen Aneignung des Menstruationsblutes.[28] Dennoch haften der Beschneidung keine angstmachenden Vorstellungen an. Manche Rituale belegen dies. So wurde manchmal das Beschneidungsblut aufgefangen und, heilbringend, zu Medizin verarbeitet. Frauen trugen Vorhäute als Halsschmuck. Manchmal wurde das Beschneidungsblut von Frauen getrunken, manchmal die Vorhäute gekocht und von Mädchen gegessen. Mit der Beschneidung verbanden sich also offensichtlich Vorstellungen, die in den Umkreis von lebensspendender Fruchtbarkeit gehörten.[29]

Ganz so befremdlich wird die Vorhautvision der Agnes Blannbekin jetzt auf uns nicht mehr wirken. Interessant sind bei ihr etliche Deutungsmöglichkeiten. Die Beschneidung bedeutet für sie einmal eine Verletzung; das Beschneidungsblut weist auf die Leidenswunden Christi am Kreuz hin. Agnes reagiert darauf mit Mitleid. Zum anderen verschafft ihr die Vorhaut Jesu höchsten leiblichen Genuß, so daß sie sich dieselbe gern einverleibt. Sicher, der orale Genuß stellt immer eine drastische Vereinigung mit dem begehrten Objekt dar, und da es sich dabei um die Vorhaut Jesu handelt, könnte man an oralen Geschlechtsverkehr denken, der kaum verschlüsselt dargestellt ist. Doch eine solche Deutung ist abwegig, denn das Visionsgeschehen ist eingebunden in eine besondere Situation, nämlich die Feier der heiligen Kommunion anläßlich des Beschneidungsfestes Christi. Wir vermuten deshalb zu Recht, daß der Genuß der Vorhaut verknüpft war mit der Darreichung und dem Verzehr der Hostie, die häufig in einer ähnlichen Form gespendet wurde. Der sakramentale Hintergrund offenbart nun erst recht, daß es lebensspendende Vorstellungen sind, die Agnes' Erfahrung bestimmen. Sie verfügte übrigens noch über weitere seltsame Erfahrungen. So vermochte sie etwa in den Uterus der Maria zu schauen und nahm damit Einblick in die Erschaffung des göttlichen Kindes. Sie sieht auch, wie Jesus gesäugt wird. Nackt ist das Kind – Agnes bekommt mit, wie das Kind eingekleidet wird.[30] Neben solch extremen Erfahrungen, in denen auf ungewöhnliche Inhalte abgehoben wird, erlebt Agnes auch Visionen von tiefer Humanität. Als Beispiel mag ihre Schwertervision dienen:

Im goldenen Palast des Himmels sieht sie zwei Mädchen, sehr schöne Jungfrauen, bekleidet mit glänzendem und durchscheinendem Gold. Die eine von ihnen hatte zwei aus der Scheide gezogene Schwerter, welche sie schärfte. Als sie diese geschärft hatte, riß ih.

Eros und Feuer – Mystikerinnen in der Verfolgung 171

das Mädchen die geschliffenen Schwerter aus den Händen und zerbrach sie. Als jene zerbrochen waren, hatte das erstgenannte Mädchen wieder zwei Schwerter, welche sie schärfte. Nachdem diese geschliffen waren, entriß das andere Mädchen ihr dieselben wieder und zerbrach sie. Dies wiederholte sich ohne Unterlaß, so daß die eine immer die zwei Schwerter schärfte, welche die andere zerbrach ... (Ven. A. Blannbekin, S. 255)

Welche der beiden Mädchen wird Siegerin bleiben? Jene, welche die Schwerter der göttlichen Strafgerechtigkeit schärfte, oder jene, welche – überwältigt von göttlicher Liebe – das Werk der Barmherzigkeit vollzieht und die rächenden Schwerter vernichtet? Agnes hat keine endgültige Lösung gefunden. Der Widerspruch zwischen Gerechtigkeit und Barmherzigkeit wird nicht aufgehoben. Sie entdeckt das harte und grausame Schwert in Kriegen, in der Pest des Todes; auch in den unheilvollen Zersetzungsprozessen der Kirche. Doch die strafende Gerechtigkeit verfestigt sich in Agnes' Vision nicht, immer wieder werden die grausamen Schwerter zerbrochen, so daß der versöhnenden Barmherzigkeit letztlich immer wieder Raum verschafft wird. Die versöhnende Kraft der Liebe durchseelt die visionäre Phantasie der Agnes, doch hat sie damit wenig bewirkt, ihre Visionen waren ungewöhnlich und in ihrer Bizarrerie befremdlich.

*

Agnes Blannbekin und Christina von Stommeln sind Beispiele dafür, wie Beginenfrömmigkeit an die Grenzen erlaubter Innenerfahrung stößt. Immer schon hatte der Ketzerverdacht die Beginen begleitet, wann würde er sich tatsächlich bestätigen? Schon im Jahre 1220 verurteilte Gautier von Coincy, Benediktinerprior in Soissons, die angebliche Armutsnachfolge der Beginen, die er für scheinheilig und heuchlerisch hielt. »Niemand kann ganz ohne Besitz und Eigentum leben, und wer vorgibt, er könne und tue es, der ist ein gräßlicher und gottverhaßter Heuchler ...« Einmal beschimpft er die Beginen sogar als »truanz«, womit man Landstreicher, Bettler und Betrüger bezeichnete.[31] Um die Mitte des dreizehnten Jahrhunderts erwächst den Beginen in Wilhelm von St. Amour ein hartnäckiger Gegner, der ihnen überhaupt verbieten wollte, nach Art einer Ordensgemeinschaft zu leben. Er nahm auch Anstoß an ihrer Tracht und am kurzen Haarschnitt. Arbeitsunwillige Beginen wollte er beobachtet haben, obendrein bezweifelte er die Einhaltung des Keuschheitsgelübdes, witterte überall Ungehorsam gegen den vorgesetzten Pfarrklerus und erregte sich über die neuartige Redeweise von Frauen.[32] Daß er damit die mystische Sprache der Beginen meinte, ist ziemlich wahrscheinlich. Wo nicht dogmatisch und theologisch auf die Beginen eingeschlagen wurde, da tat der Spott ein übriges. So etwa der Satiriker Rutebeuf, der Frömmigkeit und Sittlichkeit der Beginen in Frage stellte.[33] Diese Angriffe zeigten Wirkung, besonders in Deutschland, wo schon etliche Provinzialsynoden gegen Beginengruppen eingeschritten waren, die als vagabundierende Frauen betrachtet wurden. Im Jahre 1273 schaltete sich sogar der Papst ein und beauftragte einige angesehene Geistliche mit einem Gutachten, das dem Konzil von Lyon vorgelegt wurde. Es waren der Dominikanergeistliche Humbert von Romans, der Franziskaner Simon von Tournai und der ostdeutsche Bischof von Olmütz, und alle wiederholten die schon bekannten Klagen.[34] Simon von Tournai beklagte wortreich die spitzfindigen Diskussionen in beginischen Frauenkreisen und kritisierte die Lektüre volkssprachlicher Texte. Daß diese gefährlichen Texte vernichtet werden mußten, war für ihn selbstverständlich. Besonders irritiert war Simon von Tournai über die Nachricht, eine Begine zeige die Wundmale Christi. Er forderte eine öffentliche Untersuchung dieses ungewöhnlichen Phänomens. Leider wissen wir nicht, von welcher Begine er spricht. War es Elisabeth von Herkenrode oder Christina von Stommeln oder Ida von Löwen, bei der man auch die Wundmale Christi entdeckt hatte?

Was ist die Ursache all dieser Anschuldigungen? Aufschlußreich ist in diesem Zusammenhang eine Unterscheidung, die der Erfurter Dichter Nikolaus von Bibra um 1270 trifft, der zwischen guten und schlechten Beginen unterscheidet. Letztere seien vagabundierende Frauen, die in schlechtem Ruf ständen, ja sogar als Kindesmörderinnen gälten. Offenbar gab es also zwei Gruppen von Beginen, die oft miteinander verwechselt wurden. In einigen schwäbischen Frauenklöstern bildete sich eine Spielart dieser Frauenbewegung heraus, die für die kirchliche Obrigkeit nicht mehr hinnehmbar war. So be-

Eros und Feuer – Mystikerinnen in der Verfolgung 173

richtet der Tübinger Historiker Martin Crusius in seinen *Schwäbischen Annalen* zum Jahre 1261 von Frauen, die sich unter dem Schlagwort der »Freiheit des Geistes« gegen eine klösterliche Regulierung gewehrt haben sollen. Er nennt die Klöster Kirchheim unter Teck und Gnadenzell. Die Proklamierung einer Freiheit, die sich jenseits der kirchlichen Lebensordnungen stellte, mußte beträchtliche Unruhe hervorrufen.

Der Kölner Dominikaner und bedeutende Gelehrte Albertus Magnus hat sich in einem Gutachten über eine Gruppe von Beginen geäußert,[35] welche vor allem im Bistum Augsburg im Ruf der Ketzerei standen. Hervorgerufen wurde diese Bewegung im Schwäbischen Ries wahrscheinlich von zwei Wanderpredigern, die in roten Gewändern auftraten, was an sich schon verboten war, galt doch die rote Gewandung als verbotenes Zeichen eines apokalyptischen Zukunftsordens. Eine beträchtliche Wirkung war ihnen gewiß, da das Schwäbische Ries damals einen sehr lebendigen Kontaktraum darstellte. Hier trafen sich die von Italien kommende und über Würzburg hinausführende Brennerstraße und die aus Frankreich kommende Römerstraße. Nicht nur Waren, sondern auch neue Ideen konnten hier umgeschlagen werden.

Daß auch Frauen sich für neue religiöse Ideen begeistern ließen, beweisen die Aussagen einiger Frauen, die wir allerdings nur aus den Ketzerverhören kennen. Einige Frauen behaupteten, »daß sie von Christus fleischlich erkannt worden seien«, nach einer anderen Überlieferung hätten sie sich mit dem Körper Jesu sexuell vereinigt. Offensichtlich haben sich die Frauen im Schwäbischen Ries nicht damit begnügt, ihre mystische Hochzeit mit Christus rein spirituell zu erleben, bei ihnen kommt es auf mystische Weise zu einer erotisch-leibhaften Vereinigung mit dem Geliebten. Eine der Frauen behauptete sogar, sie habe das Christuskind gesäugt. Albertus Magnus rät, solche Albernheiten aus den Frauen herauszuprügeln.

Auch modernen Forschern fällt es schwer, in solchen mystischen Erfahrungen etwas anderes zu sehen als »leibhafte Wahnerlebnisse«.[36] Besteht diese Einschätzung zu Recht? Wir meinen, daß es nicht in erster Linie auf den Inhalt, sondern auf die Konsequenzen dieser Leibmystik ankommt. Wer sich mit Christus sogar leibhaft vereinigen konnte, vergottete sich in letzter Konsequenz selbst. Ja, »der Mensch wird gottgleich und überragt sogar den Sohn«, sagte Albertus Magnus verurteilend. Wer sich in solch einen Vergottungsprozeß eingebunden fühlte, brauchte auch nicht mehr die vermittelnden Gnadeninstitutionen der Kirche; Sakramente, Beichte, Fasten und Gebete spielten für diese Art mystischer Frauen keine Rolle mehr. Wer vergottet war, konnte auch nicht mehr sündigen; selbst wenn man die Gebote der Kirche und Gesellschaft übertrat, konnte das keine Sünde sein; einige Frauen gaben sich freiem Sexualverkehr hin, so jedenfalls ist es aus Ketzerverhören herauszulesen. Im Verhalten der schwäbischen Frauen könnte sich eine angstfreie Sexualmoral ankündigen, befreit von allen Dämonisierungen und Verteufelungen, denen die menschliche Sexualität ausgesetzt war.

Freigeistige Ideen blieben keineswegs auf das Schwäbische Ries beschränkt. Albertus Magnus beobachtete in Köln ähnliches; in Colmar und Basel wurden 1290 freigeistige Beginen verurteilt.[37] Heinrich von Virneburg, der Bischof von Köln, erließ im Jahre 1307 ein Dekret gegen die sogenannten Begarden, denen sich zahlreiche Frauen angeschlossen hatten.[38] Die Begarden rekrutierten sich besonders aus den unteren Gesellschaftsschichten, traten aggressiv gegen die kirchlichen und weltlichen Autoritäten auf, zogen bettelnd über das Land; die Stadt Colmar sah sich einmal dem Andrang von dreihundert Begarden ausgesetzt.[39] Sie hielten selbst Predigten, fielen den kirchlichen Predigern ins Wort und verwickelten sie in subtile Diskussionen. Auch in Italien war eine für die Kirche beunruhigende Bewegung entstanden. Als »Brüder und Schwestern vom heiligen, freien Geist« bezeichnete man die Anhänger. Sie beteten nackt und forderten – erfüllt vom heiligen Geist – die Freiheit, nach eigenen Gesetzen zu leben. 1296 erließ Papst Bonifatius VIII. eine Bulle gegen die Freigeister; 1311 verlangte Papst Clemens V. die rücksichtslose Ausrottung dieser Bewegung.

Eros und Feuer – Mystikerinnen in der Verfolgung 175

MARGUERITE PORÈTE

Viele der ordentlichen Beginen wurden in diese Ketzerverfolgungen hineingezogen. Ihr relativ freier Status innerhalb der mittelalterlichen Lebensordnungen und das Abdriften einiger Frauen zu den vagabundierenden Begarden und Freigeistern lieferten Vorwände genug, um ihre Verfolgungen zu rechtfertigen. Das Leben und Leiden der Marguerite Porète († 1310) ist dafür ein Beispiel.[40] Sie stammt aus der wallonischen Provinz Hainaut. Einer festen Beginengemeinschaft scheint sie sich nicht angeschlossen zu haben, was sie als Vagabundin verdächtig machte. Sie hat sich auch keineswegs, wie der größte Teil der Beginen, auf die guten Werke der Nächstenliebe beschränkt, sondern das Wagnis auf sich genommen, als ungelehrte Frau ein religiöses Buch zu verfassen. Sie schrieb in der Volkssprache, dem Altfranzösischen, und hatte ungeahnten Erfolg, besonders unter den Anhängern der unruhigen Beginen und Begarden, wie ein kirchliches Ketzerprotokoll vermerkt. In die Amtszeit des Bischofs von Cambrai (1296–1306) fällt dann die erste Verurteilung von Marguerite. Ihr Buch wird auf einem öffentlichen Platz in Valenciennes verbrannt. Die Weiterverbreitung des Buches wird unter Strafe gestellt. Doch Marguerite läßt sich nicht beirren. Sie verbreitet weiterhin ihr mystisches Buch, das unter dem Titel *Spiegel der einfachen Seelen (Le miroir des simples âmes)*[41] berühmt geworden ist. Im Jahr 1307 wurden vor dem Provinzialinquisitor von Hochlothringen erneut Anklagen gegen sie erhoben, die weitergetragen werden zu dem päpstlichen Generalinquisitor Frankreichs, dem gefürchteten Dominikaner Wilhelm von Paris, der seit 1307 schon bei den Prozessen gegen die Templer unrühmliche Verdienste für sich in Anspruch nehmen konnte. Leider kann sich Marguerite nicht dem Zugriff der Inquisition entziehen. In Paris wird sie in den Kerker geworfen und peinigenden Verhören unterzogen. Sie verteidigt sich nicht, rechtfertigt nichts, nimmt allerdings auch nichts zurück.

Inzwischen hat sich eine illustre Schar von einundzwanzig Pariser Theologen gebildet, die sich als Gutachter mit ihrem Buch auseinandersetzen. Marguerites *Spiegel* wird am 11. April 1310 in Paris, in der St.-Mathurin-Kirche, als häretische Schrift verurteilt. Der

Generalinquisitor bestätigt das Urteil am 30. Mai, Marguerite wird als rückfällige Ketzerin an die weltlichen Behörden ausgeliefert. Das bedeutet für sie die Todesstrafe. Der Inquisitor hat die Bitte hinzugefügt, die Verurteilte möge nicht getötet oder verstümmelt werden, soweit es das kirchliche Recht zulasse. Doch das kirchliche Recht kennt für eine rückfällige Ketzerin keine Milderungsgründe. Einen Tag später wird der Scheiterhaufen für ihre Verbrennung aufgeschichtet. Eine riesige Menschenmenge versammelt sich auf der Place de Greve, darunter Vertreter der weltlichen Behörden und kirchliche Würdenträger. Ein Kleriker namens Guion der Cressonaert macht in letzter Minute den Versuch, Marguerite zu befreien.[42] Dies mißlingt, und so wird sie dem Feuertod überantwortet. Viele Zuschauer sollen in Tränen ausgebrochen sein.

Marguerite wurde verbrannt, doch ihr Buch hat weitergelebt, ja kaum ein anderer mystischer Text hat solch eine Verbreitung über alle Sprach- und Ländergrenzen hinweg gefunden wie *Der Spiegel der einfachen Seelen*. In vier Sprachen wurde das Buch verbreitet, eine altfranzösische, eine altitalienische, eine mittelenglische und eine lateinische Fassung sind überliefert. Die nachhaltigste Wirkung hatte der *Spiegel* in Italien, besonders in der Toskana und in Venedig. Noch einhundertzwanzig Jahre nach Marguerites Feuertod waren kirchliche Behörden damit beschäftigt, nach dem verbotenen Buch zu fahnden. Bis ins fünfzehnte Jahrhundert kursierte der Text in Kongregationen und Klöstern, wobei man wohlweislich oft den Namen der verketzerten Verfasserin unterschlug. Die bedeutende Königin und Schriftstellerin Margarete von Navarra (1492–1549) gehörte zu den begeisterten Leserinnen dieses Buches.[43]

Der *Spiegel der einfachen Seelen* ist eine aus tiefster persönlicher Betroffenheit hervorgewachsene Liebesmystik, die ganz ohne das auskommt, was Frauen sonst immer vorgeworfen wurde; Visionen fehlen in diesem Werk, auch extreme Fixierungen auf religiöse Sonderthemen wie etwa bei Agnes von Blannbekin. Biographische Absonderlichkeiten kommen ebensowenig vor: keine Liebesgeschichte, keine Stigmata wie bei Christina von Stommeln. Der *Spiegel* ist das Zeugnis eines »inneren« Dialogs, den die mystische Seele mit der Minne erlebt. Vieles ähnelt dem Weg der Beatrijs von Nazareth; so

Eros und Feuer – Mystikerinnen in der Verfolgung

wird auch hier der Aufstieg der Seele in sieben Stufen beschrieben. Margarete kennt die Gnadenstufen der Askese, den Gebotsgehorsam und auch das Stadium der »geistlichen Trunkenheit«. Doch während Beatrijs den mystischen Aufschwung in eine nüchternde »Hausfrauenmystik« münden läßt, entwirft Marguerite eine radikale Freiheitsmystik, besonders in der fünften und sechsten Stufe des Seelenaufstiegs. Die mystisch befreite Seele hat alles hinter sich gelassen: das natürliche Begehren, Wünschen und Hoffen, das Urteilen über Gut und Böse, jegliche Form der frommen oder zweifelhaften Selbsteinschätzung. Die freie Seele hat auf den begrenzten Eigenwillen Verzicht getan. In diesem Zusammenhang verwendet Marguerite den Begriff von der »vernichteten Seele«:

Seht und vernehmt, Hörer dieses Buches, das wahre Verstehen dessen, was dieses Buch an jeder Stelle sagt: Die vernichtete Seele hat keinen Eigenwillen, kann davon nichts besitzen und nichts haben wollen ...[44] *[Die freien Seelen] haben keinerlei Willen, und wenn sie etwas wünschen sollten, so würden sie sich von der Minne entfernen; denn die Minne, die ihren Willen besitzt, weiß, was für sie gut ist, und das genügt ihnen, ohne daß sie Gewißheit darüber haben, ohne daß sie sicher sind. Die Seelen leben von Erkenntnis, Minne und Lobpreis; dies ist das gewöhnliche Verhalten der Seelen, ohne sich aus eigenem Antrieb zu rühren, denn Erkenntnis, Minne und Lobpreis wohnen in ihnen. Solche Seelen können sich nicht für gut oder schlecht befinden, noch können sie beurteilen, ob sie bekehrt oder verdorben sind ...*[45]

Den Ketzerverfolgern mußten solche Worte höchst verdächtig vorkommen. Aus gleichsam paradiesischer Höhenperspektive gelangt Marguerite zu einem mystischen Freiheitsbegriff, in welchem die Verbindlichkeit aller moralischen und religiösen Normsysteme aufgehoben scheint. Und tatsächlich kommt Marguerite zu folgender Aussage:

Die befreite Seele trachtet nicht nach Gott, weder durch Buße noch durch irgendein Sakrament der Heiligen Kirche, noch durch Gedanken, Worte und Werke, noch durch ein Geschöpf von hier unten noch durch ein Geschöpf von oben.[46]

Solche Gedanken treffen die Kirche ins Herz. Marguerite hatte kein revolutionäres Aktionsprogramm gegen die Kirche in Gang gebracht, sie setzt eher auf ein passives Konzept der großen Weigerung. Die Kirche pflegte solche Ideen als Quietismus zu brandmarken. Man bezichtigte Marguerite jedoch nicht nur des Nichttuns, sondern unterstellte ihr auch libertinistische Ideen, als ob sie behauptet hätte, dem Menschen sei in seiner grenzenlosen Freiheit alles erlaubt. Wir wissen nicht, ob die Inquisition mit dieser Anklage einem Mißverständnis erlegen ist. Zwar hat Marguerite die Notwendigkeit von Tugendwerken für den mystischen Menschen in Abrede gestellt, meint aber nur, daß Tugendwerke nicht als Ursache der mystischen Erhebung angesehen werden sollen; dies schließe jedoch nicht aus, daß der mystische Mensch Tugendwerke praktiziert, und zwar jeweils als Wirkungen der mystischen Gnade, gleichsam spontan und unmittelbar und nicht um eines Zieles willen.

Die befreite Seele gibt der Natur ohne Gewissensbisse, was sie verlangt; aber die Natur ist so wohl geordnet durch die Umformung in die Einheit der Minne ..., daß die Natur nichts fordert, was verboten ist.[47]

Marguerites Freiheitsbegriff ist weder libertinistisch noch amoralisch, er löst religiöse Aktivitäten von dem Zwang der Verpflichtung zu guten Werken, welche niemals die Ursache, sondern allein die Folgen der mystischen Freiheit sein können. Marguerite greift eine Idee auf, die von dem Kirchenvater Augustin einmal so formuliert worden war: »Liebe und tu, was du willst!« Die aus Liebe geborene Freiheit des mystischen Menschen bedarf nicht mehr der engherzigen Regelwerke von Kirche und Moral, sondern ergibt sich gleichsam spontan aus der überwältigenden Erfahrung, in welcher Liebes- und Gottesbewußtsein eins werden. Marguerite sagte deshalb nicht nur: Gott ist die Liebe, sie kehrt diesen Satz um: Die Liebe ist Gott. Marguerite ist nicht nur die Schöpferin einer »freien« Liebesmystik, sie ist auch für ein Freiheitsideal gestorben, dessen Zukunft noch lange nicht angebrochen war.

*

Marguerites Feuertod war der grausame Höhepunkt weiterer Verfolgungen der Beginen; ein Jahr später wird auf dem Konzil in Vienne der Spielraum auch der ordentlichen Beginen schmerzhaft eingeengt.[48] Es waren vor allem deutsche Bischöfe, die sich auf diesem Konzil durchsetzten, und entsprechend sahen die Ergebnisse aus. Der »Stand der Beginen« wurde überhaupt verboten; als die *religiosae* wurden die Beginen nicht mehr respektiert, weil sie keinem Orden zugehörten; ihre Regellosigkeit wurde übel vermerkt, und überhaupt stellten sie eine Bedrohung der katholischen Rechtgläubigkeit dar. Andererseits hatte man ein feines Gespür dafür, daß die Beginenbewegung nicht mehr einfach auszulöschen war, und so wurde ursprünglich – widersprüchlich genug – frommen Frauen erlaubt, »ehrbar in Gemeinschaftshäusern ein bußfertiges Leben zu führen«. Wie verhängnisvoll sich die Konzilsbeschlüsse dennoch auswirkten, zeigen beispielhaft die Beginenverfolgungen in Straßburg, die beinahe das gesamte vierzehnte Jahrhundert lang andauerten.[49] Hier waren noch nach dem Konzil zu Vienne zahlreiche Beginenkonvente gegründet worden. Vierunddreißig von insgesamt fünfundachtzig der Beginensammlungen entstanden allein zwischen 1320 und 1350, obwohl schon 1317/19 eine erste Verfolgungswelle eingesetzt hatte. Zum Glück fanden alle die Konvente, die sich in die Obhut der Dominikaner begeben hatten, einen gewissen Schutz. Für das freie Beginentum bedeuteten die Verfolgungen allerdings das Ende, erst recht, als 1374 eine neue Verfolgung einsetzte. Allein die strikte Unterordnung unter die Aufsicht der Dominikaner ermöglichte den Beginen ein Überleben, und das galt nicht nur für Straßburg, sondern für alle deutschen Städte. Diese Unterordnung bewirkte eine relative Einpassung in die mittelalterlichen Lebensordnungen; der eigenwillige Geist des Aufbruchs, der die Beginen gut ein Jahrhundert lang bewegt hatte, nahm zwangsläufig ab und verlor an Kraft und Einfluß.

MECHTHILD VON MAGDEBURG

Eine Hauptfigur deutschen Beginentums ist Mechthild von Magdeburg. Mechthild beansprucht nicht nur als Mystikerin einen bedeutenden Rang, mit ihren Offenbarungen *Fließendes Licht der Gottheit* verfaßte sie das erste deutschsprachige Werk der Mystik vor Meister

Eckardt. Mechthild gehört damit zu den Frauen, denen der Durchbruch zur volkssprachlichen Literatur zu verdanken ist, vergleichbar den Werken der Beatrijs von Nazareth und Hadewijch im flämisch-niederländischen und der Marguerite Porète im französischen Kulturraum. Niedergelegt wurden die Offenbarungen in einem niederdeutschen Idiom, doch erhalten blieben allein die alemannische, wohl in Basel abgefaßte Übersetzung und eine mittellateinische Bearbeitung.

Über das Leben Mechthilds gibt es nur wenige Nachrichten. Geboren wurde sie zwischen 1207 und 1212 im Erzbistum Magdeburg. Wahrscheinlich wuchs sie in höfischer Umgebung auf, jedenfalls ist ihre Sprache stark geprägt von Bildern und Vorstellungen aus dem höfischen Bereich. In ihrem zwölften Lebensjahr wird sie »gegrüßet von dem heiligen Geist«, so ihr Selbstzeugnis.[50] Etwa im Alter von zwanzig Jahren verläßt sie ihr Elternhaus, beseelt von der Leidenschaft, einsam und unerkannt in einer ihr fremden Stadt zu leben. Sie gelangt nach Magdeburg, wo sie nicht in ein Kloster eintritt, sondern sich einer Beginengemeinschaft anschließt. Drei Jahrzehnte verbringt sie als Begine in Magdeburg, in ganz besonderer Weise mystisch drängenden Erfahrungen ausgesetzt. Über zwanzig Jahre hinweg scheut sie sich, ihre Offenbarungen niederzuschreiben. Auf Zuspruch ihres Beichtvaters hin beginnt sie jedoch um 1250, ihre Offenbarungen niederzulegen. Heinrich von Halle sorgt dafür, daß die ersten sechs Bücher erscheinen. Ihre Schriften enthalten eine Menge Kritik. Freimütig greift sie den Welt- und Ordensklerus an, sogar den ihr nahestehenden Dominikanerorden nimmt sie von ihrer Kritik nicht aus.[51] Ihre bitteren Anwürfe erregen beträchtliches Aufsehen, persönliche Anfeindungen setzen ihr schwer zu. Mechthild leidet maßlos unter den ihr zugefügten Verdächtigungen und Ungerechtigkeiten und entschließt sich endlich, Magdeburg zu verlassen. Sie flüchtet in das thüringische Zisterzienserkloster Helfta, wo sie Aufnahme und Schutz findet. In Helfta schreibt sie das siebte Buch ihrer Offenbarungen.

Über Mechthilds Offenbarungen kann man eigentlich nicht referierend berichten. Man müßte sie ausschließlich zitieren, so vollkommen ist ihre Erfahrung in Sprache übergegangen; Fühlen und

Denken oszillieren zwischen hymnischer Preisung und gelehrter Abhandlung, zwischen poetischen Versen und Darlegungen in Prosa:
> *Der Fisch kann im Wasser nicht ertrinken,*
> *Der Vogel in den Lüften nicht versinken,*
> *Das Gold ist im Feuer nie vergangen,*
> *Denn es wird dort Klarheit und leuchtenden*
> *   Glanz empfangen.*
> *Gott hat allen Kreaturen das gegeben,*
> *Daß sie ihrer Natur gemäß leben.*
> *Wie könnte ich denn meiner Natur widerstehen?*
> *Ich muß von allen Dingen hinweg zu Gott gehen,*
> *Der mein Vater ist von Natur,*
> *Mein Bruder nach seiner Menschheit,*
> *Mein Bräutigam von Minnen,*
> *Und ich die seine ohne Beginnen.*
> *Wähnt ihr nicht, ich würde diese Natur nicht fühlen?*
> *Gott kann beides: kräftig brennen und zärtlich kühlen.*

(Das fließende Licht, S. 21 f.)

Ihrer Natur kann Mechthild nicht widerstehen. Hat sie damit vielleicht auch etwas sagen wollen über ihre »weibliche« Natur? Wir sind fest davon überzeugt, denn einmal hebt sie ihre Erfahrung von jener der Männer deutlich ab:
> *O weh, das tut mancher Mann nicht, der hervorragt*
> *Durch Bildung und kluge natürliche Sinne,*
> *Daß er sich zu legen wagt*
> *In die Gewalt der nackten Minne.*

(Das fließende Licht, S. 44)

Sich nach der Art vieler Männer auf Kopfarbeit zu beschränken, ist nicht Mechthilds Art gewesen. Wir müssen ihre Worte ernst nehmen: Den Andrang der nackten Minne erfuhr sie als Gewalt:
> *Ich freue mich, daß ich minnen muß den,*
> *Der mich minnet und begehre,*
> *Daß ich ihn mörderisch minne ohne Maß und Unterlaß.*
> *Freue dich, meine Seele, wenn dein Leben gestorben ist*
> *Von Minne durch dich, und minne ihn so sehr,*
> *Daß du sterben mögest durch ihn,*

So brennst du unverlöschlich als ein lebend Funke
In dem großen Feuer der lebenden Majestät ...
Ich vermag mich nicht von der Minne zu kehren,
Ich muß in ihr gefangen bleiben,
Ich mag anders nicht leben. –
Wo sie wohnet, da mag ich bleiben,
Beides, in Tod und Leben.
Das ist der Toren Torheit,
Die leben ohne Herzeleid.
(Das fließende Licht, S. 15)

Dieser Text verrät etwas über die beängstigende Zerstörung und Beseligung in der mystischen Erfahrung. Mystisches Erleben ist in seiner Tiefe auf die Verschmelzung mit dem Begehrten und Geliebten ausgerichtet. Verschmelzung jedoch bedeutet Aufhebung der individuellen Persönlichkeit;[52] alle Grenzen des Ichs, aufgebaut zur Sicherung, zum Schutz, zur Anerkennung der einmaligen Individualpersönlichkeit, werden übersprungen; das »natürliche« Ich wird geschwächt; eine Art Auflösungsprozeß ereignet sich. Wo solches geschieht, mobilisiert Mechthild die Bilder der Gewalt, kann von der verzehrenden Kraft des Feuers sprechen und auch vom Tod, den die »natürliche« Seele erleidet. Doch die Gewalt, die im mystischen Prozeß erfahren wird, ist nicht lebenszerstörend, sondern sie leitet eine Verwandlung des Menschen ein, in welcher das Ich sich auf einer gleichsam höheren Stufe wiederherstellt.

Wovon bist du gemacht, o Seele,
Daß du so hoch steigest über alle Kreaturen,
Und dich mengest in die Heilige Dreifaltigkeit
Und doch ganz in dir selber bleibst.
(Das fließende Licht, S. 11)

Hier erfahren wir, was es mit der Vernichtung der Seele tatsächlich auf sich hat. Sie gewinnt in diesem Entäußerungsprozeß eine neue Identität. Mystisches Erleben schafft also eine Form, in welcher sich ein dramatischer Prozeß der Selbstfindung abspielt: Das natürliche, spröde und abgeschlossene Selbst wird im gewalttätigen Andrang der Minne aufgelöst, überschreitet seine Grenzen in einem Akt der Selbstentäußerung, in welchem es einkehrt in das göttliche Leben der Dreifaltigkeit. Aus dieser Bewegung kehrt die Seele in sich selbst zurück, doch es ist nicht mehr das leere, spröde und abgeschlossene Ich, das wiederhergestellt wird, sondern die erfüllte Seele, die durchflutet wird vom Wunder der göttlichen Gegenwart. Eine Wesensverwandlung ergreift den ganzen Menschen, so daß im »Widersang« Gott sprechen kann:

Wenn ich scheine, so mußt du leuchten,
Wenn ich fließe, so mußt du wüten ...

(Das fließende Licht, S. 34)

Die mystisch bereite Seele wird durchdrungen vom »fließenden Feuer der göttlichen Minne«,[53] sie wird eingewoben in die »spielende Minneflut«, das wohl schönste Sinnbild, das Mechthild für ihre Erfahrungen gefunden hat:

Ja, und ich frage ihn [Gott] wohl, wann wir gehen
In die Blumen der heiligen Erkenntnis,
Und bitte ihn voll Verlangen,
Daß er mir die spielende Flut aufschließt,
Die in der Heiligen Dreifaltigkeit fließt,
Von welcher die Seele allein lebt.

(Das fließende Licht, S. 104)

Noch nie wurde vor Mechthild das Geheimnis göttlich-seelischer Dreifaltigkeit ins Bild der »spielenden Minneflut« gefaßt.[54] Es enthält die Vorstellung von mitteilender Schöpfungskraft, hemmungsloser Selbstpreisgabe und dem bewegten Wechselspiel der sich verschwendenden Liebe. Mechthild erlebt die »spielende Minneflut« auch im Bild des hochzeitlichen Tanzes, wenn sie zu ihrem göttlichen Geliebten spricht:

Ich mag nicht tanzen, du führest mich denn.
Willst du, daß ich sehr springe,
So mußt du selber voran springen.
So springe ich in die Minne,
Von der Minne in die Erkenntnis,
Von der Erkenntnis in den Genuß,
Vom Genuß über alle menschliche Sinne,
Da will ich bleiben und immer höher kreisen.

(Das fließende Licht, S. 20)

Hier bricht das Bild eines gelösten Lebens auf, dem alle Züge von Angst und Beschwertheit genommen sind. Es trägt die Merkmale des Rausches der »geistlichen Trunkenheit«, wenn Mechthild die Personen der Dreifaltigkeit in gleichsam dionysischen Bildern feiert:

Gott Vater der selige Schenk,
Gott Sohn der Kelch,
Der heilige Geist der lautere Wein ...
Und die ganze Dreifaltigkeit der volle Kelch.

(Das fließende Licht, S. 46; 63)

Wir müssen uns angesichts solcher Bilder klarmachen, daß Mechthilds Umkreisung einer trinitarischen Lebensmystik mit starken Gefährdungen verbunden war. Seit jeher hatte man den Beginen ihre subtilen Spekulationen vorgeworfen und ihnen ganz besonders verboten, an das Mysterium der göttlichen Dreifaltigkeit zu rühren. Denkverbote wurden aufgestellt, doch Mechthild hat sich daran nicht gehalten. Sie hat die Kritik geradezu provoziert:

Wer dieses Buch aus der Hand nehmen will,
Muß stärker sein als ich.
Dieses Buch ist dreifaltig ...
Ich wurde vor deinem Buch gewarnt
Und von den Menschen also belehrt:
Wollte man es nicht begraben,
Dann solle ein Brand darüber fahren.

(Das fließende Licht, S. 52)

Mechthild hat also ihr Buch durchaus auf dem Scheiterhaufen gesehen. Doch die Gefährdung hat sie nicht davon abgehalten, »Verbotenes« zu denken und zu dichten. Dennoch hat sich Mechthild niemals in gelehrten Spekulationen verloren. Ein nüchterner Realismus ist ihr immer zu eigen. Einmal beschreibt sie die mystische Führung des Apostels Paulus, wie dieser in den dritten Himmel entrückt wird, und sie denkt über die beiden anderen Himmel nach:

Hätte er die Wahrheit gefunden
In dem ersten und anderen Himmel,
Er wäre nicht in den dritten gestiegen.

Ein Himmel ist, den hat der Teufel gemacht
Mit seinen falschen schönen Listen ...
Da bleibt die Seele ungetröstet
Und die einfältigen Sinne werden betrogen.
In diesem Himmel erweist sich der Teufel
Einem leuchtenden Engel gleich,
Ja auch an seinen fünf Wunden Gott gleich.
(Das fließende Licht, S. 40)

Mechthild war also keine unkritische Visionärin. Wohl hebt Mechthilds Seele ab in das geheimnisvolle Leben und Weben der heiligen Dreifaltigkeit, doch »verirrt« hat sie sich dabei nicht. Immer wieder gelingt ihr die liebende Rückbindung an die bewährenden Tugenden, an die Belehrung von Körper und Sinnen:

O wunderbare Gottesminne,
Du hast heilig Kraft,
Du erleuchtest die Seele und lehrest die Sinne
Und gibst allen Tugenden volle Macht.
(Das fließende Licht, S. 131)

Auch der Körper, von Mechthild als »Lichnam« bezeichnet, wird von der Minne ergriffen und gleichsam geistlich durchlichtet:

Die Seele ist in den Körper gebildet ...
Und hat den göttlichen Schein in ihr
Und scheinet durch den Körper
Als das leuchtende Gold
Durch den klaren Kristall.
(Das fließende Licht, S. 220)

Mechthild kennt zwar den andrängenden Sturm der Gottesminne, sie erfährt die Gewalt der »nackten Minne«, doch gleichzeitig plädiert sie im praktischen Lebensvollzug für eine maßvollere Minne, wofür sie das schöne Wort von der »gebundenen Minne« geprägt hat: »Hätte die Minne nicht Maß und Ordnung, müßte das Herz brechen.«[55]

Die Leidenschaftlichkeit Mechthilds blieb in den letzten zehn Jahren ihres Lebens auf das Kloster Helfta beschränkt. Schon kurz nach ihrem Eintritt in dasselbe erkrankte sie. Hinter den Klostermauern fragte sie unter Klagen und Weinen: »Herr, was soll ich hier in diesem Kloster tun?« Sie bekommt den Auftrag, ihre Mitschwestern zu erleuchten und zu lehren.[56] Die klösterliche Internierung muß ihr schwergefallen sein. Ihrem Temperament entsprach eher das Wirken in der Welt. Dennoch hat sie in Helfta prägend gewirkt.

MECHTHILD VON HACKEBORN UND GERTRUD DIE GROSSE

Was bei Mechthild von Magdeburg mit Leidenschaft hervorbricht, wird bei ihren Klostergefährtinnen Mechthild von Hackeborn (1241–1299) und Gertrud der Großen (1256 bis ca. 1302) ins Beschaulich-Beruhigte zurückgenommen. Beide erleben ihre Visionen durchweg während des Gottesdienstes in strenger Bindung an Liturgie und Kirchenjahr. Mechthild von Hackeborn, schon mit sieben Jahren ins Kloster aufgenommen, wird Leiterin der Klosterschule und Vorsängerin im Chor. Ihre Visionen hält sie über Jahrzehnte verborgen, erst ab dem fünfzigsten Lebensjahr erzählt sie ihren Schwestern davon. Heimlich werden ihre Reden aufgezeichnet, später erscheinen sie als *Buch der besonderen Gnade*. Überschwenglich verehrt sie Maria, wobei sie dieser ungewöhnliche Züge verleiht. Diese tritt nicht nur als Gottesmutter und Fürbitterin auf, sondern auch als Anklägerin.[57]

Auch Gertrud wird schon im Kindesalter ins Kloster gebracht. Unterrichtet wird die Fünfjährige von der älteren Mechthild von Hackeborn. Erst in der Mitte ihres Lebens werden ihr mystische Erfahrungen zuteil. Acht Jahre wartet sie, bis sie sich zur Aufzeichnung entschließt. Das zweite Buch ihres *Gesandten der göttlichen Liebe* gibt Aufschluß über eine Schlüsselerfahrung, die ihr am 27. Januar 1281 zuteil wurde.

Während ich inmitten unseres Schlafsaals stand und das Haupt, das sich zur ordensüblichen Ehrfurchtsbezeugung verneigt hatte, wieder erhob, da sah ich den Jüngling mir zur Seite stehen, liebenswürdig und zart, von ungefähr sechzehn Jahren. Mit holdseligem Antlitz und sanften Worten sprach er zu mir: »Schnell wird kommen dein Heil. Warum verzehrst du dich in Trauer? Ist dir nicht ein Ratgeber zur Seite, da der Schmerz dich verändert hat?« Während *er dies sagte, glaubte ich, obgleich ich wußte, daß ich körperlich am genannten Ort stand, dennoch in unserem Chor zu sein in der Ecke, wo ich mein lautes Gebet zu verrichten pflegte, und hörte dort folgende Worte: »Ich werde dich retten und befreien, fürchte nicht!« Sodann sah ich eine sanfte Hand meine Rechte halten, als wolle sie dieses Versprechen bekräftigen ... Also suchtest du, mein Schöpfer und Erlöser, meinen harten Nacken deinem sanften Joch zu unterwerfen und hast meiner Krankheit den ... mildesten Trank bereitet ...* (Gesandter ..., S. 74 f.)

Das mystische Zauberwort, durch welches Gertrud aufgerichtet wird, heißt »Sanftheit«. Es mäßigt und mildert Krankheit und Schwermut, eröffnet ein Leben, das jenseits von Exaltationen beheimatet ist. Dieses »mäßige« Leben bedeutet jedoch kein »mittelmäßiges« Leben. Ein Gleichklang mit allen Geschöpfen, eine Allverbundenheit wird vernehmbar, welche Gertrud wunderbar beschreibt:

Eines Tages trat ich vor der Prim in den Hof, setzte mich an den Weiher nieder und betrachtete die Lieblichkeit dieses Ortes, der mir überaus gefiel. Denn durchsichtig hell floß das Wasser dahin, ringsum standen grünende Bäume, Vögel und besonders Tauben flogen in Freiheit hin und her, und überaus erfreute mich die traute Ruhe des verborgenen Sitzes. Da, o mein Herr und Gott, du Strom unschätzbarer Wonnen, der du, wie ich hoffe, den Anfang dieser Betrachtung eingegeben und auch das Ende derselben auf dich hingezogen hast, da flößtest du mir in den Sinn: Wenn ich den Fluß deiner Gnaden mit beständiger Dankbarkeit an dich, seinen Urquell, zurückergösse; wenn ich durch gute Werke grünend und blühend in Weise der Bäume wüchse; wenn ich in freiem Fluge gleich der Taube dem Himmlischen zustrebte und wie mit den Sinnen des Körpers vom Lärm der Außenwelt hinweggezogen, die ganze Seele mit dir allein beschäftigte: dann würde mein Herz dir eine liebliche Wohnstätte darbieten. (Gesandter ..., S. 77 f.)

Ein Bild geglückten Lebens leuchtet hier auf. Die Ruhe der Vollendung wird erlebt, wesenhaft verschieden von eintöniger Langeweile, von Unrast und Unruhe, von depressiver Melancholie. Es ist eine beschauliche Ruhe, in welcher die Ordnung der Dinge durchsichtig wird. Die Bäume sind fest gegründet, doch lebendig fließt der Strom, zur Freiheit erhebt sich die Taube. Was die Natur in ihrem Wechsel von Beständigkeit und Verwandlung, von Schwere und Leichtigkeit darbietet, gerinnt zum Gottessymbol und erschließt die Wahrheit des Selbst. Der Mensch bildet das Wechselspiel der Natur nicht einfach ab, sondern gibt zurück, was er empfangen hat, was ihm anvertraut ist. Die Erfahrung »strömender« Dankbarkeit, das Beispiel »grünender« Werke und der »freie Flug« der Seele bereiten die Ankunft des Göttlichen vor. Tief geprägt war Gertrud von der harten Erfahrung von Krankheit, Schmerz und Tod. Deshalb lehrt sie nicht nur vom maßvollen Leben, sondern auch von der Kunst des Leidens. Immer wieder umkreist sie die Leidenswunden Jesu, prägt eine Mystik des verwundeten Herzens, schreibt von der »Liebeswunde«:

Du warst plötzlich zugegen, indem du meinem Herzen eine Wunde eindrücktest mit diesen Worten: »*Hier fließe zusammen die Aufwallung aller deiner Gefühle. Alle deine Ergötzung, Hoffnung, Freude, Schmerz und Furcht und die übrigen Gefühle sollen gefestigt werden in meiner Liebe.*« (Gesandter ..., S. 85)

Im Leiden erweisen sich Wesen und Wert des Menschlichen am Menschen, enthüllt sich die Wahrheit von Freude und Hoffnung. Nicht vor dem Leiden zu fliehen, sondern ihm standzuhalten, es mit allen Leidenschaften durchzuarbeiten, das lehrt die Mystik Gertruds.

8 VOM KINDLEIN –
MYSTIK DER DOMINIKANERINNEN

Wäre mystische Erfahrung allein eine besondere »Gnadengabe« gewesen, müßte unverständlich bleiben, daß die mystische Erlebnisweise selbst Massencharakter annehmen konnte.

In Deutschland waren es vor allem die Dominikaner, die sich um die Betreuung der Frauen kümmerten. Anders als die traditionellen Mönchsorden der Benediktiner, Prämonstratenser und Zisterzienser waren die Dominikaner nicht an eine feste Klausur gebunden; als Prediger durchzogen sie das Land, um auch Randgruppen wieder an die Kirche zu binden. Ihr radikaler Ernst, ihre Armutsnachfolge und ihre Verehrung des »menschlichen« Jesus sprachen das gewandelte Frömmigkeitsempfinden von Frauen nachhaltig an, während die auf Prunk und Herrschaft ausgerichtete Machtkirche viel an Vertrauen eingebüßt hatte. Wer sich den Dominikanern unterstellte, konnte auch den Schutz des Ordens in Anspruch nehmen, begab man sich doch in die Hände derer, die das Amt der Inquisition gegen Ketzer und Häretiker übernommen hatten, und das traf nicht zuletzt Frauen, die sich außerhalb der genehmigten Religionsgemeinschaften gestellt hatten.

Doch unproblematisch war der Anschluß an den Dominikanerorden keineswegs.[1] Besonders die Ordensleitung sträubte sich immer wieder dagegen, Frauengemeinschaften in den Orden aufzunehmen. Das ist auf den ersten Blick überraschend, denn der hl. Dominikus selbst hatte ein Frauenkloster gegründet, noch bevor er daran gehen konnte, den Orden systematisch aufzubauen, und zwar das 1206 eingerichtete Frauenkloster im südfranzösischen Prouille. Was Dominikus zu dieser ungewöhnlichen Gründung trieb, liegt ganz auf der Linie seines Hauptanliegens, der Ketzerbekämpfung. Denn es waren viele hochgestellte Frauen, die sich in großer Zahl den Albigensern angeschlossen hatten und das nicht ohne Grund, boten die Albigenser ihnen doch attraktive Wirkungsmöglichkeiten – sie konnten priesterliche Aufgaben wahrnehmen, nahmen die Beichte ab, betätigten sich als Lehrerinnen und Missionarinnen, was in der katholischen Kirche allein Priestern vorbehalten war. Legendär war beispielsweise der Ruf der Esclamore von Foix, der es in Pamiers gelang, zahlreiche Anhänger für die Ketzerbewegung zu gewinnen. Dominikus hatte diese Frau noch selbst erlebt, als sie 1207 auf einer Disputation für die Albigenser sprach, für einen Katholiken ein unfaßbares Ereignis, ablesbar an der heftigen Reaktion eines Mönches, der empört ausrief: »Geht hinweg zu Eurem Spinnrocken, Herrin, es kommt Euch nicht zu, in dieser Versammlung zu sprechen.«[2] Von den Frauen, die in Prouille aufgenommen wurden, waren einige ursprünglich Anhänger der Ketzerkirche gewesen, und Dominikus setzte seinerseits alles daran, diese aus seiner Sicht gefährdeten Frauen für die katholische Kirche zurückzugewinnen. Später folgten Klostergründungen in Madrid (1218), S. Sisto zu Rom (1221) und Bologna (1223), nachdem Dominikus betont hatte, eher mit dem Bau eines Männerklosters warten zu wollen, als die Schwestern warten zu lassen.[3]

Doch nach dem Tode des Dominikus änderte sich die Haltung des Ordens den Frauen gegenüber. Das Generalkapitel in Paris verbot 1228 unter der Androhung der Exkommunikation allen Ordensbrüdern, die Aufnahme weiterer Frauenklöster in den Orden zu betreiben; sogar die Entgegennahme von Gelöbnissen und die Einkleidung der Frauen wurden unter Strafe gestellt. Der Orden fürchtete um seine Aufgabe, die Wanderpredigt und Ketzerbekämpfung, und sah wahrscheinlich auch Sitte und Moral der Brüder durch einen zu intimen Umgang mit Frauen gefährdet, eingedenk der Worte, die der hl. Dominikus noch auf seinem Sterbebett verlautbart hatte, sich vor der Gemeinschaft mit Frauen, insonderheit mit jungen, zu hüten. Und auch ganz praktische Gründe trugen zur Verbotsregelung bei; dem Orden wurden bei der Gründung von Frauenklöstern schwierige Regelungen zu Vermögen, Besitzstandswahrung und Verwaltung aufgebürdet, alles Aufgaben, die dem Armutsideal der Dominikaner zuwiderliefen.

Vom Kindlein – Mystik der Dominikanerinnen

Genutzt hat die Verbotspraxis der Ordensleitung allerdings wenig. Zu heftig war der Andrang der Frauen, als daß man einfach nur mit Verboten agieren konnte. Während die höchste Ordensleitung immer wieder Verbotsregelungen aussprach, blieb den Dominikanern an der Basis nichts anderes übrig, als den Wünschen der Frauen entgegenzukommen, mehr oder weniger geduldet von den Ordensvorgesetzten. Organisatorisch blieb allerdings vieles in der Schwebe, so daß die »Frauensammlungen« in den ersten Jahrzehnten kaum wußten, wozu sie nun eigentlich gehörten. Unklar blieb, welchen Einfluß Bischöfe, Pfarrgeistliche und Dominikaner ausüben konnten und durften. Im Jahre 1242 bekräftigte das Generalkapitel der Dominikaner noch einmal die rigide Verbotspraxis, untersagte den Brüdern sogar, Nonnen und anderen Frauen die Sterbesakramente zu reichen und erst recht, sich in die Leitung der Frauengemeinschaften einzumischen. Doch der Damm brach, als sich das französische Frauenkloster zur Montargis – zwischen Orléans und Sens gelegen – das Recht erwirkte, dem Dominikanerkloster angeschlossen zu werden. Das geschah 1245, als sich die Kurie in Lyon aufhielt.[4] Jetzt unternahmen auch zahlreiche deutsche Frauengemeinschaften energische Anstrengungen, um dem Dominikanerorden angegliedert zu werden, teilweise gedrängt von einfachen dominikanischen Predigern, die den Frauen im Unterschied zur Ordensleitung wohlwollend gegenüberstanden. Von den dramatischen Auseinandersetzungen läßt noch das Oetenbacher Stiftungsbuch etwas ahnen:

Nun fügt es sich, daß in allen Ländern der Christenheit gar viele Frauenklöster gestiftet wurden, die da nach der Gewohnheit des Predigerordens und unter ihrer Meisterschaft und Lehre leben wollten, und darum, daß der Orden nicht zu sehr mit den Frauenklöstern beschwert würde, so verbot es der hl. Jordanus ... in dem großen Generalkapitel, daß sich kein Bruder zu solchen Klöstern verstehen sollte. Und darum wollten die Prediger zu Zürich auch diesen armen, guten Schwestern weder die Beichte abnehmen noch predigen und wandten sich von ihnen ab. Und in diesem Leiden verharrten sie lange Zeit. (Stiftung Oetenbach, S. 222 f.)

Besonders in der deutschen Ordensprovinz gewannen die Frauen an Boden[5], weil sich vor allem die Straßburger Frauengemeinschaften vorbildlich organisierten, und hier besonders das Markuskloster, so daß bis 1289 sieben Frauenklöster den Dominikanern angeschlossen werden konnten, neben anderen das Kloster Marienthal bei Luxemburg und das Kloster Unterlinden in Colmar. Einige Klöster entstanden aus Beginensammlungen wie Adelhausen in Freiburg, Kenhausen, Engelthal bei Nürnberg, Steinheim, Dießenhofen am Oberrhein und Köln (Abb. 16).

Doch der Einsatz der Dominikaner allein hätte nicht genügt, die Frauenklöster einzurichten, notwendig war die materielle Ausstattung mit Grundstücken, Schenkungen und Baurechten. Graf Hermann IV. von Dillingen etwa stiftete das Frauenkloster Medingen bei Donauwörth. Die Nonnen von Kenhausen bei Offenhausen kamen in den Genuß von Schenkungen, zu denen die Grafen von Zollern, Gundelfingen und Neuffen von Kaiser Friedrich II. verurteilt wurden, nachdem sie sich geweigert hatten, an einem Kreuzzug teilzunehmen. Dasselbe gilt für das Kloster Altenhohenau am Inn, das von dem Grafen Konrad von Wasserburg und seiner Ehefrau Kunigunde als Ersatzleistung für einen gelobten Kreuzzug gestiftet werden mußte. Die Klosterchronik belehrt uns, daß die erste Nonne, Cäcilia Romana, aus Rom gekommen war, wo sie im Kloster S. Sisto noch aus den Händen des hl. Dominikus das Ordenskleid empfangen hatte. Sie scheint sich jedoch nur kurze Zeit dort aufgehalten zu haben, um danach als Priorin des Dominikanerinnenklosters St. Agnes in Bologna zu wirken. Neben adligen Stiftern waren auch Bischöfe bei der Stiftung von Frauenklöstern beteiligt. Bischof Heinrich von Speyer etwa übergab die ehemalige Benediktinerabtei St. Lambrecht den Dominikanern; das Kloster zum Heiligen Grab zu Bamberg geht auf den Bischof Wolfing von Stubenberg zurück, der selbst Dominikaner gewesen ist. Dann gab es aber auch begüterte Frauen, die sich besonders für die Dominikanerinnen einsetzten. Das Kloster Unterlinden in Colmar wurde von Agnes von Wittelnheim und Agnes von Herkenheim gegründet; für das Kloster Klingental in Klein-Basel kamen begüterte Frauen aus Mühlhausen auf, Mechthild von Seedorf setzte sich für das Kloster Brunnadern ein, und das berühmte Kloster St. Agnes in Straßburg fand die Unterstützung der adligen

Bertha von Breisach, Kloster Adelhausen die von Gräfin Adelheid von Freiburg.

Die Eingliederung der »Frauensammlungen« in den Dominikanerorden machte unter diesen Voraussetzungen beträchtliche Fortschritte. Im Jahre 1277 zählte man insgesamt vierzig zur deutschen Ordensprovinz der Dominikaner.[6] Dagegen gab es nur dreiundfünfzig Männerklöster, ein Beweis, wie machtvoll die Frauen in den Orden drängten. Zwar mochten sich Ordensobere immer noch gegen die Integration der Frauenklöster sträuben oder nur halbherzig bei der Eingliederung Pate stehen, etwa dadurch, daß man nur die geistliche Betreuung der Frauen übernehmen wollte, doch blieb ihnen nichts anderes übrig, auch die weltlichen Verpflichtungen zu übernehmen. Im Jahre 1304 zählte der Orden dann schon einhunderteinundvierzig Frauenklöster; die meisten lagen in Süddeutschland. Daneben gab es noch dreizehn weitere »Sammlungen«, die nicht unmittelbar dem Dominikanerorden unterstellt waren, jedoch die dominikanische Klosterregel übernommen hatten. Als sich die deutsche Ordensprovinz der Dominikaner in die »Saxonia« und »Teutonia« teilte, zählte man in letzterer bereits fünfundsechzig Frauenklöster.

Aufschlußreich ist auch die jeweilige Anzahl der Frauen in den Klöstern. Zwar waren schon früh Höchstzahlen festgelegt worden, wobei die materiellen Versorgungsmöglichkeiten maßgebend waren, doch kaum ein Kloster hielt sich an die zahlenmäßige Begrenzung. Schon 1237 wurden in den Straßburger Klöstern an die dreihundert Nonnen gezählt, obwohl die Einkünfte der Klöster nur für etwa einhundert Insassinnen ausgereicht haben sollen. In Adelhausen lebten 1245 siebzig, in Kirchberg bei Sulz mehr als sechzig, im Kloster Medingen kam man auf über siebzig Schwestern, weshalb man ein Tochterkloster in Obermedingen einrichten mußte. Das Kloster Ötenbach bei Zürich zählte sieben Jahre nach seiner Gründung vierundsechzig Schwestern, vierzig Jahre später hatte sich die Zahl fast verdoppelt, obwohl nur etwa sechzig Schwestern versorgt werden konnten. Das sind nur einige Zahlen, die anzeigen, welchen Ansturm die Klöster auszuhalten hatten. Wie viele Frauen abgewiesen wurden, ist leider nicht bekannt. Berücksichtigen müssen wir jedoch auch, daß, im Gegensatz zu dem klassenübergreifenden Beginentum, die Dominikanerinnenbewegung beschränkt blieb auf Frauen aus der Schicht des Adels und des Stadtpatriziats. Allerdings war adlige Herkunft nicht unbedingt mit materiellem Reichtum verbunden. Viele Nonnen scheinen dem verarmten Adel zu entstammen, wenn wir an die materielle Not einzelner Klöster denken, besonders in der Zeit der Gründungsphase. Wer jedenfalls von einem rein »beschaulichen« Leben der Nonnen spricht, verkennt die widersprüchliche und spannungsvolle Entwicklungsgeschichte, die im Gegenspiel streitender Interessen, in Verweigerung und Anerkennung verläuft.

Wir sind in der glücklichen Lage, genauere Einblicke in das Leben der Frauenklöster zu gewinnen. Überliefert sind nämlich immerhin acht Chroniken, sogenannte »Nonnenviten«, die eine bis heute allerdings recht stiefmütterliche Behandlung erfahren haben. Die wenigen Forscher, die sich überhaupt in sie hineinvertieft haben, kommen zu recht unterschiedlichen, mitunter abfälligen Urteilen. Da wird den geschilderten Frauen rundum jegliches originelle und schöpferische Empfinden abgesprochen, von »Phantasieergüssen« ist die Rede und von religiösen Ausschweifungen. Ein durchaus verdienstvoller Forscher etwa spricht von »Extravaganzen und Beimischungen krankhafter Phantasie«,[7] und auch neuerdings ist noch einmal ähnlich Abwertendes wiederholt worden.[8] Danach hätten besagte Frauen sich auf rein subjektive Empfindungen zurückgezogen; das Ziel wahrer Mystik – die *unio mystica* – sei ihnen verschlossen geblieben, allein den äußerlichen Gnadenwirkungen hätten sie sich süchtig zugewandt usw. Gerade noch, daß man ihnen ihre Naivität zugute hält.

Doch die abwertenden Urteile beruhen auf etlichen Mißverständnissen. Es handelt sich eben um Chroniken, die, wie es auch ansonsten der Fall ist, nur kurz und knapp einige äußerliche Lebensdaten präsentieren, und das in einer manchmal ermüdenden Aneinanderreihung, wobei durchweg »fromme« Informationen zur Sprache kommen, Nachrichten, die sich immer wieder in der Grundaussage gleichen. Tugenden und Gnaden sind die beherrschenden Themen und immer wieder Verzückungen, Anfechtungen, Krankheitskrisen

Vom Kindlein – Mystik der Dominikanerinnen

der Frauen. Sehr schnell wird dabei übersehen, daß sich mystisches Erleben nicht mehr auf einzelne hervorragende Frauengestalten beschränkt, sondern auf eine große Zahl von Frauen übergegriffen hat. Die Chronik des Klosters Engelthal bei Nürnberg hebt ausdrücklich hervor, daß sich alle Nonnen mystischer Begnadigungen rühmen konnten.[9] Eine einzige Nonne sei der mystischen Verzückung nicht teilhaftig geworden. Gerade die Hervorhebung dieser einzelnen Ausnahme bestätigt die Regel, daß mystisches Erleben eben allgemeines Erleben gewesen ist, und zwar bei den Frauen. Eine analoge Breitenwirkung »männlicher« Mystiker hat es nicht gegeben.

Beachten müssen wir auch, daß die mystischen Erfahrungen nicht von den betroffenen Frauen selbst berichtet werden, sondern von Chronistinnen, die sich von mystischen Erlebnissen erzählen lassen. Vor allem jedoch betonen die Schwestern immer wieder, daß es ihnen unmöglich sei, die mystische Vereinigung mit Gott in Worte zu fassen. Der Chronistin des Nonnenklosters Weiler bei Esslingen wird sogar ausdrücklich verboten, die Begnadungen der noch lebenden Schwestern schriftlich zu fixieren. Wenn es eine Frau wie Else von Neustadt aus dem Kloster Adelhausen bei Freiburg dennoch wagt, den Charakter ihrer Erfahrungen zu beschreiben – das allerdings erst nach hartnäckigen Nachfragen –, dann sind wir am Ende auch nicht viel klüger. Ob sie äußere oder innere Erfahrungen wahrnehme, wird sie etwa gefragt, sie aber ist unfähig, diese Unterscheidung auf ihre Visionen anzuwenden. Als ihr einmal Jesus als »schöner minniglicher Jüngling« äußerlich erscheint, spricht sie von einem »inwendigen Umfangen«, ein Beweis dafür, wie wenig sich äußere und innere Erfahrung im mystischen Erleben voneinander trennen lassen.[10] Sie bleibt bei der einfachen mystischen Grunderfahrung: Gott ist in mir und ich in ihm, doch auf die Frage, wie diese Einheit zu verstehen sei, reagiert sie mit dem bekannten Hinweis auf die Unmöglichkeit, diese Erfahrung in Worte zu fassen.

Dieses Insistieren auf der Unsagbarkeit der mystischen Erfahrung, ja dieser offensichtliche Widerwille, in Worten zu offenbaren, was das Innerste und Persönlichste der Frauen betraf, ist kein Zeugnis von Unfähigkeit und mangelnder gedanklicher Schärfe. Diese Frauen, die Verzicht geleistet hatten auf Reichtum und Ansehen, auf

Familie und Stellung, ließen sich ihr Ureigenes, ihren mystischen Besitz, weder durch mündliche noch durch schriftliche Kundgabe entreißen. In diesem Sinne stellt das Beharren auf Unsagbarkeit eine eigenwillige Form der »Selbstbehauptung« dar, jenseits auch der Kontrolle, die ausgesprochene Worte ermöglichen.

Warum es trotzdem zur Abfassung der Chroniken kam, ist allerdings nicht schwer zu erklären. Die Chronistinnen orientierten sich an dem Vorbild der Heiligenbiographien, etwa der *Legenda aurea* des Jacobus de Voragine. Wichtiger noch waren die *Brüderleben* aus den Federn des Thomas von Cantimpré und Georg Frachet, denen die Nonnenviten zur Seite gestellt wurden. Die Chroniken sind oft erst achtzig oder hundert Jahre nach der Gründung der Klöster verfaßt worden. Da mochte es notwendig sein, noch einmal an die Ideale der ersten Frauen zu erinnern. Es ist sicher darum gegangen, den aus religiösem Ernst und mystischer Ekstase geborenen Geist des Anfangs lebendig zu erhalten.

Die Adelhausener Chronik

Die älteste dieser Chroniken verfaßte Katharina von Gebweiler im Kloster Unterlinden in Colmar, in Lateinisch. Nur wenig später erscheint die Chronik von Adelhausen, dem ältesten der sechs Dominikanerinnenklöster in Freiburg. Von besonderer Bedeutung ist die Chronik von Töss bei Winterthur in der Schweiz, verfaßt von Elsbeth Stagel, der Seelenfreundin Heinrich Seuses. Diese Chronik wurde sofort auf Deutsch verfaßt ebenso wie die Chroniken von Oetenbach bei Zürich, Sulz im württembergischen Hohenzollern, Diessenhofen am Oberrhein, Weiler bei Esslingen und Engelthal bei Nürnberg. Sie alle bedienen sich nicht mehr der Gelehrtensprache des Lateinischen; weitgehend sind diese Frauen »Laien«, und sie nutzen daher die deutsche Volkssprache; die Nonnenviten stellen überhaupt zum erstenmal im Mittelalter den Versuch dar, Biographisches in der Volkssprache abzufassen.

Die Chronik des Dominikanerinnenklosters Adelhausen in Freiburg wurde maßgeblich von der zeitweiligen Priorin Anna von Munzingen lateinisch verfaßt im Jahre 1318, aber bereits im selben Jahr ins Deutsche übersetzt. Überliefert wird das Leben von sechsunddreißig, nach einer anderen Handschrift von vierunddreißig Nonnen, die ursprünglich in Freiburg eine lose Verbindung nach Art der Beginen, eine »Samnunge« gebildet hatten.[11] Erst die Stiftung einer Hofstatt und einiger Güter bei dem Dorf Wiehre durch die Gräfin Adelheid und der Einsatz der Gräfin Kunigunde von Sulz, Schwester des deutschen Königs Rudolf von Habsburg, führten zur Gründung des Klosters. Da sich der Dominikanerorden damals noch nicht in Freiburg niedergelassen hatte, mußten Prediger aus Straßburg kommen, die sich um die Seelsorge und gottesdienstliche Versorgung der Frauen kümmern sollten. Das konnte nur geschehen, nachdem sowohl die Äbtissin zu Waldkirch, welcher das Patronat über die Adelhauser Kirche zustand, gewonnen worden war und der dortige Gemeindepfarrer nebst dem Bischof von Konstanz ihr Einverständnis erklärt hatten. Schon 1234 unterstellten sich die Nonnen der für die Dominikaner verpflichtenden Augustinerregel, und 1245 erwirkte die Gräfin Kunigunde sogar die päpstliche Bestätigung. Das Kloster Adelhausen gelangte schnell zu Ansehen und zu materieller Sicherheit; Freiburg nahm nur wirklich begüterte Frauen auf – man wußte eben sehr gut die »freiwillige« Armut von der »sozialen« Armut zu unterscheiden.

Interessant ist nun, daß die bewegte Zeit der Gründung, das Hin und Her beim Anschluß an die Dominikaner und auch die »weltliche« Habsburger Fehde, in deren Verlauf das Kloster trotz der engen Verbindung zum Herrscherhaus 1281 zerstört wurde, keinen Niederschlag in der Chronik gefunden haben. Das hat immer wieder zu dem falschen Urteil geführt, Mystikerinnen hätten ein geruhsames und beschauliches Leben jenseits der weltlichen Wirren geführt. Noch interessanter ist, daß kein einziger der observierenden Dominikaner mit Namen genannt wird, und wenn überhaupt Männer in der Chronik auftreten, dann wird ihnen mit deutlicher Reserve entgegengetreten. Else von Neustadt warnt ihre neugierigen Mitschwestern z. B. nachdrücklich vor dem »Geklaffent«, dem Geschwätz mit Männern, und erst recht vor heimlichen Beziehungen zwischen Nonnen und Mönchen.[12] Von einer anderen Insassin, Gute Tuschelin, wird berichtet, daß sie als Siechenpflegerin und Küchenschwester so beschäftigt war, daß sie dem priesterlichen Meßgottesdienst nicht beiwohnen konnte. Das galt auch für ihre Helferinnen. Die allerdings begaben sich wenigstens an ein Verbindungsfenster, um an der Elevation von Hostie und Kelch teilzunehmen. Gute Tuschelin allerdings verzichtete auch darauf, ihr war es wichtiger, sich dem Ofenanmachen zu widmen. Auf Vorhaltungen der Mitschwestern antwortete sie recht rätselhaft: »Wüßtet ihr, was ich hier vor dem Ofen habe, ließet ihr mich nicht weggehen!«[13] Was tatsächlich dort am Ofen geschah, wissen wir nicht, vielleicht waren es ganz private Entzückungen, die sie für den Meßgottesdienst entschädigten. Auch sonst hat sich Gute Tuschelin reichlich sperrig verhalten. Als sie zur Priorin gewählt wurde, weigerte sie sich zunächst, das Amt zu übernehmen, aus Furcht davor, von ihrem mystisch-inneren Leben abgezogen zu werden. Obendrein verweigerte sie ihrem Beichtvater die Beichte, nachdem sie in einer Anfechtungskrise den Eindruck gewonnen hatte, Gott habe sich ihrer »Herzensminne« entzogen.[14]

Auch Adelheid von Breisach opponiert. Ausgerechnet an einem Freitag entzieht sie sich dem Meßgottesdienst, kein Wunder, daß »ihr ein Kapitel gelesen«, sie sogar der Ketzerei verdächtigt wird. Gestört hat sie das nicht, denn mit »fröhlichem Mut«, singend und springend, verläßt sie den Kapitelsaal, und – noch schlimmer – alle jungen Novizinnen laufen hinter ihr her und helfen ihr singen. Wenn das nicht so etwas wie ein kleiner »Klosteraufstand« gewesen war! Der Meßpriester wird jedenfalls irritiert dreingeschaut haben.[15]

Ganz übel wird einem Prediger mitgespielt, der eines Tages an Adelhausen vorbeizieht. Plötzlich erblickt er eine Schwester – es ist Richi von Stocken –, die auf einer Blumenwiese vorbeiwandelt. Das gehört bestraft, denkt der Prediger, denn in der Tat war es den Dominikanerinnen streng verboten, die Klausur zu verlassen. Als ob Schwester Richi Gedanken lesen kann, dreht sie sich ärgerlich um und ruft ihm trotzig zu: »Wir fürchten niemand!« Erbost eilt der Prediger ins Frauenkloster, doch Richi von Stocken liegt auf einer Totenbahre.[16]

Wir fürchten niemand! – dieser Satz gilt auch für Elisabeth von Vackenstein, die dem Meßpriester zusetzte. Sie »hatte die Gnade daß sie sich [?] alle Tage über die Sünder (weinend) ergoß, so daß sie den Priester störte«. Eines Tages fiel sie in einen mystischen Starrkrampf – ihr Leib verhärtete sich zu einem Kristall –, was einen ganzen Monat andauerte. Sie sah darin eine mystische Begnadung, ihr Beichtvater allerdings erklärte sie schlichtweg für verrückt.[17]

Auffällig verhält sich auch Adelheid Geishörnlin, die anläßlich einer lang ersehnten Lichtvision nicht davon abzuhalten ist, um den Altar »herumzuwirbeln«, sich also in ekstatischen Tänzen zu bewegen, so daß aus Mund und Nase Blut hervorschießt.[18] Von einer Reaktion der Predigermönche wird allerdings nichts überliefert, so wenig wie bei Schwester Metze, die beim Predigthören wie tot niedersinkt, wie bei Reilint von Villingen, die in mystische Weinkrämpfe ausbricht, oder wie bei der schon beinah hundertjährigen Metzi von Waltershoven, die Tag und Nacht nach dem Gottessohn schreit. Nicht bei den Mitschwestern, aber bei den Predigermönchen mußten diese exzentrischen Ausfälle Entsetzen auslösen. Es scheint, als käme in diesen exzentrischen Ausbrüchen eine Art weiblichen Selbstbewußtseins zum Ausdruck.

Die Chronik von Katharinental

An Beispielen »äußerlicher« Mystik reicher noch als die Adelhauser Chronik ist das Nonnenleben des der Diözese Konstanz unterstellten Klosters von Katharinental bei Diessenhofen am Oberrhein. Immer wieder wird in den Visionen der Nonnen ein Motiv bevorzugt, die Erscheinung des Jesuskindes (Abb. 14, 15). Wilburg von Hunikon sieht das »kindli«, welches der Priorin des Klosters beibringt, wie sie im Kapitelsaal zu lehren hat. Der Adelheid von Spiegelberg huscht das »kindli« im Refektorium unter den Mantel und sitzt danach vor ihr auf dem Tisch; dasselbe erlebt auch Geri Heinburgin, mit der das Kind oft spielt. Adelheid, die Hüterin, treibt Kurzweil mit dem Jesuskind; der Adelheid von Holderberg verwandelt sich die Hostie »in das allerschönste kindli, das je gesehen ward«.[19] Als Elsbeth Heinburgerin das Lektionar öffnet, findet sie das Jesuskind darin als Lesezeichen zwischen den Buchseiten liegen, und zwar »in Windeln gewikkelt«! Anna von Ramsweg passiert dasselbe, und das nicht ohne Absicht – das nackte Kindlein lehrt sie, die nur unwillig das Lesen lernt, die mühsame Kunst des Buchstabierens. Caecilie von Winterthur wacht eines Nachts auf und fühlt das Jesuskind in ihren Armen liegen, Mechthild von Torlikon hört das Jesuskind weinen, weshalb sie ihm einen Apfel reicht. Ite von Hollowe erscheint das Jesuskind, als sie gerade Kraut zieht und in einem Ballen zusammenbündelt. Das Kind nimmt ihr den Ballen aus der Hand und wirft ihn ihr zu, und so beginnt ein wildes Fangen und Balgen, darüber vergißt die Schwester die ihr aufgetragene Arbeit.

Kein Wunder, daß man sich über diese Kinderseligkeit immer wieder mokiert hat, z. B. im aufgeklärten Freiburg des achtzehnten Jahrhunderts:

Der allzu vertrauliche Umgang mit Jesus als einem Kind ... kommt unfehlbar aus den Klöstern. In einem gewissen Kloster [Diessenhofen] führten die Nonnen ... das Jesuskindlein in einem Wägelein an einem roten Bändelein durch alle Gänge eines Klosters, und am Osterdienstag mußte jede Nonne ihr Jesulein auf den Arm nehmen und ihn ... spazierenführen. Das weibliche Geschlecht hat einen natürlichen, unwiderstehlichen Trieb, mit Kindern umzugehen. Wenn es keine lebendige hat, so schafft es sie aus Holz oder Lumpen. Die Nonne bleibt noch mit fünfzig Jahren selbst ein Kind, das mit einer heiligen Puppe wie ein dreijähriges Mädchen mit der profanen Puppe spielt. (Katharinental, S. 184)

Die Kindervisionen als Ersatzphantasien kinderloser Nonnen, denen selbst ein infantiles Gemüt zu eigen ist – an dieser »aufgeklärten« Beurteilung hat sich bis heute nicht viel geändert.

Diese Urteile werden den Nonnen nicht gerecht, denn sie reißen die Kindvisionen aus dem Zusammenhang. Neben dem vertraulichen, verspielten Umgang mit dem Jesuskind stehen nämlich exzessive Martervisionen, denen sich die Nonnen ebenso leidenschaftlich hingaben. Den Leidensweg Jesu nachzuerleben, sich vollkommen mit dem Passionsgeschehen zu identifizieren, bestimmte die Nonnen in geradezu selbstquälerischer Weise. Vor dem Hintergrund der Leidensmystik erscheinen die Kindervisionen nicht mehr so naiv und infantil, sondern stellen Kontrastvisionen dar, in denen dem Ernst des asketischen Wegs die Heiterkeit und Gelöstheit des spielenden Kindes entgegengesetzt werden. Diese merkwürdigen, zwischen Leidensernst und spielerischem Leichtsinn schillernde Erfahrung der Frauen ist nur selten reflektiert worden. Eine der Schwestern von Katharinental, Hilti Brunnsinn, hat es versucht:

Die größte Freude mit der größten Traurigkeit, und die grundlose Süßigkeit, mit der alle Engel und alle Heiligen gespeist werden, mit der größten Bitterkeit ... (Katharinental, S. 163 f.)

Aus dieser mystischen Formel läßt sich etwas erahnen von der Spannung, aus welcher sich mystisches Erleben zusammensetzt: Höchste Freude und höchste Trauer sind zu vereinigen. Wer den gemarterten Jesus vom spielenden Kind trennt, verfehlt auch das Eigentliche des mystischen Erlebens, das auf die unauflösliche Ganzheit von Schwere und Leichtigkeit des Seins ausgerichtet bleibt.

LUITGARD VON WITTICHEN

Eine bedenkenswerte Variante der »Kinderfrömmigkeit« lernen wir bei Luitgard von Wittichen kennen. Geboren wurde sie 1291 im Schwarzwald und zwar im Kinzigtal hinter Schenkenzell. Sie litt von Kindheit an unter einer häßlichen Halsverkümmung. Als sie im Alter von sechs Jahren ihren Geburtsfehler bewußt wahrnimmt – sie sieht ihr Spiegelbild in einem Kübel klaren Wassers –, erschrickt sie und denkt, nie eine Heilige werden zu können, da zur Heiligkeit die körperliche Intaktheit gehört. Für ihren Beichtvater und Biographen Berchthold von Bombach war die Halsverkrümmung jedoch der Aufruf an Luitgard, sich völlig von der Welt abzukehren. Von ihren Eltern – reichen Schwarzwaldbauern – wird sie im Alter von zwölf Jahren in eine Beginenklause in Oberwolfach gebracht. In aller Heimlichkeit ergeht an sie der mystische Auftrag, selbst ein Kloster zu gründen, für vierunddreißig Nonnen. Warum diese merkwürdige Zahl? Berchthold von Bombach berichtet:

Als ein Priester [während der Messe] unseren Herrn emporhob, so wird berichtet, sprach aus der Hostie in den Händen des Priesters eine Stimme mit leisen Worten zu ihr: »Du sollst ein Haus bauen und vierunddreißig Menschen zu dir nehmen, in der Meinung, daß ich vierunddreißig Jahre auf Erden war.« Weil unser Herrgott nicht volle vierunddreißig Jahre lang auf Erden weilte, fiel ihr ein, daß die vierunddreißig Jahre von der Zeit an dauern, da unser Herr von unserer Lieben Frau empfangen war, bis zu der Zeit, da er am Kreuze starb. (Leben der Luitgard, S. 55)

Wir sehen deutlich, worauf Luitgards Berufung zielt. Sie zählt die neunmonatige Austragung zum Lebensalter Jesu hinzu, kein Wunder, daß Luitgard, die bisher kaum beachtet wurde, im Zeichen der Abtreibungsdiskussion als »Heilige des Mutterschoßes« neu entdeckt wurde. Die Zahl von vierunddreißig Klosterfrauen hat sie aber offensichtlich nicht ganz ernst genommen. Einmal ist von vierzig Insassen die Rede, und später heißt es, daß sie sich auf gar keine endgültige Zahl habe festlegen lassen.

Für Luitgard stand die Gründung des Klosters im Mittelpunkt ihrer Berufsvision, ein Unterfangen, welches den Spott ihrer Zeitgenossen herausgefordert hat.[20] Woher sollte sie – eine arme Begine – die Mittel nehmen? Und so hat sie über zwanzig Jahre die Klostergründung vor sich hergeschoben. Voller Unrast wechselt sie ihren Aufenthalt, quartiert sich zeitweise ein in das Zisterzienserinnenkloster Güntersthal bei Freiburg, kehrt wieder heim nach Oberwolfach, verfällt schließlich in eine gefährliche Krankheit, kann nicht mehr essen, trinken und schlafen, bis sie schließlich doch beginnt, ein Häuschen zu bauen. Sie findet Handwerker, die ihr behilflich sind, kann allerdings nur mit Müh und Not Almosen zu deren Entlohnung auftreiben. Tatsächlich jedoch entsteht langsam eine Klosteranlage in Wittichen bei Schenkenzell, auch wenn das Leben dort von bitterster Armut geprägt ist. Manchmal müssen die alten zugunsten der jüngeren Frauen fasten. Luitgard macht sich zu Bettelreisen auf den Weg, um die Klostergründung zu sichern. Doch sie wird in vielen Städten abgewiesen, oftmals von Wegelagerern bedroht. Als sie das uns schon gut bekannte Dominikanerinnenkloster Töss bei Winterthur – leuchtendes Beispiel der Christusmystik – aufsucht, wird sie hart abgewiesen.[21] Offensichtlich stieß die Dominikanerinnen die vagabundierende Bettelei ab, zumal für sie die strikte Einhaltung der Stabilitätsregel verpflichtend war. Dennoch setzt Luitgard schließ-

Vom Kindlein – Mystik der Dominikanerinnen

lich die päpstliche Anerkennung des Klosters durch. Angeschlossen hat sie sich allerdings nicht der Dominikanerregel, sondern dem franziskanischen Klarissenorden.

Luitgards Klostergründung ging auf eine mystische Vision anläßlich der Meßfeier zurück, bei anderen Nonnen werden Visionen häufig angeregt durch ganz reale Bildwerke, die in den Frauenklöstern aufgestellt waren, vor allem Marienbilder,[22] Kreuzigungsdarstellungen, Jesus an der Geißelsäule, Jesus im Schoße seiner Mutter. Im Kloster Katharinental galt das besonders für eine Plastik des Herrenjüngers Johannes, wie dieser »auf unseres Herrn Herzen ruht«.[23] Dieses Sinnbild religiöser Liebesminne erfreute sich auch in anderen süddeutschen Klöstern großer Beliebtheit. Jesus und der sein Haupt auf Jesu Brust oder Schoß neigende Lieblingsjünger drückte für die Frauen auf vollendete Weise die Erfüllung ihrer Sehnsucht nach mystischer Vereinigung mit Christus aus. Berta von Herten vertieft sich so inbrünstig in dieses Frömmigkeitsbild, daß Jesus sogar ihr Haupt nimmt und es »zärtlich und lieblich« auf seinen Schoß bettet.[24]

Der Lieblingsjünger Johannes hat auch ansonsten die Phantasie der Frauen beeindruckt. Schon Elisabeth von Schönau hatte ein Gebetbuch benutzt, in welchem Johannes zum Sinnbild der »auserwählten Jungfrau« »verweiblicht« wird.[25] In Katharinental allerdings fand die überschwengliche Verehrung des Jüngers Johannes nicht überall Anhängerinnen. Die Gemeinschaft spaltete sich in zwei Gruppen; die eine verehrte den Lieblingsjünger Johannes, die andere mehr Johannes den Täufer. Claranna von Hochburg, eine der »Evangelistinnen«, ließ sich sogar zu abfälligen Urteilen über ein Bildnis des Täufers hinreißen, was allerdings nicht ohne Strafe blieb, wie der Ordenshistoriker Johannes Meyer überliefert.[26]

DIE CHRONIK VON KIRCHBERG

Alle Chroniken sprechen von der Gnadenfülle mystischer Erlebnisse. Doch eine »billige« Gnade ist es nicht gewesen, die zur mystischen Erfahrung führte. Das erfahren wir besonders eindrücklich aus der Chronik des Klosters Kirchberg in Württemberg-Hohenzollern in der

Nähe der Stadt Sulz, wie die Klöster Adelhausen und Katharinental zur Diözese Konstanz gehörig. Bei den hier vorgestellten Nonnen dominieren die harten Seiten des Nonnenlebens, strenge Askese, Fasten, Wachen, Schweigen, Arbeiten und Krankheiten. Die Erfahrung Adelheids von Hilgarthausen mag als eindrucksvolles Beispiel dienen:

Und besonders hatte sie große Begierde, daß ihr innewurde und sie empfinde, wie groß die Schmerzen waren, die unser Herr empfing, da man ihm die Dornenkrone aufs göttliche Haupt senkte und durch sein Hirn schlug; und die herzliche Minne und Begierde lag stark viele Jahre auf ihrem Gemüt, und also kam ein Engel zu ihrem Bett und schlug sie so bitterlich, daß sie große Schmerzen ... hatte ..., und es liefen zu ihr die Freunde und wähnten, es wären ihre gewohnten Siechtage. Da sahen sie wohl, daß sie in Andacht war, und also wurde sie dreimal durch ihr Haupt geschlagen, so daß nach jedem Schlag ihr seliges Haupt unter ihre Kehle gedrückt wurde; und das sahen, die bei ihr waren, mit ihren leiblichen Augen. Und da man sie also zum dritten Mal schlug, da war ihr alle Kraft genommen, daß sie es nimmer leiden mochte. Da sprach sie: »Herr, hör auf!« *mit so ohnmächtiger Stimme wie ein Mensch, dem all seine Kraft zergangen ist, und danach fand man an ihrem Haupt große Gruben und Schwielen, die ihr geblieben waren von den bitteren Schlägen.* (Kirchberg, S. 127)

Wir müssen uns immer wieder vor Augen halten, daß es bei solchen Martererfahrungen nicht nur um eine subjektive Exaltation ging; im exzentrischen Leidenswillen leuchtet ein radikales Gegenbild zur herrscherlichen Kirche der Bischöfe und Fürsten auf. Jeder Schlag, den Adelheid empfing, war auch ein Schlag gegen die Kirchenoberen, denen finanzielle, machtpolitische und persönliche Absicherung mehr am Herzen lag als die demütige Christus- und das heißt hier: Leidensnachfolge. Auch bei den frommen Frauen kündigt sich, wie bei den Franziskanern, eine Kirche an, die dem Glanz das Kreuz gegenüberstellt.

Die Leidensqualen schlagen immer wieder um in mystische Gnadenerweise. Auch die Kirchberger Chronik hat die mystische Erfahrung der Frauen nicht in Worte fassen können, kennt jedoch einen

Vom Kindlein – Mystik der Dominikanerinnen

aufschlußreichen Begriff, um diese zu umschreiben. Es ist der *Jubilus*, den die mystisch verzückten Frauen immer wieder anstimmen, ein Jubelruf, der von Werendraut von Düren so beschrieben wird:

Aber was die Gnade Jubilus sei, das merket! Es ist eine Gnade, die unmäßig ist und so groß, daß sie niemand verschweigen mag, und die doch niemand vollkommen ausdrücken kann an Süßigkeit, die so überfließend ist, daß Herz, Seele, Gemüt und Adern des Menschen durchgegossen werden mit unsäglicher Süßigkeit, so vollkommen, daß niemand fähig ist, sich dieser Gnade zu enthalten. (Kirchberg, S. 105)

Waren es einfach nur unartikulierte, konfuse Freudenlaute des Jauchzens, oder handelt es sich eher um einen jubilierenden Vollzug des Meßgesangs, wenn man psalmodierte oder bestimmte Melodienbögen ohne Worte sang, eine Silbe des *Halleluja* hielt oder eine ausbaufähige Sequenz anstimmte?

Eher ist vielleicht an Freudenlaute zu denken, vergleichbar dem Jauchzen von Kindern; als Ausdruck einer geistlichen Trunkenheit, die keine Worte besaß für die beseligende Innenerfahrung, die sich auch zu Schreien, Weinen und Lachen steigern konnte, einer vorwiegend weiblichen Ausdrucksweise. Der einzige Mann, der in der Kirchberger Chronik ausführlicher gewürdigt wird, Kaplan Walter, ist wohl nie in Jubilieren ausgebrochen. In Magdeburg kam es im Jahre 1349 in der Lausitz zwischen Torgau und Jüterbog zu einem Treffen von Mägden und Frauen vor einem Marienbild. Man begann zu »tanzen und jubilieren«, was dem Chronisten als eine große Torheit erschien. Der Herzog von Sachsen verbot das unordentliche Jubilieren.[27] Die männlichen Vertreter der deutschen Mystik, wie Meister Eckart und Heinrich Seuse, redeten den Nonnen eindringlich ins Gewissen, den Jubel bloß nicht zu überschätzen.[28] Den Nonnenviten jedoch merkt man an, daß die Frauen diese Mahnungen nicht sonderlich ernst nahmen, sie standen treu und unerschütterlich zu dieser emotionalen Ausdrucksweise.

In Kirchberg berührten diese Erfahrungen manchmal das Ketzerische. Von Willbirch von Offeningen erfahren wir, »wie sie mit unserm Herrn schwanger war«,[29] und Adelheid von Hilgartshausen hören wir beten, daß der »Herr in den Leib meiner Frauen komme«,³⁰ ein mystischer Schwangerschaftswunsch, kirchlich selbstverständlich höchst verdächtig, da die Rolle der einmaligen Jungfrauengeburt nun von frommen Nonnen in Anspruch genommen wurde. Zum Glück befand sich Adelheid in einem Dominikanerkloster, sonst wäre mit Sicherheit die Inquisition gegen sie eingeschritten.

DIE ENGELTHALER CHRONIK DER CHRISTINE EBNER

Während die Kirchberger Chronik den harten Weg der mystischen Erfahrung erlebbar macht und zeigt, wie man »von besonderen Übung(en) zu großer Gnad kommt«,³¹ hebt Christine Ebner, die Chronistin des Klosters Engelthal bei Nürnberg, den Geschenkcharakter der mystischen Erfahrung hervor. Ihr *Büchlein von der Gnaden Überlast* wendet sich immer wieder gegen den Eindruck, daß mystische Begnadung eine durch Askese und Tugend errungene Belohnung darstellt. An etwa fünfzig Frauen wird die Überlast der Gnaden dargestellt. Christine Ebner berichtet auch aufschlußreich über die Entstehung des Klostes Engelthal. Die Klostergemeinschaft ist aus Nürnberger Beginenkreisen hervorgegangen. Wichtigste Person war Allheit, eine Harfenspielerin, die anläßlich der Verlobung des Landgrafen Ludwig von Hessen mit Elisabeth von Ungarn (1211) aufspielen sollte, um die noch minderjährige und oft weinende Braut zu trösten. Allheit verläßt jedoch die adlige Gesellschaft und schließt sich in Nürnberg der Beginensammlung an, die offensichtlich in großer Armut lebte und deshalb auch nicht an eine Klostergründung denken durfte. Man unterstellte sich dem Pfarrer von Sankt Lorenz und gewann die Unterstützung der böhmischen Königin Kunigunde. Die Situation der kirchentreuen Beginen verschlechterte sich allerdings, als über Kaiser Friedrich II. im Jahre 1239 zum zweiten Mal der Bann verhängt wurde. In der kaisertreuen Stadt Nürnberg brachte das für die Beginen beträchtliche Erschwernisse. Man wandte sich an Ulrich von Königstein, der die Frauen in einem Meierhof unterbrachte. Unter großen Mühen errichtete man eine Kapelle. Nach dem Tod eines Erben kam es zur Klosterschenkung von Engelthal. Wertvolle Gaben steuerte Königin Kunigunde zur Ausstattung des Klosters bei. Gleich nach der Gründung verlangen die Zisterzienser die Unterstellung des Klosters unter ihre Obhut. Doch dagegen steht Ulrich von Königstein.

Idyllisch war das Nonnenleben in Engelthal keineswegs, auch dann nicht, als Schwester Hailrat mit »engelhafter« Stimme die gottesdienstlichen Responsorien anstimmte. Denn das machte sie auf Deutsch – ein nicht unbeträchtlicher Verstoß gegen die Liturgiesprache Lateinisch. Vom Priester unwillig wahrgenommen, ist der ganze Konvent »von großer Andacht sinnenlos«.[32]

Auch eine kämpferische Frau lernen wir in Engelthal kennen, Allheit von Trochaw. Eine Vision versetzt sie in den Himmel, aber die ungetauften Kinder meiden sie. Ihr wird mitgeteilt, sie sei nicht recht getauft worden, deshalb gehöre sie nicht zu den Erwählten. Allheit gibt sich nicht zufrieden; in einem mystischen Streitgespräch versucht sie sich zu wehren:

Da sprach unser Herr zu den Engeln: »Sagt Allheit, sie soll nicht zu meiner rechten Hand stehen, sie ist nicht richtig getauft.« Da sprach [Allheit] zu den Engeln: »Euch ist nie wie mir Weh durch Gott geschehen. Ich will nicht euretwegen von meinem Herrn gehen.« Da sprachen die Engel zu unserem Herrn: »Herr, sie hat uns vorgehalten, uns sei nie ein Weh um deinetwillen geschehen, sie wolle durch uns nicht von dannen gehen.« Da rief der Herr Maria Magdalena und sprach: »Sprich zu Allheit, daß sie von meiner rechten Seite gehe!« Da sprach Allheit zu Maria Magdalena: »Es sagt das Evangelium von dir, daß unser Herr sieben Teufel von dir austrieb, ich allerdings wüßte nicht, daß ich jemals eine Todsünde begangen hätte.« Da sandte er Sankt Paul. Zu dem sprach Allheit, er sei ein Verächter der Christenheit gewesen, sie wolle seinetwegen nicht vom Herrn gehen. Da sandte er Petrus zu ihr. Dem machte sie klar, er habe unseren Herrn dreimal verleugnet, das habe sie niemals getan. Da sandte er Johannes den Täufer. Da sprach sie: »Wer bist du?« Da sprach er: »Ich bin's, Johannes der Täufer!« Da sprach sie: »Du, der andere Leute getauft hat, willst du mich denn verdammen? So mußt du mich auch taufen!« Da fiel sie ihn an und hielt ihn fest. Da nahm er ihr das Kopfband ab und goß ein Schüsselchen Wasser über sie. (Büchlein, S. 10f.)

Hier kämpft eine Frau mit den Mitteln der mystisch-persönlichen Vision um ihre religiöse Selbstbehauptung. Die Aberkennung der kirchlichen Taufgnade nimmt sie nicht hin, und selbst die von Christus aufgebotenen Gewährsleute akzeptiert sie nicht.

Allheit ist auch sonst eigenwillige Wege gegangen. Sie springt im Klostergarten herum und drückt die Bäume an ihr Herz, als ob jeder Baum der geliebte Jesus selbst wäre. Dann geht sie in den Schlafraum und fordert Jesus dazu auf, mit ihr ins Bett zu gehen. Die Chronistin nimmt keinen Anstoß an Allheits Erfahrung. Dieselbe Allheit, in mystischer Schwelgerei nicht unerfahren, beschuldigt andererseits ihren leiblichen Bruder der »natürlichen« Unzucht: Im alltäglichen Leben einer rigiden Sexualmoral durchaus verpflichtet, erlaubt mystisches Erleben ein Übermaß an phantastischer Ausschweifung, die unzensiert ausgedrückt werden konnte.

Daß man Allheit nicht immer ernstgenommen hat, verschweigt die Chronistin keineswegs. So soll man sie manchmal als »dumme Gans« bezeichnet haben![33] Doch die Chronistin hatte Verständnis für diese außergewöhnliche Frau. Besondere Gnadengaben bedeuteten eben auch die Überschreitung konventioneller Verhaltensregeln, auch in einem Kloster.

David von Augsburg, ein Prediger mit großer Ausstrahlung, hatte sicher diese Art von Frauenfrömmigkeit und besonders diese »mystische Mode« in den Klöstern im Auge, wenn er warnte: »Laßt euch nicht täuschen! Und verwechselt nicht in gehobener Stimmung beim Gebet das sehnliche Verlangen und die Zuversicht mit der Erhörung!«[34] Dem Überschwang eines mystischen Subjektivismus sollte mit solchen Worten gewehrt werden. Und wenn solche Warnungen nichts fruchteten, bemühte man den Apparat der kirchlichen Dogmatik, die sich schon längst darum bemüht hatte, Ordnung in die Mystik und ihre Visionen zu bringen.

Mit dem Kirchenvater Augustin unterschied man drei Stufen des mystischen Aufstiegs, die Reinigung, die Erleuchtung und die Vereinigung mit Gott.[35] Die erste Stufe mystischer Erfahrung, die Reinigung, konnte man den asketischen Frauen kaum absprechen, doch

Vom Kindlein – Mystik der Dominikanerinnen

das bedeutete noch lange nicht, daß man den Frauen die höchste Stufe, die *unio mystica,* zusprach. Nein, man warf den Frauen vor, daß sie sich nur im Vorhof der mystischen Vollendung tummelten, sich herumwarfen in Erleuchtungen, Visionen und Verzückungen.

Diese Kritik kam nicht von einem Verleumder oder Verächter der Frauen, sondern von Meister Eckart, der wie kein anderer mit den Anliegen frommer Frauen konfrontiert wurde. Eckart hatte als Prediger und Seelsorger in zahlreichen Frauenklöstern gewirkt, nachweislich in Katharinenthal, Töss und Engelthal.[36] Wer nach Eckart der mystischen Einheit teilhaftig werden wollte, mußte sich aller sinnlich-konkreten Erfahrungen enthalten, hatte sich aller sinnlichen Gefühle zu entäußern, um sich ganz dem göttlichen Sein hinzugeben, dessen gestaltloses und gefühlloses Wesen nicht zu beschreiben war. Meister Eckart konnte daher nicht eindringlich genug vor den leidenschaftlichen Ekstasen der Frauen warnen; schon gar nicht akzeptierte er die in hochgradiger Erregung erreichten Einheitserfahrungen der Frauen, ob sie nun eins wurden mit dem Jesuskind, sich in den Lichtglanz der Dreieinigkeit vertieften oder das Abendmahl des Herrn »mit unaussprechlicher Süßigkeit« genossen. Was den Nonnen widerfuhr, blieb für Eckart im Vorfeld der mystischen Vollendung, da die visionären Phantasiegebilde sich nicht zur reinen Erfahrung »ohne Materie« geläutert hatten. Nicht alle Nonnen konnten diesen Ansichten des Meisters folgen.[37] Ihre Mystik erscheint in der Tat immer konkret, auf den irdisch-menschlichen Jesus bezogen, eher im Gefühl, weniger im Intellekt verankert. Diese beiden sehr unterschiedlichen Weisen schließen einander allerdings nicht aus, sondern müssen als komplementäre Formen der Mystik betrachtet werden.

Erst dort, wo Erlebnis und Gedanke, Gefühl und Intellekt, Jesusminne und Wesensmystik, Vision und Reflexion zusammenkommen, vollendet sich christliche Mystik.

Chronik des Klosters Töss

Das wohl gehaltvollste Nonnenbuch, die Chronik des Klosters Töss bei Winterthur, hat Elsbeth von Stagel verfaßt, die Seelenfreundin des Heinrich von Seuse, der von Konstanz aus auf etlichen Reisen auch das Tösser Frauenkloster besuchte. Ihm ist der mystische Enthusiasmus dort auch nicht geheuer gewesen. Deshalb redet er Elsbeth ins Gewissen. Doch anders als Eckhart verweist er sie auf die praktische Seite der schlichten Jesusnachfolge und warnt sie, die noch »ungeübte Schwester«, vor den »hohen Sachen«;[38] einverstanden ist er auch nicht mit der Buß- und Geißelpraxis Elsbeths, die sich mit härenen Hemden, Nagelgürtel und anderem Folterwerkzeug quält. Schließlich habe Jesus nicht gesagt: »Nehmt mein Kreuz auf euch«, sondern »Jeder Mensch nehme sein Kreuz auf sich«,[39] jeweils der individuellen Natur des einzelnen Menschen angemessen. Elsbeth hat die Mahnungen Seuses ernstgenommen, wobei sie auch von ihrer »kranken, zarten, fraulichen Natur« zu reden beliebte.

Im Laufe einer fünfundzwanzigjährigen Freundschaft gelingt es ihr, »dem guten Bruder mit heimlichen Fragen die Weise seines Anfangs und Fortgangs und etliche Übungen und Leiden, die er gehabt, auszuziehen«.[40] Was Seuse jedoch allein vertraulich behandelt wissen möchte und allein der Belehrung Elsbeths zugedacht hatte, das schreibt sie heimlich auch für andere Menschen auf. Als Seuse diesen »geistlichen Diebstahl« bemerkt, bestraft er Elsbeth, welche die Schriften herausgeben muß. Er verbrennt die Texte, doch Elsbeth hat wohlweislich nur eine Hälfte des Geschriebenen herausgerückt. Auf göttliche Weisung hin wird es Seuse verboten, die andere Hälfte zu verbrennen, Elsbeth kann an ihrer Biographie weiterarbeiten. Herausgegeben hat Seuse dann die überarbeitete Fassung dieser ersten deutschsprachigen Biographie einer Frau nach dem Tode Elsbeths.

Im Tösser Nonnenbuch hat Elsbeth nicht nur über sich geschrieben, sondern auch über ihre Mitschwestern, von denen nicht alle an dem Überschwang der Jesusminne teilhatten. Mechthild von Stans beispielsweise widmet sich den alltäglichen Aufgaben, beteiligt sich an den Hausarbeiten im Refektorium, pflegt die Kranken im Siechenhaus und übernimmt viele Jahre lang die Betreuung der Ratsuchenden am Sprechfenster. Ihr fröhlicher Charakter wird gelobt, aber auch die Konsequenz ihrer Weltentsagung, wenn sie betet:

O Herr, mein Gott, nun habe ich durch meine Liebe gelassen die ganze Welt, und alles was mir zu Liebe und zum Trost kommen möchte. Nun bitte ich dich durch dein göttliches Erbarmen und durch deine unendliche Güte, daß du mein Trost sein willst, denn du weißt wohl, daß ich keinen Trost auf Erden habe. (Leben, S. 62)

Diese Worte umschreiben in schlichter Sprache das »Loslassen«, die mystische »Gelassenheit«, die Meister Eckart hervorhebt, ohne alle Phantasieergüsse. Mechthilds ganze mystische Konzentration war auf den menschlichen Jesus gerichtet; die »Christusfrömmigkeit« war, das wohl festeste Bollwerk gegen das Abheben in die Gefilde »unkontrollierter« Phantasien und Verzückungen. Ihre Visionen sind immer auf den irdischen Jesus bezogen, wie die folgende:

Da sah sie und empfand, daß ihr Herz verwundet war und sah, daß die Wunde so groß wie eines Mannes Finger war, und sah, daß sie so tief war, daß sie bis zum Rücken ging, und zwei Rinnsale – eins mit Wasser und eins mit Blut – flossen heraus. Und da dachte sie: »Ach, wie sollst du dies jemals im Geheimen tragen?« Und sie bat unseren Herrn gar innig, daß er ihr die Wunden auswendig abnehme, ihr aber den Schmerz am Herzen ließe: das wollte sie gern tragen. Und als sie das begehrte, da kniete ein Engel vor ihr und hielt ein himmelfarbenes Werkzeug in seiner Hand und legte es ihr zärtlich in die Wunden, und die äußere Wunde wurde geheilt. Das verblieb ihr bis an den Tod. (Leben, S. 64)

In dieser »Leibbetroffenheit« weiblicher Mystik liegt ein tiefes Wissen von der unaufhebbaren Körperlichkeit. Weibliche Mystik grenzt den menschlichen Leib nicht aus, auch gerade dort nicht, wo von den tiefsten Erfahrungen gesprochen wird, trotz der Zurückhaltung, die Mechthild an den Tag legt. Beinahe ängstlich vermeidet sie es, ihre Leibgeschlagenheit öffentlich zu machen, sie zur Schau zu stellen. Ihre Herzverwundung bleibt unentdeckt bis zu ihrem Tod.

Auch die Forderungen Eckarts an den mystischen Akt erfüllen die Frauen, wenn auch auf eigentümliche Weise, wie z.B. Sophia von Klingnau zeigt:

> *Und während ich las, da sah ich ein Licht vom Himmel kommen, das war unmäßig schön und wonniglich, und es umgab mich und durchleuchtete und durchglänzte mich vollkommen, und mein Herz wurde verwandelt und erfüllt mit einer unsäglichen und ungewöhnlichen Freude, daß ich ganz und gar allen Widerstand vergaß ... Und in dem Licht, und in den Freuden sah ich und empfand ich, daß mein Geist aufgenommen wurde von dem Herzen und geführt wurde von dem Mond in der Luft; da ward mir gegeben, daß ich meine Seele lauter und eigentlich sah mit geistlichem Gesicht, denn mit leiblichen Augen hatte ich niemals solch ein Ding gesehen, und mir wurde ihre Gestalt, ihre Zierde und Schönheit vollkommen gezeigt ...*
> (Leben, S. 57)

In diesem ungewöhnlichen Selbstzeugnis wird einiges sichtbar von den tiefsten Anliegen der mystischen Frauen. Sophia erlebt in dieser Lichtvision die Erleuchtung ihrer eigenen Persönlichkeit. Nichts Rätselhaftes bleibt mehr, der Körper in seiner Erdenschwere, behaftet mit körperlichen Gebrechen und kreatürlichen Bedürfnissen stört nicht mehr, die Seele mit ihren Leidenschaften, ihren Wünschen und Begierden, ihren unversöhnlichen Affekten ist überwunden; eine Erfahrung wird erreicht, in welcher die Persönlichkeit alles Fremde, Störende und Zerstörerische hinter sich gelassen hat und sich in absoluter Transparenz darbietet; das ist nicht mehr die »Privatseele« Sophias, sondern eine Art der Selbsterfahrung, die alles Persönlich-Begrenzte aufgehoben hat in einem Akt geistiger Selbstanschauung. Nicht Vernichtung, sondern Durchsichtigkeit der Persönlichkeit, das ist das mystische Vermächtnis Sophias und damit auch ein besonders geglücktes Zeugnis der Mystik überhaupt.

Adelheid Langmann

Mystisches Leben hat sich jedoch nicht nur in zahlreichen Nonnenviten niedergeschlagen, sondern begeisterte Frauen sind auch mit bedeutenden Einzelschriften hervorgetreten, so die Nürnberger Patriziertochter Adelheid Langmann (1312–1375). Mit dreizehn Jahren wird sie mit einem jungen Mann verheiratet; während der Trauung

Vom Kindlein – Mystik der Dominikanerinnen

stirbt der Bräutigam. Sie überlegt, ob sie in das Kloster Engelthal eintreten soll, ist jedoch unschlüssig. In einer Vision erfährt sie, was sie tun soll.

»Weder Pfaffe noch all die, die in der Kirche sind, können dir helfen«,[41] muß sie sich sagen lassen, ein Zeichen, wie wenig die ordentlichen Autoritäten der Kirche zu respektieren waren. Adelheid entscheidet sich schließlich, alle Freundschaften aufzukündigen, sich nicht um Leib und Gut ihrer Verwandten und Bekannten zu kümmern, was anzeigt, wie wenig ihr die »natürlichen« Lebensordnungen bedeuteten. Was ihr tatsächlich im mystischen Erlebnis widerfährt, ist eine Aufhebung der eindeutigen Rollen, die eine Frau im bürgerlichen Stand auszufüllen hatte. Jesus erscheint ihr gleichzeitig als Vater, Bruder und Gemahl, sie selbst sieht sich gleichzeitig als Kind, Schwester und Braut.[42] So vereinigt sie auf mystische Weise all die Rollen, welche im normalen Leben getrennt sind. Es ist ein »hohes Leben«[43], dem sie sich weiht, was sie allerdings nicht hindert, im Siechenhaus zu arbeiten, als Zirklerin zu fungieren und die klösterliche Schulbank zu drücken, wobei Jesus ihr beim Lesenlernen behilflich ist. In ihren Visionen reagiert sie mitunter empfindlich ja eifersüchtig. So argwöhnt sie einmal, Maria könnte sich wie eine böse Schwiegermutter gegen sie stellen. Oder sie beklagt sich eindringlich, als ihr statt des geliebten Jesus nur ein Engel bzw. der Lieblingsjünger Johannes erscheint. Sie beharrt auf der Anwesenheit ihres Geliebten[44] und hört beseligt zu, wie Jesus ihr seine Liebesleidenschaft bekundet; er bestätigt, sie habe ihn in ihrer Kemenate gefangen, und wehe, wenn sie entdeckt werden sollten, dann drohe ihnen beiden sicher der Tod. Einer illegalen, heimlichen Verbindung ähnelt also die mystische Liebesbeziehung. Der Geliebten Mund schmeckt nach Rosen und ihr Leib nach Violen, mystische Küsse werden getauscht, sie läßt sich am Hochzeitsbett nieder, und ihr Geliebter schaut ihr tief in die Augen. Auch auf mystische Mutterfreuden braucht sie nicht zu verzichten. Der geliebte Christus mutiert in die Gestalt eines Kindes, das an ihrer Brust gesäugt wird.[45]

Daneben wird Adelheid von Angstvisionen heimgesucht, wenn Nattern und Schlangen an ihr emporkriechen. Es ist das Kind, das diese Ausgeburten der Angst verschwinden läßt.[46] Was manchmal auf den ersten Blick allzu idyllisch-verspielt erscheint, entstammt in Wirklichkeit einem dunklen Lebenshintergrund. Mitunter bricht die Realität in die Offenbarungen ein, vor allem, wenn sich selbstmordgefährdete Menschen an sie wenden, welche sie aus Depressionen befreit; einem potentiellen Selbstmörder vermag sie sogar zur Gnade des Jubilus zu verhelfen.[47] Wir erfahren auch einiges über die Notlage des Klosters Engelthal, das sich kaisertreu verhielt und deshalb 1344 mit dem kirchlichen Interdikt überzogen wurde. Adelheid nimmt an Prozessionen teil, um den Wirren der Zeit entgegenzutreten: Hungersnöte, Überschwemmungen, Erdbeben. Das benachbarte Nürnberg wird 1342 von einer großen Feuersbrunst heimgesucht; vierhundert Häuser versinken in Asche, ein harter Winter folgt. Unter diesen Bedingungen persönlicher und öffentlicher Not macht Adelheids Mystik einen merkwürdig gelösten Eindruck. Es gelingt ihr, aus reiner Innenerfahrung heraus einen Freiraum zu schaffen, in welchem festgefügte Hierarchien und konventionelle gesellschaftliche Lebensordnungen ins Wanken geraten; das erlebende Subjekt dagegen erhält seine Kraft aus der Schöpfung einer mystischen Gegenwelt.

Margareta Ebner von Medingen

Der Eindruck mag sich festsetzen, als ob den Frauen an einem doppelten Rückzug gelegen hätte: Abwendung von der Welt und Hinwendung zu einer ganz persönlichen Innenerfahrung. Als ob sie in sich selbst verglühen möchten, so erscheinen die Dominikanerinnen in ihrer Beschränkung auf sich selbst. Doch dann begegnet uns jene Margareta Ebner, die im Jahre 1291 in Donauwörth geboren wurde und mit fünfzehn Jahren in das Dominikanerinnenkloster Medingen – nicht weit von ihrer Heimatstadt – eintrat. Sechs Jahre später verfiel sie in eine schwere Krankheit, die sie selbst als eine »große und verborgene« bezeichnete.[48] Von 1314 bis 1326 war sie nach eigenem Zeugnis jeweils mehr als die Hälfte des Jahres bettlägerig. Wenn sich mystische Erfahrung und Krankheit aufs engste verbinden können, dann ist Margareta dafür ein markantes Beispiel. Ohne

Zweifel war sie eine kranke Frau; woran sie litt, ist mit Hilfe einer heutigen Diagnose allerdings nur schwer auszumachen. Herzbeschwerden, Atemnot, zeitweise Erblindung, stupuröse Starrkrämpfe – also offensichtlich die Symptome eines neurotischen Krankheitsbildes, unterbrochen von tagelang anhaltenden Lach- und Weinanfällen.

Doch wichtiger als die Krankheiten selbst sind ihr Umgang mit ihnen. Sie lernt es, die Macht ihrer Krankheit zu akzeptieren, ohne daß sie geheilt wäre. Erst mit Einsetzen der Wechseljahre scheint sich ihr Zustand dann gebessert zu haben. Trotz alledem kann Margareta ihre Krankheit sehr genau beschreiben und auch ihre z.T. sehr konkreten Erfahrungen. Als z.B. die Reichsinsignien nach Medingen zur Aufbewahrung gelangen, fühlt sie das heftige Verlangen, diese anzuschauen, doch eine innere Stimme hält sie davon ab und weist sie darauf hin, ihr Platz sei einzig und allein am Tabernakel im Chor der Kirche,[49] eine offensichtliche Kritik daran, sich nicht zu eindeutig politisch zu engagieren. Denn Margareta ist eine entschiedene Anhängerin des gebannten Kaisers Ludwig von Bayern. Ansonsten die Erfahrungen, die auch von anderen Mystikerinnen bekannt sind: Manchmal fühlt sie sich euphorisch wohl; dann scheint ihr Herz die ganze Weite der Welt in sich zu fassen. Oder ein Gefühl der Leichtigkeit allen Seins durchseelt sie, als ob sie den Himmel auf Erden hätte. Und auch im Schlaf fühlt sie Beglückendes, wenn der »Herr mit (ihr) im Schlafe scherzte«. Das muß sie derart erregt haben, daß ihr »etwas körperlich Mißstimmendes widerfuhr«.[50]

Grausamkeiten kann sie nicht ertragen. Sie weint, wenn die Dienstmädchen gescholten werden; unerträglich ist es für sie, wenn das Vieh geschlagen wird. Als eine ihr sehr verbundene Schwester todkrank daniederliegt, übernimmt sie die Krankheit der Leidenden. Die Freundin stirbt und Margareta verfällt in eine schwere Depression.[51] Daneben nicht ganz uneitle Anwandlungen: Jedes Kreuzlein, das ihr vor Augen kommt, hängt sie sich um, sogar vor frommem Diebstahl schreckt sie nicht zurück.[52]

Mit alledem bleibt Margareta in der Erfahrungswelt der Dominikanerinnen. Im Jahre 1344 ermuntert Heinrich von Nördlingen, jener Übersetzer der Offenbarungen der Mechthild von Magdeburg,

Margareta, ihre Visionen und Erfahrungen aufzuschreiben – ein Zeichen für die Wirkung der Frauenmystik weit über die engen Klostermauern hinaus. Ein reger Briefwechsel begleitet die Niederschrift. In Heinrichs Briefen an sie wird die Mystikerin von vielen Frauen gegrüßt, aus Nördlingen, Basel und Straßburg, sogar zur Königin Agnes von Ungarn werden Kontakte geknüpft. Besonders attraktiv war für die Korrespondentinnen aber vielleicht gerade dies: die Ansprache der Gefühle, die mystische Sinnlichkeit, der Rückzug in eine fromme Innenwelt. Man hatte Visionen, die nachvollziehbar waren, man bedachte die Kindheit Jesu, man litt an sich und der Welt, doch man pflegte eine bewältigende Kunst des Leidens, man unterwarf sich den Ordnungen der Kirche, erkämpfte sich jedoch einen Freiraum des inneren Erlebens.

9 GRENZERFAHRUNGEN –
ANGELA VON FOLIGNO

Die mystische Frauenbewegung war eine gesamteuropäische Erscheinung. Das hat als erster Jakob von Vitry erkannt. Als er 1216 in Italien weilte, beobachtete er auch hier zahlreiche religiöse Frauen, die ebensowenig wie in Belgien, den Niederlanden und Deutschland von den bestehenden und zugelassenen Orden und Klöstern integriert wurden.[1] Dazu kam, daß Franz von Assisi sich weigerte, Frauen in seinen Orden aufzunehmen. Frauen als Hörer der Bußpredigt, das konnte angehen, Frauen als wandernde und bettelnde Bußpredigerinnen, das war für ihn wie für die päpstliche Kurie einfach undenkbar. Das Frauenverbot wäre vielleicht durchgesetzt worden, wenn es nicht die Ausnahme der Clara von Assisi gegeben hätte, die das Kloster St. Damian vor den Toren Assisis mit dem Einverständnis des hl. Franz gründete, Ausgangspunkt für den weiblichen Ordenszweig der Franziskaner, den Klarissenorden.[2]

Doch schon unabhängig von Clara und Franz hatten sich überall in Italien Gemeinschaften gebildet, getragen von Frauen aus dem Laienstand, die sich an die Lebensregeln der Franziskaner und Dominikaner anlehnten. Man nannte sie Terziarierinnen. Unter ihnen finden sich viele, die kaum den strengen Eintrittsbedingungen für ein Kloster genügt hätten, etwa jene Margarete von Cortona,[3] die jahrelang in einer nichtlegalisierten Gemeinschaft mit einem Liebhaber lebte. Dieser wurde eines Tages ermordet aufgefunden, daraufhin änderte Margarete ihr Leben vollständig. Sie wurde eine Terziarierin. Auch Clara von Rimini – aus einer reichen Familie stammend – war keine Heilige.[4] Bis zu ihrem vierunddreißigsten Lebensjahr lebte sie recht freizügig, dann kam es zur Konversion. Sie stiftete ein Kloster für die Klarissen, durfte in ihm aber nur als Laienschwester wohnen.

Andere Frauen waren verheiratet wie etwa Francesca Romana,[5] welche die »karitative Oblatengemeinschaft« gründete. Dieser stand sie nach dem Tod ihres Mannes vor. Helena von Udine[6] widmete sich erst einmal siebenundzwanzig Jahre ihrer kinderreichen Familie, und auch Michelina von Pesaro[7] mußte erst Witwe werden, bis sie sich ihrer religiösen Leidenschaft zuwenden konnte. Sie unternahm eine Reise ins Heilige Land. Maria Manchini[8] heiratete sogar zweimal, bis sie unter dem Einfluß der Caterina von Siena in ein Kloster eintrat. Auch Ludovica Albertoni[9] konnte sich erst nach dem Tod ihres Mannes der mystischen Bewegung anschließen.

Wir lernen auch politische Köpfe der Frauenbewegung kennen, etwa Ursulina Venerii,[10] die Papst und Gegenpapst besucht, um das unheilvolle Schisma der Kirche überwinden zu helfen. Sie stirbt schließlich – aus ihrer Heimatstadt Parma verbannt – im fremden Verona. Organisatorische Begabung zeigen Columba von Rieti,[11] die ein Dominikanerinnenkloster in Perugia baut, Stefana Quinzani,[12] die in Soncino ein Kloster gründet, und Agnes von Montepulciano;[13] diese erbaut sogar zwei Klöster und kann sich rühmen, schon als Fünfzehnjährige einem Kloster vorzustehen.

Viele der Frauen verfügten über eine beträchtliche Bildung und widmeten sich neben ihrem religiösen Anliegen auch humanistischen Studien. Caterina von Bologna[14] dichtet, komponiert und malt, Eustochia Calafati[15] schreibt ein Traktat über das Leiden Christi, Osanna von Mantua[16] verfaßt ein Libretto. Veronica von Binasco[17] lernt gerade das Lesen, als ihr ein weißer, schwarzer und roter Buchstabe erscheint, aus denen sie das Mysterium der Reinheit und Leidensfähigkeit herausliest. Sie alle überragt Camilla Battista Varani,[18] eine Renaissanceprinzessin aus der Region Ancona. Diese erhält eine exzellente Ausbildung, lernt reiten, tanzen und Viola spielen, liest Dante und nimmt an philosophischen Disputen teil. Eine Jugendliebe zu einem Sänger scheitert am unüberbrückbaren Standesunterschied. Alles scheint sie zu besitzen, doch eine tiefe Schwermut durchzieht ihr verwöhntes Leben. Nach schweren Auseinandersetzungen mit dem Vater erhält sie die Erlaubnis, in ein Kloster in Urbino einzutreten. Trotzdem gelingt es dem Vater, die Ablegung der Profeß immer wieder hinauszuschieben. Erst nach zwei Jahren

Grenzerfahrungen – Angela von Foligno

kann Camilla das Gelöbnis ablegen. Unmittelbar nach dem Klostereintritt fällt sie in eine schwere Krankheit. Kaum genesen, dichtet sie dann die wunderbaren Stanzen:

Wo ich auch weile, eins nur kann ich denken:
Wer gibt mir Frieden für mein armes Herz?
In harten Fesseln soll ich mich verrenken,
Und allen meinen Schritten folgt der Schmerz.
Ich möchte in der Erde Luft mich senken,
Mein Sinnen, Minnen drängt mich erdenwärts:
Und doch, ich weiß, ich kann allein erwarmen
An einer Stätte, Herr, – in deinen Armen.[19]

Wenn wir diese Verse Camillas lesen und ihre Vermählung mit dem himmlischen Bräutigam bedenken, so scheint die Option für die »himmlische« Hochzeit auch ein Akt der Rebellion gewesen zu sein, durchgesetzt gegen die harten Forderungen ihres Vaters.

All diese Frauen, auch die vielen nicht genannten, widmen sich der Mystik, jede auf ihre Weise, mit unterschiedlichem Temperament. Francesca Romana weiß von zweiundneunzig Visionen zu berichten, Johanna von Orvieto[20] und Aldobrancesca von Siena[21] fallen in spektakuläre Ekstasen, Helena Enselmini[22] verbindet sich während einer langen Krankheit mit dem Leiden Christi, Emilia Bicchieri[23] glaubt die Dornenkrone auf ihrem Haupt zu tragen.

Eine der eindrucksvollsten Frauen dieser Bewegung, eine leidenschaftliche, ja abgründige Mystikerin, ist Angela von Foligno (1248–1309). Sie war eine verheiratete Frau, Mutter vieler Kinder – die genaue Zahl ist unbekannt; sie entstammte dem Adel, besaß ein Schloß. Weltliches Leben – schmuckvolles Repräsentieren, Mitverwalten von Besitztümern, Reichtum, Ehestand und Familie – war für sie selbstverständlich. Aber Angela wohnte in Foligno, im Tal von Spoleto – drei Wegstunden entfernt von Assisi. Auch hier hatte die Armutspredigt des Franz von Assisi die Menschen aufgewühlt, auch hier hatte die radikale Nachfolge des »armen« Jesus an Boden gewonnen. Franziskus muß Angela tief beeindruckt haben, obwohl wir nicht genau sagen können, wann, wie und warum sie sich bekehrte. Eindrucksvoll ist die Radikalität ihrer Bekehrung, wenn wir uns den Bruch mit ihrer bisherigen Lebensweise deutlich machen. Was mußte es für eine Adlige bedeuten, alle familiären, dynastischen und sozialen Barrieren zu durchbrechen, um in die Armutsnachfolge einzutreten! Angela war tief gequält und suchte eines Tages einen Franziskanermönch in Spoleto auf, um ihm die innere Zerrissenheit ihrer Seele zu offenbaren. Der Mönch Arnaldus ist seitdem der Beichtvater Angelas und findet sich bereit, ihre mystischen Erfahrungen aufzuzeichnen. Doch Angela hatte nicht nur mit ihren mystischen Visionen zu ringen, es fehlen ihr die Worte, die Tiefe ihrer Erfahrungen verständlich auszusprechen. Arnaldus hat in einer Vorrede zum Visionsbuch der Angela die »sprachlose« Zeugenschaft folgendermaßen beschrieben:

Denn als jene heilige Frau mir die göttlichen Geheimnisse zu offenbaren begann, sagte sie mir gar wunderbare Dinge von der Welt, und zwar in anderen, ungewohnten, großen, ergreifenden und lichtvollen Ausdrücken, und oft konnte sie sich gar nicht aussprechen, obgleich sie nur durch das, was sie sagte, einiges Verständnis gab [von dem, was sie sagen wollte], und sie ward verwirrt und traurig, weil sie mir das Erschaute nicht mitteilen konnte; und auch ich konnte bisweilen von dem, was sie nur zum Aufschreiben sagte, so wenig begreifen, daß ich mir vorkam wie eine Futterschwinge oder ein Sieb, welches die kostbare Substanz verschüttet und die gröbere zurückbehält. Es ist aber einigermaßen begreiflich, daß ich von jenen göttlichen Worten nur die gröberen fassen konnte; denn wenn ich gerade so schrieb, wie ich es aus ihrem Mund vernahm und ihr dann das Geschriebene zur Verbesserung vorlas, sagte sie manchmal ganz verwundert, daß sie es nicht mehr erkenne. Und ein anderes Mal sagte sie: »Ich rede ganz fade«, und verwunderte sich darüber. Und wiederum: »Das erinnert mich an das, was ich gesagt habe, aber es ist dunkel niedergeschrieben, denn was du mir vorliest, drückt das nicht aus, was ich erkannt habe.« Und wiederum ein anderes Mal sagte sie: »Das Schlechtere und was nichts ist, hast du geschrieben.« Und das geschah ohne Zweifel oft wegen meiner Schwachheit; nicht weil ich von dem meinen hinzutat, sondern weil ich aus Unvermögen das, was sie sagte, wirklich nicht begreifen konnte, und weil ich nicht schnell genug schreiben konnte oder keine Gelegenheit oder bisweilen keine Zeit hatte oder wegen mancherlei

Hindernissen nicht mit ihr sprechen konnte. Manchmal war ich beim Schreiben ungeordnet in meinem Gewissen, und dann ging mir und ihr alles verloren, weil ich nichts in der Ordnung schreiben konnte ... Ich habe aber wegen ihrer Verdienste bei dem häufigen Schreiben eine geistliche und neue Gnade in mir erfahren, die ich niemals erfahren hatte, und darum schrieb ich mit großer Scheu und Ehrfurcht, so daß ich von dem meinen nichts hinzutat, nicht einmal ein einziges Wort, und oft ließ ich mir ein einziges Wort, das ich schreiben mußte, mehrere Male von ihr wiederholen... (Gesichte, S. 6 ff.)

Dieser Bericht offenbart nicht nur hohe Authentizität, sondern zeigt auch sehr plastisch die Ausdrucksnot Angelas, die sie mit anderen Mystikerinnen (und Mystikern) teilt, jedoch auch die Schreibnot des priesterlichen Zeugen. Die innere Schau, die innere Erfahrung widersetzen sich offenbar einer endgültigen und eindeutigen schriftlichen Fixierung. Dennoch, Angela verfällt nicht in brütendes Schweigen, verdämmert nicht in der Zerrissenheit einer unglücklichen Seele, sondern ringt sich immer wieder zu einer äußerst präzisen Beschreibung ihrer Erfahrungen durch. Unsagbarkeit und Präzision vereinigen sich auf paradoxe Weise.

Angela zwingt sich dazu, ihre mystische Überwältigung, ihren mystischen Weg der Selbsterfahrung und Selbstvergewisserung in achtzehn Stationen darzustellen. Ausgehend von der Sündenerkenntnis, der Beichte und der Praxis der guten Werke gelangt sie über die Reue aus Furcht zur Reue aus Liebe, um sich durch die Versenkung in das Kreuzesleid Jesu in eine tiefe Bußgesinnung versetzen zu lassen. Sie möchte allen Gütern entsagen, auch wenn ihr das schwerfällt:

Und ich fing an abzulegen die Tücher und Kleider, und mit den feineren Speisen und der Kopfbedeckung tat ich dergleichen. Und es kostete mich das noch viel Scham und Mühe. (Gesichte, S. 26)

Es bestätigt sich die alte Lebensweisheit, daß der schwerer zum Verzicht kommt, der viel hat, als derjenige, der wenig besitzt, und Angela hatte sich vorgenommen, ihre gesamte adlige Existenzweise aufzugeben. Besonders hemmend hat sich allerdings die Bindung an ihre Familie ausgewirkt; in der Beschreibung des neunten Läuterungsschrittes kommt es zu folgender erstaunlichen Bemerkung:

... Ich empfand noch nicht viel von der Liebe Gottes und lebte noch mit meinem Mann. Daher fiel es mir schwer, wenn mir eine Beleidigung gesagt oder angetan wurde. Doch ertrug ich es geduldig, wie ich konnte. Es geschah aber durch Gottes Willen, daß in jener Zeit meine Mutter starb, die mir ein großes Hindernis war auf dem Wege Gottes, und gleichermaßen starben mein Mann und alle meine Kinder in kurzer Zeit. Und weil ich den Weg des Kreuzes betreten und Gott gebeten hatte, mich von ihnen frei zu machen, schöpfte ich aus ihrem Tod großen Trost. Obgleich ich ihnen etwas nachtrauerte, so dachte ich doch, daß, weil Gott mir diese Gnade erwiesen hatte, fortan mein Herz immerdar im Herzen Gottes sein werde und in seinem Willen, und der Wille Gottes und sein Herz in meinem Herzen. (Gesichte, S. 26 f.)

Angela hat um den Tod von Mann und Kindern gebetet, damit sie in der franziskanischen Armutsnachfolge leben kann. Sie hat den Tod ihrer nächsten Angehörigen herbeigesehnt, um sich einer radikalen Kreuzesnachfolge widmen zu können. Ist diese Handlungsweise zu rechtfertigen? Bekundet Angela nicht eine extreme Form von »Heilsegoismus«, wenn sie Gott dankt, daß er ihr Tötungsgebet erhört hat? Die Frage ist vom Standpunkt einer verbürgerlichten Religion kaum angemessen zu beurteilen. Was verwerflich scheint, erweist sich aus religiöser Perspektive als Ausdruck einer Leidenschaft, die alle gesellschaftlichen und moralischen Wertsetzungen aufgibt, um allein Gott zu genügen. Man mag sich an Abraham erinnern, der bereit ist, seinen Sohn Isaak zu opfern; und der Gott der Christen gibt seinen Sohn am Kreuz hin. Mit bürgerlichen Wertvorstellungen, die auf gesellschaftliche Anerkennung ausgerichtet sind, hat diese Leidenschaft nichts gemein. Im Gegenteil:

Ich erhielt die Einsprechung, daß, wenn ich zum Kreuze kommen wolle, ich mich aller Dinge entäußern müsse, um leichter und freier zu sein, und so sollte ich zum Kreuze hingehen. Ich sollte nämlich verschonen alle meine Beleidiger, von mir abtun alles Irdische, alle Männer und Frauen, alle Freunde und Verwandte und alle anderen, und all mein Besitztum und mich selbst, und mein Herz Christus schenken, der all jene großen Güter mir verliehen hat, und wandeln den Dornenweg, der Trübsal nämlich. (Gesichte, S. 26)

Grenzerfahrungen – Angela von Foligno 223

Angela hat den franziskanischen Aufruf radikaler verstanden als Franziskus selbst, denn er hatte »nur« seine Familie und Freunde verlassen und auf eine sozial anerkannte Stellung verzichtet. Angela geht einen Schritt weiter, wenn sie ihren Angehörigen den Tod wünscht. Ist die Radikalität ihres Befreiungswunsches vielleicht aus der Tatsache zu erklären, daß für sie als Frau keine andere Lösung aus dem Geflecht sozialer und familiärer Beziehungen möglich war? Der Hinweis auf die hl. Rita von Cascia (1360–1434) gibt keine Antwort.[24] Diese wurde durch ihre Eltern mit einem Mann verheiratet, der durch Mörderhand starb. Rita betete daraufhin zu Gott, er möge ihre Söhne töten. Dieser Tötungswunsch einer Mutter hatte jedoch einen nachvollziehbaren Grund: Sie wollte ihre Söhne an der Ausübung der Blutrache hindern. Bei Angela bleiben alle Begründungen »unvernünftig«, wenn wir nicht als tiefstes Motiv ein aus religiöser Leidenschaft erwachsenes Verzichtsideal ansetzen, das auch die Schranken von Gatten- und Mutterliebe durchbricht.

Ihre Zeitgenossen haben das »Unmoralische« ihrer Leidenschaft wohl gespürt, denn immer wieder berichtet Angela von erfahrener Schmach und von Beleidigungen. Sogar die mit ihr sympathisierenden und von ihr zu Rate gezogenen Franziskanerbrüder wollten sie daran hindern, »sich aller Dinge gänzlich zu entäußern«.[25] Vielleicht war ihnen eine adlige Gönnerin lieber als eine Frau, die rigoros ernst machte mit der Armutsnachfolge. Vielleicht spürten sie jedoch auch, welche sozial gefährlichen Tendenzen in der radikalen Frömmigkeitspraxis Angelas lagen. Es war eben ein Unterschied, ob Frauen sich dazu entschlossen, erst gar nicht in ein weltliches Leben einzutreten, sondern aus einer bisherigen Lebensform einfach »auszusteigen«.

Angelas mystische Erfahrungen beschäftigen sich in fast ausschließlicher Weise mit der Gestalt Jesu. Damit nimmt sie franziskanische Erfahrungen auf, in deren Zentrum der arme und leidende Jesus stand. Angela gibt dieser Erfahrung eine Richtung, die wir bei franziskanischen Mönchen nicht beobachten:

Im vierzehnten [Stadium] erschien mir, wo ich im Gebet war, Christus klarer und gab mir größere Erkenntnis von sich, rief mich zu sich und sagte mir, ich sollte meinen Mund an seine Seitenwunde legen. Und es schien mir, als täte ich das und tränke das frisch aus seiner Seite rinnende Blut, und es ward mir die Einsicht, daß er in demselben mich reinige, und ich schöpfte daraus großen Trost, obgleich die Betrachtung seines Leides mir Traurigkeit verursachte. Und ich bat den Herrn, er möge mich aus Liebe zu ihm all mein Blut vergießen lassen, gleichwie er für mich getan hat, und um seiner Liebe willen wünschte ich, daß alle meine Glieder Qual und Tod litten, schmählicher und bitterer, als sein Leiden war. Und ich überlegte und verlangte, jemanden zu finden, der mich töte, wenn ich nur den Tod erduldete um seines Glaubens oder seiner Liebe willen, und fände ich einen, so wollte ich ihn bitten, mir die Gnade zu erweisen, daß er, weil Christus am Holze gekreuzigt wurde, mich an einem Felsen kreuzige oder an einem ganz gemeinen Ort oder an einem ganz gemeinen Ding. Aber ich erkannte, daß ich nicht zu sterben verdiente, wie die heiligen Märtyrer gestorben sind; denn ich verlangte, eines schmählichen und bitteren Todes zu sterben. Und ich konnte mir keinen so verächtlichen und dem Tode der Heiligen so unähnlichen Tod denken, wie ich wünschte; denn ich achtete mich ihres Todes ganz und gar unwürdig. (Gesichte, S. 31 f.)

Befremdlich erscheinen diese Blutmystik und Angelas Leidensenthusiasmus, mit dem sie das Leiden Jesu und der Märtyrer überbieten möchte. Obwohl Angelas Erfahrungen im Medium visionärer Phantasie begrenzt bleiben, ist das Bild der die Seitenwunde aussaugenden Angela ein bestürzendes Glaubenszeugnis, dessen Extremismus auch dadurch nicht gemindert wird, daß es der lebende, d. h. auferstandene Christus ist, der Angela zur »blutigen« Vereinigung einlädt. Wäre es der tote Jesus, so grenzte ihr Verhalten an eine »nekrophile« Verfehlung, bei der es um den Genuß von Leichenblut ginge. Besonders erschütternd muß wirken, daß Angela ihre Erfahrung kraß und unzweideutig schildert. Weder die traditionellen Bilder der Liebesmystik noch die Erfahrung einer vergeistigten Liebesminne mildern die Drastik des Blutgeschehens – ein Zeichen, daß Angela an einen Grenzbereich menschlicher Erfahrung gestoßen ist. Sie deutet das selbst an, wenn sie zugibt, sich kein Leiden ausdenken zu können, das dem Leiden Jesu oder der Märtyrer überlegen wäre.

Ein Blick in die biblische Geschichte ist nötig, um diese Erfahrung

Grenzerfahrungen – Angela von Foligno 225

Angelas in einem ungewohnten Zusammenhang zu bedenken und zu verstehen. Drei Evangelisten berichten in der Kreuzigungsgeschichte übereinstimmend vom Sterbensschrei Jesu. Doch dieser Schrei, der die Qual des Leidens und der Verlassenheit aufs schrecklichste bekundet, war den Evangelisten in seiner Direktheit offensichtlich unerträglich, und jeder von ihnen hat den unartikulierten Schrei Jesu in Worte übersetzt; allerdings in jeweils andere. Markus und Matthäus haben gemeinsam: »Mein Gott, mein Gott, warum hast du mich verlassen?«[26] Lukas jedoch überliefert nicht diese Worte, bei ihm spricht Jesus: »Vater, ich befehle meinen Geist in deine Hände.«[27] Mit diesen Worten wird der Leidensschrei Jesu offensichtlich abgemildert. Noch in den letzten Worten siegt das Gottvertrauen Jesu über die kreatürliche Qual. Der Evangelist Johannes jedoch läßt Jesu sagen: »Es ist vollbracht.«[28] Damit erscheint Jesus nicht mehr als der qualvoll Leidende, sondern als der siegreiche Gottessohn, der sein Heils- und Erlösungswerk vollendet hat. Johannes überliefert deshalb auch nichts vom fürchterlichen Leidensschrei, das hätte zu seiner »verklärten« Jesuskonzeption nicht gepaßt.

Die biblischen Leidensberichte weisen eine Tendenz auf, den schrecklichen Leidensweg Jesu zu mildern. Angela jedoch – und daher diese Überlegungen – geht den entgegengesetzten Weg. Sie besinnt sich visionär auf die Härte des Kreuzigungsgeschehens, dieses scheint der tiefste Impuls für ihre außergewöhnlichen Erfahrungen zu sein. Ihr visionäres Sinnen und Trachten ist ganz darauf ausgerichtet, die furchtbare Leidenserfahrung Jesu zu erleben. Es ist ihr nicht genug, Jesu Erleiden des Verbrechertodes, der Gottes- und Menschenverlassenheit in traditionellen theologischen Vorstellungen nachzuvollziehen, sie begnügt sich nicht damit, den Tod Jesu als Opfertod, sein vergossenes Blut als das Erlösungsblut der Vergebung, seine Hinrichtung als Verklärung zu begreifen, sondern sie begibt sich gleichsam ganz persönlich hinein in die Leidenswunden Jesu.

Angela hat die Einzigartigkeit ihres Erlebens durchaus gespürt, aber nicht für sich allein reserviert. In einer Vision schaut sie, wie ihre Mitschwestern ebenfalls diesem Erlebnis zustreben:

Während ich nun so dastand, ganz versenkt in diesen Schmerz, siehe, da erschien plötzlich um den Gekreuzigten eine Menge meiner geistlichen Kinder, die sich der Predigt und Nachfolge der Armut, Verachtung und Leiden des Gekreuzigten geweiht hatten. Der hochgepriesene Jesus rief sie einzeln zu sich, zog sie zu sich heran und umarmte sie mit so großer Liebe, um sie die Seitenwunde küssen zu lassen, indem er mit seinen Händen ihr Haupt an sich zog und an seine Seite drückte, daß die Freude über diese so innige Liebe gegen sie mich allen Schmerz vergessen ließ. Es war aber in der Annäherung eine Stufenfolge unter ihnen; denn einige ließ er öfter zum Kusse derselben zu, andere drückte er mehr oder minder fest wider dieselbe an, andere wiederum schien er ganz darin zu versenken: und ihre Lippen waren gefärbt von dem rötlichen Blut, welches bei einigen auch die Wangen und das ganze Angesicht schmückte nach der oben angegebenen Stufenfolge ... (Gesichte, S. 167ff.)

Die Teilhabe der Schwesterngemeinschaft hebt jedoch die Exklusivität ihrer Erfahrung nicht auf. Angela ist durchaus vom Bewußtsein ihrer Erwählung durchdrungen:

Endlich vernahm ich durch Gottes Erbarmen folgenden Zuspruch: »Meine Tochter, Vielgeliebte des allmächtigen Gottes und aller Heiligen des Himmels, Gottes Liebe ruht auf dir, und er liebt dich mehr als irgendein Weib im Tale von Spoleto ... Meine Tochter, du meine Süßigkeit! Meine Tochter und meine Ergötzung! Liebe mich, denn auch ich liebe dich gar sehr, weit mehr als du mich liebst.« Und sehr oft sprach er zu mir: »Du meine Tochter und süße Braut!« Und fügte dann hinzu: »Ich liebe dich mehr als irgendeine andere im Tal von Spoleto.« (Gesichte, S. 60f., 182)

Angela hat also ihr Erleben als bräutliche Vereinigung mit Christus beschrieben. Sie nimmt Bilder auf, die dem *Hohenlied* entstammen und die sich in mystischen Frauenkreisen besonderer Beliebtheit erfreuen; doch auch hier gilt, daß Angela alle bis dahin bekannten Erfahrungen bis an die Grenze des Anstößigen steigert:

Ein andermal betrachtete ich den großen Schmerz, den Christus am Kreuz erduldete, und die Nägel, welche, wie mir gesagt worden war, Fleisch aus seinen Händen und Füßen in das Holz hineingetrieben hatten, und ich wünschte wenigstens jenes wenige vom Fleische

Christi zu sehen, welches die Nägel hineingetrieben hatten. Da empfand ich so großen Schmerz über dieses Leiden Christi, daß ich nicht mehr auf meinen Füßen stehen konnte. Und ich neigte mein Haupt und setzte mich und sah Christum sein Haupt über meine Arme, welche ich auf der Erde ausgebreitet hatte, niederbeugen, und er zeigte mir seinen Hals und seine Arme. Alsbald aber ward meine frühere Traurigkeit in eine so große Freude und eine von den anderen Freuden so verschiedene verwandelt, daß ich nichts sah und nichts empfand, als nur dieses. Die Schönheit seines Halses aber übersteigt alle Beschreibung. Und ich erkannte, daß diese Schönheit ein Ausfluß seiner Gottheit war; nichts aber ward mir gezeigt als jener schöne und süße Hals. (Gesichte, S. 125f.)

Angela erlebt offensichtlich eine Glückserfahrung, in welcher sich tiefster Schmerz mit höchstem Lustempfinden vereinigt, die dann in erfüllte »Empfindungslosigkeit«, ein merkwürdig schwebendes Glücksgefühl umschlägt – Angela scheut sich nicht, das Glück der Lust körperlich-mystisch zu beschreiben.

Vergessen wir nicht, daß nach der kirchlichen Lehre körperliches Lustempfinden vehement bekämpft wurde, auch in der Ehe. Die *cupiditas*, die Begierde, war mit dem Makel der Erbsünde behaftet und sollte durch eine von Enthaltsamkeit geprägte Ehepraxis zurückgedrängt werden. Wir wollen damit nicht behaupten, daß der kirchliche Kampf gegen die Lust siegreich gewesen wäre, die Verbissenheit der kirchlichen Verlautbarungen spricht eher für das Gegenteil. Denkwürdig bleibt jedoch, daß es eine Frau wagte, die offiziell geächtete Lust mystisch zu rehabilitieren. Daß die Aussprache solch unerhörter Erfahrungen bei Angela mit schweren seelischen Kämpfen einhergegangen ist, versteht sich von selbst:

Es war aber das Feuer der Liebe in meinem Herzen so groß, daß ich weder von den Kniebeugen noch von irgendwelchen anderen Bußwerken ermüdet wurde. Doch erlangte ich späterhin ein noch größeres Feuer und größere Glut der Liebe. Denn wenn ich von Gott reden hörte, mußte ich laut aufschreien, so daß, wenn einer mit dem Beil über meinem Haupt dagestanden wäre, um mich zu töten, ich mich nicht hätte einhalten können. Und das geschah mir zuerst, als ich meinen Weiler verkauft hatte, um den Erlös unter die Armen zu verteilen. Denn es war die beste Besitzung, die ich hatte... Gar häufig aber schrie ich laut auf, wenn ich von Gott hörte, auch in Gegenwart anderer Personen, wer sie immer sein mochten. Und wenn einige Personen um dieser Begegnisse willen mir sagten, ich sei verrückt, so sagte ich ebenfalls, ich sei krank und verrückt, und ich könne nicht anders. (Gesichte, S. 40f.)

Von Schreikrämpfen geschüttelt, an die Abgründe des Wahnsinns getrieben, ruft sie ihren Hörern zu:

Glaubt mir nicht mehr, glaubt mir nicht mehr! Glaubt ihr etwa nicht, daß ich eine Besessene bin? Her, die ihr euch nennt meine Söhne, bittet den gerechten Gott darum, daß die Dämonen aus meiner Seele ausfahren und meine Taten in ihrer Schrecklichkeit offenbaren... (Gesichte, S. 41)

Der Gewalt des visionären Erlebnisses scheint Angela kaum standhalten zu können. Sie zieht ihre Glaubensschwestern in die Mitverantwortung:

Und wenn ich eine Abbildung des Leidens Christi sah, konnte ich mich kaum aufrecht halten, es ergriff mich ein Fieber, und ich wurde krank. Deshalb verbarg meine Gefährtin, so viel sie konnte, alle Abbildungen des Leidens, auf daß ich sie nicht sähe. In jener Zeit aber, wo dieses Aufschreien dauerte, hatte ich sehr viele Erleuchtungen, Empfindungen, Gesichte und Tröstungen... (Gesichte, S. 40f.)

Es muß Angela schwergefallen sein, tabuisierte Erfahrungen der unmittelbaren Liebesbegegnung mit dem leidenden Jesus offen auszusprechen. Schließlich steigert sie sich zu einer tief empfundenen Liebeserfahrung:

Daß aber Gott die Liebe der Seele sei, zeigte er mir auf lebendige Weise durch seine Menschwerdung und das Kreuz, das er für uns auf sich nahm, da er doch so unermeßlich und glorreich war... Und meine Seele begriff vollkommen, daß er nur Liebe sei... Dann sprach er wiederum zu mir: »Du meine süße Tochter, liebe mich; denn viel mehr bist du geliebt, als du selbst mich liebst. Du meine Geliebte, liebe mich! Unermeßlich ist die Liebe, die ich zur Seele trage, die mich liebt ohne Falsch...« (Gesichte, S. 62 f.)

Angelas Liebeserleben bewahrt tiefste religiöse Wahrheit. Sie löscht in ihrer Erfahrung offenbar die im Mittelalter stark vertretene

Auffassung von Christus als dem Weltenrichter, sie sieht nicht die strafend-zürnenden Elemente im Gottesbegriff, ihr Frömmigkeitserleben ist vollständig von der Liebeserfahrung durchseelt. Es ist jedoch nicht das persönliche Liebeswerk der Visionärin, das beschrieben wird, Angela hat immer wieder betont, daß sich ihre eigene Liebeserfahrung immer als Antwort auf das geschenkte Liebesglück Christi zurückführt. Und vielleicht nur deshalb kann sie es wagen, im Überschwang und in der Überwältigung durch die Liebe Christi zu ungewöhnlichen Bildern zu greifen. Sie erlebt die mystische Sehnsucht, das Wechselspiel von Nähe und Ferne, von Ankunft und Abschied des Geliebten. Bei ihrem zweiten Besuch in Assisi erscheint ihr Christus und spricht zu ihr:

So will ich dich in mein Herz schließen, und weit mehr als du es mit den Augen des Leibes sehen kannst, und nun ist die Zeit, daß ich dich, meine süße Tochter, mein Tempel und meine Wonne, erfülle und verlasse. Denn ich sagte dir, daß ich dich mit neuer Tröstung verlasse, aber [mit meiner Wesenheit] werde ich dich nicht verlassen, wenn du mich liebst ... Meine Tochter, mir weit teurer als ich dir, du mein geliebter Tempel, du hast den Ring meiner Liebe, ich habe dich mir angetraut. (Gesichte, S. 68 f.)

Erfülltsein und Verlassenheit, Gegenwart und Abwesenheit, diese abgründige Spannung jeglicher Liebeserfahrung spricht Angela aus, die Übermacht ihrer Erfahrung kommt in vitalen Bildern der Wonne zum Ausdruck:

Nach seinem [Jesu] Hingang fiel ich sitzend nieder und begann aufzuschreien mit lauter Stimme und zu rufen; und ohne irgendeine Scham schrie ich und rief: »O Liebe, noch habe ich dich nicht gekannt! Warum verläßt du mich so?« Aber mehr konnte ich nicht sagen; denn, das schreiend, wollte ich Worte bilden und sprechen und konnte es nicht, denn vom Geschrei erstickte meine Stimme, und deshalb verstanden die Zuhörer kein Wort. Dieses laute Aufschreien aber überkam mich eben in der Tür der Kirche des Heiligen Franziskus. Wo ich ... entkräftet dasaß, laut aufschreiend in Gegenwart des ganzen Volkes, so daß meine Begleiter und Bekannte errötend von ferne standen und meinten, es sei um etwas anderen willen ... Ich aber schrie vor Wonne an ihn und weil er mich verlassen hatte und wünschte zu sterben, und es schmerzte mich gar sehr, daß ich nicht sterben konnte und ohne ihn zurückblieb, und es lösten sich alle meine Gelenke. Dann verließ ich Assisi und ging mit großer Wonne meines Weges dahin, redend von Gott, und es war mir sehr große Pein zu schweigen, aber um der Gesellschaft willen suchte ich einzuhalten. (Gesichte, S. 69 f.)

Kein Zweifel, es sind die Schreie der Lust, in denen sich Schmerz und Wonne vereinen. Das Anstößige von Angelas Verhalten, Lustschreie in einer Kirche auszustoßen, noch dazu an der Kirche des hl. Franziskus, war offensichtlich. Ihre Bekannten erröten nicht ohne Grund, denn tatsächlich verletzt sie die festen Regeln des Anstands. Zwar verschweigt sie ihre Erfahrungen »um der Gesellschaft willen«; ihrem Beichtvater Arnaldus gegenüber erklärt sie sich:

In der Erkenntnis des Kreuzes ward mir ein solches Feuer der Liebe und Zerknirschung, daß ich, unter dem Kreuz stehend, im Geiste mich meiner Kleidung entledigte[29] und ganz mich ihm aufopferte, und wenn auch mit Furcht, so gelobte ich ihm doch damals, ewige Keuschheit zu bewahren und ihn mit keinem meiner Glieder mehr zu beleidigen und klagte wegen des Vergangenen meine Glieder einzeln an. Und ich bat ihn, er möge mich das Angelobte halten lassen, nämlich die Bewachung aller meiner Sinne. Denn auf der einen Seite fürchtete ich, das Gesagte zu geloben, und auf der anderen Seite drängte mich jenes Liebesfeuer und ich konnte nicht anders. (Gesichte, S. 25)

Übersetzer ihrer Texte haben diese Stelle immer falsch übersetzt, indem sie nur allgemein von der Hingabe Angelas berichten, der Wortlaut der Vision ist jedoch eindeutig, Angela legt visionär ihre Kleidung ab, um sich in reiner Körperlichkeit dem Geliebten, dem Gekreuzigten (!), darzubieten. Ihre Hingabe bezieht sich eben nicht nur auf äußeren Besitz, in der Aufgabe aller familiären und gesellschaftlichen Bindungen, auch ihren Leib weiht sie Christus. Sie fleht ihren Geliebten an, ihre Sinne zu bewachen, denn sie weiß vom Überschwang ihrer Sinnlichkeit. Und damit bricht ein Widerspruch in ihrem Erleben auf – einerseits entblößt sie sich im »Liebesfeuer«, andererseits gelobt sie ihrem Geliebten völlige Keuschheit. Angela zeigt darüber hinaus, daß mystisches Erleben durchaus vitalste Le-

Grenzerfahrungen – Angela von Foligno

benserfahrung sein konnte, sie erscheint jedenfalls nicht als eine Frau, die in gleichsam lebloser Askese ihre Sinnlichkeit aufgibt oder unfähig wäre, die Lust des Körpers und der Seele zu erleben. Das zeigt auch die folgende Vision, in der sie Jesus beiwohnt:

Und ich habe ... ein Verlangen, zu singen und Gott zu loben, und spreche: »*Ich lobe dich, Gott, meine Liebe; auf deinem Kreuze habe ich mich gebettet!*« *Und als Hauptgefühl habe ich gefunden die Armut, und als Ruhebett den Schmerz und die Verachtung! Denn auf einem solchen Bette ward er geboren, darauf ruhte er während seines Lebens, darauf starb er. Und die liebevolle Teilnahme daran, an der Armut nämlich und dem Schmerz und der Verachtung, hat Gottvater so sehr geliebt, daß er sie seinem Sohne gab; und der Sohn wollte immerdar auf diesem Bett liegen und liebte es immer und war eines Sinnes mit dem Vater. Und auf diesem Bette habe ich ausgeruht und ruhe darauf, denn es ist mein Lager; und ich hoffe zu sterben auf diesem Lager und glaube, danach selig zu werden. Und die Freude, welche ich erwarte von jenen Händen und Füßen, ist unaussprechlich; denn wenn ich ihn sehe, möchte ich nie von ihm fort, sondern immer näher an ihn heran; und darum ist mein Leben ein Sterben. Und gedenke ich sein, so kann ich nicht reden; denn die Stimme wird mir wie abgeschnitten; und entfernte ich mich von ihm, so treibt mich die Welt und alles, was ich finde, die Armut, den Schmerz und die Verachtung nur noch heftiger zu verlangen. Und darum ist mein Verlangen wegen der schmachtenden Erwartung mir schmerzlich wie der Tod ...* (Gesichte, S. 97 f.)

Angela schaut sich visionär in Erwartung der liebenden Vereinigung auf dem Hochzeitsbett. Sie ersehnt die Berührung von Händen und Füßen des Geliebten, doch das Hochzeitsbett ist das Kreuz Christi. In mystischer Erfahrung überlagern sich die Vorstellungen vom Kreuz – es ist zugleich Ruhe- und Hochzeitsstätte, Kranken- und Totenbett; die Liebeserfahrung kann eben auch als Erfahrung des Sterbens gedeutet werden; nur in paradoxen Bildern vermag Angela das Unsagbare ihrer außergewöhnlichen Erlebnisse auszusprechen, doch ihre Liebesmystik trägt Züge, die an die Grenzen nicht nur der Sprache, sondern auch des erlaubten und gesitteten Verhaltens stoßen. Nicht nur symbolisch ist diese Liebeserfahrung zu verstehen, sondern sie bewegt sich konkret am Rande psychischer Erlebnisfähigkeit. Aus der Sicht heutiger Psychologie würde man Angela für krank halten: Ihr Aussaugen der Seitenwunde scheint nekrophile Züge zu besitzen, ihre Nacktvision ist dem Exhibitionismus verwandt, ihre Leidensbereitschaft trägt Anklänge an masochistisches Verhalten. Insgesamt würde eine religiös inspirierte Psychologie von »Leidenshochmut« sprechen. All diese Deutungsversuche laufen darauf hinaus, Angelas Erleben ins Krankhafte und Anormale zu verschieben. Angela ist aber imstande, genau diese Erfahrungen in das Gesamtbild der Liebesmystik einzubinden. Sie isoliert diese nicht so weit, daß sich selbstzerstörerische Kräfte freisetzen, welche die Visionärin in Wahnsinn und Verzweiflung treiben. Mystisches Erfahren zeigt, daß sich extreme Erlebnisformen religiös sublimieren lassen.

Manchmal übersetzt Angela ihre konkreten Erfahrungen in eine andere Sprache, in die abstrakte Begrifflichkeit der Wesensmystik: »Auch ich sah die unsägliche Fülle Gottes, von der ich nichts erzählen und sagen kann, als daß ich die Fülle der göttlichen Weisheit sah und alles Gute.«[30] Sie erfährt auch das Mysterium der göttlichen Dreieinigkeit, das jedoch nur eingehüllt in die Nacht einer großen Finsternis.[31] Wenn sie sich dem Gotteserlebnis in den geschaffenen Dingen hinwendet, gelingen ihr manchmal Aussagen, die ein tiefes, fast pantheistisches Gefühl der Allverbundenheit ausdrücken:

Als ich mich hernach in der Kirche befand, hörte ich ein übersüßes Gespräch, das sogleich meine ganze Seele stärkte; es lautete so: »Meine teure Tochter«, nein noch Lieblicheres sagte er, indem er hinzufügte: »Nur ich und kein anderes Wesen kann dir Trost bringen. Ich will dir meine Macht offenbaren.« Im Nu wurden die Augen meiner Seele geöffnet, und ich erblickte eine Gottfülle, in der ich die ganze Welt zusammengefaßt sah: das Diesseits und Jenseits des Meeres, See und Abgrund und alle Dinge, die in nicht zu erzählender Weise Gottes Allmacht bezeugen. Voll Bewunderung rief die Seele aus: »Wie ganz ist diese Welt von Gott erfüllt.« Und ich betrachtete die Welt als etwas Kleines. Auch sah ich die Macht Gottes über alles hinausragen und alles erfüllen. (Gesichte, S. 55 f.)

9. Alchemistischer Hermaphrodit mit Doppelkopf. Um 1530. Miniatur aus dem Kodex *Splendor Solis*. Cod. 78 D3 fol. 17v. Berlin, Staatliche Museen Preußischer Kulturbesitz.

10. Rechts: Die Geburt Evas. Archivolte am Südportal des Doms zu Worms, um 1300.

11. Unten: Die Große Beginage in Brüssel. Kupferstich von Jacques Harrewyn, um 1700. Brüssel, Städtisches Museum.

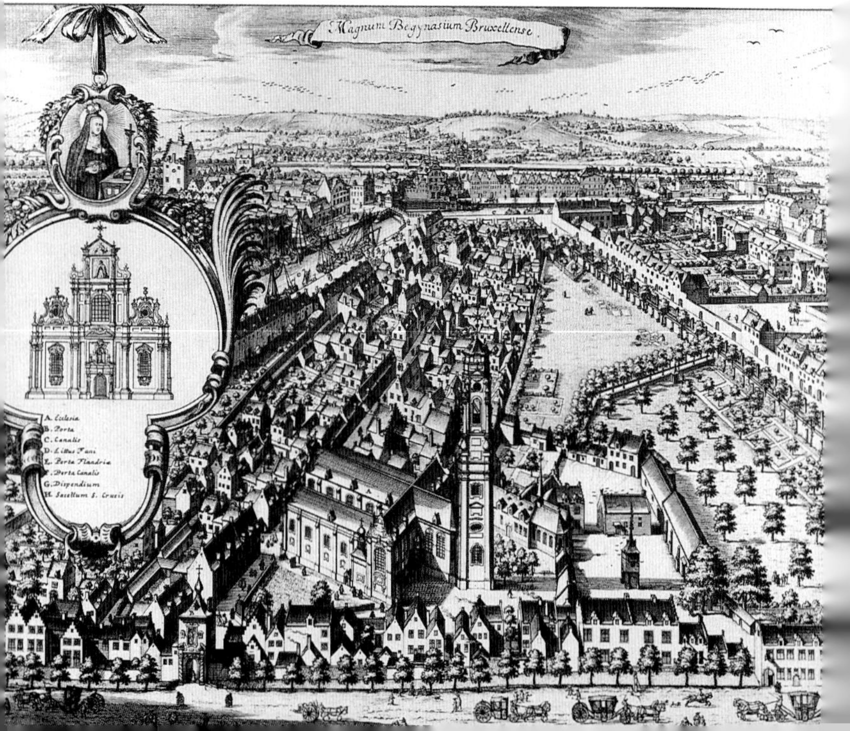

12. Links: Bildnis der
Christina von Stommeln aus der Kölner
Kartause St. Barbara, vor 1739.
Reproduktion nach Kupferstich von 1744.

13. Unten: Yvetta von Hoei in ihrer Klause.
Kupferstich von Andrian Collaert nach
einem Gemälde von M. d. Vos, um 1600.
Bibliothèque Royale Albert 1er, Brüssel.

14. Links: Margret von Zürich badet d[as] Jesuskind. Sammel[] handschrift der Schwesternbücher Klosters Töss. 15. J[h.] Nürnberg, Stadtbi[bli]thek.

15. Unten: Mechth[ild] von Frauenberg vor Maria, welche die Brust gibt. Schwesternbücher Klosters Töss, 15. Jh. Nürnberg, Stadtbibliothek.

16. Paradiesgärtlein eines unbekannten Meisters. Die Stifterin Agnes Volckamer und fünf Dominikanerinnen aus Nürnberg, Regensburg um 1480. Regensburg, Diözesanmuseum.

17. Birgitta von Schweden,
Holzplastik frühes 15. Jh. Husby-Skerid,
Ortskirche.

18. Die Ohnmacht der hl. Caterina von Siena. Fresko von Giovanni Antonio Bazzo gen. Sodoma, 1526. Siena, San Domenico, Cappella di Santa Caterina.

19. Ein Engel durchbohrt mit
glühendem Pfeil das Herz Teresas.
Altargruppe von 1646 von Lorenzo Bernini.
Rom, Santa Maria della Vittoria.

Aber immer wieder zieht es sie aus den Höhen der Wesensmystik zurück in die Erfahrung des gekreuzigten Menschen Jesus.

Als er sagte: »Einen Teil meiner Macht habe ich dir gezeigt«, verstand ich das so, als wolle er mir nachher Wertvolleres offenbaren, aber er fuhr fort: »Du hast einen Teil meiner Macht gesehen, jetzt wirst du meine Demütigung erblicken.« Dann sah ich Gott vor den Menschen und vor allen Dingen so tief gedemütigt, daß die Seele im Begreifen der unbeschreiblichen Allmacht und im Anblick einer solchen tiefen Demütigung staunte ... (Gesichte, S. 56)

In der Schau des gedemütigten Menschen Jesus verliert Angela alle Scheu, ihr menschliches Erleben bis an die Grenzen des Schicklichen einzubeziehen. Wenn dem Gottmenschen nichts Menschliches fremd gewesen war, warum sollte ihm nicht auch Angelas Darbringung aller Leidenschaften, mögen sie noch so abgründig und exzentrisch erscheinen, fremd bleiben?

Angelas spannungsvolles, auf Extreme hin angelegtes Erleben entspringt aber noch einem ganz anderen Bedürfnis. In einer Vision göttlicher Liebe vergleicht sie ihre eigene Erfahrung mit jener des Franz von Assisi:

Nie und nimmer kann in diesem Zustand eine Erinnerung, ein schmerzliches Gedächtnis an die Leiden Christi bestehen, niemals eine Träne fließen. Dieser Zustand ist erhabener als jener, worin sich der heilige Franziskus in unablässiger Versunkenheit am Fuße des Kreuzes befand; obwohl meine Seele öfter die verschiedenen Stufen betrachtet und jenen für uns gestorbenen Leib schauen und erreichen möchte, entfaltet sich dann auch die Liebe mit einer größeren Freude, ohne den Schmerz des Leidens zu empfinden. (Gesichte, S. 63)

Diese Selbstaussage Angelas ist erstaunlich, da es offensichtlich darum geht, die Erfahrung des Franz von Assisi zu »überbieten«. Sie gesteht dem verehrten Vorbild wohl einen tiefen Einblick in die Leiden Christi zu, meint jedoch, daß sich bei ihm die Leidenserfahrung nicht zur vollendeten Liebes- und Wonneerfahrung verklärt habe. Für sich selbst nimmt sie dagegen eine höhere Erfahrung in Anspruch, in welcher mitleidende Empfindung und leidlose Liebeswonne zusammenfließen können. Wir wollen hier nicht darüber streiten, ob Angelas Selbsteinschätzung zu Recht besteht, wichtig ist aber, daß Angela sich offensichtlich in einem »mystischen« Konkurrenzverhältnis zu Franz sieht.

Manche Angela-Biographen haben allerdings gemeint, ihre Radikalität und Exzentrik auf einen besonders schlechten Lebenswandel vor ihrer Bekehrung zurückführen zu müssen.[32] Tatsächlich gibt es einige »merkwürdige« Stellen in ihrem Visionsbericht. Einmal etwa wünscht sie:

Ich möchte nackt durch die Stadt und die Straßen laufen, mir Fleisch und Fische um den Hals hängen und ausrufen: Hier ist es, das verrufenste Weib, das Weib voller Bosheit und Verstellung, die Urheberin aller Sünden und Missetaten ... (Gesichte, S. 40)

Auch nach ihrer Bekehrung wird sie von sinnlichen Leidenschaften erfaßt, gegen die sie sich mit rabiaten Mitteln wehrt:

Bisweilen gesellt sich in einer fürchterlichen Finsternis, wo alle Hoffnung des Guten geschwunden scheint, der Teufel zu mir, indes sich in meinem Körper Laster regen, die ich im Innern meiner Seele gestorben weiß. Aber die Teufel erwecken sie außerhalb der Seele; auch solche Laster, die ich niemals gehabt. Ich leide am Leibe zum mindesten an drei Stellen. Besonders an den Stellen der sinnlichen Begierde nagt das Feuer so gewaltig, daß ich, bis der Beichtvater es mir verbot, wirkliches Feuer daranzuhalten pflegte, um jene unreine Glut auszulöschen ... Aber auch die Seele verspürt, daß ihr alle Kraft genommen ist, denn obgleich sie nicht in die Laster einwilligt, ver mag sie ihnen keinen Widerstand zu leisten. (Gesichte, S. 37 f.)

Während sich die Kraft ihrer »sinnlichen Geistigkeit« bis an Grenzbereiche menschlicher Selbsterfahrung heranwagt, ist Angela in ihrem praktischen Leben auf bedenkenswerte Weise »normal« geblieben. In ihrer gelebten Frömmigkeit hat sie jeden Extremismus vermieden. Niemals etwa hat sie sich gemein gemacht mit den »Brüdern und Schwestern vom freien Geist«, niemals greift sie die Pracht und Herrlichkeit der verfaßten Kirche an, radikale Töne der Kirchen oder Papstkritik fehlen bei ihr; darin unterscheidet sie sich z. B. von Hildegard, Elisabeth oder Mechthild von Magdeburg. Ihre Jesus nachfolge bleibt ganz dem einzelnen Menschen zugekehrt. So pfleg sie aussätzige Kranke, die in Gettos dahinsiechen. Sie, die ihren ma teriellen Besitz aufgegeben hat, befleißigt sich einer praktischen Frömmigkeit, die beinah unauffällig wirkt und auf eine Verchristlichung des Alltags ausgerichtet ist. Sie scheint sich ganz unter das Joch einer schlichten Jesusnachfolge gestellt zu haben, wenn sie schreibt:

Ich bin blind, verfinstert, aller Wahrheit ledig; darum, meine Kinder, setzet Mißtrauen in alle Worte, die ihr habt von mir, als kämen sie von einer bösen Person, und merket wohl auf auf alles und glaubet nur den Worten, die dem Wandel Jesu Christi ähnlich sind und zur Nachahmung seines Lebens ermuntern und einladen. (Gesichte, S. 214)

So läßt sich dem Charakterbild Angelas ein weiteres Spannungselement hinzufügen: Ihren mystischen Exaltationen steht eine einfache Jesusnachfolge gegenüber, die aller spektakulären Auftritte ermangelt. Auch darin erscheint Angela als ein »Mensch in seinem Widerspruch«, ein Widerspruch, der sich in schärfsten Lebensgegensätzen ausdrückte: eine hohe soziale Stellung in die Demütigung äußerster materieller Armut, anstelle einer gesicherten und behüteten Familienbindung eine tiefe mystische Geborgenheit in Gott, die sich hineinwagt in tabuisierte Erlebnisbereiche, eine versöhnende Liebeserfahrung, die sich ganz ausrichtet an der Qual und Härte des gekreuzigten Menschensohnes, ein Charakter, der von leidenschaftlicher Sinnlichkeit bewegt wird und sich dem Gebot der Keuschheit verpflichtet. Das Aushalten dieser Widersprüche, der Schutz vor Verfall in Wahnsinn und Krankheit, ermöglicht ihr die ausschließliche Hinwendung zu einer Gottesliebe, wie sie der folgende Hymnus ausspricht:

Und auf der einen Seite sah ich die Liebe und alles Gute, was von Gott kam und nicht von mir; und auf der anderen Seite sah ich mich dürre, und daß von mir nichts Gutes herstamme; und dadurch erkannte ich, daß nicht ich es sei, die da liebe, obgleich ich mich in der Liebe sah, sondern es kam das allein von Gott, und das Liebende sammelte sich die Liebe und teilte eine größere und feurigere Liebe mit als früher, und ich hatte ein Verlangen zu jener Liebe hinzueilen. Und zwischen dieser Liebe, die so groß ist, daß ich damals nicht wissen konnte, es könne eine größere Liebe geben als nur jene an-

dere Liebe, stark wie der Tod, die über mich kam; zwischen der reinen Liebe also und dieser anderen wie der Tod starken, größten Liebe liegt etwas anderes in der Mitte, davon ich nichts erzählen kann, weil es von solcher Tiefe, Wonne und Freudigkeit ist, daß es nicht in Worte gefaßt werden kann ... Und wenn ich in jenem Zustand bin und ein wildes Tier verzehrte mich, ich würde mich nicht darum kümmern, und es scheint mir auch, daß ich keinen Schmerz leiden würde. Und dann ist und kann auch das Andenken an das Leiden Christi nicht schmerzlich sein; auch gibt es in diesem Zustand keine Schmerzen. (Gesichte, S. 89f.)

In diesen Worten spiegelt sich die Ergriffenheit Angelas noch einmal gesteigert wider. Göttliche Liebe geht nicht vom Menschen aus, sondern zieht den Menschen zu sich heran, vermittelt ihm eine Versöhnungserfahrung, in welcher er nicht mehr an die Not und Qual des Lebens, an die Entfremdung und Widersprüchlichkeit menschlichen Seins gebunden bleibt. Sogar die bei Angela zu beobachtende Fixierung auf den leidenden Menschensohn ist in dieser Liebesbegegnung aufgehoben, Friede und Ruhe im Sinne der Vollendung durchströmen den Menschen.

Angela ist auf diesem mystischen Wege weit vorangekommen. Arnaldus, ihr Beichtvater, berichtet:

So groß aber war die Kraft der Erleuchtungen und Tröstungen, die sie in ihrer Seele empfing, daß sie sich sehr oft sichtbarlich über den Leib ergossen ...; die Andacht und Freude an den Tröstungen veränderte ihr Gesicht und ihren Leib dergestalt, daß ihre Augen wie ein Licht leuchteten, und ihr Angesicht ward wie eine Rose. Und bisweilen ward sie im ganzen Gesicht voll und rund, glänzend, engelgleich und wunderbar über menschliches Vermögen ... Eine sehr fromme Jungfrau, die beständig um sie war, erzählte, daß sie einmal auf dem Wege ganz glänzend, freudig und rot geworden, ihre Augen sich erweitert und solchen Glanz angenommen hätten, daß sie nicht mehr dieselben zu sein schienen. Darüber ward ihre Gefährtin traurig und fürchtete, es möchte ihnen jemand begegnen und sie sehen. Darum bedeckte sie selbst ihr Angesicht. (Gesichte, S. 11 f.)

Angela verwandelt sich in eine durch und durch vitale Frau, deren sinnliche Schönheit auch ihren Beichtvater fasziniert. Mocht* wie in ihren Visionen auch noch so intensiv die Leiden Jesu erfahren, das äußere Erscheinungsbild Angelas ist durchströmt von einer mystischen Sinnlichkeit, die den Körper durchglüht, Zeugnis einer bejahenden, lebensvollen Frauengestalt.

10 MYSTIKERIN, POLITIKERIN – CATERINA VON SIENA

Caterina von Siena (1347–1380), wurde zur Patronin Italiens erklärt und – allerdings erst 1976 von Papst Paul VI. – zur Doktorin der Kirche promoviert.

Geboren wurde sie am 29. März 1347 in Siena, ihr Vater ging dem Färberhandwerk nach, ihre Mutter brachte fünfundzwanzig Kinder zur Welt.[1] Sie selbst erlebte mit sechs Jahren ihre erste Vision, als sie mit ihrem Bruder vom Hause der von ihr verehrten Schwester zurückkehrte. Über der Dominikanerkirche – ganz in der Nähe ihrer elterlichen Wohnung im Stadtteil Fontebrana – sah sie den thronenden Christus, geschmückt mit einer dreifachen Krone und angetan mit einem hohepriesterlichen Gewand.[2] Christus sprach in dieser Vision nicht zu ihr, doch fortan erfuhr sie seltsame Dinge. Beim Gebet in der Kirche fühlte sie sich ins Gewölbe erhoben, oder sie sah sich auf die entgegengesetzte Seite der Stadt versetzt, ohne daß sie sich fortbewegt hätte.[3] Früh erwachte in ihr der Wunsch, der Welt zu entsagen, sie wollte sich sogar als Mann verkleiden, um in den Predigerorden der Dominikaner aufgenommen zu werden.[4] Ihre Eltern wollten die Zwölfjährige verloben, doch Caterina schnitt sich ihr langes blondes Haar ab.[5] Einem Mann anzugehören betrachtete sie als schlimme Versuchung, wie eine Vision beweist, in der ihr der Teufel »in [der] gefälligen Gestalt« eines Mannes erschien.[6] Ihre Eltern reagierten ungehalten, besonders ihre Mutter war aufs tiefste enttäuscht, und man versuchte, sie zur Vernunft zu bringen. Man nahm ihr das Zimmer, das sie sich wie eine Kapelle eingerichtet hatte. Sie baute sich daraufhin »eine innere Zelle«,[7] »eine Zelle in ihrem Herzen« und wurde darin bestärkt durch eine Vision, als sie gerade fünfzehn Jahre alt war (1362): Die großen Ordensgründer – Benedikt von Nursia, Franz von Assisi, Norbert von Xanten – erschienen ihr, doch alle gingen an ihr vorbei. Allein der heilige Dominikus streckte ihr eine Lilie entgegen und reichte ihr das Gewand einer Tertiarierin.[8] Damit steht für sie fest, daß sie nicht eine »ordentliche« Nonne wird, sondern sich dem Laienorden der Dominikaner anschließt. Ihre Eltern lassen sie schweren Herzens gewähren, doch da erwächst ihr Widerstand von seiten der Dominikanerinnen. Der Eintritt in den Tertiarierorden galt ihnen als schwächere Form der Weltentsagung. Zwar tragen die Angehörigen des »dritten« Ordens ein Ordensgewand mit weißem Kleid und schwarzem Mantel – daher ihre volkstümliche Bezeichnung als *mantellate,* Bemäntelte –, doch brauchten sie kein förmliches Gelöbnis abzulegen und lebten nicht in klösterlicher Abgeschiedenheit, sondern durchweg im Kreis ihrer Familie. Sie galten nur als »Halbnonnen«. Meist waren es Witwen, die sich dem Laienorden angeschlossen hatten, aber was sollte eine Fünfzehnjährige in diesem Kreise? Die brüske Abweisung hat Caterina schwer getroffen, sie verfällt in eine schwere Krankheit. Über und über ist ihr Gesicht durch Blatternarben verwüstet; endlich drängt die Mutter, ihre Tochter möge als Mantellate aufgenommen werden. Im Jahre 1364 wird Caterina in der Dominikanerkirche zu Siena eingekleidet (Abb. 18).

Sie unterzieht sich schwersten, asketischen Übungen, nährt sich nur von Brot und bitteren Kräutern, trägt einen Nagelgürtel, schläft in einem sargähnlichen Holzbett mit einem Holzklotz als Kopfunterlage und geißelt sich nach Dominikanersitte dreimal am Tage, einmal für sich selbst, einmal für die Lebenden, ein drittes Mal für die Toten.[9] Auf ihre quälerischen Marterübungen folgen Begnadungserlebnisse besonderer Art. Nach dem Karnevalsfest im Jahre 1367, als der Tradition gemäß der Pallio-Hengst durch die Gassen getrieben worden war und sich der Taumel aus Lebensgier und Sinnenfreude etwas gelegt hatte, erlebte Caterina, abgeschirmt in ihrer Hauszelle, ein großes Fest mystischer Hochzeit. Maria, der Evangelist Johannes, Paulus und der heilige Dominikus werden visionäre Gegenwart. Maria geleitet sie zu Christus, der ihr einen perlenbesetzten Verlobungsring aufsteckt. David schlägt dazu die goldene Harfe. Seitdem behauptete Caterina unerschütterlich, einen goldenen Verlobungsring zu tragen, allerdings war er nur ihr allein sichtbar.[10]

Mystikerin, Politikerin – Caterina von Siena

In der Dominikanerkirche zu Siena steht der Pfeiler, an welchen gelehnt Caterina von Visionen überfallen und in Ekstasen verzückt wurde. Geschmückt ist dieser Pfeiler mit dem einzig lebensechten Bildnis Caterinas, das von Andrea Vanni im Jahre 1363 gemalt wurde. Geschmückt mit einer Lilie, tritt sie uns als Mantellate entgegen, ein schmales, blasses Gesicht darbietend, von asketischem Ernst gezeichnet. Hochzeitliche Minnefreude vermittelt dieses Bildnis deshalb nicht, weil Caterinas mystische Vereinigung mit Christus die Zeremonie einer Bluthochzeit ist. Immer wieder hat Caterina davon gesprochen, im Blute Jesu zu baden, ja sich am Blute des Gekreuzigten zu berauschen, »damit uns die bitteren Dinge süß erscheinen und die großen Leiden süß«.[11] Manchmal verfällt sie beinahe in einen Blutrausch, wie es aus einem Brief an ihren Beichtvater Raimund von Capua deutlich wird:

Tauchet unter im Blute Christi, des Gekreuzigten; badet euch in seinem Blute, sättigt euch im Blute, berauscht euch im Blut, bekleidet euch mit Blut, leidet im Blut, freut euch im Blut, wachset und werdet stark im Blut, verliert die Schwäche und Blindheit im Blut des unbefleckten Lämmleins, und erleuchtet und eilet als kühner Ritter dahin, die Ehre Gottes, das Wohl der heiligen Kirche und das Heil der Seelen im Blute zu suchen.[12]

So befremdlich uns heute solche »blutgierigen« Beschwörungen erscheinen, der religiös-sakramentale Hintergrund dieser Blutmystik ist nicht zu übersehen. Caterina beschwört das Sühneblut des gekreuzigten Christus: »Ich will, daß ihr untertaucht in diesem süßen Blut, das vom Feuer seiner Liebe durchdrungen ist.«[13] Caterinas Blutmystik weist nicht zurück in irrationale, dunkle Triebhaftigkeit, die ein vernichtendes Zerstörungswerk vollzieht, in ihren Bildern wird die Gnade von Taufe und Abendmahl zum Ausdruck gebracht. In Caterinas Blutmystik scheint das Sinnbild der »gekreuzigten« Christusnachfolge auf, die Teilhabe des Menschen am göttlichen Liebesgeschehen wird hervorgehoben. In einem anderen Brief, an Raimund von Capua, hat sie diese Motive noch einmal zusammengefaßt:

Wo finden wir dieses Blut? In der Selbsterkenntnis. Wir waren jene Erde, die das Banner des Kreuzes trug: wir standen als Gefäß da, um das Blut des Lammes aufzunehmen, das über das Kreuz her-

unterrann. Warum waren wir jene Erde? Weil die Erde, zu schwach, das Kreuz aufrecht zu halten, soviel Ungerechtigkeit zurückgewiesen hätte, und kein Nagel so stark gewesen wäre, ihn ans Kreuz genagelt, festzuhalten, wenn ihn nicht die unaussprechliche Liebe, die er zu unserem Heile trug, festgehalten hätte. So hielt ihn denn die glühende Liebe zur Ehre des Vaters und unserem Heile fest. Daher waren wir jene Erde, weil wir das Kreuz aufrecht hielten, und sind das Gefäß, weil wir sein Blut aufnahmen. Wer diese Wahrheit erkennen und sich ihr vermählen wird, wird im Blut die Gnade, den Reichtum und das Leben der Gnade erlangen; und wird seine Blöße bedeckt finden und sich bekleidet sehen mit dem hochzeitlichen Gewande der feurigen Liebe, das von jenem liebesfeurigen Blute der Gottheit ganz durchtränkt ist, das aus Liebe vergossen und mit der Gottheit vereinigt war ... Im barmherzigen Blut wird er [der Gläubige] die Speise des Lebens finden. Im Blute durchbricht er die Finsternis und sieht das Licht, denn im Blut zerstreut er die Wolke der empfindlichen Eigenliebe und die leidvolle knechtische Furcht, und der empfängt heilige Furcht und Sicherheit in der göttlichen Liebe, die er im Blut gefunden hat ... Von neuem will ich mich mit Blut bekleiden und mich jeglicher Hülle berauben, die ich bis jetzt getragen habe. Ich will Blut; und im Blut befriedige ich meine Seele für jetzt und für immer. Ich werde getäuscht sein, wenn ich Befriedigung in den Geschöpfen suche. Darum will ich in der Zeit der Sorge mich ihnen im Blut vereinen; und so werde ich das Blut und die Geschöpfe finden und werde Neigung und Liebe zu ihnen im Blut trinken. Und so werde ich Frieden haben in der Zeit des Kampfes und Süßigkeit in der Bitternis; und dadurch, daß ich aller Geschöpfe und der Zärtlichkeit des Vaters beraubt bin, werde ich den Schöpfer und den höchsten ewigen Vater finden. Badet euch also im Blut und freuet euch, daß ich mich in heiligem Selbsthasse freue ...[14]

In dieser Vision wird deutlich, wie eng in Caterinas Vorstellung das Heilige mit dem Schrecklichen zusammengehört, eine Auffassung, die heutigem Christentum weitgehend fremd ist. Die blutige Opferpraxis in vielen Religionen und der blutige Kreuzestod Jesu offenbaren noch etwas von dem Schrecklich-Greuelhaften, das heiligem Geschehen in seinem Ursprung beiwohnt.[15] Caterina hat in ihrer

Mystikerin, Politikerin – Caterina von Siena 251

Blutmystik diese Erfahrung bewahrt. Im Blut erschließt sich ihr das Heilsmysterium menschlicher Erlösung, jedoch auch die Tiefe der Selbsterkenntnis, die in Ablegung alles Äußerlichen Kräfte für den Dienst am Nächsten bereitstellt. Dies ist auch der tiefere Sinn ihrer Rede vom »heiligen Selbsthaß«, der uns als masochistische Selbstzerstörung erscheinen könnte, wenn wir nicht wüßten, daß Caterina die Zerstörung des alten Adam will, um den neuen, liebenden Menschen zu schaffen.

Caterina berichtet neben der ernsten Erfahrung des Heiligen auch von einer Art »mystischen Versteckspiels«. Manchmal verbirgt sie sich vor Jesus, doch manchmal verbirgt sich Jesus vor ihr; in solchem Momenten wagt sie es, Jesus zu tadeln.[16] Dann wieder öffnet Jesus seine Brust. »Meine Tochter«, sagt er, »den vorigen Tag habe ich dein Herz genommen, heute gebe ich dir meins, das dir dienen wird von nun an an dem Platze deines Herzens.«[17] Diese Worte, welche die mystische Einswerdung im Bilde eines Herzwechsels zum Ausdruck bringen, sind berühmt geworden. In einem von Caterinas Gebeten heißt es: »Mein Gott, gib mir dein Herz!«[18] Einmal scheint Caterina verkleidet, wenn nicht verwandelt zu werden. Ihr Beichtvater Raimund erzählt, daß sie während der Beichte wie ein »majestätischer Mann mit einem blonden Bart« ausgesehen habe. Auf seine Frage: »Wer bist du?«, habe – mit der göttlichen Formel – Caterina geantwortet: »Ich bin, der ich bin.«[19] Sie identifiziert sich also offensichtlich so sehr mit dem göttlichen Christus, daß sie auch äußerlich nicht mehr als Frau zu erkennen ist.

Im Jahre 1375 erlebt sie während eines Aufenthaltes in Pisa eine Stigmatisierungsvision. Sie schaut den verwundeten Jesus. Blutige Strahlen an Händen, Füßen und Brust gehen von ihm aus, doch bevor diese Strahlen sie erreichen, verwandeln sich die Blut- in Lichtstrahlen. Caterina erfährt eine tiefe seelisch-körperliche Erschütterung und fühlt sich seither stigmatisiert. Die Wundmale allerdings sind unsichtbar für die anderen. Raimund von Capua überliefert:

Ihre Seele, die sich sehnte nach der Vereinigung mit ihrem Schöpfer, trennte sich vom Leibe, so weit es möglich war. Plötzlich gewahrten wir, daß sie, die bisher auf dem Boden lag, sich etwas erhob, kniete und ihre Hände und Arme ausbreitete. Ihr Antlitz leuchtete, und so verharrte sie lange Zeit bewegungslos. Dann sahen wir sie plötzlich zusammenbrechen, als hätte sie eine tödliche Wunde empfangen, und ein paar Augenblicke später kam sie zu sich. Sie schickte sogleich nach mir und sagte leise zu mir: »Vater, ich muß euch mitteilen, daß ich durch die Gnade unseres Herrn Jesus Christus nun heilige Wunden an meinem Leibe trage ... Ich sah unseren Herrn ans Kreuz geheftet auf mich zukommen, von wunderbarem Lichte umgeben. Meine Seele war gänzlich hingerissen von dem Wunsch, ihrem Schöpfer entgegenzueilen, so daß, wie ihr gesehen habt, durch die Kraft meines Geistes mein Leib gezwungen war, sich zu erheben. Da kamen aus seinen heiligsten Wunden fünf blutige Strahlen, die gegen die Glieder meines Körpers gerichtet waren, nämlich meine Hände, Füße und mein Herz ... Die Strahlen, die vorher blutigrot waren, verwandelten sich in strahlendes Licht und ruhten so in Form von klaren Lichtstrahlen auf den fünf Stellen meines Körpers ... Ich fühle an jenen fünf Stellen, besonders aber in meinem Herzen, einen so heftigen Schmerz, daß ich nicht leben kann, wenn Gottes Allmacht nicht ein neues Wunder wirkt.[20]

Caterinas Blutmystik beschränkt sich jedoch nicht auf rein privates Erleben und Empfinden. Ein Übergreifen ihrer Erfahrungen auf andere läßt sich beobachten, etwa in der Begegnung mit Niccolò Tuldo, einem jungen Mann aus Perugia, der in Florenz den Rat der Fünfzehn, die sogenannten »Reformatoren«, beschimpft hatte, aus diesem Grund wegen Hochverrates zum Tode verurteilt war und nun verzweifelt im Kerker saß. Gegen sein Schicksal wütend, wartet er auf seine Hinrichtung. Niemand kann ihm Trost spenden außer Caterina, die sich in eine »mystische« Gemeinschaft mit ihm begibt. Sie berichtet selbst:

Ich habe den besucht, von dem Ihr vernommen habt, und es stärkte und tröstete ihn so sehr, daß er beichtete und in guter Verfassung war. Er bat mich zu versprechen, daß ich, wenn die Zeit des Gerichts gekommen wäre, bei ihm sei. Ich versprach es ihm und habe es gehalten. Am Morgen vor dem Schall der Glocke begab ich mich zu ihm; und es schaffte ihm große Freude. Ich führte ihn zur Messe, und er empfing die heilige Kommunion, die er nie mehr empfangen hatte. Sein Wille war ergeben und unterworfen dem Willen Gottes, und es war ihm nur die Furcht geblieben, nicht stark zu sein im letzten Augenblick. Aber die unendliche Liebe Gottes täuschte ihn, indem sie ein großes Verlangen nach Gott in ihm erweckte, das ihn ganz erfüllte. Er sagte: »Bleibe bei mir und verlasse mich nicht, so sterbe ich zufrieden.« *Und er stützte sein Haupt auf meine Brust. Da fühlte ich eine tiefe Freude und einen Geruch seines Blutes, und es war nicht ohne einen Geruch des meinen, das ich wünschte zu vergießen für den süßen Bräutigam Jesus. Und wie das Verlangen in mir wuchs und ich die Furcht fühlte, die ihn bewegte, sagte ich:* »Mut! Mein süßer Bruder, denn bald werden wir bei der ewigen Hochzeit sein. Du wirst hinkommen, getaucht in das Blut des göttlichen Sohnes, mit dem süßen Namen Jesus, von dem ich nicht will, daß er je deinem Gedächtnis entfalle. Und ich werde dich am Richtplatz erwarten.« *Nun denket Euch, Vater, daß jede Furcht aus seinem Herzen wich, und die Trauer seines Angesichtes verwandelte sich in Freude, und er frohlockte und sagte:* »Woher kommt mir so große Gnade, daß die Wonne meiner Seele an der heiligen Stätte des Gerichtes mich erwarten will?« *Seht, zu solchem Lichte war er gelangt, daß er die Stätte des Gerichts heilig nannte. Und er sagte:* »Voll Kraft und Freude werde ich hingehen, und es scheinen mir tausend Jahre bis dahin, wenn ich denke, daß Ihr mich dort erwartet.« *Und so süße Worte sprach er, daß es zum Bersten war, wie Gottes Güte in ihm zutage trat. Ich erwartete ihn also am Richtplatz und wartete dort in stetem Gebet und der Gegenwart von Maria und Katharina, der Jungfrau und Märtyrerin. Bevor er ankam, kniete ich mich selbst hin und legte den Hals auf den Block. Aber ich besann mich nicht, so erfüllt war ich von Liebe, und dringend betete ich und sagte:* »Maria!« *Denn dies war die Gnade, die ich verlangte, daß sie Licht und Frieden seinem Herzen gebe in diesem Augenblick und ihn seinem Ziele entgegenführe. Meine Seele war da so erfüllt von der holden Verheißung, die mir zuteil wurde, daß ich von dem vielen Volk, das umherstand, niemanden gesehen habe. Und er kam wie ein sanftmütiges Lamm, und als er mich sah, lächelte er und wollte, daß ich das Zeichen des Kreuzes über ihn mache. Und indem ich es tat, sagte ich:* »Wohlan! Zur Hochzeit, mein süßer Bruder, denn bald wirst du zum ewigen Leben gelangt sein!« *Er kniete nieder mit großer Sanftmut, und ich entblößte ihm den Hals und erinnerte ihn an das Blut des Lammes. Nichts anderes brachten seine Lippen hervor als: »Jesus und Caterina!« Und so empfing ich sein Haupt in meine Hände und sein Auge schloß sich in der göttlichen Güte mit den Worten: »Ich will.« Da sah ich, klar wie das Licht des Tages, den Gottmenschen, dessen geöffnete Seite das Blut aufnahm; und sein Blut war erfüllt von heiliger Sehnsucht, die er in seiner Seele barg und aus Gnade hingab. Und er nahm das Blut des Gerichteten im Feuer seiner göttlichen Gnade auf. Und wie er dessen Blut aufnahm, so nahm er auch die verlangende Seele und schloß sie ein in die offene Flasche seiner Seite, die von Barmherzigkeit erfüllt ist ... Er [Tuldo] aber starb eines süßen Todes, tausend Herzen mit fortzuziehen. Und ich wundere mich dessen nicht; denn er kostete schon die Süße Gottes. Er wandte sich – gleich einer Braut, die angekommen ist an der Schwelle ihres Bräutigams und den Blick und das Haupt zurückwendet, um die zu grüßen mit Zeichen des Dankes, die sie begleitet haben. Und wie er dahingeschieden war, ruhte meine Seele in so großem Frieden aus und in solchem Dufte des Blutes, daß ich mich nicht entschließen konnte, das Blut wegzuwaschen, das von ihm auf mein Gewand gekommen war. Ach! Ich Arme, Elende! Ich will nicht mehr sagen! Ich blieb auf der Erde mit peinvoller Sehnsucht zurück.* (Briefe, S. 178 ff.)

Überdeutlich wird, wie sich Caterinas mystische Grunderfahrung auf einen anderen Menschen überträgt, der das über ihn verhängte Todeslos verarbeiten muß. Sie hilft ihm nicht allein mit ihrer Gegenwart, sondern dadurch, daß sie das Hinrichtungsschicksal in eine »mystische« Bluthochzeit überführt, in die nicht nur sie selbst, sondern auch Niccolò Tuldo hineingezogen werden. Caterina ist freudig bereit, ihr Blut für Jesus und an Stelle Tuldos zu vergießen, der Geruch des Delinquenten verströmt mit dem Geruch von Caterinas eigenem Blut, eine Erfahrung, welche die kreatürlich-leibliche Mitleidsgemeinschaft auf drastische Weise ausdrückt. Tuldo stirbt mit den Worten »Jesus und Caterina«, ein Zeichen, daß nicht nur Caterina mystische Einheit erlebt, sondern auch der Delinquent. Und Christus selbst nimmt das Hinrichtungsblut Tuldos und seine Seele in sich auf, so sieht Caterina es in einer anschließenden Vision; sie selbst jedoch bleibt zurück, sie, die gerne an Tuldos Statt den Märtyrertod gestor-

Mystikerin, Politikerin – Caterina von Siena 255

ben wäre, wie sie am Ende andeutet. In einem Wechselspiel verschmelzen Tuldo, Caterina und Christus in eins, das grausige Hinrichtungsspektakel mildernd und versöhnend. Tuldo nimmt sinnbildlich das ersehnte Martyrium Caterinas auf sich. Hier verläßt mystisches Erleben die reine Innerlichkeit, um das Todesschicksal eines anderen Menschen zu lindern.

Diese mystische Todesgemeinschaft eröffnete jedoch noch eine tiefere Dimension. Als Caterina am Hinrichtungsplatz wartet, versenkt sie sich ins Gebet und gedenkt ihrer Namenspatronin, der hl. Katharina, die einst in Alexandrien den Märtyrertod erlitten hatte. Das bedeutet, daß Tuldos schändliche und entehrende Hinrichtung als Märtyrertod verstanden wird. Der politische Verbrecher Tuldo wird gleichsam mystisch rehabilitiert, der Verbrechertod wird in ein Märtyrerschicksal umgedeutet. Zwar heißt Caterina den Aufruhr Tuldos nicht gut, nicht einmal ansatzweise ist direkte Kritik am Hinrichtungsurteil zu hören, allein im mystischen Erleben wird eine Wirklichkeit sichtbar, die mit den politischen Verhältnissen nicht mehr viel zu tun hat. Auf den Kampf um Leben und Tod läßt sich Caterina überhaupt nicht ein, mit den Greueln von Rache und Vergeltung will sie nichts zu tun haben. Dem blutigen Alltag der Politik stellt sie eine Mystik des Blutes entgegen, die von Frieden, Heilung und Bewahrung menschlichen Lebens bestimmt ist. Damit schafft sie ein versöhnliches Gegenbild zur unversöhnten und entzweiten Wirklichkeit.

Allerdings gilt diese Zurückhaltung in Fragen der Politik nicht generell für das Wirken Caterinas. Sie sah sich auf Grund ihrer mystischen Sendung ermächtigt, in die kompliziertesten Probleme kirchlichen und weltlichen Lebens einzugreifen. Das hat letztlich ihren Ruhm begründet. Bei ihr schlägt die mystische Innenerfahrung unmittelbar um in konsequentes Handeln, Meditation gestaltet sich als Aktion, Weltentsagung verwandelt sich in Weltzuwendung. Keine Spur davon, die *vita contemplativa* gegen die *vita activa* zu setzen; aus Kontemplation entsteht bei Caterina Handeln. In der Verwirklichung einer »energischen« Mystik liegt ihre besondere Bedeutung; die Handlungsorientiertheit ihrer Mystik, der Zug zur Praxis wirken geradezu modern. Ihre politische Aktivität entspricht ihrer mystischen Erfahrung. Denn sie weiß, daß sich die Gottesliebe nicht unmittelbar verwirklichen läßt, sondern an die Nächstenliebe gebunden bleibt. In ihrem »Dialog« hat sie diesen Zusammenhang festgehalten. In Form einer Gottesrede schreibt sie:

Das ist das Mittel, das ich euch gab, um die Tugend in euch zu üben und zu erproben; da ihr mir eure Liebe nicht unmittelbar beweisen könnt, so müßt ihr dem Nächsten Gutes tun. Das wird der Beweis sein, daß meine Gnade in eurer Seele wohnt, wenn ihr für sein Heil wirkt durch viel eifriges und frommes Gebet und in liebevollem Verlangen für meine Ehre und das Heil der Seelen zu wirken sucht. Niemals kann eine so in der Liebe zu mir entflammte Seele ermüden, sondern sie sehnt sich unaufhörlich, der ganzen Welt nützen zu dürfen, sowohl der Allgemeinheit wie auch dem einzelnen ... Sobald nun die Seele meine Liebe aufgenommen und an sich erfahren hat und dadurch auch sich selbst liebt, dann wirkt sich diese Liebe zum Heil der ganzen Welt aus, die ihrer so sehr bedarf ... Gerade die zeitlichen Güter habe ich ganz ungleich verteilt und nicht jedem Menschen das zum Leben Notwendige geben wollen. Meine Absicht war dabei, euch so zu stellen, daß ihr notwendig einander in Liebe beistehen müßtet. Wäre es mir nicht ein Leichtes gewesen, alle Menschen mit dem Notwendigen auszustatten, dessen sie für Körper und Geist bedurft hätten? Doch wollte ich sie lieber voneinander abhängig machen, so daß sie als meine Verwalter über die ihnen von mir verliehenen Güter und Gaben zum Besten ihres Nächsten verfügen könnten. Denn ob ein Mensch will oder nicht, er kann niemals anders als durch die Nächstenliebe wirken ...[21]

Beachtlich an Caterinas Tatmystik ist die weite Ausdehnung ihrer Aktivitäten. Nicht allein die traditionellen Tätigkeitsfelder wie Armen- und Krankenpflege, sondern auch die Ausrichtung auf die Leistung »allgemeiner« Dienste gehören zur Gottesliebe. Damit hat sie diesen Begriff erweitert, denn Nächstenliebe, Mystik und Politik fließen in eins zusammen. Es ist ein Verdienst dieser Frau, die Trennung der auseinanderstrebenden Bereiche des Privaten und Politischen aufgehoben zu haben.

Caterinas mystische Praxis in Politik und Diplomatie läßt sich – einem Drama gleich – in mehreren Akten beschreiben. Schauplatz

Mystikerin, Politikerin – Caterina von Siena 257

des ersten Aktes ist ihre Heimatstadt Siena, eine zerrissene Stadt. Seit Generationen stehen sich zwei Parteien gegenüber: die Ghibellinen, Partei des Adels und antipäpstlich eingestellt, und die Guelfen, die papstfreundliche Partei des Bürgertums.[22] Caterina selbst stand von ihrer Herkunft sicher der guelfischen Partei nahe, schon ihr Vater und auch ihr Bruder hatten sich leidenschaftlich der guelfischen Sache verschrieben. Doch sie geht mit beiden Parteien ins Gericht, wobei sie ihr Hauptziel, die Versöhnung der entzweiten Parteien, nie aus dem Auge verliert. 1368 kommt es erneut zu Unruhen, ein erbitterter Bürgerkrieg bricht aus. Es siegen die »Fünfzehn«, die der bürgerlichen Partei entstammen und sich auch auf das Stadtproletariat stützen. Caterina erläßt ihren ersten Mahnruf, drängt zur Treue dem Papst gegenüber, fordert Frieden und Versöhnung.

1374 widmet sich Caterina karitativen Aufgaben, indem sie sich der Pflege der Pestkranken annimmt. Schreckliche Szenen spielen sich in ihrer Heimatstadt ab. Das Ospedale della Scala ist überfüllt, Caterina spricht Sterbenden Mut zu, scheut nicht die Nähe der Erkrankten. Fast alle Priester werden von der Seuche hinweggerafft, ihre Gemeinden sind verwaist. Caterina aber bleibt. Sie flieht nicht vor der Pest, beschränkt sich jedoch auch nicht auf ihre Pflegerolle. Im Pestjahr noch unternimmt sie eine Pilgerfahrt nach Montepulciano, ein Städtchen zwischen Siena und Orvieto. Grund ihrer Wallfahrt ist die Verehrung der hl. Agnes. Caterina scheint ihren eigenen Tod erwartet zu haben.[23]

1375 kehrt sie zur Politik zurück und reist nach Pisa, wo sie von der Bevölkerung und dem Tyrannen Gambacorti begeistert empfangen wird. Letzteren möchte sie von einem papstfeindlichen Bündnis mit anderen italienischen Städten abhalten. Am dortigen Hof trifft sie den päpstlichen Gesandten aus Zypern, der auf dem Weg nach Avignon ist, wo sich der Papst unter dem Einfluß der französischen Krone niedergelassen hat. Sie erfährt, daß die Türken, die das Heilige Land besetzt halten, das Königreich Zypern erobern wollen, und faßt einen Plan, den sie nie wieder aufgeben wird: Krieg gegen die Ungläubigen! Sie propagiert diesen Kampf in zahllosen Briefen an die Mächtigen ihrer Zeit in immer neuen Wendungen, für uns befremdlich und nur verständlich, wenn wir uns etwas näher bekannt machen mit der heillos zerstrittenen Situation in Italien und den Repräsentanten der italienischen Anarchie. Briefpartner sind die Herrschenden in Italien, die allein persönliche Machtentfaltung im Auge hatten. In Neapel herrschte Johanna, die mit vier Männern verheiratet war, eine Mörderin, die schließlich selbst auf schreckliche Weise zu Tode kam – von ihrem Rivalen mit einer seidenen Schnur erdrosselt.[24] In Mailand regierte Barnabo Visconti, der seine Untertanen mit Blendung, Folterung und Hinrichtung das Fürchten lehrte. Mönche die ihn kritisierten, ließ er verbrennen.[25] Päpstliche Gesandte, die ihm die Bannbulle überbrachten, ließ er das Pergament herunterwürgen. Seine Heimtücke und Grausamkeit wurden nur noch durch seine Spottlust überboten. In ihm – so die Caterina-Biographin Theodosia Drane – vereinigten sich die Roheit des elften, die Schlauheit des sechzehnten und die Skepsis des achtzehnten Jahrhunderts.[26] Briefe gingen auch an den Söldnerführer Sir John Hawkwood, der seine Dienste gegen Geld zur Verfügung stellte. Caterina wird über ihn sagen, daß er »im Sold des Satans stehe«.[27] Dem Tyrannen von Pisa, Gambacorti, schreibt sie: »Ihr werdet sehen, daß Ihr seid – gar nichts! Sondern immer Vollbringer des Elends und der Ungerechtigkeit.«[28]

Caterina hatte das Ziel, die Zerstörungsenergien, die sich in Italien austobten, für den Kampf gegen die Ungläubigen zu nutzen und so Italien inneren Frieden zu verschaffen. Das blutige Handwerk der Stadtfürsten war nicht mit dem Aufruf zur Milde abzuschaffen; wenn überhaupt, dann gab es nur die Möglichkeit, die Kriegs- und Mordlust nach außen zu wenden. Zugleich war der Ansturm der Türken keinesfalls ein harmloses Kriegsgeplänkel. Caterina machte sich in dieser Hinsicht keine Illusionen. Die siegreiche Phase der Kreuzzüge war schon lange vorbei, die Kreuzritterstaaten waren längst zerfallen. Caterina schreibt deshalb deutlich aus einer defensiven Perspektive. Der Aufruf gegen die Ungläubigen trägt keine siegesgewissen Züge, eher wird ein Opfergang verlangt, gemalt in den Farben des Martyriums, so daß mögliche Niederlagen schon vorweggenommen werden.

Zunächst scheint Caterinas Einsatz Erfolg zu haben. Papst Gregor XI., der in Avignon unter französischer Herrschaft lebt, beaufragt ihren Beichtvater Raimund von Capua mit der Organisation des Kreuzzugs, doch statt sich zum Kreuzzug zusammenzuschließen, ergreifen die Städte Florenz und Siena das Schwert, um unter dem Schlachtruf der Freiheit die päpstliche Herrschaft in Italien zu bekämpfen. Ein Städtekrieg entbrennt, hervorgerufen durch die erpresserischen Forderungen der päpstlichen Legaten und französischen Kardinäle. Gregor XI. reagiert sofort; über Florenz wird das Interdikt verhängt, die Häfen werden für florentinische Handelsschiffe geschlossen, der Handel – Unterpfand der florentinischen Größe – scheint ruiniert. An einen Kreuzzug ist nicht mehr zu denken, zumal auch andere Stadtstaaten wie Mailand und Neapel sich weiterhin im Kampf gegen den Papst verzehren.

Caterina führt unbeirrt ihren Kampf fort. Sie bietet all ihre Beredsamkeit auf, um Frieden für Italien zu erreichen. Sie mahnt und lockt, appelliert an die christliche Verantwortung, mobilisiert vorsichtig patriotische Gefühle, demütigt sich vor den Großen, redet ihnen aber auch unbeugsam ins Gewissen, immer wieder mit der Floskel *io voglio*, »ich will«.

Ein Brief an den berüchtigten Stadtfürsten von Mailand, Barnabo Visconti, ist ein schönes Beispiel ihrer literarischen Fähigkeit. Zu Beginn weist sie hin auf das »kostbare Blut« Jesu, an dem Barnabo teilhaben möge. Dann äußert sie Kritik am Hochmut des Adels und der Machtgier des Stadtherren, schließlich folgt ein fiktiver Dialog über politische Macht an sich:

Und wenn Ihr mir sagt: »Hat denn der Mensch keinerlei Macht in diesem Leben?« antworte ich Euch: »Ja, er hat die süßeste und schönste und stärkste, die es gibt, und dies ist die Burg der Seele. Gibt es denn etwas Höheres und Erhabeneres, als eine Burg zu haben, die eine Stätte Gottes ist, der in sich alles Gute faßt und in dem Friede, Ruhe und jeglicher Trost sich findet?« So befestigt ist diese Burg und von so vollendeter Macht, da weder Teufel noch Kreatur sie zu nehmen vermöchte, so Ihr nicht wollt ... Keiner kann uns zwingen, die kleinste Sünde zu begehen, denn Gott hat das Ja und das Nein in das stärkste Ding verlegt, das es gibt, nämlich in den Willen. Hat dieser ja gesagt und zugestimmt, alsbald hat der Mensch gesündigt und Freude und Vergnügen an der Sünde genommen; und hat er nein

gesagt, so wählte er lieber den Tod, als Gott und seine Seele z
kränken. Ein solcher sündigt nie, sondern er wacht über die Burg
beherrscht sich selbst und also auch die ganze Welt, denn er spotte
ihrer und all ihrer Freuden, für verderbliche Dinge sie erachtend
ärger als Kot. Und darum sagen die Heiligen, die Diener Gottes seie
diejenigen, die freie Herren sind und siegreich. Viele sind ihrer, we
che eine Stadt und eine Burg überwanden. Da sie aber nicht siegte
über ihr eigenes Selbst und seine Feinde, die da sind die Welt, do
Fleisch und der Satan, so sind sie nicht Sieger, sondern Besiegte. A
denn, Vater [Barnabo], möget Ihr standhaft verteidigen die Her
schaft der Burg Eurer Seele. (Briefe, S. 54 f.)

Caterina kritisiert den Machtanspruch der Stadtfürsten auf myst
sche Weise. Nicht Weltbeherrschung und äußere Machtausübun
propagiert sie, sie mahnt zur Selbstbeherrschung und innere
Machtausübung, sie drängt zur Zähmung des rein persönliche
Machtwillens. Ein nach innen gerichteter Herrschaftsbegriff wir
sichtbar, der sich kritisch abhebt gegen die herrscherliche Machten
faltung, wie sie ein Barnabo Visconti verkörperte. Mystik kämpft hi
gegen die renaissancehafte Pracht, Innerlichkeit gegen Äußerlic
keit, Herrschaftsverzicht gegen Herrschaftsvergötzung. Caterina tr
mit ihrer »Burg der Seele« an gegen die Residenzen der Renaissanc
fürsten. Doch sie verläßt sich nicht allein auf die mystische Erma
nung, an Barnabo Visconti erprobt sie einmal mehr ihre mystisc
politische Doppelstrategie, wenn sie zum Frieden mit dem Papst u
zum Krieg gegen die Türken aufruft:

Wie Ihr Euer Leben und Eure Macht allen Gefahren und dem To
aussetzt im Krieg wider Euren Heiligen Vater [den Papst], so lade i
Euch jetzt ein, im Namen des Gekreuzigten wahren und vollkomm
nen Frieden zu schließen mit dem milden Vater: Christum auf Erde
und mit Krieg zu überziehen die Ungläubigen, indem Ihr Euch a
schickt, Leben und Macht für den Gekreuzigten zu opfern. Rüs
Euch, denn es geziemt Euch, diese süße Rache zu nehmen ...[29]

Ob Caterina Erfolg gehabt hat? Bei Barnabo Visconti jedenfa
nicht. Frieden mit dem Papst hat er nicht geschlossen, erst in sein
Todesstunde soll er sich bekehrt haben.

Mag Caterina in ihrer mystischen Kritik am Machiavellismus c alienischen Stadtfürsten noch mittelalterlich und rückwärtsgewandt erscheinen, in Einzelzügen wirkt sie durchaus modern, etwa ann, wenn sie ohne religiöse Umschreibung an die natürliche Vernunft und den Willen des Menschen appelliert. Sie scheint der atürlichen Selbststeuerung des Menschen viel zuzutrauen und erbindet sich in diesem Glauben mit den vorwärtsstrebenden Tendenzen ihres Zeitalters. Doch eine Renaissancegestalt ist sie nicht geworden. Gegenüber dem freien und ungebundenen Selbstbewußtsein der vornehmsten Renaissancegestalten hat sie immer wieder die »Bande der Liebe und Notwendigkeit« beschworen, welche den inzelnen Menschen an den anderen binden:

Auf Eurem Durchgang in diesem sterblichen Leben habe ich [Gott] Euch in die Bande der Liebe gefesselt. Ob der Mensch will der nicht, er ist an seinesgleichen gebunden; und wenn er gleich urch ein der Liebe entgegengesetztes Gefühl von dem Nächsten ch trennte, so bleibt er trotzdem an ihn durch die Notwendigkeit bunden.[30]

Mit diesen Sätzen, die immer wieder von ihr variiert werden, hat aterina die Grenzen eines Bewußtseins aufgezeigt, das sich aus allen Bindungen befreien wollte. Sie decken die tiefe Gesellschaftlichkeit des Menschen auf, weisen darauf hin, daß der Mensch in seiner grenztheit auf andere angewiesen ist. Nur durch eine soziale hik kann die Not der Menschheit gemildert werden, das ist es, was aterina unverbrüchlich festgehalten hat. So ist sie einerseits dem ystischen Auftrag in mittelalterlichem Sinne verhaftet, andererits aber den Forderungen und Ansprüchen der Neuzeit gegenüber fgeschlossen.

Seit 1305 hatten die Päpste ihre Residenz von Rom nach Avignon rlegt, waren ganz unter französischen Einfluß geraten. Päpstliche gaten vertraten seitdem auch in Italien vor allem französische Inessen; Ablehnung und Haß waren die Antwort. Caterina war rchaus nicht die einzige, die an der Gefangenschaft der Päpste in ignon Anstoß genommen hat. Auch ihre Zeitgenossin Birgitta von hweden, Dante, der Dichter der *Divina Commedia,* und Petrarca, riker der Frührenaissance, wünschten sich die Rückverlegung des pstsitzes nach Rom. Papst Urban V. hatte sich deshalb schon im

Jahre 1367 nach Rom begeben, doch er hielt es nur drei Jahre dort aus, dann kehrte er resigniert nach Avignon zurück.

Caterina hat alles daran gesetzt, den Papst nach Rom zurückzuholen. Gregor XI. war zwar sympathischen Charakters, aber wankelmütig; außerdem vertrat er die Interessen der Franzosen. Aussichtslos scheint ihr Versuch, doch unbeugsam wagt sie es, dem Papst ins Gewissen zu reden. Sie wirft ihm Schlappheit, Willensschwäche und Feigheit vor, und immer wieder bedrängt sie ihn mit dem Wunsch nach Rom zurückzukehren, um Frieden in Italien zu schaffen.

Zögern Sie nicht länger ... Auf denn, Vater, keine Nachlässigkeit mehr ... Lassen Sie sich nicht einschüchtern ... Fürchten Sie sich nicht ... Seien Sie kein ängstlicher Säugling, sondern ein Mann (Briefe, S. 109 f.)

Doch der Papst kann sich nicht entschließen. Unter dem Einfluß der französischen Kardinäle, eingezwängt in Familieninteressen, verliebt in Prunk, Reichtum und Verschwendung, bleibt er in Avignon. Das alles aufgeben und sich einer ungesicherten Zukunft aussetzen? Aufbrechen in ein zerrissenes Land, dessen Sprache er nicht einmal beherrscht? Das scheint ihm zuviel verlangt.

Im Jahre 1376 reist Caterina nach Avignon, begleitet von einundzwanzig Gliedern ihrer geistlichen Familie, darunter ihr Beichtvater Raimund von Capua. Sie kommt in offizieller Mission, gesandt von der florentinischen Regierung, um dem Papst die Auflösung des katastrophalen Interdikts über Florenz abzuringen. Schon am 26. Juni kommt es zur ersten Audienz, und Caterina äußert klar ihre Meinung: Avignon, das sei für sie nicht das Paradies der Tugenden, sondern ein Gefäß höllischer Laster. Woher sie das denn wisse, fragt der Papst Caterina: Den Gestank der kurialen Sünden habe sie schon in Siena gerochen.[31] Kein Wunder, daß ihr in Avignon blanker Haß entgegenschlägt, denn obendrein hat sie die Ratgeber des Papstes als »Ratgeber des Teufels« charakterisiert.[32] Da kommen alle Verdächtigungen gegen sie hoch, derentwegen sie schon 1374 einmal vor das Generalkapitel des Dominikanerordens zitiert worden sein soll. Akten über diesen Prozeß liegen nicht vor, doch die Kritikpunkte sind unschwer zu erraten: ihre exzentrischen Gebete, ihre harten Fasten, ihre überlangen Gebete, ihre »unweiblichen« Aufrufe gegen die Türken, sogar

Mystikerin, Politikerin – Caterina von Siena

ihre Jungfräulichkeit scheint man angezweifelt zu haben. Zu ihrer geistlichen Familie gehörten nämlich auch Männer.[33] Schon in Siena hatte eine Pestkranke Caterina beschuldigt, sie komme immer zu spät, weil sie zu viel mit Männern herumscharwenzele. Konnte denn diese »Scheinheilige« von Männern nie genug bekommen?[34] Auch die Hofdamen in Avignon belästigen sie empfindlich. Eine Nichte des Papstes sticht ihr in den Fuß. Empfindungslos versinkt sie in Ekstase, danach hinkt sie tagelang.[35]

Daß Caterinas Friedensmission in Avignon scheitert, liegt weniger an ihrem undiplomatischen Vorgehen als an ihrer politischen Naivität. Sie war zwar aus Florenz vorgeschickt worden, endgültige Verhandlungsvollmachten hatte man ihr jedoch nicht gegeben. Etliche Wochen nach ihr treffen florentinische Gesandte in Avignon ein und erklären schlichtweg, daß Caterina nicht verhandeln dürfe. Seitdem wird sie von den Verhandlungen ausgeschlossen. Zu einer friedlichen Einigung kam es nicht. Das Interdikt wurde aufrechterhalten, die Kriegserklärung erneut ausgesprochen.

Caterina blieb in Avignon und drängte jetzt erst recht auf Rückkehr des Papstes nach Rom. Ein gefälschter Brief des seligen Peter von Arragona war nämlich dem Papst in die Hände gespielt worden mit der Warnung, er möge nicht nach Rom zurückkehren, denn dort werde er ermordet. Caterina durchschaute die Fälschung und gewann bei dem allerdings immer noch schwankenden Gregor an Boden. Jetzt riet sie dem Papst, seine Abreise nicht länger aufzuschieben:

Wenn Ihr kommen könnt, kommt vor dem September, und wenn Ihr nicht früher könnt, so zögert nicht länger als bis September. Und achtet auf keinen Widerspruch, den Ihr etwa erfahrt, sondern kommt wie ein mannhafter Mann und ohne jegliche Furcht. Und hütet Euch, so lieb Euch das Leben ist, mit einem kriegerischen Heer zurückzukehren, sondern kommt mit dem Kreuz in der Hand wie ein sanftmütiges Lamm. (Briefe, S. 150)

Das war ein fast lebensgefährlicher Rat, sich unbewehrt ins waffenstarrende Italien zurückzubegeben. Er ist ganz hervorgegangen aus mystischem Gottvertrauen, das sich allen geläufigen Herrschaftspraktiken entgegenstellt. Caterina geht es allein um den »Schatz der

Kirche«, dem sie in unüberbietbarer Radikalität alle weltlichen und materiellen Werte unterordnet. Daß sie dem Papst zu einer Täuschung rät – er soll seine Vertrauten nicht informieren –, fällt daneben kaum ins Gewicht.

Endlich entschließt Gregor sich zum Aufbruch, am 13. September reist er ab.

In stürmischer See geht es nach Genua. Und wieder schwankt und wankt Gregor in seinem Entschluß, da schlimme Nachrichten aus Rom eintreffen. In Genua erwartet Caterina ihn. In geheimen nächtlichen Unterredungen bestärkt sie ihn in seinem Entschluß. Schließlich gelangt Gregor nach Rom, begeistert von den Menschen empfangen. Endlich ist der Papst aus der »babylonischen Gefangenschaft« zurückgekehrt.

Für die französische Partei war klar, wem das alles zu verdanken war. Gregor sei »geschwätzigen Weibern« erlegen, so sah es etwa der Theologe Johannes Gerson. Und damit war vor allem Caterina gemeint, deren »unordentlichen« Charakter man hervorzuheben in Avignon nicht müde wird. Das sei das Werk einer Frau gewesen, die nicht einmal in einem ordentlichen Kloster eine angesehene Stellung vorzuweisen habe. Solle sie doch zwischen Klosterkirche und Klosterhospital dahinvegetieren, keineswegs gehe es an, ihr maßgeblichen Einfluß auf Diplomaten und Papst zuzubilligen. Johannes Gerson macht sich auf seine Weise einen Reim auf das Geschehen. Für ihn ist der Papst »imaginären Visionen« zum Opfer gefallen. Er geht sogar so weit, von der »lügenhaften Decke der Frömmigkeit« zu sprechen, die den Blick des Papstes verdunkelt habe.[36]

Caterina hat den Erfolg des Papstes in Rom nicht selbst miterlebt. Nach einem kurzen Aufenthalt dort ist sie unauffällig nach Siena zurückgekehrt. Sie läßt das Schloß Belcaro zu einem Kloster umbauen, hält sich oft in Montepulciano auf und macht sich an die Niederschrift ihres mystischen Hauptwerkes, den *Dialog*. Dabei verbinden sich auf merkwürdige Weise ekstatische Entrücktheit mit wacher Kritikfähigkeit. Zwei Kapitel des *Dialogs* widmet sie der beunruhigenden Frage nach der Legitimation ihrer Visionen.[37] Beruhen ihre Tröstungen und Visionen zuletzt nicht doch auf Täuschungen, die von teuflischen Mächten stammen, etwa einem Dämon, »der sich in einen Engel des Lichtes verwandelt habe?« Caterina spricht voller Schrecken vom »Skorpion mit dem Antlitz aus Gold« und fragt erregt und hartnäckig nach »Zeichen, an denen man erkennt, daß eine Vision von Gott ist oder nicht«. Was, wenn sich der Böse als »Engel des Lichtes« maskiert, wenn sich ununterscheidbar die Werke des Teufels als Werke der göttlichen Gnade drapiert hätten? Es wird deutlich, daß Caterina nicht über die Selbstgewißheit einer Hildegard von Bingen oder über das Vertrauen einer Elisabeth von Schönau verfügt. Allein Angela von Foligno hatte sich in eine vergleichbare Richtung vorgetastet, doch ihre Kritik beschränkte sich auf die mystischen Begleitfolgen der Visionen, auf Entrückung, Ekstase und körperliche Ausfälle. Caterina führt diesen Gedanken weiter. Die teuflische Vision bringt zuerst Freude, dann aber Ekel und Verwirrung, die göttliche Vision dagegen flößt zunächst Furcht ein, führt dann erst zu Sicherheit und Klugheit. Die teuflische Vision sei auf Genuß, die göttliche auf Tugend aus.

Noch während der Niederschrift ihrer Visionen – sie hat das Schreiben gelernt und braucht nicht mehr zu diktieren – wird wieder ihre »diplomatische« Hilfe verlangt. Auf Wunsch des Papstes begibt sie sich nach Florenz, um am Frieden in Italien mitzuwirken. Das ist deshalb notwendig, weil der Papst sich nicht allein auf Gottes Hilfe verlassen hat, sondern bretonische Söldnerheere in die Toskana hat einrücken lassen. Die in Cesena einquartierte Soldateska wütet unter Graf Robert von Genf mit »tierischer Grausamkeit«. Der Papst ist sich nicht zu schade, den gefürchteten Söldnerführer Hawkwood einzusetzen. »Das Volk« – so ein Chronist – »wollte weder an Papst noch an Kardinäle mehr glauben.« Caterina redete dem Papst ins Gewissen: »Der Krieg ist ein Hindernis für die Reform der Kirche.«[38]

In Florenz angekommen, wohnt sie im Haus des guelfisch gesinnten Soderini, und der Friede scheint im Vorfrühling 1378 denkbar nahe. Während des Friedenskongresses aber stirbt der Papst, und die Verhandlungen werden unterbrochen. Caterina gerät in eine lebensgefährliche Situation. Die Guelfen, deren Partei sie zugerechnet wird, haben sich zu brutalen Ausschreitungen gegen ihre Gegner hinreißen lassen. Und sie selbst hat sich zudem einspannen lassen in die guelfischen Zwangsmaßnahmen der sogenannten *ammoni-*

zioni,[39] wodurch innenpolitische Gegner aus ihren Ämtern entfernt werden können und ihr Vermögen beschlagnahmt wird. Aufrührerische Banden lassen sich gegen Caterina aufstacheln. Eine Rotte umstellt Soderinis Haus, in dem sie mit ihrer geistlichen Familie lebt. Einige dringen in den Garten ein. Raimund von Capua berichtet:

Da sie [Caterina] in diesem Garten betete, kamen die Anhänger des Satans mit großem Tumult, bewaffnet mit Schwertern und Stökken, und riefen: »Wo ist dieses verfluchte Weib, wo ist sie?« Caterina hörte sie und bereitete sich zum Martyrium wie zu einem Freudenfeste. Sie stand auf und ging einem wütenden Mann entgegen, der ein Schwert trug und lauter als die übrigen rief: »Wo ist Caterina?« Sie aber kniete demütig und freudig vor ihm nieder und sagte: »Ich bin Caterina; in Gottes Namen tue an mir, was immer er zuläßt; aber ich bitte dich, berühre keinen von meinen Begleitern.« Bei diesen Worten schien der Mann verwirrt und verlor so sehr alle Gewalt über sich selbst, daß er ihre Gewalt nicht mehr ertragen konnte; er wünschte, sie möge gehen, und sprach zu ihr: »Fliehe, ich sage fliehe!« Sie aber antwortete: »Für mich ist gut sein, wo ich bin; wohin willst du, daß ich gehen soll? Ich bin bereit, willig für Gott und die Kirche zu leiden, und wünsche nichts mehr. Wenn du aber beauftragt bist, mich zu töten, ich werde dir nicht widerstehen, nur laß diese ungekränkt fortgehen!« Der Mann aber zog sich mit seinen Gefährten zurück. Caterinas Kinder umgaben sie und wünschten ihr Glück, den Händen dieser Bösewichte entflohen zu sein, doch sie weinte vor Kummer und sagte: »Ach, ich Unglückliche! Ich dachte, daß Gott heute mein Glück krönen würde. In seiner Barmherzigkeit hat er mir die weiße Rose der Jungfräulichkeit gegeben, und ich hoffte, er würde die rote Rose des Martyriums hinzufügen; doch ich bin in meinen Hoffnungen getäuscht, und zweifellos sind meine vielen Sünden die Ursache.«[40]

Wir wissen nicht, ob Raimund hier im Sinn der Heiligenlegenden ein wenig übertreibt, doch die Furchtlosigkeit Caterinas ist auch ansonsten verbürgt. Die ihr noch verbleibende Lebenszeit hat sie weiter rastlos genutzt. Tatsächlich kommt es unter Papst Urban VI. zu einem vorläufigen Frieden mit Florenz, doch dafür zeichnet sich ein schlimmeres Zerwürfnis ab, das große Schisma, das die Kirche von 1378 bis 1414 entzweien wird. Für Jahrzehnte bleibt Europa gespal-

Mystikerin, Politikerin – Caterina von Siena

ten, die italienische und französische Partei bekämpfen sich weiterhin, Gegenpäpste werden ein- und abgesetzt. Die Folgen für das Ansehen der Kirche sind fürchterlich. Caterina hat zwar den Papst nach Rom zurückgeholt, doch das Große Schisma hat sie nicht verhindern können. In einem Brief an Kardinal Pietro di Luna spricht sie von sich in der dritten Person:

Ich zittere, wenn ich nur daran denke, besonders da ich von einer gewissen Person vernahm, der die Vernunft zu erkennen gab, welch gefährliche Angelegenheit dies zu werden droht; so daß der Krieg (bedenkt dies) ihr nichts erschien im Vergleich. Ich sage Euch, daß vor Schmerz ihre Seele und das Leben ihrem Leibe zu entschwinden schien. Sie wandte sich deshalb an die Barmherzigkeit, daß sie ein so großes Unheil abwenden möge, sie wünschte infolge ihres heiligen und brennenden Verlangens, daß ihr das Blut hervorbrechen möge, denn nicht schien der gewöhnliche Schweiß ihr zu genügen, sondern blutigen Schweiß wollte sie vergießen, und am liebsten hätte sie ihren Leib dem Tode dargebracht. Ich glaube, liebster Vater, es ist besser, ich schweige über diese Sache. (Briefe, S. 194)

Es scheint beinahe, als habe Caterina das drohende Unheil verdrängen wollen, doch das hilft ihr ebensowenig wie die Brandbriefe, die sie schreibt, um Urban zu vernünftigen, milden Maßnahmen zu ermahnen, oder die anderen, in denen sie zur Treue diesem Papst gegenüber aufruft, als alle Kardinäle von ihm abfallen und er in eine bedrohliche Isolation zu geraten droht. Sie eilt sogar nach Rom, um ein letztes Mal dem Papst beizustehen. Doch das Schisma kann sie nicht verhindern.

Schmerzlich entwickeln sich auch ihre Beziehungen zu ihrem Beichtvater Raimund von Capua. In den Wirren um Urban VI. hatte sie ihn mit einem Brief an König Karl V. von Frankreich gesandt. Doch Raimund schreckt vor der Reise zurück, denn auf dem Mittelmeer befinden sich Galeeren, die jeglichen Verkehr von Urbans Leuten verhindern sollen. Raimund bleibt in Genua, verteidigt sich in einem Schreiben an Urban, der ihm verständnisvoll beipflichtet, doch Caterina sieht die Dinge mit anderen Augen. Sie, die gern den Märtyrertod gestorben wäre, geht mit ihm hart ins Gericht.[41] Selbst schon vom nahenden Tod gezeichnet, mischt sich in ihr persönliches

Sterben die Qual des eigenen Versagens. Sie bezichtigt sich selbst und begreift den verzweifelten Zustand der Kirche als verursacht durch ihre mangelnde Liebe: »Ach, babbo mio, ach, wehe meiner unglücklichen Seele! Denn meine Sünden tragen die Schuld an allem Übel.«

So lautet immer wieder ihre Selbstbezichtigung. Was uns als skrupulös-übertriebene Reaktion erscheinen mag, ist in Wahrheit die Zurücknahme ihrer eigenen Person, die am Ende ihres Lebens nicht in Altersstarrsinn verfällt. In dieser Zeit der Finsternis erkennt sie den letzten Dienst, den sie zu leisten vermag. Sie fleht in erschütternder Weise auf ihren Leib die Strafe herab, »die dieses Volk verdient hat«.[42] Stellvertretend übernimmt Caterina nicht nur die Schuld, sondern auch die Strafe der Zeitgenossenschaft. In Sankt Peter vollzieht sich dann eine Krisis, von der sie sich nicht mehr erholt. Sie sitzt zusammengesunken unter dem berühmten Bild Giottos, auf welchem die Kirche als Schiff dargestellt wird.

In einer Vision erlebt sie, wie sich das Schiff auf ihre Schultern legt. Wie tot bricht sie unter dieser Last zusammen. Doch ihr Todeskampf ist noch nicht zu Ende. Ein »mystisches Sterben« setzt ein, von dem sie schreibt:

Als dann der Montagabend kam, zwang es mich, an den Stellvertreter Christi zu schreiben und an drei Kardinäle, wobei ich mir helfen lassen mußte. Und ich ging in das Arbeitszimmer. Und als ich an den Stellvertreter geschrieben hatte, war ich nicht mehr zu schreiben imstande. So groß waren die Schmerzen, die in meinem Körper anwuchsen. Und kurz darauf begannen die Schrecken der Dämonen in solcher Weise, daß ich ganz betäubt davon war. Sie wüteten gegen mich, als sei ich Armselige die Ursache, daß ihren Händen entrissen sei, was sie lange in der Heiligen Kirche besaßen. Und so groß war die Angst und der körperliche Schmerz, daß ich aus dem Arbeitszimmer fliehen und in die Kapelle gehen wollte, wie wenn das Zimmer die Ursache meiner Schmerzen gewesen wäre ... Allein alsbald stürzte ich zu Boden, und es war, als sei die Seele aus dem Körper geschieden und sähe ihn an wie etwas Fremdes; aber nicht wie damals, als sie von ihm schied, weil da die Seele genoß das Glück der Unsterblichen, mit ihnen teilhaftig werdend jenes höchsten Gutes. Jetzt aber schien es wie etwas ganz Besonderes; denn in meinem Körper schien ich nicht zu sein, sondern ich sah meinen Körper, als sei ich ein anderer. Und als meine Seele das Leiden jenes Körpers erschaute, wollte sie wissen, ob ich nichts in ihm zu tun hatte, um ihm zu sagen: »Mein Sohn, fürchte nichts!« Allein ich sah, daß weder die Zunge noch ein anderes Glied sich bewegen konnte, und daß er wie ein Körper war, der vom Leben geschieden ist. So ließ ich ihn denn, wie er war, und mein Geist versenkte sich im Abgrund der Dreieinigkeit ... Und indes ich so verharrte in schrecklicher Furcht, beweinten mich die Meinen als tot. Doch war jetzt aller Schrecken vor den Dämonen von mir gewichen. Dann sah ich meine Seele in der Gegenwart des Lammes, welches sprach: »... Ich will dir zeigen, daß ich ein guter Meister bin, der den Töpfer macht und die Töpfe zusammenfügt und wieder zerschlägt, wie es ihm gefällt. Diese meine Gefäße weiß ich zu zerschlagen und wieder zusammenzufügen. Darum nehme ich die Schale deines Körpers und bilde sie wieder im Garten der Heiligen Kirche, auf andere Weise als bisher.« ... Zwei Tage und Nächte vergingen unter diesen Stürmen. In Wahrheit wurde die Seele dadurch nicht verletzt, aber der Körper schien aufzuhören. (Briefe, S. 265 ff.)

Dem Sog dieses mystischen Vermächtnisses mag sich wohl niemand entziehen können, denn es offenbart die Fähigkeit, mit dem Schicksal des Todes versöhnt und befriedet umzugehen. Das grauenvolle Sterben wird dabei allerdings nicht verharmlost. Erschütternd, wie Caterina das »Aufhören ihres Körpers« beschreibt, erschütternder noch das »geistige Sterben«, von ihr als Ansturm der Dämonen gefürchtet und durchlitten. Und nicht allein individuelle Schmerzen quälen sie, in ihr persönliches Sterben ragt grausam das Leiden an der verzweifelten Zeit hinein. Den Schrecknissen des Sterbens setzt die erst Dreiunddreißigjährige eine erstaunliche Seelenstärke entgegen. Der Körper – merkwürdigerweise als ein männlicher beschrieben – entfremdet sich ihr, bleibt bewegungslos und unbeteiligt – eine »äußere Schale« –, doch ist es nicht Haß gegen den Körper, den wir vermuten könnten, nur eine durch lebenslange Askese geübte Bändigung. Körperlicher Verfall und Schwäche berühren das mystische Zentrum ihrer Persönlichkeit nicht, die Seele bleibt »unverletzt«.

Noch das Sterben Caterinas offenbart Stärke und das vornehmlich durch die Kraft zur Versenkung und Meditation. Es ist kein Zufall, daß sie sich angesichts des Todes in die Mysterien der Dreieinigkeit vertieft, denn darin spiegelt sich das Geheimnis eines vollendeten Lebens wider, bildet sich die innere Bewegung ab, zu der ewiges Leben [Gott], Geburt, Tod, Auferstehung [Sohn] und Weiterleben [Heiliger Geist] gehören. Noch eine weitere Erfahrung mildert und sänftigt das Todesschicksal – Caterina reiht ihr persönliches Absterben in die überpersönliche Gemeinschaft der Kirche ein. Sie spricht sogar von Neubildung ihres vergehenden Körpers »im Garten der Kirche«. Am 29. April 1380 stirbt sie. Stefano di Maconi, einer ihrer engsten Freunde, eilt, von einer inneren Stimme getrieben, an ihr Sterbebett, auf seinen Schultern trägt er sie zu Grabe.

So endet ein Leben, das kurz bemessen und dennoch reich an Erfahrungen und Widersprüchen war. Aus niederen Verhältnissen stammend, forderte Caterina die Mächtigen ihrer Zeit in die Schranken; zum religiösen Leben berufen, wählte sie dennoch nur eine halbklösterliche Lebensweise; von mystischen Ekstasen und Verzückungen überfallen, begibt sie sich auf das Parkett der Diplomatie; vom christlichen Friedenswerk angetrieben, drängt sie zum Kreuzzug gegen die Ungläubigen; sie selbst, zeit ihres kurzen Lebens von Krankheit und körperlicher Schwäche gezeichnet, fordert herrisch und unnachgiebig den Mut der Männer, die ihr alle nicht gewachsen waren. Wenn es wahr ist, daß vollendete Menschlichkeit erst im Aushalten von zerreißenden Widersprüchen erfahren wird, dann ist Caterina ein bedeutendes Beispiel.

CATERINA VON GENUA

Neben Caterina von Siena ist eine weitere italienische Mystikerin von Bedeutung, Caterina von Genua (1447–1510). In ihrem Jahrhundert zeigte sich, wie wenig von den Einheitsträumen der Caterina von Siena Wirklichkeit geworden war. Zwar wurde das große Schisma der Kirche endgültig auf dem Konzil von Konstanz (1414–1418) beigelegt, doch in Italien selbst rivalisierten wie eh und je Städte und Fürstentümer, Stadtherren und Papst um die Vorherrschaft. Auch

Mystikerin, Politikerin – Caterina von Siena

Genua, wo die Adelsfamilien Fregoso, Doria, Adorno und Fieschi in ständige Auseinandersetzungen verstrickt waren, bildete keine Ausnahme. Aus der Familie der Fieschi gingen Generäle und Admiräle, etwa vierhundert kirchliche Würdenträger hervor, darunter Bischöfe, Kardinäle und auch zwei Päpste, und eben dieser Familie entstammte auch Caterina, die im selben Jahr wie Columbus in Genua zur Welt kam.[43] Mit sechzehn Jahren wurde sie im Rahmen familiärer Heiratspolitik mit Giuliano Adorno verheiratet, um den Zwist der feindlichen Familien zu beenden. Adorno war leichtlebig und gewalttätig, rühmte sich etlicher unehelicher Kinder und war darauf bedacht, das Gut seiner Frau durchzubringen. Caterina hat ihn als »einigermaßen sonderbar« bezeichnet.[44] Nach zaghaften Versuchen, sich in der adligen Welt Genuas zurechtzufinden, ging sie den Weg der mystischen Erfahrung und erfuhr eine Vision des blutüberströmten Christus.[45] Sie widmete sich über zwanzig Jahre lang aufopfernd den Kranken und Ausgestoßenen, die im Spital Pammatone untergekommen waren, wurde 1489 Leiterin des Spitals und erlebte die große Pest von 1493, die achtzig Prozent der Genueser Bevölkerung hinwegraffte. Sie selbst wurde von der Pest angesteckt, kam allerdings mit dem Leben davon.

Das alles mag erwähnenswert sein und auch ihr merkwürdig reserviertes Verhältnis zu den ihr verordneten Beichtvätern, die nicht viel mit ihr anzufangen wußten. So wird von ihr berichtet, daß sie sich durchweg keiner Sünde bewußt war, die sie ihren Beichtvätern anvertrauen konnte.[46] Ordensleute bereiteten ihr Ärger, indem sie ihren häufigen Kommunionsempfang kritisierten[47] oder sie als verheiratete Frau den Ordensleuten gegenüber herabsetzten.[48] Beleidigungen hat sie sich nicht bieten lassen, der Autorität eines regelmäßigen geistlichen Beistandes hat sie sich bis in ihr zweiundsechzigstes Lebensjahr entzogen. Dann fand sie – in ihren Erfahrungen längst gereift – in Cataneo Marabotto einen verständnisvollen Freund, auf den wohl auch die erste Lebensbeschreibung der Caterina von Genua zurückzuführen ist. Doch selbst diese Beziehung blieb nicht ungetrübt. Im Jahre 1510 wollte sie sich von ihrem Freund und Beichtvater trennen, was wohl unter dem Einfluß körperlicher Krankheit und todessüchtiger Melancholie geschah. Marabotto gelang es, sich in ihrer Kammer zu verstecken und die deprimierte Caterina für sich zurückzugewinnen.[49]

Mit den Problemen der Zeit hat sie sich nicht beschäftigt, darin ist sie das genaue Gegenbild ihrer Sienenser Namensverwandten. Die aufwühlenden Ereignisse der Türkenkriege – im Jahre 1453 war Konstantinopel gefallen – fanden bei ihr kein Echo, obwohl die Machtstellung Genuas seitdem beträchtlich gemindert wurde. An den Intrigen und Zwistigkeiten der Genueser Familien beteiligte sie sich nicht. Was also macht sie zu einer herausragenden Gestalt in einer aufgewühlten Zeit, die auch noch das spektakuläre Ereignis der Entdeckung Amerikas durch einen Genueser namens Columbus zu feiern hatte?

Gerade der Vergleich mit Columbus läßt die interessante Seite Caterinas hervortreten. Während sich jener in unbekannte Weiten hinauswagt, jedoch immer auf Gedeih und Verderb an das Element des Meeres gebunden, begibt sich Caterina auf eine gefährliche Reise in ihr Inneres, wobei sie eine erschreckende Heimatlosigkeit und verwirrende Ortlosigkeit erleidet. Aufgehängt zwischen Himmel und Erde, weiß sie sich keinem der Elemente mehr zugehörig.[50] Herabgezogen zur Erde, emporgerissen zum Himmel, gerät sie in eine lebensgefährliche Anspannung, welche besonders in ihrem letzten Lebensjahrzehnt schier unerträgliche Formen annimmt. Heimgesucht von Ekstasen und Visionen, körperlich durch schwere Krankheit gezeichnet, von Todessehnsucht getrieben, oftmals im Zustand von Starrkrampf und Agonie, reift in ihr eine einzigartige mystische Erfahrung, die sie zur »Mystikerin des Fegefeuers« werden läßt.

Das scheint uns tief ins »finstere« Mittelalter zurückzuführen, erinnert an Folter- und Marterphantasmen, wie wir sie schon bei den Fegefeuervisionen männlicher Mystiker kennengelernt hatten. Wir erinnern uns an Ida von Nivelles, der es indes gelungen war, die Fegefeuerängste mystisch zu überwinden. Sie suchte nicht die Fegefeuerorte visionär auf, entdeckte nicht den »Strafkontinent« des Fegefeuers. Caterina suchte das Fegefeuer nicht jenseits des menschlichen Lebensraums und auch nicht jenseits der kreatürlichen Lebenszeit, denn sie fand es in sich selbst. Hier und heute lodert es im mystischen Menschen. In ihrem *Traktat über das Fegefeuer* schreibt sie:

Die Art der Läuterung, die ich bei den Seelen im Fegefeuer sehe, fühle ich auch in meiner Seele, ganz besonders in den letzten zwei Jahren. Jeden Tag sehe und fühle ich das noch klarer; denn ich sehe meine Seele in diesem Leib wie in einem Fegefeuer wohnen ... Es geschieht das zwar nur in dem Ausmaß, wie es der Leib ertragen kann, ohne zu sterben, doch ständig wachsend und wachsend, bis es so weit ist, daß er dennoch stirbt ...[51]

Caterina verliert sich nicht in eine visionäre Jenseitsgeographie um Wo und Wann der einzelnen Fegefeuerstrafen, vor allem nimmt sie dem Fegefeuer alles Beängstigende:

Diese Seelen können sich nicht mehr auf sich selbst zurückwenden und können nicht sagen: »Ich habe diese und jene Sünde begangen, für die ich es verdiene, hier zu sein«, sie können auch nicht sagen: »Ich möchte, ich hätte diese Sünde nicht begangen, so daß ich jetzt in das Paradies eingehen könnte«, sie können auch nicht sagen: »Jener kommt schneller als ich von hier heraus« oder »Ich werde schneller als jener von hier herauskommen«; sie können auch keinerlei Erinnerung – weder im Guten noch im Schlechten – an sich selbst oder an andere haben. Aber sie haben eine ganz große Zufriedenheit über die Anordnung Gottes, in der er all das, was ihm gefällt und solange es ihm gefällt, wirkt. Darum können sie nicht mehr an sich selbst denken. Sie sehen nur noch die so große Güte und Wirksamkeit Gottes ...[52]

Caterina hält das Starren auf die Fegefeuerleiden sogar für eine Sünde:

Sie [die Seelen] können nicht einmal sehen, daß sie in jenen Fegefeuerleiden wegen ihrer Sünden sind, noch können sie solche Schau in ihrem Geiste festhalten, denn das wäre eine aktive Unvollkommenheit ...[53]

Die Phantasmen des Schreckens, der Furcht und Angst sind aus der traditionellen Fegefeuerdogmatik herausgelöst. Doch wenn nicht Strafen und angstvolle Pein, was dann kann das Fegefeuer dem mystischen Menschen noch bedeuten? Caterina hat es in immer neuen Wendungen beschrieben: Das Feuer erweist sich als »Feuer der göttlichen Liebe«,[54] in welchem alle Liebeshindernisse weggeschmolzen werden. Die Fegefeuerqualen sind keine Qualen der Strafe, sondern Liebesqualen der Trennung des einzelnen Menschen von der umfassenden Gottesliebe. Und diese Qualen ragen hinein ins diesseitige Leben und können hier und heute schon überwunden werden, so jedenfalls deutet Caterina das Leben der Heiligen auf Erden.[55] Qual und Leiden werden in ihrer Tiefe auf den Mangel an Liebe zurückgeführt, und es bleibt Caterina nichts anderes übrig, als sich in die Liebesqualen hineinzustürzen, um absolute Liebe zu erlangen:

Da sie [die Seele] sieht, daß das Fegefeuer dazu bestimmt ist, diese Makel zu beheben, so stürzt sie sich da hinein, und es scheint ihr, große Barmherzigkeit darin anzutreffen, sich von dem in ihr vorhandenen Hindernis auf diese Weise befreien zu können.[56]

Caterina redet also keineswegs einer »Altentantenliebe« das Wort, Liebesleidenschaft schafft Liebesleiden. Was der Liebe entgegensteht, wird leidend erfahren – und in denkwürdiger Gleichzeitigkeit vernichtet. Die »Innigkeit« von Qual und Liebe wird von Caterina festgehalten, ja sie kann sogar das Anwachsen der Liebesqualen bei zunehmender Liebesvollkommenheit konstatieren:

Gerade dadurch, daß die Liebe in ihnen [den Seelen] noch behindert ist, entsteht ja in ihnen die schmerzliche Pein. Und diese Pein ist um so schmerzlicher, je vollkommener die Liebe ist ...[57]

Caterina hat also die kirchliche Liebe vom Fegefeuer »entmythologisiert«, indem sie den traditionellen Straf- und Martervisionen eine Vision absoluter Liebe entgegenstellte, doch auch der tiefsten Erfahrung der Liebe bleibt immer noch ein Stachel der Entzweiung, der schmerzenden Trennung verhaftet.

Obgleich aber die Kenntnis Gottes Pein und Freude übertrifft, s nimmt sie den Seelen dennoch keinen Funken, sei es von der Zufrie denheit, sei es von der schmerzlichen Pein.[58]

Leiden und Freude, Qual und Friede werden zusammen erleb nur im mystischen Ausblick auf Gott wird ein Überschreiten von Pei und Freude utopisch vorweggedacht. Doch dieses Jenseits von Le den und Freude zu beschreiben, ist auch Caterina verwehrt gebli ben.

11 »EINGEMAUERT« – DOROTHEA VON MONTOW

Im Jahr 1976 wurde ein mehrere Jahrhunderte dauernder Kanonisierungsprozeß abgeschlossen, der mit der Heiligsprechung der Dorothea von Montow (1347–1394) endete.[1] Man kann allerdings nicht sagen, daß sie seitdem einer breiteren Öffentlichkeit bekannt geworden ist. Ob ihr bizarres Auftreten in Günther Grass' Roman *Der Butt* daran etwas ändern wird, bleibe dahingestellt. Ihren Zeitgenossinnen Caterina von Siena oder Birgitta von Schweden ist eine breitere Resonanz beschieden gewesen. Die Gründe für Dorotheas geringe Popularität liegen auf der Hand. Sie wirkte in Preußen, abseits der großen, umwälzenden Ereignisse, die sich in den Zentren Europas, in Avignon etwa oder in Rom, abspielten. Dabei wurde Dorothea sowohl von den Bewohnern Preußens als auch Polens verehrt, war eine Vermittlergestalt zwischen den beiden Völkern, die sich unheilvoll befehdet hatten. Der polnische König Wladislaus Jagiello verschonte nach der Schlacht bei Tannenberg (1410) die Stadt Marienwerder, heute Matowo,[2] an deren Dom Dorothea sich in den letzten Jahren ihres Lebens einmauern ließ und wo sie auch begraben wurde. Später schränkte die Reformation in Preußen mit allen Mitteln den Heiligenkult ein, und so konnte sich die Verehrung Dorotheas, genannt die »Heilige Pomesians« (vom Namen der Landschaft Pomesanien/Westpreußen), nur in kleinen Frömmigkeitszirkeln erhalten. Dies hatte einmal ganz anders ausgesehen; es gibt umfangreiche biographische Nachrichten über sie, gesammelt von ihrem Beichtvater Johannes von Marienwerder. Seine Lebensbeschreibung Dorotheas wurde später, im Jahre 1492, als erstes deutschsprachiges Buch in Preußen gedruckt.

Dorothea ist eine besondere Erscheinung unter den zahlreichen mystischen Frauengestalten. Mit Ausnahme ihrer letzten Lebensjahre führte sie nämlich eine bürgerliche Ehe, und nur unter großen Schwierigkeiten rang sie sich zu einer mystischen Lebensform durch. Während sich die von uns bisher betrachteten Mystikerinnen in den Schutzraum eines Klosters oder einer klosterähnlichen Gemeinschaft zurückzogen oder radikal mit ihrer weltlichen Lebensweise brachen wie etwa Angela von Foligno, führt Dorothea ein »normales« Alltagsleben, in dem nur wenig Raum blieb für mystische Erfahrungen.

Dorothea wurde am 6. Februar 1347 im westpreußischen Weichselland in der Stadt Montow/Matowo als siebtes von neun Kindern geboren, ihr Vater verstarb früh, ihre Mutter Agathe lebte vierundzwanzig Jahre lang als Witwe. Die sechsjährige Bauerntochter erlitt einen schweren Unfall, als sie versehentlich durch siedendes Wasser verbrüht wurde. Schon als Kind zeigte sich bei ihr eine selbstquälerisch anmutende Bußgesinnung. Mit sieben Jahren übernahm sie den Gebetseifer der Mutter und praktizierte schon zahllose Venien, wobei sie die Leidensstationen Jesu durch entsprechende Körperhaltungen nachempfand. Sogar nachts hörte sie nicht damit auf, »ihre Arme kreuzweise auszustrecken« und »sich kreuzweise an die Wand zu drängen«. Sie weinte, betete und sang, bis der Schlaf sie überwältigte. Auch zur Beichte drängte sie, was ihr bei Schwestern und Hausgesinde Hohn und Spott einbrachte. Mit elf Jahren bat sie darum, häufig fasten zu dürfen, begnügte sich zumeist mit Essensresten und mit Fischen, die so klein waren, daß man sie wegwarf. Sie hungerte, ohne daß ihre »liebliche Gestalt« Schaden genommen hätte. Im Jugendalter saß sie in den Lokalen, in denen die anderen Jugendlichen der Stadt sich vergnügten, unbeteiligt dabei. Sie weigerte sich zu tanzen, sie zerstach und zerkratzte ihre Füße, zeigte sie vor und entschuldigte sich für ihre Zurückhaltung. Mußte sie trotzdem einmal tanzen, so brachen ihre Wunden auf, und ihre Schuhe waren voll Blut. Enge Schuhe konnte sie deshalb auch später nicht mehr tragen, sie mußte sich mit Bastschuhen begnügen, welche sie unter langen Kleidern verborgen hielt. Sie praktizierte auch Selbstgeißelungen, so daß ihr Leib zeitweise einen Acker glich, der von einem Pflug durchfahren wurde, doch dami nicht genug, sie stieß in ihre Wunden Nesseln hinein oder rieb sie mit Salzwasser aus.[3]

Dorotheas Biograph Johannes von Marienwerder sah in diesen gewaltsamen Kasteiungen, diesen uns heute masochistisch anmutenden Formen aggressiver Selbstzerstörung, eine Form der Leidensnachfolge Jesu und weiß davon zu berichten, daß Dorothea neben den Wunden, die sie sich selbst zufügte, auch Verletzungen an sich trug, »die sie vom Herrn hatte«. Eine schmerzhafte Rückenwunde führt zu einer lebenslangen Gangverkrümmung. Offen gezeigt hat sie diese Wunde niemals, erst anläßlich einer Graböffnung sah ihr Beichtvater die Narben.[4] Er hatte wohl die Absicht, Dorothea in die Reihe der Stigmatisierten einzuordnen, zusammen mit Franz von Assisi und Caterina von Siena. Und so überlieferte er in einer lateinischen Schrift, dem sogenannten *Septilium* (»Das Buch der sieben Lilien«), eine Vision, in der Dorothea von Lanzen verletzt wird, die Christus und Maria in ihren Händen halten. Wie bei Caterina von Siena handelt es sich jedoch um geistliche Wunden, um Pfeile der Liebe, die schmerzhaft in Herz und Seele dringen und ihren Körper unverletzt lassen.[5]

Eine Bußgesinnung wie die Dorotheas ist im Mittelalter keine Seltenheit. Was jedoch abgebüßt wurde, waren weniger selbst begangene Sünden und Fehler als die Schrecken der Zeit: Fehden und Faustrecht machten das Land unsicher, immer wieder überzogen Pestepidemien das Land; Gruppen von Geißlern durchzogen die Gegend. Der Deutsche Ritterorden hatte nach den Erfolgen seines Siedlungswerks in Preußen nicht mehr die Kraft, seine innere Organisationsstärke zu bewahren. Einer seiner Hochmeister, Konrad von Wallenrod, wurde der Häresie verdächtigt; dies war Anlaß für Dorothea, ihn in einer Vision in der Hölle schmoren zu lassen.[6] Die inneren und äußeren Bindungs- und Ordnungskräfte waren geschwächt; man erwartete die Ankunft des Antichrists. Eine radikale Bußgesinnung mochte angesichts der Wirren und Verwerfungen als Fanal zur Umkehr für alle verstanden werden. Dorothea, in persönliche Lebensängste verstrickt und den Schrecken und Bedrängnissen der Zeit ausgesetzt, sah in strenger Bußpraxis eine Möglichkeit, Ordnung zu schaffen für sich selbst und für andere. Sie hat den stellvertretenden Charakter ihrer Bußpraxis deutlich hervorgehoben, wollte in ihrer Klause im Dom zu Marienwerder »diesem Lande, dieser Stadt eine Hüterin sein«.[7]

Es gibt weitere Gründe für jene harte Bußpraxis. So äußert Johannes von Marienwerder: »Wann ist zu unseren Zeiten gehört worden, daß solch ein männlich Herz in eines Weibes Körper war?«[8] Dorothea mag das Ziel gehabt haben, sich Eigenschaften wie Ausdauer, Unbeugsamkeit, Härte anzueignen, Eigenschaften, die sonst nur Männern, vorwiegend im Krieg, vorbehalten waren. Ihr Kampf galt jedoch nicht einem äußeren Feind, sondern dem »bösen Geist«, und der »verrückten Natur im Menschen«.[9]

In den letzten Jahren ihres Lebens, vom Jahr 1390 an, gab sie sich ganz ihrer religiösen Berufung hin und entschloß sich, in der Domkirche zu Marienwerder eingemauert zu werden, das Leben einer Inkluse zu führen. Doch weder der Bischof von Pommern noch die Domherren zu Marienwerder, auch nicht ihre Beichtväter – sie hatte deren zwei – gaben ihr die Erlaubnis dazu. Das Inklusenwesen war zur damaligen Zeit in Preußen bereits abgeschafft. Am 2. Mai 1393 wird sie dann doch in einer Zelle der Domkirche zu Marienwerder eingemauert.[10] Die Klause ist heute noch an der Südseite des Doms zu sehen. »Eine große Sammlung des Volkes« wohnte ihrer Einmauerung bei. Ein Luftfenster verband sie mit der Außenwelt und gab ihr den Blick auf ein kleines Stück Himmel frei. Durch ein anderes Fenster wurden ihr Lebensmittel gereicht, ein drittes Fenster ermöglichte ihr einen Blick in die Kirche und damit die Teilhabe am gottesdienstlichen Geschehen.

Interessant ist ein besonderes Begehren der von der Welt abgeschiedenen Inklusin, der es verboten war, die Klause jemals wieder zu verlassen. Der Wunsch, anderen die Hand durchs Fenster zu reichen; mit anderen zu sprechen, war ihr untersagt. Gaben durfte sie nur entgegennehmen, sofern es ihr Beichtvater gestattete.[11] In dieser Abgeschiedenheit von der Welt kommt es zu einer heftigen Auseinandersetzung mit ihrem Beichtvater um den Genuß des Sakraments. Dorothea wünscht den häufigen Empfang der Kommunion, etwa dreimal während des Meßgottesdienstes am Christtag. Aber diese häufige Hostienspendung verwehrt ihr sogar Christus in einer Vision. Vor dem Wunsch, täglich das Sakrament zu empfangen, will sich Dorothea nicht abbringen lassen. Selbst dieser bescheidenere Wunsch wurde ihr abgeschlagen.

Ähnliches hatte Dorothea schon in Danzig erfahren, wo man ihr die sonntägliche Kommunion verweigert hatte, denn in Preußen waren pro Jahr nur sieben Kommunionstage für einfache Gläubige vorgesehen.[12] In Marienwerder hat man ihr zwar mehr Verständnis entgegengebracht, doch ihr Beichtvater macht deutlich, worum es wirklich geht. »Warum willst du den Herrn so oft sakramentlich nehmen und haben, das ist täglich, was doch ungewöhnlich ist einem, der nicht Priester ist?«[13] Dorothea tastet mit ihrem Wunsch nach häufiger Kommunion ein priesterliches Privileg an. Johannes von Marienwerder sorgt dennoch dafür, daß ihr der tägliche Kommunionsempfang gestattet wird. Dorothea setzt den Kampf um zusätzliche Sakramentsspendung fort und zwar bis zu ihrem Tod. Es heißt, daß sie so zu ihrem Beichtvater sprach:

»Eia, gebt mir meinen allerliebsten Herrn, das ist das Sakrament unseres Herrn; denn seiner Liebe mag ich nicht länger entbehren!« Als sie so sprach, da war ihre Gestalt gar schmächtig und ihr Mund also ausgedorrt, daß ihre Zunge am Gaumen hing. Dabei bemerkte ihr Beichtvater ihren Hunger und ihre Schwäche, die sie schon zuvor sehr vom geistlichen Hunger gehabt hatte. Da ermahnte er sie gar freundlich, daß sie sich mit Trank gelabt habe, da sie schon während des Tages unseren Herrn empfangen habe, und darum mochte er ihn ihr nicht geben. Darauf sprach Dorothea: »Ich mag zu mir keine leibliche Speise noch Trank nehmen!« Und ließ nicht ab zu begehren und zu bitten, daß er ihr den Leichnam unseres Herrn gebe. (Leben, S. 327)

Ihr Beichtvater bleibt unnachgiebig und verweist Dorothea auf den nächsten Tag. Als er bei Anbruch des nächsten Morgens mit dem *Te Deum* auf den Lippen zu ihr kommt, hat Dorothea schon für immer ihre Augen geschlossen.

Bis in ihre Todesstunde also kämpft sie um eine Gnade, die allein Priestern zugänglich war. In Dorotheas »Sakramentsmystik« gehen untrennbar rebellische Momente ein, denen die Kirche wehren mußte.

Dorotheas Lebensweg verlief folgendermaßen: Ihr Vater ist früh gestorben, und deshalb übernimmt es ihr älterer Bruder, die Siebzehnjährige mit einem »ehrbaren, klugen Handwerksmann« zu verloben. Sie heiratet schließlich Adalbert Schwertfeger, einen zu diesem Zeitpunkt begüterten Waffenschmied. Adalbert ist wesentlich älter als seine Frau, die sich vorher über einen Mangel an Freiern nicht hat beklagen können. Das Ehepaar zieht nach Danzig und nimmt in der Langgasse Wohnung. Damit beginnt ein Ehedrama, das sich über sechsundzwanzig Jahre hinziehen wird. Dorothea verweigert ihrem Ehemann nach der Hochzeit mehrere Tage den Beischlaf, »und von aller Wollust um ihrer selbst willen blieb sie die Zeit unbefleckt«. Danach wird sie acht Wochen lang von einer schweren Krankheit heimgesucht.[14] Dennoch schenkt sie mehreren Söhnen und Töchtern das Leben – die genaue Zahl ist nicht überliefert –, doch bis auf eine Tochter, die später Nonne wird, fallen alle im Jahr 1383 der in Preußen wütenden Pest zum Opfer. Dem Bette ihres Mannes versucht sie sich, »wenn sie es mit Fug vermochte«, zu entziehen. Nächtelang sitzt sie »bei der Wiegen und wiegte ihr Kind die ganze Nacht, im Winter, wenn es kalt war ..., auf daß sie getrennt bliebe von ihres Ehemannes Bette«.[15] Widerwillig bezahlt sie ihm ihr Eherecht, »so es von ihm befohlen wurde«, doch nach der Geburt ihrer letzten Tochter ist es Dorothea, die obsiegt:

Zuletzt, da sie eine Tochter empfing und gebar, da bemerkten sie beide, daß es gar behaglich wäre, daß sie sich enthielten von ehelichen Werken, in voller Keuschheit, Gott zu dienen mit freiem Geist, und wurden darüber einig und blieben danach beieinander zehn Jahre ohne eheliche Werke ...« (Leben, S. 221)

Dorothea versuchte also, das immer wieder von der Kirche hochgelobte Ideal einer »enthaltsamen Ehe« zu praktizieren.

Ihr religiöses Erleben ist reich an Erfahrungen. Sie wird von Überfällen »geistlicher Trunkenheit« heimgesucht; »Wollüste des Geistes« lassen sie in Ohnmacht fallen. Dann ist ihre »normale« Wahrnehmungsfähigkeit gestört oder sogar ausgelöscht. Ihr Ehemann behandelt sie mit kalten Wassergüssen, doch ohne Erfolg. Auf dem Markt läßt sie sich ungenießbare Gänseeier verkaufen, ohne es zu bemerken. Die Marktfrauen verlachen sie. Eine zwanghafte Unruhe treibt sie um, was ihrem von der Gicht geplagten Ehemann nicht gefällt. Er tadelt ihr »Herumlaufen« und ermahnt sie, den Hausarbeiten aufmerksamer nachzukommen. Schließlich bindet er sie zu Hause fest. Und als auch das nichts bewirkt, schlägt er sie mit einem Stuhl aufs Haupt. Was für den Ehemann Widerspenstigkeit und Trägheit ist, erscheint dem frommen Biographen als mystische Begnadung. Einmal wird Dorothea auf den Markt geschickt, um angesichts einer Hungersnot Brot für eine Woche zu erstehen, doch sie versäumt es. Ihr Mann, schon von Krankheit und Hunger geschwächt, greift diesmal nicht zum Prügel, sondern resigniert. Auch eine gute Köchin ist Dorothea nicht. Sie kocht Fische, ohne sie abzuschuppen und auszunehmen, ihr erboster Mann schlägt ihr die Lippen blutig. Ein andermal wird ihr aufgetragen, Stroh zu kaufen, Dorothea jedoch verirrt sich in eine der Danziger Kirchen, verfällt in mystische Verzückungen und vergißt ihren hausfraulichen Auftrag. Nach Hause zurückgekehrt, wird sie von ihrem Mann auf die Brust geschlagen, seitdem spuckt sie Blut. Daraufhin nehmen die Beichtväter ihren Ehemann ins Gebet und werfen ihm seine Grausamkeiten vor. Adalbert hält dem entgegen, daß Dorothea durch Almosenverteilen die Familie ruiniere.

Im Jahre 1385 – Dorothea ist inzwischen neununddreißig Jahre alt – entschließt sich ihr Ehemann zu einer Wallfahrt nach Aachen und Einsiedeln in der Schweiz. Johannes von Marienwerder rechnet mit einem frommen Entschluß, zumal Adalbert nach dem Tod der Kinder in tiefe Verzweiflung gefallen ist und sich auch die wirtschaftlichen Grundlagen verschlechtert haben. Am 10. August machen sich beide, begleitet von der einzig verbliebenen Tochter, auf den Weg. Eine beschwerliche Reise steht ihnen bevor. Fehden und Friedlosigkeit überziehen das Land. So werden sie eines Tages von Wegelagerern bei Leib und Leben bedroht, sie verlieren ihre Habe; Kleider, Geld, Wagen und Pferde scheinen verloren. Als bekannt wird, daß die Räuber in der benachbarten Stadt gefangengenommen worden sind, wird Dorothea von ihrem Mann, der von Alter und Krankheit gezeichnet ist, gezwungen, in die Stadt zu fahren und das geraubte Gut zurückzuverlangen. Dorothea macht sich auf und erreicht tatsächlich die Rückgabe der geraubten Güter. Doch ihr Mann demütigt sie weiterhin. Er verfällt wieder in Jähzorn, schlägt seine Frau, angeblich weil sie sich nicht auf den von Räubern unsicher gemachten Markt getraut habe, ein andermal, weil sie ihr Kind nicht zu stillen vermochte. Als das Zugpferd des vollbepackten Reisekarrens verendet, wird der Fuhrknecht entlassen und Dorothea zur Wagentreiberin degradiert:

Da ihr Mann geheilt und gesund ward und sie sich wieder auf den Weg machten, da ward ihm ein Pferd siech, und da entließ der Mann den Knecht und bestellte Dorothea zu einer Treiberin. Das Amt tat sie fleißig und demütig. Sie ging in einem kurzen Rocke und trieb den Wagen, sie reinigte und schmierte ihn, sie tränkte die Pferde und gab ihnen zu fressen und spannte sie an den Wagen und führte auf dem Wagen ihre einzige, junge Tochter und ihren alten Mann durch die Länder, Dörfer, Märkte und Städte, in denen die Leute in Scharen um sie gelaufen kamen wie zu einem Wunderwerke, und als sie ihren Mann sahen und bemerkten, daß er alt und fett war und einen großen Bart hatte, da lachten sie und spotteten: »Liebe Schwester, wo willst du den Joseph hinführen? Willst du ihn zum Jungbrunnen führen?« (Leben, S. 243)

So hatten Dorothea die Demütigung und ihr Mann den Spott zu tragen, auch für damalige Verhältnisse ein ungewöhnlich glückloses Ehepaar. Dorothea scheint alle Mißhandlungen und Demütigungen mit erstaunlicher Seelenstärke ertragen zu haben. Niemals beklagt sie ihr Los, selbst nach einem Überfall durch Wegelagerer gerät sie in einen Zustand der Verzückung:

Als die Räuber kamen, da saß ich auf dem Wagen, gar sehr von Gott beschenkt. Ich wurde aufgezogen in eine lautere Beschaulichkeit, befreit von allen Einbildungen der Kreaturen und sah an den Spiegel der Dreifaltigkeit. Im Gesicht war ich so milde erfüllt mit göttlicher Süßigkeit und Freuden, daß ich alle äußeren Dinge vergaß und den zeitlichen Dingen nicht die geringste Beachtung schenkte. (Leben, S. 241 f.)

Dorothea führt also ein denkwürdiges Doppelleben. Die mystischen Verzückungen haben ihr vermutlich geholfen, den Bedrückungen des Alltags zu entfliehen, andererseits führten gerade

»Eingemauert« – Dorothea von Montow

diese zu den verzweifelten Zusammenstößen mit ihrem Mann. Das mystische Erleben macht ihr und ihrer Umgebung den Alltag unerträglich.

Nur einmal scheint Dorothea den Versuch unternommen zu haben, sich von dem harten Eheleben zu lösen. Dies geschah am Ende der erwähnten Pilgerreise:

Als sie eineinhalb Jahre in Finsterwalde (Einsiedeln) verbracht hatten, und die Teuerung überhandnahm, und die Versorgung ihm zu schwer war, da gedachte der Mann heim nach Preußen zu ziehen, Dorothea jedoch wäre aus großer Liebe und Sehnsucht gern dort durch Gottes Willen eine arme Bettlerin geblieben. Nun kamen sie überein..., daß Dorothea dort bliebe und er, der Mann, mit der Tochter heimziehe zu den Seinen und ihren Freunden. Und damit sie darüber einen Brief von einem Pfarrer bekamen, also ein Zeugnis, darum gingen sie beide zum ... Pfarrer nach Finsterwalde in die Kirche, daß sie ihn darum bäten... Als ihr Mann auf den Pfarrer wartete..., ward sein Wille gewandelt und [er] begann zu bereuen, daß er ihr die Erlaubnis gegeben hatte, und als der Pfarrer kam, klagte er über seinen Ehegatten, daß sie ihn allein bleiben lassen wollte, und bat ihn, daß er sie aufhalten und unterweisen möge, daß sie mit ihm weiter nach Hause ziehe. (Leben, S. 245)

Der Trennungsversuch Dorotheas scheitert, der Pfarrer verpflichtet Dorothea zur Heimreise mit Mann und Kind. Die Reise wird für sie zur Strapaze. Tagsüber reitet ihr Mann mit seiner Tochter voraus, Dorothea läuft ihnen hinterher. Als er sein Pferd verkauft, benutzt er Dorothea als Lastesel. Manchmal bricht sie erschöpft zusammen. Doch selbst unter diesen Bedingungen beweist sie noch außerordentliche Tatkraft. In der Nähe von Hamburg-Harburg brechen sie beim Überschreiten der Elbe im Eis ein, Dorothea zieht ihren Mann aus dem Wasser.[16]

Eine weitere, im Jahr 1387 unternommene Wallfahrt verläuft nicht weniger strapaziös. Auf dem Weg zur Frauenkirche von Köslin wird Dorothea, auf dem Wagen sitzend, von einer ihrer Verzückungen überfallen. Ihr Mann, ungeduldig geworden, ist »grimmig zornig, so daß er begann, über ihren Ungehorsam zu toben«. Dorothea wünscht sich nun unverblümt, ihren Mann endgültig zu verlassen:

»Sie bat den Herrn, daß er ihr rate, ob sie bei ihm bleiben und ihres Mannes Gebot gehorchen solle oder nicht.« Diesmal ist es Jesus selbst, der ihr rät, bei ihrem Mann auszuharren.[17]

1389 macht sie sich mit einer Pilgergruppe nach Rom auf. Dort vollzieht sie zahlreiche Übungen, »gezogen von göttlicher Liebe« – so ihr Biograph Johannes von Marienwerder. Sie besucht die sieben Hauptkirchen, immer barfüßig über unbequeme, mit scharfen Steinen gepflasterte Wege schreitend, doch »das tat sie mit so großer, heißer Liebe, daß sie keine Schmerzen fühlte, die ihr weh taten«.[18] Doch dauert ihr Pilgern nicht lange, da sie in eine zweimonatige Krankheit verfällt. Sie kann nicht mehr gehen und stehen, sogar im Liegen bleibt sie reglos. Ihre Begleiter halten sie für tot, und sie wird ins Siechenhaus getragen. Doch ihr Antlitz verfällt nicht in Leichenblässe. Ihr Biograph konstatiert deshalb auch eine »mystische« Krankheit, als ob sie »von unserem Herrn in ein Tief hinabgezogen wurde«, erfüllt von geistlichen »Wollüsten, inwendig vereinigt mit [des Herrn] Liebe«.[19] Nur langsam erholt sie sich von ihrer mystischen Starre, welche sie »den äußeren Dingen entzogen hatte«. Auf ihre Bitten hin tragen zwei Männer sie zum Kloster St. Peter, doch unterwegs wird ihr Körper so schwer, daß sie nicht mehr getragen werden kann. Man setzt sie mitten auf dem Weg ab. Auf den Knien kriecht sie weiter, hält sich an Steinen und Hölzern fest und gelangt mit Hilfe einiger Passanten zum Kloster. Doch »mystischen« Schaden hat sie auch »geistlich« davongetragen, im Glück der »Vereinigung ihrer Seele mit Gott« hat sie ihr Gedächtnis verloren. So muß sie Vaterunser und Glaubensbekenntnis neu erlernen. Mystisches Erfahren manifestiert sich also bei ihr nicht allein in körperlichen, sondern auch in geistigen Ausfallerscheinungen, offenbar der Preis für innere Erlebnisse, die immer wieder mit Worten wie »geistige Wollust«, »Verzückung« u. ä. umschrieben werden. Am liebsten wäre sie in Rom geblieben, doch eine Frau namens Quademosse Matthea dringt darauf, daß sie nach Danzig zurückkehrt.[20]

Über den Inhalt ihrer Visionen erfahren wir in der deutschen Lebensbeschreibung des Johannes von Marienwerder nicht allzu viel. In der Folge eines der wenigen Beispiele:

Endlich – nach vielem Flehen und Liebkosen in großen Entzün-

dungen der Gottesliebe zu Maria wurde sie von der barmherzigen Mutter Gottes barmherzig erhört, und als einem Zeichen, daß sie erhört war, warf Maria in ihre Arme ein ganz wunderbares Ding, das sie mit großer Dankbarkeit und Lust empfing, und [sie] ward mit dem Feuer der göttlichen Liebe entzündet und mit großer, unaussprechlicher Freude erfüllt, in der sie viele Tage blieb, und [sie] sprach aus Liebe: »O liebe Rose, lache, lache, liebe zarte Rose!« Diesen Spruch mochte sie viele Tage aus Liebe nicht lassen, und sie wiederholte ihn immer wieder, und die Wiederholungen brachten ihrem Gemüte große Süßigkeit und Lust. (Leben, S. 235)

Das »lustig Ding« – wie ihr Biograph etwas zurückhaltend schreibt – ist das Jesuskind selbst. Diese Visionshandlung hat alle Erdenschwere verloren. Werfen und Fangen, Wonne und Spaß, Lachen und Kosen sind die heiteren Spielelemente, und alle halten sich an die »Spielregeln«, an das Mutter-Kind-Spiel.

Ein anderes, ungewöhnliches Ereignis zeigt, wie sich Dorotheas Visionen unmittelbar auf ihren körperlich-leiblichen Zustand auswirken. Bezeichnenderweise fehlt diese Vision in der deutschen Biographie, taucht allerdings im lateinischen *Septilium* auf, das bis heute nicht übersetzt wurde. In diesem *Buch der Sieben Lilien* werden die sieben Gnadenerfahrungen Dorotheas überliefert. Die strenge Systematik dieses Textes scheint von Johannes von Marienwerder zu stammen. Doch trägt die ungewöhnlich anmutende Überlieferung einer »mystischen« Schwangerschaft originelle Züge, die uns ein tiefes Verständnis von Dorotheas mystischer Körperlichkeit offenbaren:

Aus sprudelnder Liebe wurde oft der Uterus dieser Braut vergrößert, von Liebe verwundet und verletzt. Denn wenn sie einen vergrößerten Uterus hatte, dann ward sie schwanger und ertrug oft Geburtswehen und bittern Schmerz, den sie niemals beim natürlichen Gebären empfunden hatte ... Während sie durch solche Wehen in ein großes Zittern fiel und sich in den Ängsten einer Schwangeren befand, war sie unfähig zu sprechen und zu schreien wegen ihrer Schwäche, nur ein tiefes Seufzen entrang sich ihr, der Herr jedoch sprach zu ihr: »Ich bin dort und presse dich stark. Deshalb scheint es dir anders zu sein, als wenn du körperlich gebären müßtest. Wie in der natürlichen Schwangerschaft eine gebärende Frau nicht weiß, ob ihr Fötus lebendig oder tot ist, so weißt du nun nicht und darfst nicht wissen, was ich in dir bewirke.«[21]

In diesem mystischen Geburtsgeschehen sind seelisches Erleben und körperliches Empfinden ineinander verwoben. Dorothea vollzieht gleichsam die Jungfrauengeburt Marias nach. Ein Erlebnis, bei dem die Stimme des Herrn aus dem eigenen Uterus zu hören ist, findet sich bei anderen Mystikerinnen nicht.

Es ist uns nicht bekannt, ob Dorotheas Schwangerschaftserfahrung Kritik oder Ablehnung hervorgerufen hat. Doch ganz geheuer ist Dorothea ihren Zeitgenossen nie gewesen. Wir meinen damit nicht die Ignoranten und Spötter, die ihre mystischen Sinnestäuschungen verlachten, sondern die ernsten, frommen Gegner. Aufschlußreich ist ein Ereignis, das zwischen dem 17. und 22. Juli in der Marienkirche zu Danzig stattfand. Johannes von Marienwerder berichtet:

Nachdem die ehrwürdige Frau Dorothea viele geheime Dinge unseres Herrn erkannt hatte und gekostet und gefühlt hatte [die] große, unaussprechliche Süßigkeit und Freude Gottes, seine überschwengliche Güte und Reichtum, in denen sie gleichsam begraben oder verschlungen ward, daß sie nicht wußte, welche äußeren Gebärden sie zeigte. Auch vermochte sie zu Stunden nicht zu verbergen die Überflut ihrer Freude, Wollust und Jubilieren, sondern sie zeigte sie vor den Menschen offen in den Kirchen zu bestimmten Stunden mit Lachen, Gebärde, Stimme und Worten, und sie mochte sich nicht enthalten. Hierdurch wurden etliche, die dies hörten und sahen, erbost bewegt, die sich der Gnaden wegen, die ihr Gott verliehen hatte, nicht besserten, sondern sie ärgerten sich und trieben es auf die Spitze. Sie brachten [alles] auch vor die Obersten, die Dorothea deshalb vorluden und befragten. Vor denen verantwortete sie sich bescheiden, und trotzdem verleugnete sie nicht das große Gut, das Gott ihr tat ... (Leben, S. 267f.)

Es ist sicher ein ungewöhnliches Verhalten, in der Kirche zu lachen. Man tolerierte Dorothea eher, wenn sie weinte, Tränen der Qual über Jesu Leiden oder Tränen der Freude über das Erlösungswerk Christi, bittere oder süße Tränen. Weinen wurde als legitime

Ausdrucksweise christlichen Empfindens anerkannt.[22] Es gab sogar Menschen, die in ihrer Verhärtung und inneren Erstarrung um Tränen baten.[23]

Doch das Lachen geistlicher Lust rief bei den Gläubigen Abwehr und Verfolgung hervor. Kein Wunder, daß Dorothea vor die Obrigkeit geladen wurde. In den Prozeßakten zu ihrer Heiligsprechung erfahren wir Genaueres über die Vorwürfe: Ein Pfarrer von Sankt Marien namens Christian beschuldigte sie des Irrtums im Glauben; ihr Beichtvater in Danzig versuchte sie vor dieser Anschuldigung zu schützen; für Christian jedoch blieb die geistliche Liebesberührung Dorotheas »diabolisch«. Die Beschuldigungen verstärkten sich, so daß schließlich der Warschauer Offizialbischof Heinrich von Stein eingeschaltet wurde. Die exzessive und ungewöhnliche Devotion Dorotheas wurde kritisiert, da sie sich dadurch über die anderen Menschen erhöbe. Ihre Ekstasen der Lust und des Weinens werden wohl auf Grund ihres jähen, unkontrollierbaren Stimmungswechsels für »verrückt« erklärt. Johannes von Marienwerder berichtet auch davon, daß man ihr den Vorwurf machte, sich »Gott allein geweiht zu haben«. Die Verirrungen Dorotheas rührten daher, »wenn jemand kein ehrwürdiges Studium nachweisen könne«. Er vergißt allerdings hinzuzufügen, daß Frauen eben ein normaler Zugang zum Studium verwehrt wurde, erst recht einer Gläubigen aus dem Laienstand. Was man Dorothea sicher auch vorgeworfen hat, war ihr religiöser Individualismus. Sie bemühte sich nie, in ein Kloster oder eine klosterähnliche Gemeinschaft einzutreten. Man scheint ihr sogar mit der Strafe des Feuertodes gedroht zu haben.

Dorothea blieb standhaft. Sie berief sich auf ihre göttliche Begnadung und war bereit, den Feuertod auf sich zu nehmen. Ihre Freundin Metza Hugische überliefert ihre Worte an die kirchlichen Richter:

Wegen dessen, was mir die genannten Herren vorwerfen, will ich gern und bereitwillig sterben. Und es möge das Holz, um mich wegen meines Glaubens zu verbrennen, auf meine Kosten gekauft werden.[24]

Die Anfeindungen zeigen wie in einem Brennspiegel all das, was man einer Frau vorwerfen konnte. Die Methode der Diskriminierung ist wohlbekannt: Ungewöhnliche Verhaltensweisen werden als Verrücktheiten deklariert, mangelndes Wissen verbietet es, sich zu religiösen Fragen zu äußern; die religiöse Praxis der Frauen wird in der von Männern geleiteten Kirche beschränkt. Nach ihrem Prozeß ging Dorothea von Danzig nach Marienwerder, wo sie bei ihrem Beichtvater auf Verständnis hoffen konnte.

Die mystische Erfahrung Dorotheas führt nicht zu Isolation. Dies zeigt folgende Vision:

Als der Herr sprach, ward die Seele der Braut, das ist Dorotheas Seele, entzückt und über sich erhoben. Da sah sie sich in einem himmlischen, großen, wohlgezierten Palast, aus dem sie Gottes himmlische Freunde in ein gar schönes Gemach führten zu ihrem Herrn Bräutigam, der sie mit fröhlichem Antlitz gar lieblich empfing und sich ihr gütig erwies. Sie ward da gar ehrenhaft empfangen von all denen, die da waren, und ward an das Haupt des Tisches gesetzt, an dem sie gar wonniglich von der Überflut göttlicher Wollust gespeist wurde. Da man ihr nun über des Bräutigams Tisch gar süße, edle und von gutem, lustigem Geschmack mancherlei Getränke einschenkte, da ging zuerst eine große Schar der Heiligen in des Königs, ihres Bräutigams Gemach, dann eine andere Schar, also daß, wenn die eine hinausging, die andere hineinging. Die begrüßten und empfingen alle die Braut – das ist Dorotheas Seele – mit großen Ehren und ohne große Rede. Ein Teil ging wieder hinaus, denn es ward niemandem gestattet, viel mit ihr zu reden zu jener Zeit. Da ward die Braut nach dem Gelöbnis des Bräutigams in den Weinkeller geführt, in dem sie von seinem Wissen und Willen getränkt ward, so daß sie geistig trunken wurde. Danach nahmen zwei edle, wohlgeborene Kämmerer des Bräutigams sie zwischen sich und führten sie fröhlich aus dem Gemach des Königs durch ein anderes Vorgemach, in dem sie viele Heilige sah, die da trunken waren vom Tranke der göttlichen Süßigkeit, und [sie] begehrte, daß sie mit ihnen lange bliebe und mit ihnen redete, aber es wurde ihr nicht gestattet. Sondern sie wurde hinausgeführt von den vorgenannten Kämmerern ihres Bräutigams und ward entlassen aus ihrer Verzückung. (Leben, S. 314f.)

Das ist eine Vison, in welcher Privatheit und Geselligkeit zum Ausdruck kommen. Was sich hier ereignet, ist das Vorspiel einer mystischen Hochzeit, das mit einem Gastmahl einsetzt und auch in einen Weinkeller hinabführt. Dorothea erfährt die geistliche Wollust, ausgedrückt im Bild der Trunkenheit, nicht allein, sondern im Kreise der Heiligen und Freunde. Doch verbleibt sie im Stadium der »Unerfülltheit«, denn ins Schlafzimmer wird Dorothea nicht geführt.

An ihrem letzten Lebensort, in dem sie als Inkluse weilte, spürte Dorothea den tiefsten Einsichten ihrer Mystik nach. Nicht ohne Grund gilt ihr Hymnus an die Liebe als eines der schönsten und tiefsten Frömmigkeitszeugnisse der Mystik überhaupt.[25] Johannes von Marienwerder hat ihn überliefert, die Unterscheidung von sechsunddreißig Stufen der Liebe hat er wohl von sich aus hinzugefügt. Möglicherweise waren Dorothea auch Texte bekannt, in denen wie bei Beatrijs von Nazareth sieben Stufen der Liebe oder wie bei Mechthild von Magdeburg vierzig Namen der mystischen Minne bekannt waren.[26] Wie dem auch sei, man spürt etwas von der Seelenbewegung Dorotheas, die alle Affekte in sich aufnimmt: Es ist von der langen, breiten, weiten und unendlichen Liebe die Rede, die übergeht in die stetige, tiefe, starke und feste Liebe, unruhig wird in der siedenden, begehrenden und ungeduldigen Liebe, sich entfaltet in der tobenden, gierigen, unersättlichen und trunkenen Liebe. Höher noch steht die fröhliche, quellende und weise Liebe, die überboten wird durch die unüberwindliche und unermüdliche Liebe, um sich in der herzbrechenden Liebe aufzuheben:

Die sechsunddreißigste und die letzte ist die herzbrechende Liebe, also genannt nach ihren Wirkungen. Die Liebe Gottes vom ersten Grad bis zu diesem siebenunddreißigsten hat in ihrer Kraft so sehr zugenommen, daß sie die Kräfte des Leibes überwältigt. Sie hat eine so kräftige und brennende Hitze gewonnen, daß sie die natürlich verwurzelte Feuchtigkeit des Leibes verzehrte. Sie reckt und streckt das Herz und seine Kräfte so lange, bis sie das Herz zerbricht und seine Kräfte zerstört. Sie entzündet so lange das Feuer der Gnaden, bis daß es so groß wird, daß sie damit das Leben der Natur tötet und die Seele in das Leben der ewigen Ehre bringt.[27]

Was eine Aufzählung der einzelnen Liebesgrade nur anzudeuten vermag, erweist sich als Sinnbild eines heilen und intakten Lebens, indem der Mensch aus seiner Einsamkeit und Isolation in eine unvergleichliche Allerfahrung versetzt wird, die behütend, fordernd und

bewahrend zusammenfügt, was im täglichen Leben entwurzelt und
entfremdet ist, den Menschen zerrüttet und quält. Das Aufbrausen
der Leidenschaft verbindet sich mit beruhigender Gelassenheit,
drängende Erwartung wechselt in heitere Gelöstheit, sehnende
Spannung vertieft sich in erfüllter Gegenwärtigkeit. Und selbst die
höchste Stufe, die herzzerbrechende Liebe, zerstört nur, um aufzubauen; die letzte Liebe hebt das Sterben des Körpers auf in eine Form
der Herrlichkeit, die das bittere Schicksal des Todes überwindet.
Dorotheas Mystik ist eine zärtliche und leidenschaftliche Bejahung
des Lebens; wie blaß daneben unser einziges Wort »Liebe«, dessen
Lebensmächtigkeit Dorothea auszuschöpfen versuchte. Wenn sie
den Tod endlich »bewältigt«, dann wird sie in Wahrheit von der
andrängenden Mächtigkeit der Liebe überwältigt, die hervorgegangen ist aus unermeßlichem Leiden, aus lebenslangen Bußübungen
und aus qualvollen Erniedrigungen.

MARGERY KEMPE

Neben Dorothea gibt es noch eine andere Mystikerin, die verheiratet
war, Margery Kempe (1374–1429). Erst im Jahre 1934 wurde ihr
autobiographischer Lebensbericht wiederentdeckt, doch der Mystikforscher David Knowles rechnet Margery eher zu den hysterischen Exzentrikerinnen,[28] und Frau Allen, eine Kennerin von Margerys Leben, zählt sie zu den »kleinen Mystikerinnen«.[29] Hierzu mag
der abenteuerlich-unstete Lebenswandel Margerys beigetragen haben. Margery stammte aus einer angesehenen Bürgerfamilie in
King's Lynn,[30] damals eine bedeutende Handelsstadt in Ostengland.
Ihr Vater erhielt hohe Verwaltungsämter im Stadtrat, war sogar Bür-
germeister. Geboren wurde Margery im Jahre 1374, zwanzigjährig
heiratet sie den »freien« Bürger John Kempe. Nach der Geburt ihres
ersten Kindes verleumdet sie ihre Angehörigen, zerkratzt sich mit
den Fingernägeln die Haut, muß sogar zeitweise zu Hause festge-
bunden werden.[31] Sie wirft ihrem Ehemann seine niedere Herkunft
vor und hält sich nicht an die Gebote der ehelichen Treue. Sie läßt
sich mit einem Liebhaber ein, den sie sogar heiraten möchte. Nicht

nur aus ihrer Ehe will sie ausbrechen, sie versucht sich auch als freie Unternehmerin, steigt ein ins Bierbrauergeschäft und betreibt eine Pferdemühle. Beide Projekte scheitern.[32]

Das alles hat mit mystischen Erfahrungen nichts zu tun, und es fällt überhaupt schwer, das Einsetzen mystischer Erlebnisse bei Margery zu bestimmen. Jedenfalls wird sie nach dem Scheitern ihrer Unternehmenspläne von einer inneren Unruhe erfaßt: Sie hört eine wunderbare, himmlische Melodie und wird von heftigen Weinkrämpfen heimgesucht, die auf den Argwohn ihrer Umgebung stoßen.[33] Sie versucht, den ehelichen Verkehr mit ihrem Mann einzustellen, betrügt ihn aber weiterhin, zumindest in visionären Phantasien, etwa mit einem Mönch, mit dem sie im Jenseits vermählt sein möchte.[34] Eine innere Labilität kennzeichnet sie, niemals wollen sich ihre mystischen Erfahrungen zu bedeutenden Visionen formen.

Margery unternimmt zahlreiche Pilgerreisen, fährt zunächst kreuz und quer durch England. Sie präsentiert sich in der Öffentlichkeit in endlosen Weinkrämpfen, und wenn sie nicht gerade weint, steht sie unter Redezwang über die heiligsten Geheimnisse des Glaubens, über die zu sprechen Frauen verboten ist. Sie läßt sich dazu hinreißen, in einem Kloster zu predigen, weshalb sie auf dem Scheiterhaufen verbrannt werden soll. Den Nachstellungen kann sie nur unter Mühen entkommen, als sie sich zu einer Pilgerreise ins Heilige Land aufmacht. Und wieder dasselbe Bild: Margery redet und redet, gleichgültig ob bei Tisch oder an anderen Plätzen, sie weint und weint – und wird aus mehreren Pilgergruppen ausgeschlossen. Als sie in Konstanz ankommt, hat man ihr ein Narrengewand angezogen, das sie als »verrückte« Närrin kennzeichnen soll.[35]

Unter großen Schwierigkeiten gelangt sie nach Jerusalem. Hier vertieft sie sich in die Passion Jesu, stürzt in Ekstasen, breitet die Arme aus und – schreit. Dies ereignet sich mehrmals, schließlich täglich, gleichgültig ob in Kirchen, auf Straßen, zu Hause oder auf freiem Feld. Aus der weinenden ist eine schreiende Margery geworden.

Zurück in England, läßt Margery von ihren Schreiorgien nicht ab und wird ins Gefängnis gesteckt. Dann wird ihr geraten, zu spinnen und zu nähen wie die anderen ehrbaren Frauen. In King's Lynn besucht sie die St. Margery-Kirche und stört mit ihrem Schreien den Gottesdienst. Doch mit Schreien begnügt sie sich nicht mehr. Während des Gottesdienstes spielt sie theatralisch die Leidensstationen Jesu nach, dann fällt sie in Ohnmacht. So gehen die Jahre dahin, Margery wird krank, aber ihr öffentliches Schreien setzt sie fort.

Erst in ihren letzten Lebensjahren scheint sie ein wenig Anerkennung erfahren zu haben, etwa im Jahre 1421, als King's Lynn von einer Feuersbrunst heimgesucht wird und es heißt, Margerys Gebete hätten die Stadtkirche verschont. Sie macht sich noch einmal zu einer Pilgerreise auf, diesmal nach Deutschland, neben Danzig, Stralsund und Aachen besucht sie auch jenes Gebiet, in dem Dorothea gewirkt hat.

Mit diesen Nachrichten bricht ihr Lebensbericht ab. Es ist nicht einfach, Verständnis für diese Frau aufzubringen – Margery fehlt beinahe alles, was wir bei anderen Mystikerinnen kennengelernt haben. Sie kann sich keiner besonderen Visionsbeiträge rühmen, und kennt auch keine besondere mystische »Innenwelt«. Margery dokumentiert dennoch eine denkwürdige Spielart der Mystik. Alle ihre Erfahrungen künden von einer tiefen »Leibgetroffenheit«. Ihr Seufzen und Weinen, ihr Schreien und Vagabundieren sind Zeugnisse von Erfahrungen, die sie sprachlich nicht umsetzen konnte. An einer sprachlichen Artikulierung wurde sie aber gehindert. Und so scheint es, als sei ihr mystischer Schrei eine Rebellionsgeste. Auch ihr theatralisches Nachspielen der Passion Jesu bedient sich wortloser Gesten. Schreien und pantomimische Darstellung, das sind die mystischen Ausdrucksformen, in denen eine Frau sich äußerte, der das Sprechen verboten wurde. Wem das Wort verweigert wird, dem bleibt immer noch der Leib und seine wortlose Sprache, die aber nicht ohne Bedeutung ist.

12 GOTT ALS MUTTER –
BIRGITTA VON SCHWEDEN UND
JULIANA VON NORWICH

Birgitta von Schweden

Mit Dorothea von Montow wurden wir ins abgelegene Preußenland verschlagen; eine andere Mystikerin des Nordens war dagegen mit den Ereignissen in Italien aufs engste verbunden. Gemeint ist Birgitta von Schweden, die als Ausländerin ein besonders inniges Verhältnis zur Stadt Rom unterhielt, anders etwa als ihre Zeitgenossin Caterina von Siena. Wir erinnern uns: Caterina hatte wesentlich dazu beigetragen, daß der Papst aus Avignon nach Rom zurückgekehrt war. Doch als Gregor XV. in Rom ankam, war sie abwesend. Das geschah im Jahre 1377, vier Jahre nach dem Tode Birgittas von Schweden, die über zwanzig Jahre in Rom ausgeharrt hatte, um die ihr verheißene Rückkehr des Papstes zu erleben. Vergeblich hatte sie gewartet, obwohl sie die Avignoneser Päpste Clemens VI., Urban V. und – wie Caterina – Gregor XI. in flammenden Briefen zur Rückkehr nach Rom aufgefordert hatte. Fast scheint es sogar, als habe die schwedische Ausländerin in Rom gleichsam als »Statthalterin« der abwesenden Päpste fungiert. Während Papst, Bischöfe und Priester die Heilige Stadt verließen, harrte sie aus, lebendiges Zeugnis einer Hoffnung, die sich zu ihren Lebzeiten nicht erfüllen sollte. Merkwürdig ist, daß sich Birgitta und Caterina persönlich nicht kennengelernt haben, ihr Lebensgang war zu unterschiedlich.

Birgitta wurde um 1302 in Finsta geboren, etwa fünfzig Kilometer nordöstlich von Stockholm gelegen (Abb. 17). Ihr Vater war ein »Lagman«, ein Landvogt der schwedischen Provinz Uppland. Er stammte aus dem Geschlecht des Königs Sverker I. (1134–1156). Auch ihre Mutter war mit dem schwedischen Königshaus verwandt. Birgitta gehörte also zu einem der mächtigsten Adelsgeschlechter in

Schweden. Schon im Alter von vierzehn Jahren wurde sie aus politischen Gründen verehelicht, übrigens im Rahmen einer Doppelhochzeit mit ihrer Schwester Caterina. Die politischen Beziehungen zur Lagmanschaft von Närke wurden dadurch gefestigt. Die Ehe mit Ulf Gudmarsson dauerte achtundzwanzig Jahre; acht Kinder hat Birgitta zur Welt gebracht. Ab 1335 wirkte sie als Hofmeisterin am Stockholmer Königshof, zog sich aber nach drei Jahren enttäuscht vom Leben am Hofe zurück. Auf einer Wallfahrt nach Santiago de Compostela zum Grab des hl. Jakobus (1341–1343) entscheiden sich die Eheleute, die Ehe nicht mehr zu vollziehen. Ulf geht in das von König Sverker 1134 gegründete Zisterzienserkloster Alvastra. Ein Jahr später schon (1344) stirbt er. Birgitta begibt sich ihrerseits nach Alvastra. Hier wird sie von Visionen überwältigt. 1346 erlebt sie in einer ekstatischen Vision die Beauftragung, einen neuen Orden zu gründen. Mit königlicher Unterstützung entsteht schon im selben Jahr das Erlöserkloster in Vadstena am Vätternsee. Vier Jahre später macht sie sich nach Rom auf, wo sie – nur unterbrochen durch eine Pilgerfahrt ins Heilige Land – dreiundzwanzig Jahre bis zu ihrem Tode (1373) verbringt. Ihr Wohnsitz befand sich unweit der Kirche San Lorenzo in Damaso.

Soweit die Daten ihres Lebens, die noch nichts verraten von Mystik und Motiven jener Frau, die in ihrem Leben eine Vielzahl von Rollen spielte: adlige Repräsentantin und arme Pilgerin, Ehefrau und Mutter, Erzieherin und Ordensgründerin. All diese Rollen hat sie mit erstaunlichem Selbstbewußtsein ausgefüllt; kein Wunder, Frauen – besonders solche aus adligen Kreisen – waren in nordeuropäischen Ländern seit jeher größere Rechte eingeräumt worden als im sonstigen Europa.[1] Birgitta ist immer eine »Aristokratin« geblieben, auch nachdem sie sich einem ausschließlich religiösen Leben verschrieben hatte. Kurz nach dem Tode ihres Mannes erscheint dieser ihr im Fegefeuer, wo er seine Verfehlungen beklagt, u. a. geschäftliche Unkorrektheiten mit einer Witwe, die Unterstützung eines Freundes, der sich gegen König und Gesetz aufgelehnt hatte, die überstrenge Bestrafung eines Adligen und nicht zuletzt seine Liebe zum ritterlichen Turnierspiel.[2] Auffällig ist, daß Birgittas Vision keine persönlich-familiären Bezüge enthält, sondern Standesverfehlungen ihres Mannes.

Ihre Kinder hat Birgitta nicht gerade mütterlich umhegt. Als sie sich 1335 entschließt, an den Stockholmer Königshof zu gehen, werden die fünfjährige Caterina und die dreijährige Ingeborg dem Zistersienserkloster Risaberg, die erst einjährige Caecilia den Dominikanerinnen in Skänninge, der neunjährige Bengt den Zisterziensern in Alvastra übergeben; der vierzehnjährige Karl und der elfjährige Birger verbleiben in der Obhut ihrer Hauslehrer in Ulvasa; nur der achtjährige Gudmar wird nach Stockholm mitgenommen. Die älteste Tochter Martha ist schon verheiratet. Die Familie wurde also auseinandergerissen, als Birgitta ihren Standespflichten in Stockholm nachkommen mußte. Bis auf Caterina hat Birgitta alle ihre Kinder überlebt. Diese folgte ihrer Mutter nach Rom und pflegte deren Erbe weiter.

Am Königshof in Stockholm tritt Birgitta als »rebellische« Erzieherin auf.[3] Sie soll der noch blutjungen Blanka beistehen, welche sich jedoch nur ungern an Birgittas strenge und fromme Ermahnungen hält, sondern eher den höfischen Spielereien und Intrigen zugetan ist. Birgitta kritisiert die Eintreibung überhöhter Steuern und geißelt das ausschweifende Leben am Hof. Magnus II. Erikson muß sich gefallen lassen, als »Kind«, »Hasenherz« und sogar als »gekrönter Esel« gescholten zu werden. Bald ist sie am Hofe nicht mehr gelitten. Sie wird als Träumerin verlacht, ein Priester nennt sie in einer öffentlichen Predigt »schwachsinnig« und »besessen«. Als sie eines Tages durch die Gassen von Stockholm schreitet, wird ein Kübel Schmutzwasser über sie ausgegossen. Sogar Mordpläne werden gegen sie ausgeheckt. Birgitta wird darüber von apokalyptischen Schreckbildern heimgesucht, vorausahnender Hinweis auf das schreckliche Ende des Königspaares, nachdem alle Mahn- und Drohreden sich als nutzlos erwiesen hatten. Birgitta warnt nachdrücklich vor dem Eroberungskrieg gegen Rußland, doch vergeblich. Schon in Rom erfährt sie von dem wütenden Bürgerkrieg, der in Schweden tobt. Der König hatte seinen Rückhalt bei den adligen Familien verloren; von der Kirche wurde er gebannt, weil er sich an deren Gütern vergriffen hatte. Schließlich erhob der eigene Sohn die Hand gegen seinen

Vater. Magnus darbte sieben Jahre im Kerker, bis er schließlich irgendwo an der norwegischen Küste ertrank. Und Blanka, die zeitlebens Leichtsinnige, wurde vergiftet.

Aber auch sonst hat Birgitta zu Problemen des öffentlichen Lebens Stellung genommen. Sie mahnte nicht nur die Päpste zur Rückkehr nach Rom; auch die Zustände in Rom geißelte sie rücksichtslos.[4] Sie beklagt die Geldgier und Promiskuität der Kleriker und Mönche, leidet am Verfall der heiligen Stätten, ist fassungslos über den Bildungsverfall der geistlichen Elite. Wo einst die Mönche Griffel und Schreibtafel trugen, hinge jetzt ein Schwert, schreibt sie in einem Brief an den Papst in Avignon. Wenn sie die Rückkehr des Papstes nach Rom forderte, dann nicht zuletzt in der Hoffnung auf Aufhebung all dieser Mißstände, die in der heiligen Stadt eingerissen waren. Anders als bei Caterina von Siena standen bei ihr nicht kirchenpolitische Überlegungen im Vordergrund; ihr ging es vornehmlich um die Heilung der sittlichen und religiösen Misere, die sie im papstlosen Rom tagtäglich beobachten konnte. Birgitta hat auch nicht – wie Caterina von Siena – an die Einigung des zerrissenen Italien gedacht; und fern lag ihr die Idee, diese Einigung von Kirche und Staat durch Kreuzzüge gegen diese »Ungläubigen« zu kompensieren. Für sie waren Kreuzzüge nur Raub- und Eroberungszüge.[5] Obwohl also beide, Birgitta und Caterina, dasselbe Ziel verfolgten – die Rückkehr der Päpste nach Rom –, unterschieden sich ihre Motive beträchtlich.

Birgittas Warten wurde nicht belohnt. Papst Clemens VI. (1342–1352) ließ in Avignon großartige Paläste errichten, während in Rom die Kirchen verfielen. Birgitta mahnte ihn, doch alles, was sie von diesem französischen Papst erreichen konnte, war die Ausschreibung eines Jubeljahres für das Jahr 1350, wohl maßgeblicher Grund für Birgitta, nach Rom zu pilgern. Der nachfolgende Papst Innozenz VI. (1352–1362) bekundete zwar verbal die Absicht, nach Rom zurückzukehren, doch Birgitta nahm ihn so wenig ernst, daß sie nicht einmal brieflich mit ihm in Kontakt trat. Hoffnungsvoll gestaltete sich zunächst das Pontifikat Urbans V. (1362–1370), der tatsächlich Avignon verließ und 1367 Rom erreichte, seit sechzig Jahren das erste Mal, daß ein Papst wieder römischen Boden betrat. Ein

Jahr später traf er sich sogar mit dem böhmischen König und deutschen Kaiser Karl IV., womit sich Birgittas visionäre Hoffnung doch noch zu erfüllen schien. Doch lange hielt es der Papst in Rom nicht aus. Unruhen brachen aus, feindliche Söldnerheere bedrohten den Kirchenstaat – Urban verließ am 17. April 1370 Rom endgültig. Birgitta blieb enttäuscht zurück. In einer Vision kündigte sie dem Papst das Strafgericht seines baldigen Todes an, und tatsächlich starb Urban noch im selben Jahr in Avignon.[6]

Allerdings erreichte Birgitta von Urban die Bestätigung ihres klösterlichen Gründungswerkes. Am 5. August 1370 wurde die Ordensregel vom »Heiligen Erlöser« verbindlich gemacht für jenes erste Kloster, das Birgitta in Vadstena gegründet hatte. Erst 1378 wurde die revidierte Ordensregel auch für die anderen Birgittenklöster bestätigt, die sich rasch in Europa verbreiteten. Etwa achtzig Klöster zählte der Orden in seiner Blütezeit. Berühmt wurden die Klöster Maribo und Mariager in Dänemark, Munkalif in Norwegen und Nadendal in Finnland. An der Ostseeküste entstanden Klöster bei Reval, Lübeck und Stralsund. Dazu kamen Klöster in Polen, Holland, Spanien, Italien und England. Die meisten dieser Klöster bestanden bis in die Zeit der Reformation.

Birgittas Klöster sind Doppelklöster; Männerhof und Frauenkloster wurden getrennt voneinander errichtet, der Gottesdienst wurde gemeinsam abgehalten, die Geschlechter waren durch eine Mauer getrennt. Die dem Kloster inkorporierten Männer – Priester und Laienbrüder – hatten sich den Weisungen der Äbtissin unterzuordnen. Birgittas Klöster bedeuten also den seltenen Fall in der Institutionengeschichte des Mittelalters, daß Männer sich einer Frau unterordnen mußten.

Jedes Kloster sollte sechzig Nonnen, dreizehn Mönche, vier Diakone und acht Laienbrüder umfassen, entsprechend der überlieferten Zahl der Urgemeinde, deren Wiederherstellung sie beabsichtigte. Hierbei ging Birgitta von der Auffassung aus, daß die Urgemeinde von der Jesusmutter Maria geleitet worden war. Deshalb war es für sie selbstverständlich, daß eine Äbtissin – Abbild der marianischen Leistungsgewalt – dem Kloster vorstand.[7] Birgitta hat die Rolle der Frau massiv zur Geltung gebracht und das auch in der klösterliche Kleiderordnung ausdrücken lassen. Auf die Schleier der Nonnen wurde eine Krone aus weißem Leinen gesetzt; den Mönchen war diese Auszeichnung verwehrt.[8] Die Äbtissin war es außerdem, die einen der dreizehn Priestermönche zum Beichtvater bestimmte. Der Birgittenorden war also weitgehend – trotz der Aufnahme von Männern – eine Gründung für Frauen durch Frauen.

Wollte eine Frau ins Kloster eintreten, wurde sie zunächst zurückgewiesen, um nach drei Monaten wiederzukommen. Eine Audienz bei der Äbtissin wurde eingeleitet, vor dem Gelübde noch einmal ein Verhör durchgeführt, um sicherzustellen, daß die Novizin weder aus Scham noch auf Grund »weltlicher Widerwärtigkeit« ins Kloster aufgenommen werden wollte. Das Aufnahmeritual verlief folgendermaßen: Die Novizin trug eine rote Fahne, in die auf der einen Seite ein Bild des Gekreuzigten, auf der anderen ein Marienbildnis gestickt war. Fackeln wurden aufgestellt, der geistliche Verlobungsring wurde an den Finger der rechten Hand gesteckt und die Weiheformel gesprochen. Dann vollzog sich die feierliche Einkleidung: die Anlegung von Mantel, Rock und Kutte, die Befestigung von Bundschuhen, die Zuknöpfung des Mantels und die Verhüllung des Hauptes durch eine Binde und einen Schleier, schließlich das Aufsetzen der Krone mit einer eingesteckten Nadel.[9] Doch was wie eine aristokratische Inthronisation aussah, war in Wirklichkeit ein lediglich glanzvoller Auftakt zu einer lebenslangen Entsagung unter strenger Befolgung von Armut, Keuschheit und Gehorsam, und deshalb endete das »höfische« Zeremoniell mit einem beinah gespenstisch anmutenden Abgangsritus: Eine mit Erde gefüllte Totenbahre wurde in die Kirche hineingetragen, symbolisches Zeichen der radikalen Weltentsagung. Trat die Novizin hinaus ins Freie, gähnte ihr ein frisch geschaufeltes Grab entgegen.

Birgitta verdankte die Klosterordnung und die mit ihr verbundenen Riten ihren Visionen, doch was war daran mystisch? Aufschluß darüber gibt einer ihrer bedeutendsten Lobgesänge, der der Jungfrau Maria gewidmet ist.

Ein Engel sollte ihr gesandt werden, so hieß es, als Birgitta sich Gedanken machte, welche Tageslesungen sie in ihrem Kloster zu Vadstena wählen sollte. Jetzt saß sie also in ihrer römischen Wohnung, gerüstet mit einer Schreibtafel, Papier und Feder, und wartete auf die angekündigte Offenbarung. Da bricht aus ihr ein wunderbarer Mariengesang hervor:

Sie glich einer gepflanzten Lilie, welche mit dreifacher Wurzel in das Erdreich dringt, dieses selbst noch fruchtbarer macht und drei lieblichste Blüten aus ihrem Stengel zur Freude aller Beschauer hervortreibt. In solcher Weise senkt sich in das glorreichste Erdreich, d. i. in das Herz der Jungfrau, die göttliche Liebe und befestigte sich darin mit drei mächtigsten Tugenden wie mit dreifacher Wurzel, durch welche selbst der Leib der Jungfrau Kraft und Stärke gewann, die Seele aber mit drei helleuchtenden Blumen geschmückt wurde, welche die Augen Gottes und der Engel entzückten.

Die erste Tugendstärke ihres Leibes bestand in der weisen Abtötung, in der sie Speise und Trank so mäßig gebrauchte, daß weder ein Überfluß sie lässig im Dienste Gottes, noch zu große Enthaltung schwach zur Vollbringung eines Tugendwerkes machen konnte.

Die zweite Stärke war das Maßhalten im Wachen, wodurch ihr Leib so geregelt wurde, daß er niemals wegen der Kürze des Schlafes eine Beschwerde erhob, wenn die Jungfrau dem Wachsein oblag, noch durch festen Schlaf jemals zur Ursache wurde, daß die bestimmten Stunden der Nachtwachen nur um einen Augenblick verkürzt wurden.

Die dritte Stärke bestand in der Vortrefflichkeit der ganzen leiblichen Beschaffenheit der Jungfrau, welche sie befähigte, Mühen und Beschwerden ebenso gleichmütig zu ertragen, wie ein flüchtiges, leibliches Wohlbefinden; so wenig über irgend leibliche Mühseligkeit eine Klage, so wenig äußerte sie über Wohlbefinden je eine Freude. (Offenbarungen Bd. 1, S. 174 f.)

Dieser Lobpreis Marias ist nicht das einzige Wort Birgittas geblieben. In ihren *Offenbarungen* erscheint Maria als nicht nur irgendein Geschöpf, sondern als ein Wesen, das schon vor jeglicher Schöpfung im göttlichen Geist vorausexistierte. Sie vereinigt in sich die Urelemente, aus denen die Schöpfung hervorgehen sollte. Sie ist jenes Wesen, das teilhat am Element der sanften Luft, an der fruchtbaren Erde, am stillen Wasser und am sich erhebenden Feuer.[10]

Sogar als »kleinere Welt« wird Maria besungen, welche Tieferes und Höheres offenbart als die »größere Welt«.

Ihr Leib wird mit der Arche Noah verglichen, fest, stark, vor feindlichem Zugriff schützend, von innen her hell und leuchtend, unberührt von der geschlechtlichen Vereinigung mit einem Mann. Birgitta mag noch so sehr von der »Strahlengeburt« Christi sprechen, sie ringt um eine Konzeption einer reinen Muttergeburt, an welcher ein Mann nicht teilhat.[11] Maria ist weder ihrer eigenen Geschlechtsmächtigkeit noch jener eines Mannes unterworfen; die Gestalt des ihr angetrauten Ehemanns, Joseph, spielt so gut wie keine Rolle in dem Bild einer Maria, die »ungeschlechtlich« zur Geburt vorbereitet wird.

Maria ist jedoch nicht nur schwangere Jungfrau, sondern auch ganz reale Frau und Mutter. Sie leidet, als ihr Sohn am Kreuz hängt. Hatte sie die Geburt Jesu als höchste Freude empfunden, so bleibt ihr tiefstes Leiden nicht erspart. Doch gerade die Leiden der Mutter offenbaren eine stärkere Kraft als der schwache und ängstliche Schmerz jener Männer, die sich als Jünger ihres Sohnes bezeichnet hatten. Hatten diese ihren leidenden und sterbenden Meister verraten und verlassen, »behielt sie bis zu ihres Sohnes Auferstehung den rechten Glauben vollständig, brachte viele, welche vom Glauben jämmerlich abfielen, zum Glauben zurück ...«[12] Birgitta liest die biblische Geschichte männerkritisch. Mehr noch: Maria wird

... Senderin der Stärke für die Märtyrer, die Lehrerin der Bekenner, der Jungfrauen hellster Spiegel, eine Trösterin der Witwen, eine gar heilsame Ermahnerin der im Ehestand Lebenden und die vollkommene Stärkerin aller ...«[13]

Eine Lehrerin war Maria darüber hinaus in besonderer Weise ausgerechnet für die Jünger:

Den Aposteln, welche zu ihr kamen, offenbarte sie alles, was dieselben von ihrem Sohne noch nicht vollständig wußten, und erklärte es ihnen in vernünftiger Weise.«[14]

Maria besitzt also einen Wissensvorsprung vor allen männlichen Aposteln, was ihren Vorrang eindeutig begründet. Sie wird als Königin des Himmels verklärt und erhält so auch die »Herrschaft über die ganze Welt« zugesprochen.[15] Als »gottähnliches« Geschöpf wird sie von allen gepriesen, strahlend in blendender Schönheit. Gegensätzliche Sinnbilder weiblichen Seins vereinigen sich also in Maria: präexistentes Urwesen des vollkommenen Seins, aber auch irdische Mutter in Freude und Schmerz, Lehrerin und Leiterin der Kirche, doch auch kosmisches Herrschaftswesen. Zugleich menschlich und doch alles Menschliche übersteigend, wird sie beinahe auf dieselbe Rangstufe wie Christus gehoben. Dieser selbst hatte ihr diese Erhöhung zugesprochen:

Ich, Gott, bin von Ewigkeit her der Sohn Gottes, Mensch in der Jungfrau geworden, deren Herz gleichsam mein Herz war, und deshalb kann ich wohl sagen, daß meine Mutter und ich den Menschen gleichsam mit einem Herzen erlöst haben.[16] Maria ist *salvatrix*, »Erlöserin« – solch eine »Erhöhung« hatte keine Mystikerin bisher vorgenommen.

Theologisch sind Birgittas Visionen häufig kritisiert worden, besonders die »Erlöserschaft« Marias ist bis heute suspekt geblieben. Doch gerade diese grandiose Marienmystik gibt uns den tiefsten Hinweis auf Birgittas Fühlen und Denken – ein Bildnis der Frau zu erschaffen, das unbeschwert ist von den Diskriminierungen und Verletzungen, denen Frauen seit jeher ausgesetzt waren. Dabei hat sich Birgittas mystisches Frauenbild nicht allein auf die symbolische Erfahrung von Marienvisionen beschränkt. Birgitta hat alles darangesetzt, das mystische Bild der »vollendeten« Frau in die wirkliche Erfahrung zu übersetzen. Jede Birgittennonne, besonders jede Äbtissin, verkörperte ein Abbild jenes marianischen Selbstbewußtseins, das der männerbeherrschten Welt ein Gegengewicht bieten wollte.

JULIANA VON NORWICH

Von der politischen Geschichte ihrer Zeit unberührt blieb die Einsiedlerin Juliana von Norwich, die von ca. 1342 bis 1413 in England lehrte und sich keiner der 136 weiblichen Klostergemeinschaften, die damals in ihrem Land existierten, anschloß.

Von Julianas persönlichem Leben wissen wir nur sehr wenig. Wir kennen ihren Familiennamen nicht, wissen nicht, wo sie geboren wurde, welch einer Familie sie entstammte, nicht einmal, wann und wie sie gestorben ist. Ihr Leben spielte sich ab in einer Einsiedlerzelle der Pfarrkirche St. Julian und St. Edward zu Conisford bei Norwich.[17] Am 13. Mai 1373 empfing Juliana ihre sechzehn *Offenbarungen*. Damals war sie nach eigenem Zeugnis schon über dreißig Jahre alt. Doch ihre Visionen niederzuschreiben, traut sie sich nicht, sie ist schließlich eine »ungelehrte« Frau.[18] Fünfzehn Jahre lang verheimlicht sie ihre mystischen Erleuchtungen, erst 1388 ringt sie sich auf göttliche Weisungen hin zu einer kürzeren Niederschrift durch, welcher fünf Jahre später eine erweiterte Fassung, der *Lange Text* folgt. Verglichen mit anderen Schriften der englischen Mystik – etwa von Richard Rolle (1300–1349) oder dem anonymen Verfasser der *Wolke des Nichtwissens* oder von Walter Hilton (gest. 1396) – gewannen Julianas Texte jedoch keine große Popularität. Obwohl in einer klaren Sprache formuliert, war der mystische Inhalt ihrer Erfahrungen zu ungewöhnlich.

Schon bevor ihre Offenbarungen einsetzen, wird Juliana von intensiven Leidenswünschen beseelt.[19] Sie ersehnt eine tiefere »Erinnerung« an die Passion Christi und möchte geschlagen werden mit einer körperlichen Krankheit. Dies möge geschehen, wenn sie dreißig Jahre alt sei. Auch erwartet sie als Unterpfand göttlicher Gnade drei »seelische Wunden«: die Wunden der wahren Reue, des liebenden Mitleids und der Selbstaufgabe des eigenen Willens. Tatsächlich wird sie im Alter von dreißigeinhalb Jahren von einer todbringenden Krankheit befallen. Ihre Mutter eilt herbei, und Juliana erhält vorsorglich die Sterbesakramente. Doch wie die Krankheit aus einer bewußten Erwartungshaltung rätselhaft an sie herantritt, kommt es zu einer rätselhaften Spontanheilung, als ein Andachtskreuz vor ihr Antlitz gehalten wird.[20] Juliana ist also »Leidensmystikerin«.

Es schien mir, daß ich ein gewisses Gefühl für die Passion Christi hatte, aber ich ersehnte noch mehr durch die Gnade Gottes zu empfangen. Ich dachte, daß ich wünschte, in jener Zeit mit Maria Magdalena und mit anderen Liebhabern Christi gewesen zu sein, so daß ich mit meinen eigenen Augen die Passion hätte sehen können, die der Herr für mich erlitten hatte, wie auch ich mit ihm gelitten hätte wie die anderen, die ihn geliebt hatten. Deshalb ersehnte ich ein körperliches Zeichen, durch welches ich eine bessere Kenntnis von den körperlichen Leiden unseres Erlösers empfangen könnte und von dem Mitleid unserer Herrin und all der wahren Liebhaber, welche zu jener Zeit lebten und seine Leiden sahen; denn ich wäre gern eine von ihnen gewesen und hätte gern mit ihnen gelitten. (Showings, S. 177f.)

Leidensmystik, aber nicht als Selbstleiden, sondern als Mitleiden, das ist die hier angesprochene Sehnsucht. Juliana verbindet sich in ihrem Mitleiden nicht nur mit dem leidenden Christus, sondern wird auch eins mit den um Christus Trauernden. Ihre Leidenswünsche tragen also keinen egozentrischen oder hysterischen Charakter, ihr Mitleiden entspringt einem solidarischen Empfinden, und wohl keine andere der uns bekannten Mystikerinnen hat dieser Erfahrung solch einen ergreifenden Ausdruck gegeben. Dies Mitleid erschöpft sich nicht in einer verzehrenden Selbstpreisgabe; auf merkwürdig widersprüchliche Weise schlägt ihr Leidensbewußtsein um in das Gefühl »größter Freude«,[21] es ist also nicht nur eine passive und hinnehmende Leidenschaft. Das Mitleiden vermag zwar das tatsächliche Leiden nicht aufzuheben, die verletzende Gewalt, die Leiden verursacht, wird nicht ausgelöscht; Mitleiden ist jedoch der einzige Affekt, der die Einsamkeit des Leidenden in die Sphäre eines Gemeinschaftsbewußtseins hebt. Juliana erlebt das »plötzliche« Umschlagen von Trauer in Freude. Eben noch sieht sie den blutüberströmten Christus am Kreuz, da offenbart sich ihr die Lebensmacht der Trinität.[22] Wie der leidende Christus in die göttliche Lebensmacht der Trinität aufgehoben wird, so wird durch Mitleiden die unversöhnliche Macht des Leidens gebrochen.

In ihrem *Kurzen Text* hat Juliana es jedoch zunächst nicht gewagt, all ihre Erkenntnisse auszusprechen. Zu riskant mag ihr vorgekommen sein, was sie dann fünf Jahre später in ihrem *Langen Text* rückhaltlos offenlegt – ihre Erkenntnis von der Mütterlichkeit Gottes. Sicher, es gab schon vor Juliana eine Anzahl von Theologen, die von »Gott als Mutter« gesprochen hatten. Schon der Prophet Jesaja etwa ließ Gott als Mutter zu »ihrem« Sohn Israel sprechen, und Jesus klagt über Jerusalem, deren Kinder er – einer Henne gleich – unter seine behütenden Fittiche sammeln wollte.[23] Theologen wie Augustinus, Gregor der Große, Anselm von Canterbury, Bernhard von Clairvaux und besonders Wilhelm von Thierry hatten das Bild der göttlichen Mutter aufgenommen,[24] doch im Ganzen spielt diese Figuration Gottes eher eine untergeordnete Rolle. Allein Elisabeth von Schönau hatte in einer erstaunlichen Vision Jesus als junge Frau erblickt, ein einmaliges Bild bei ihr, das sie in ihren späteren Erklärungen zurücknahm.[25] Juliana erschließt sich dagegen die Mütterlichkeit Gottes nicht mehr in einer visionären Weise, sie begibt sich auf das eher abstrakte Feld spekulativer Phantasie. Allerdings müssen wir uns erst bis ans Ende ihres *Langen Textes* hindurcharbeiten, bis uns ihre erstaunlichen Darlegungen begegnen.

Der Passionschristus hatte bisher den Großteil ihrer *Offenbarungen* ausgemacht. Sie empfindet die blutigen Leiden Christi nach (1. Offenbarung); aufs genaueste versenkt sie sich in das gequälte Antlitz des sterbenden Christus.[26] Dann erhält sie die mystische Einsicht, daß »Gott in allen Dingen gegenwärtig ist« (3. Offenbarung).[27] Julianas Mitleiden schlägt um in ein geradezu pantheistisches Lebensgefühl, das die geheime Verwandtschaft von Seele und Körper, von Mensch und Natur, von Mikrokosmos und Makrokosmos erfaßt, ohne daß im Gefühl allseitiger Verbundenheit das Leiden und der Jammer der Welt ausgeklammert sind.

Die vierte Offenbarung zeigt wieder eine Leidensvision, in welcher der leidende Körper Jesu minutiös vorgeführt wird;[28] in der folgenden Offenbarung sagt sie, daß es gerade die Passion sei, die das Böse überwinde.[29] Sie erfährt, wie Gott in seinem eigenen Haus wohnt, und erkennt in Gott Charakterzüge der Familialität und Courtoisie, der »Höflichkeit« – Eigenschaften eines Gottes, die zugleich einen freundlichen und repräsentativ-höfischen Eindruck vermitteln.[30] Unter dem Eindruck solch beglückender Erfahrungen wird Juliana in eine mystische Sicherheit versenkt, in welcher – ihrer Grunderfahrung gemäß – Schmerz und Freude immer wieder ineinander übergehen. Ihr gelingen dabei Einsichten in die unterschiedlichen Arten der Schmerzen, indem sie deutlich den Schmerz der Hoffnungslosigkeit von religiösem Mitleidsschmerz unterscheidet.[31] Sie erkennt auch, daß die Leiden Jesu herauswachsen aus seinem

Mitleiden mit der Kreatur,[32] und in diesen Zusammenhang, in der vierzehnten Offenbarung, spricht Juliana zum erstenmal von der Mutterschaft Gottes. Sie unterscheidet die barmherzige Zuwendung Gottes *(mercy)* als eine »mitleidige Eigenschaft«, welche zur Mütterlichkeit in aller Zärtlichkeit gehört, von der herrschaftlichen Gnade des allmächtigen Gottes, die von oben gewährt wird, Eigenschaften also eines königlich-männlichen Gottes. Barmherzigkeit wirkt, indem sie beschützt, aushält, lebendig macht und heilt. Gnade dagegen erhebt, belohnt, gibt großzügig das, was der Mensch nicht verdient hat, sie ist Ausdruck der adligen Courtoisie des väterlichen Gottes.[33] Die mütterliche Liebe Gottes stellt den gefallenen und verletzten Menschen »in sich« wieder her, während die in Herrschaft gegründete Liebe den »in sich« wiederhergestellten Menschen über sich hinausführt.

Im 52. Kapitel ihrer *Offenbarungen* verbinden sich dann beide genannten Bereiche.

Und so sah ich, daß Gott sich daran erfreut, unser Vater und weise Mutter zu sein, und er der wahre Verlobte ist und unsere Seele seine geliebte Frau. (Showings, S. 279)

Wer bisher die Mütterlichkeit Gottes bedacht hatte, war höchstens so weit gegangen, die in Christus offenbarte Liebe als »mütterlich« zu charakterisieren, Juliana jedoch spricht dem einst so unnahbaren Gott selbst Mütterlichkeit zu. Doch wäre Gott nur Mutter gewesen, hätte die liebende Menschenseele sich kaum mehr als Geliebte oder gar als Ehefrau Gottes verstehen können. So kommt Juliana dazu, Gott sowohl männlich als auch weiblich zu bestimmen. Dem männlichen Gott vermag sie sich als Braut und als Ehefrau zu vermählen, in Gott, der »Mutter«, sieht sie Eigenschaften, die im traditionellen Gottesbegriff immer in Gefahr stehen, unterzugehen, Zärtlichkeit etwa, beschützendes Annehmen, die Bewahrung des intakten Individuums. Der väterliche Gott dagegen bewahrt Eigenschaften, die mit Macht und Herrschaft verbunden sind, etwa das äußerliche Schöpfungswerk. Doch was wäre eine allein auf männliche Herrschaft gegründete Wirklichkeit, wenn ihr die mütterliche Weisheit fehlte, welche den geschaffenen Menschen umschließt, ihm das Gefühl umfassender Geborgenheit vermittelt? Die Schöpfungsmacht des väterlich-männlichen Gottes beschränkt sich allein aufs prinzipielle »Ins-Dasein-Rufen«, der mütterlichen Seite Gottes kommt es dagegen zu, die »natürliche« Schöpfung des Menschen ins Werk zu setzen, und dem Menschen Vollendung *(perfection)* zu geben.[34] Erst der mütterlich verstandene Gott begründet »Sinnlichkeit« und Körperlichkeit des Menschen.[35] Das ist ein faszinierender Gedanke: Wann sonst wäre in einer christlichen Theologie der männliche Anteil an der Schöpfung bescheidener veranschlagt worden, wann der mütterliche Anteil am schöpferischen Werk der Menschwerdung stärker hervorgehoben worden? Und was wäre geschehen, wenn diese Gedanken nicht nur religiös, sondern auch »weltlich« gewirkt hätten?

Juliana hat ihre erstaunlichen Gedanken allerdings ganz im Medium religiöser Begrifflichkeit belassen und einen Großteil ihrer Energien darauf verwendet, den Gedanken der Mütterlichkeit Gottes in eine kirchlich erlaubte Form zu bringen. Sie versenkt sich in das Mysterium der göttlichen Trinität von Vater, Sohn und Heiligem Geist und gelangt folgerichtig dahin, den Gottessohn mit der »Mutter« zu identifizieren.

Er [Christus] ist unsere Mutter ..., denn in unserer Mutter Christus nehmen wir zu und wachsen, und in Barmherzigkeit erneuert er uns und stellt uns wieder her, und durch die Macht seiner Passion, seines Todes und seiner Auferstehung vereinigt er uns mit unserem Wesen. (Showings, S. 294)

Das Leiden Jesu gehört also zu seiner Mütterlichkeit; diese ist nicht allein Schöpfungsmacht des »Natürlichen«, sondern auch Leidensfähigkeit, welcher eine geheime Mächtigkeit innewohnt. Doch nichts wäre falscher, als Juliana eine Verherrlichung »mütterlichen Leidens« vorzuhalten. Da sie weibliche Leidensfähigkeit und aktive Schöpfungsmächtigkeit zusammensieht, gewinnt sie eine tiefe Einsicht in den Zusammenhang von Schöpfung und Leiden. Eine allein auf Macht und Herrschaft gegründete Sicht des Lebens, welche Schmerz und Leiden ausschalten möchte, erweist sich – so dürfen wir Julianas Gedanken weiterführen – nicht nur als gottlos, sondern auch als unmenschlich. Indem Juliana den Gedanken einer »leidlosen« Allmacht Gottes aufhebt, kritisiert sie den traditionellen Machtbegriff, dem Leiden und Gebrochenheit, Liebe und Zuwendung fremd bleiben. »Wir wissen, daß alle unsere Mütter für uns Schmerzen und Tod ertragen.«[36] Als Frau erkennt sie tief die Gefährdung und Verletzlichkeit, der jegliche menschliche »Neuschöpfung« ausgesetzt ist. Sie beobachtet genau, wie Mütter leiden.

Die Mütterlichkeit Gottes fügt Juliana dann in das Geschehen der Trinität ein:

So wahr wie Gott unser Vater, so wahr ist Gott unsere Mutter, und Er offenbarte das in jeder Hinsicht, und besonders in diesen süßen Worten: »Ich bin Er!« – das heißt, ich bin Er, die Macht und Vollkommenheit der Vaterschaft; ich bin Er, die Weisheit und Liebe der Mutterschaft. Ich bin Er, das Licht und die Gnade, welche ganz die gesegnete Liebe ist; ich bin Er, die Dreieinigkeit ... (Showings S. 296)

Solches Einfügen der Mütterlichkeit in das göttliche Trinitätsgeschehen bewahrt vor falschen Mystifizierungen. Sie ignoriert nämlich keineswegs den Anteil von Macht und Herrschaft – in diesem Punkt ist die »mystische« Juliana ganz realistisch –, doch stellt sie Macht und Herrschaft mütterliche Mächtigkeit zur Seite. Sie verleugnet keineswegs den Status »väterlicher« Macht, weiß jedoch auch um die Macht mütterlichen Leidens. Sie verteufelt nicht männliche Eigenschaften, sondern versucht sie in einen Ausgleich mit weiblichen Eigenschaften zu bringen.

13 DIE »SEELENBURG« – TERESA VON AVILA

Auf der Iberischen Halbinsel gab es zwischen dem zwölften und fünfzehnten Jahrhundert keine mystische Frauenbewegung. Die besondere Entwicklung Südosteuropas ließ eine eigenständige Frauenkultur nicht zu. In Spanien hatte sich im Lauf der Auseinandersetzungen von Christen, Mauren und Juden eine »Kultursynthese« herausgebildet, die erst zu Ende ging, als es den katholischen Königen Ferdinand V. (1474–1516) und Isabella I. (1474–1504) gelang, Granada von den Mauren zurückzuerobern. Das geschah 1492, im Jahr der Entdeckung Amerikas. 1492 wurde jedoch auch die grausame Vertreibung der Juden aus Spanien eingeleitet, um der nationalen noch die religiöse Einheit aufzuzwingen. Islam, Judentum und Christentum haben tiefgreifend auf die spanische Gesellschaft eingewirkt. Das gilt ganz besonders für das Schicksal der Frauen.[1]

Noch im siebzehnten Jahrhundert galt das Sprichwort: »Die ehrenhafte Frau, die Beine überkreuzt und zu Hause«, ein Satz, in dem sich das muslimische Frauenbild niedergeschlagen hat. Doch auch die katholische Kirche hatte unter dem Einfluß der Reformbewegung von Cluny darauf hingewirkt, daß Frauen von kirchlichen und öffentlichen Ämtern ausgeschlossen blieben, abgeschirmt in Familien, in welchen Väter, Brüder und Onkel eifersüchtig über unverheiratete und verheiratete Frauen wachten. Ihren Mann hatten Frauen oft mit »Mein Herr und Gut meines Lebens« anzusprechen und mit »Deine Frau und Sklavin, die dich sehr liebt« zu verabschieden. Schauen wir in die bedeutende spanische Literatur, so wird dieses Bild bestätigt. Don Juan Manuel (1282–1348), der Schöpfer der kastilischen Prosa, forderte von den Frauen die absolute Unterwerfung unter den Willen des Mannes, und diese Auffassung propagierte er auch als politisch einflußreicher Schriftsteller. Christobal de Castillejo (1490–1550) betrachtet die Frauen nur als »notwendiges Übel«. Noch 1531 schreibt der angesehene Francisco de Osuna:

Sobald du siehst, daß deine Frau hin und her wallfahrtet und sich Andächteleien hingibt und sich einbildet, heilig zu sein, dann schließ deine Haustür ab. Und wenn das nicht reichen sollte, brich ihr das Bein, wenn sie noch jung ist, denn hinkend kann sie auch von ihrem Haus aus ins Paradies kommen ... Für die Frau reicht es, eine Predigt zu hören, und ihr, wenn sie mehr will, ein Buch vorzulesen, wenn sie spinnt, und sich der Hand ihres Mannes zu unterstellen.

Francisco de Osuna war der bedeutende Vertreter des *recogimento*, einer mystischen Bewegung, die in der Zurückgezogenheit der Seele in sich selbst eine Vertiefung des Glaubens suchte. In diesen mystischen Kreisen also begegnete man Frauen mit größten Vorbehalten. Erst im sechzehnten Jahrhundert treffen wir auf eine Frauengestalt, die von vielen als Vollenderin der Mystik gerühmt wird – Teresa von Avila (Abb. 19).

Sie lebte im »Goldenen Zeitalter« Spaniens.[2] Zwei Jahre vor dem Tode Teresas erreicht Spanien unter Philipp II. mit dem Sieg über Portugal den Höhepunkt äußerer Machtentfaltung. Doch Pracht und Prunk des »Goldenen Zeitalters« tragen auch Züge der Erstarrung und des Verfalls. Mit Abschluß der Reconquista und der Judenvertreibung fehlt der spanischen Kultur das belebende Element fremder Kulturen, religiöse und politische Minderheiten werden rücksichtslos von der spanischen Inquisition bekämpft. Hart zugesetzt wurde vor allem den meist unter Zwang zum Christentum bekehrten Juden, den *conversos*, die oft als nur Scheinbekehrte verfolgt wurden; nicht nur religiöser, sondern auch wirtschaftlicher Gründe wegen zogen sich die oft in Geldgeschäften tätigen Juden – der Zugang zu traditionellen Berufen war ihnen verwehrt – den Haß der Christen zu. Verhängnisvoll wirkten sich die »Statuten über die Reinheit des Blutes« aus, die allein den Christen die gebührende *honra* (Ehre) zubilligte, die *conversos* jedoch diskriminierte.

Teresa entstammte einer Familie von Conversos; ihr Großvater gab 1485 vor dem Inquisitionstribunal in Toledo seinen jüdischen Glauben auf und konvertierte zum katholischen Glauben.[3]

Von Teresas Leben erfahren wir aus ihrer Autobiographie. Im

Die »Seelenburg« – Teresa von Avila

Alter von siebenundvierzig Jahren hat sie eine erste Fassung ihrer *Vida* vorgelegt (1562), die allerdings nicht erhalten geblieben ist. 1568 schrieb sie die zweite Fassung. Beide Biographien waren Auftragsarbeiten, die zweite entstand auf Anregung des Inquisitors Soto, des späteren Bischofs von Salamanca, und galt der Überprüfung von Teresas Rechtgläubigkeit.

Deshalb ist es verständlich, daß sie immer wieder aus ihrem Lebensbericht heraustritt und direkt ihren Beichtvater und Zensor anspricht. Sie ist bereit, sich dessen Diktat zu unterwerfen, fordert ihn sogar auf, das eine oder andere, wenn sie töricht geredet habe, zu zerreißen.[4] Doch das ändert nichts daran, daß sie auf ihren Einsichten beharrt. Sie bringt es zwar fertig, ihren Oberzensor zur Vernichtung der Zeilen zu ermuntern, bekennt jedoch im gleichen Satz, daß sie vor dem Angesichte der Könige noch kühner sprechen würde.[5]

Am 28. März 1515 wird sie als Tochter frommer Eltern in Avila geboren, wächst als Lieblingskind ihres Vaters neben drei Schwestern und neun Brüdern auf. Bald läßt sie sich für abenteuerliche Rittergeschichten begeistern, möchte sogar mit ihrem Bruder ins Land der Mauren ziehen, »damit uns dort das Haupt abgeschlagen würde«.[6] Mit zwölf Jahren verliert sie ihre Mutter. Als sich ihre ältere Schwester verehelicht, soll Teresa nicht allein zu Hause bleiben und wird dem Augustinerkloster »Zur Menschwerdung« in Avila übergeben. Teresa lehnt das zunächst ab.

Vor einer Heirat schreckte sie jedoch ebenfalls zurück:[7]

Um gut verheiratet zu sein, wie man sagt, muß die Frau sich gegenüber dem Mann so verhalten, daß sie, wenn er niedergeschlagen ist, sich auch traurig zeigt, wenn er aber fröhlich ist, ebenfalls fröhlich, auch wenn sie es nicht ist. Schaut, von welcher Untertänigkeit ihr euch frei gehalten habt! – das schreibt sie später ihren Schwestern. Dem unattraktiven Ehealltag war ihrer Ansicht nach ein Klosterdasein durchaus vorzuziehen. Kurz vor ihrem Tod äußerte sie diesen Gedanken noch einmal ihren Mitschwestern gegenüber: Das Klosterleben bewahre davor, »*einem Mann unterworfen zu sein, der ihnen [den Schwestern] oftmals ihr Leben ruiniere, und gebe Gott, nicht auch ihre Seele*«.[8]

Wichtig für ihre Entscheidung, ins Kloster einzutreten, war auch der Einfluß frommer Schwestern und eines Onkels. Einmal fällt auch der Satz: »Der Ordensstand sei der beste und sicherste für mich«,[9] ein Satz, der die Ängste einer nur unzulänglich geschützten *conversa* deutlich macht. Sie schreibt:

Der Augenblick, in welchem ich das väterliche Haus verließ, schwebt noch meinem Gedächtnis vor. Es war mir damals nach meinem ganzen Dafürhalten und in Wahrheit so zumute, daß ich glaubte, der Tod könne nicht furchtbarer für mich sein; denn es kam mir vor, als würden mir alle Gebeine aus den Gelenken gerissen. Weil nämlich meine Liebe zu Gott noch nicht stark genug war, um die Liebe zu Vater und Verwandten in mir zu ersticken, so stürmte jetzt die ganze Macht dieser Liebe mit einer solchen Gewalt auf mich ein, daß alle meine Vorstellungen nicht vermocht hätten, mich weiterzubringen, wenn der Herr mir nicht beigestanden wäre. Aber er verlieh mir solchen Mut, mich selbst zu überwinden, daß ich meinen Entschluß ausführte. (Leben, S. 26)

Teresa hat in ihrer Rückschau viel dem göttlichen Beistand zugeschrieben; dies ändert jedoch nichts daran, daß ihre Entscheidung eine ausgeprägte Willensanstrengung darstellt. Spezifisch religiöse Ursachen sind für ihren Klostereintritt nicht ausschlaggebend gewesen, wohl aber der Wille, eine radikale Entscheidung zu erproben. Von übernatürlichen Erscheinungen und Offenbarungen ist keine Rede, von einer umstürzenden Bekehrung wird nichts berichtet.

Zunächst blieb sie nicht lange im Kloster, da sie schon damals wegen eines Herzleidens in Bezedas behandelt werden mußte, allerdings ohne Erfolg und mit martialischen Heilverfahren, was ihre Meinung über Ärzte zeit ihres Lebens negativ bestimmte. Ihr Zustand verschlimmerte sich sogar. Ein viertägiger Paroxysmus setzt ein; sie kann nichts mehr essen; regungslos liegt sie danieder und empfängt die Sterbesakramente. Als sie schließlich ins Kloster zurückkehrt, leidet sie noch drei Jahre unter schweren Lähmungserscheinungen, die in leichterer Form noch zehn Jahre anhalten. Während ihres Kuraufenthaltes fällt ihr aber auch das *Dritte ABC* von Francisco de Osuna in die Hände, und über diese Lektüre findet sie das Thema ihres Lebens, welches sie nie wieder loslassen wird, das noch in ihrer über sechshundertseitigen Autobiographie Hauptge-

Die »Seelenburg« – Teresa von Avila 313

genstand ihres Nachdenkens – vielleicht sogar ihr einziges Thema – bleiben wird, das Geheimnis des »innerlichen Gebets«.[10]

Francisco de Osuna[11] hatte sich darum bemüht, eine Gebets- und Meditationsweise zu ergründen, die auf konkrete Vorstellungsinhalte verzichtete und sich auch nicht mehr in bekannten Denkformen und Denkmethoden bewegt. Während das spanische Königshaus die gesamte Iberische Halbinsel unter seine Herrschaft brachte, Conquistadoren unbekannte Kontinente unterwarfen, die katholische Inquisition mit äußerster Härte gegen alles vorging, was die Einheit des Glaubens zu bedrohen schien, entstand in Osuna eine Spielart mystischer Geistigkeit, die sich zurückzog aus aller Äußerlichkeit, die sich nicht gemein machte mit dem, was das »Goldene Zeitalter« in Spanien anzubieten hatte. Osuna redete einer auf reine Innerlichkeit ausgerichteten Geistigkeit das Wort, die im Prinzip des *no pensar nada,* des »Nichts-Denken«, gipfelt. Zwar hat er selbst beträchtliche Energien aufgewendet, seine Einsichten mit der kirchlichen Lehre in Übereinstimmung zu halten, doch gab es nicht wenige Anhänger, die seine Lehren wörtlicher nahmen und alle weltlichen Inhalte, insbesondere die menschliche Gestalt Christi aus ihrem Meditationsweg ausschieden. Eine solch radikale Loslösung von allem, was die Welt der Spanier im sechzehnten Jahrhundert ausmachte, rief den energischen Widerspruch der kirchlichen und weltlichen Machthaber hervor. Die Anhänger vieler mystischer Zirkel, die auf die äußerlichen Zeremonien nichts mehr gaben, wurden im Edikt von Toledo (1525) als ketzerisch verurteilt. Scheiterhaufen wurden errichtet, viele als *allumbrados,* »Erleuchtete«, verbrannt.

Teresa hatte sich den Lehren Osunas begeistert geöffnet. Zwanzig Jahre lang diente ihr Osunas *ABC* als Leitfaden. So trat ein Buch an die Stelle des Beichtvaters. Doch hat sie tatsächlich die Lehren Osunas übernommen? Hat sie dessen Prinzip des *no pensar nada* für sich gelten lassen? Davon kann gar keine Rede sein. Teresa hat die Gegenständlichkeit im meditativen Geschehen immer wieder betont.[12] Ein abstraktes Nachsinnen hielt sie für »sehr beschwerlich und mühsam«, denn deutlich erkannte sie die Gefahr intellektueller Vereinsamung. Schon damals muß sie gewußt haben, daß mystisches Erfahren die Kräfte des Willens ansprechen muß. Daher rührt es, daß sie »Nahrung« für das Gemüt verlangt, gleichsam »Liebesnahrung«, die ihr allein zugeführt wird durch die Versenkung in die »Menschheit Jesu«. Achtzehn Jahre hat sie eine Form lesender Meditation gepflegt.

Teresa ist das seltene Beispiel einer »lesenden« Mystikerin, was in ihrer Zeit alles andere als selbstverständlich war. Melchior Cano etwa, ein Dominikaner, der die Spiritualität seines Ordens zu reformieren beabsichtigte, wollte Frauen die Lektüre der Bibel verbieten. 1559 erließ der Großinquisitor Fernando Valdés ein Verbot aller geistlicher Bücher in spanischer Sprache. Teresa ließ sich nicht davon abhalten, Bücher zu lesen, und sie veröffentlichte ihr eigenes Buch.[13] Als aber das Bücherverbot auch über sie verhängt wurde, erlebte sie Visionen, in der Tradition der Mystik ein Mittel, der Phantasie Raum zu geben und Denkverbote zu überspringen. Eigentlich stand Teresa Visionen skeptisch gegenüber. Doch jetzt spricht sie von Visionen als dem »wahren Buch«;[14] Visionen gelten ihr nach dem Bücherverbot als Ersatz – für Bücher.

Ob Lektüre oder Visionen, beides machte sie verdächtig, zumal sie sich der regelmäßigen Kontrolle der Beichtväter möglichst entzog. Grimmig ging sie mit den halbgelehrten Theologen ins Gericht. Sie geißelte deren Halbherzigkeit und Unsicherheit. Beichtväter haben ihr immer das Leben schwer gemacht. Ihre mystischen Erfahrungen wurden als »Rasereien« gebrandmarkt.[15] Mehr als einmal erlebte sie es, daß Beichtväter ausplauderten, was sie ihnen unter dem Siegel des Beichtgeheimnisses offenbart hatte.[16] Als sie sich dem ihr vertrauten Franz von Salcedo, einem verheirateten Edelmann, und dem Priester Caspar Daza von Avila eröffnet, halten beide sie für vom Teufel besessen.[17] Kein Wunder, daß Teresa später die freie Wahl der Beichtväter befürwortet hat.[18]

Über die erste Zeit ihres Klosterlebens schreibt sie:

Ich kann sagen, daß diese Weise zu leben die peinlichste ist ... Ich fand keinen Genuß in Gott und hatte auch keine Freude an der Welt.
(Leben, S. 87)

Achtzehn Jahre gehen auf diese unentschiedene Weise dahin, doch immer wieder umkreist Teresa ihr geheimes Thema – das »innerliche Gebet«; unscheinbar hört sich ihre Kurzdefiniton an:

Meiner Ansicht nach ist nämlich das innerliche Gebet nichts anderes als ein Freundschaftsverkehr, bei welchem wir uns oftmals mit dem unterreden, von dem wir wissen, daß er uns liebt. (Leben, S. 90f.)

Teresas Mystik kennt nicht die qualvoll andrängende Ankunft des Heiligen, keinen Sturm der Leidenschaften, kein »Chaos« der Gefühle. Nein, Teresas Mystik trägt von Anfang an die Zeichen von Schlichtheit, Klarheit und Durchsichtigkeit. Sie bedient sich einer Sprache, die von allen verstanden wird. Die mystische Praxis des »innerlichen Gebets« trägt einen geradezu freundlichen Charakter. Immer wieder mahnt Teresa, nichts mit Gewalt zu erzwingen. Sie weiß, wovon sie spricht: Den Körper bezeichnet sie einmal als einen »schlimmen Wirt«, doch peinigender noch erfährt sie die »Zerstreuung und Verwirrung« ihres Verstandes.[19] Teresa hat offensichtlich ein klares Bewußtsein ihrer Grenzen. Der freundschaftliche und freundliche Charakter ihrer Mystik hat deshalb auch in einem einfachen Gleichnis seinen Ausdruck gefunden:

Der Anfänger stelle sich vor, als beginne er auf einem sehr unfruchtbaren, mit vielem Unkraut überwucherten Boden einen Garten anzulegen, an dem der Herr seine Lust haben soll. Seine Majestät selbst rodet das Unkraut aus und setzt gute Pflanzen ein. Nehmen wir an, es sei dieses bereits geschehen, wenn die Seele sich dem innerlichen Gebete hinzugeben entschließt und diese Übung schon begonnen hat. Als gute Gärtner haben wir sodann mit der Hilfe Gottes dafür zu sorgen, daß die Pflanzen wachsen ... Sehen wir jetzt, auf welche Weise der Garten bewässert werden kann, damit wir wissen, was wir zu tun haben, welche Mühe es uns koste, ob auch der Gewinn dieselbe lohne und wie lange wir die Arbeit fortsetzen müssen.

Meines Erachtens kann die Bewässerung des Gartens auf vierfache Weise geschehen. Entweder schöpft man das Wasser mit großer Mühe aus einem Brunnen; oder man schöpft es, wie ich selbst schon öfter getan, mit geringerer Mühe und in größerer Menge mittels eines mit Schöpfgefäßen versehenen Rades, das man dreht; oder man leitet das Wasser aus einem Flusse oder einem Bache in den Garten, was noch besser ist, weil die Erde dadurch mehr befeuchtet wird, das Gießen nicht so oft notwendig ist und somit der Gärtner weniger Mühe aufzuwenden hat; oder es geschieht endlich die Bewässerung des Gartens durch einen ergiebigen Regen, wenn nämlich der Herr selbst ohne irgendeine Bemühung von unserer Seite den Garten mit Wasser tränkt. Wendet man diese vier Arten der Bewässerung, die den Garten erhalten muß und ohne die er verkommen würde, auf den zu behandelnden Gegenstand an, so lassen sich dadurch nach meinem Dafürhalten die vier Stufen des Gebets, auf welche der Herr in seiner Güte auch meine Seele öfter erhoben hat, einigermaßen erklären. (Leben, S. 121 f.)

Teresa entwickelt hier einen realistischen Blick für das Mögliche und überschlägt sogar den Nutzen der einzelnen »Gnadentechniken«: die mühselige Arbeit des Wasserschöpfens, die Vorteile eines Schöpfrades und die Umleitung eines Flusses auf die Beete des mystischen Gartens. Doch singt sie kein Loblied der mühseligen Arbeit; vollendetes Leben ist und bleibt letztlich ein dem Menschen unverfügbares Geschenk: Der mystische Platzregen ist ein geglücktes Bild hierfür.

So einleuchtend ihr Gleichnis auf den ersten Blick erscheint, über fünfhundert Seiten lang ist die Auslegung ihrer Erfahrungen. Besonders ihre weiblichen Leser mahnt sie, sich selbst nicht zu überfordern, sondern sich in der Kunst des Wartens zu üben: »Viel ist daran gelegen, daß man den Geist nicht höher zu erheben trachte, sondern warte, bis der Herr ihn erhebt.«[20]

Mystisches Erkennen hat eine besondere Form, die sich von allen Formen reiner Verstandeserkenntnis unterscheidet. Teresa spricht von der »Erkenntnis im Augenblick«,[21] eine Erkenntnisweise, die sich auf allen Gebets- und Meditationsstufen wiederholt, etwa im Gebet der Ruhe und Sammlung. Die natürlichen Seelenkräfte verlieren sich auch auf dieser Stufe nicht, sondern ziehen sich in sich selbst zurück.[22] Besonders die Willenskraft, die den Menschen ruhelos umtreibt, wird beruhigt, mögen sich der reflektierende Verstand und die rückwärtsgewandte Erinnerung auch immer noch störend einmischen. Am Verstand hat sie die ordnende, aber auch schweifende und in sich kreisende Bewegung hervorgehoben; sie spricht ihm eine nur untergeordnete Produktivität zu und nennt ihn einmal sogar einen »lästigen« Narren.[23] Auch um die Mächtigkeit der Erinnerung hat sie gewußt, eine Erkenntnis, die von der modernen Psychologie bestätigt wird. Doch während die Psychoanalyse verdrängte, verschobene oder abgespaltene Erinnerungen als krankmachende Faktoren erkannt hat, die durch Erinnerungsarbeit in die Persönlichkeit eingeordnet werden müssen, plädiert Teresa für die heilende Kraft des Vergessens.

Besonders gilt dies für den Anfang; denn später sieht man ohnehin klar genug ein, von welch kurzer Dauer und wie nichtig alles auf Erden ist, und wie auch die Ruhe hienieden nichts bedeutet, so daß es, um dieses Leben ertragen zu können, eher nötig ist zu vergessen, als die Erinnerung zurückzurufen. (Leben, S. 182)

Die bei Abfassung dieser Zeilen schon dreiundfünfzigjährige Teresa spricht hier die Weisheit aus, daß auch die beruhigenden und versöhnenden Erinnerungen den Schmerz über die Nichtigkeit des Lebens nicht auszulöschen vermögen.

So zeigt sich uns ein merkwürdig zwiespältiges Bild des »natürlichen« Lebens. Dem ungestüm drängenden Willen, dem unendlich schweifenden Verstand und der festhaltenden Erinnerung wird keine Absage erteilt; gemildert sollen sie werden, aufgehoben in das beruhigende Gleichmaß der mystischen Erfahrung. Auf der dritten Stufe des mystischen Gebets werden die Seelenkräfte gleichsam zur Ruhe gebettet. Die »natürlichen« Seelenkräfte werden also nicht vernichtet, sondern ruhiggestellt. Teresa beschreibt die Wonnen dieses Zustandes in einer recht befremdlichen Weise:

Es ist ihr [der Seele] wie einem Sterbenden, der schon die Kerze in der Hand hält und dem wenig mehr fehlt, den ersehnten Tod zu sterben. In dieser Todesnot genießt sie eine größere Wonne, als man aussprechen kann: Denn nichts anderes scheint mir dieser Zustand zu sein als ein gänzliches Absterben für alle Dinge dieser Welt und ein gleichzeitiger Genuß Gottes. (Leben, S. 188 f.)

Teresa weiß selbst, wie ungewöhnlich diese Erfahrung ist. Die Seele weiß nicht, ob sie sprechen oder schweigen, lachen oder weinen soll. Es ist eine »glorreiche Verrücktheit, eine himmlische Torheit«, in welche der mystische Geist gerät. Teresa berichtet, daß sie diese Erfahrung fünf oder sechs Jahre vor Abfassung ihrer *Vida* durchlebt habe, ihr aber erst bei der Niederschrift bewußt geworden sei, was wirklich geschehen war. »In einem Augenblick verstand ich alles«, schreibt sie.[24] Die Macht der Erinnerung bezieht sich nicht mehr auf die Blendwerke der Vergangenheit, die Sehnsucht verliert sich nicht mehr in die unbekannten Geheimnisse der Zukunft; eine reine Gegenwärtigkeit eröffnet sich, die den Zwängen der Zeitlichkeit enthoben ist. Die Seele wird »verrückt«, nichts anderes bedeutet ja das Wort »Ekstase«, in welcher der Mensch die gewohnten Bindungen der alltäglichen Erfahrungen verläßt.

Die mystische Zeiterfahrung Teresas ist nicht mehr gebunden an lineare oder zyklische Zeitmodelle; doch wie läßt sich Teresas Erfahrung positiv beschreiben? »Erkenntnis im Augenblick«, das bedeutet die Erfahrung von Ganzheit und Einheit des Lebens. Als ob der Stückwerkscharakter von Leben und Erkenntnis in sich zusammenfiele, heben sich im Augenblick der mystischen Vollendung alle schmerzhaften und unglücklichen Trennungen und Entzweiungen auf. Die vierte Stufe des innerlichen Gebets ist erreicht, eine Einheitserfahrung tut sich auf, die nicht mehr überboten werden kann. Teresa hat dies in einem Bild zum Ausdruck gebracht. Sie vergleicht die Seele mit einem Vöglein, das von einer Stufe zur anderen fliegt, bis der Herr es nimmt und ins Nest setzt, damit es darin ruhe.[25] Gemeint ist keine heimelige Nestwärme. Das von Stufe zu Stufe fliegende Vöglein ist vielmehr das Sinnbild suchender und sehnender Freiheit, die jedoch nur dann zu glücklicher Vollendung gelangen kann, wenn rein und selbstlos verschenkte Liebe erfahren wird.

In der Vollendung mystischer Erfahrung verbinden sich Freiheit und Geborgenheit in einer Weise, die aus allen »normalen« Lebensbezügen herausragt. Teresa spricht von einem »glückseligen Tod«:[26] Alle Seelenkräfte schwinden dahin, werden »beruhigt«, »der kleine, lästige Schmetterling des Gedächtnisses verbrennt sich also hier die Flügel und kann nicht mehr unruhig herumflattern«.[27] Und der hilflose »Narr des Verstandes« erkennt wohl, versteht aber nicht, was er erkennt. Teresa spricht sogar von der »Vernichtung« der Seele, doch nicht Lebenszerstörung ist damit gemeint, sondern der Eingang der preisgegebenen Seele in den Schutzraum göttlicher Gegenwart. Die Rede vom »glückseligen Tod«

erweist sich als eine Metapher des Lebens, in welcher Offenheit, Freiheit und Verwandlungsfähigkeit des Menschen zusammengeschlossen sind.

Teresa scheut sich auch nicht, diesen »glückseligen Tod« als geistliche Trunkenheit zu beschreiben, eine überraschende Rechtfertigung der Ekstase und der Verzückung, wenn wir uns allein an das Bild des ins Nest versetzten Seelenvögleins halten sollten. Das geschieht, obwohl Teresa Ekstasen und visionären Entrückungen gegenüber immer scheu und zurückhaltend geblieben ist. Die Spannung zwischen sich versenkender Seele und erdenschwerer Leiblichkeit hat ihr zu schaffen gemacht. Entsprechend hat sie ekstatische Entrückungen als Leiden und Qual empfunden. Als ob sie zwischen Himmel und Erde gekreuzigt wäre – so hat sie die Qual des Verzücktseins beschrieben.[28] Mystisches Erleben bewahrt für Teresa die Einheit von Schmerz und Glückseligkeit, erschreckende Ungeschütztheit und vertrauende Selbstpreisgabe vereinigen sich, allen billigen Formen einer »leidlosen« Mystik entgegengesetzt. Selbst wenn sich die glückliche Erfahrung zeitenthobener, reiner Gegenwärtigkeit ankündigt, bleibt die gequälte und unaufhebbare Leiblichkeit ein letzter Appell an eine Freundin oder einen Freund, die Vergleichbares erlitten haben:

Der einzige Trost, den die Seele von da an noch erwarten könnte, wäre nur der Umgang und die Unterredung mit jemandem, der die nämliche Pein gleichfalls schon erfahren hat: denn es scheint…, daß sonst niemand von allen, denen sie klagen wollte, ihr glauben würde. (Leben, S. 249)

Man hat den Versuch unternommen, Teresa mit den Geheimnissen der Zen-Meditation in Zusammenhang zu bringen.[29] Das hebt den Freundschaftscharakter, der Teresas Mystik eigen ist, hervor. Und tatsächlich gibt es erstaunliche Parallelen; Teresa vollzieht das meditative Gebet im Hock- oder Fersensitz, der Zenmystiker kennt den Lotossitz. Auch Zenmystiker sprechen von der Ruhigstellung der Seelenkräfte und wissen, daß die »Erleuchtung« nicht erzwungen werden kann. Doch wie steht es mit dem »An-nichts-Denken« der Zenmystiker, der Ausschaltung aller gegenständlichen Vorstellungsinhalte im Akt mystischer Vollendung? Teresa hat sich im 22. Hauptstück ihrer *Vida* ausführlich mit diesem Problem beschäftigt.[30] Sie setzt sich auseinander mit den populären Vertretern der spanischen Männermystik, die dafür eintreten, »sich von jeder körperlichen Vorstellung loszumachen«, selbst von der »Menschheit Christi«. Die Ausklammerung Christi aus dem mystischen Meditationsgeschehen hat sie ausdrücklich abgelehnt. Sie löst sich von einseitigen Vergegenwärtigungsformen des jesuanischen Lebens und plädiert auch nicht für eine einseitige Fixierung auf den gekreuzigten Jesus. Der Gekreuzigte ist für sie auch immer der Auferstandene und Verklärte, und verbunden werden die unterschiedlichen Seinsweisen Christi im sakramentalen Geschehen, in welchem Menschheit und Gottheit Christi vereinigt sind.

Vor einem Marterbildnis erlebt sie ihre Bekehrung:

Als ich nun eines Tages ins Oratorium ging, da geschah es, daß mein Blick auf ein Bild fiel, welches für ein gewisses Fest, das im Kloster gefeiert wurde, entlehnt und dorthin zur Aufbewahrung gebracht worden war. Dieses Bild stellte Christum mit vielen Wunden bedeckt dar und war so andachtserweckend, daß ich bei der Betrachtung desselben ganz darüber bestürzt wurde, den Heiland so zugerichtet zu erblicken; denn es war hier lebendig zum Ausdruck gebracht, was er für uns erlitten. (Leben, S. 98)

Als Teresa diese Erfahrung machte, war sie neununddreißig Jahre alt, und diese Christuserfahrung hat sie bei all ihren Erkundungen des mystischen Gebets niemals verleugnet. 1560 schaut sie eine bedrängende Höllenvision:

Ich erkannte, das mich der Herr den Ort schauen lassen wollte, welchen die bösen Geister dort für mich bereitet hatten ... Der Eingang kam mir vor wie ein sehr langes, schmales Gäßchen gleich einem niedrigen, finsteren und engen Backofen. Der Boden schien mir wie eine sehr schmutzige Wasserpfütze, die einen pestizialischen Gestank ausdünstete und von häßlichem Ungeziefer wimmelte. Am äußersten Ende war eine Vertiefung in der Mauer, einem Wandkasten gleich, in den ich mich hineingepreßt sah ... Dabei erlitt ich die unerträglichsten Körperschmerzen ... Und das alles war noch nichts gegen den Todeskampf der Seele ... Hier ist es die Seele, die sich zerreißt. (Leben, S. 437 ff.)

Uns scheint, als ob Teresa ins »finsterste« Mittelalter zurückgeworfen wäre. Schrecken, Grauen und Verdammungsangst überfallen sie. In der Deutung dieser Vision berichtet Teresa von ihrer Berufung:

[Aus der Höllenvision] erwuchs mir auch der große Schmerz über die vielen Seelen, die verdammt werden – insbesondere dieser Lutheraner, denn sie waren durch die Taufe schon Mitglieder dieser Kirche – und ein heftiges Verlangen, Seelen zu retten, denn ich bin sicher, daß ich zur Erlösung einer einzigen Seele aus diesen schweren Qualen oftmals gern den Tod auf mich genommen hätte. (Leben, S. 440f.)

*

Durch diese Höllenvision wird in Teresa eine ungeahnte Energie freigesetzt, im Laufe der folgenden Jahre Kloster um Kloster zu gründen, ausgerichtet auf die strenge Regel der Unbeschuhten Karmeliterinnen.

Hierbei wurde sie von verschiedenen Motiven geleitet. Zum einen die Bekämpfung der Reformation. Tatsächlich hat sie dies nicht nur in ihrer *Vida*, sondern noch stärker in ihrem späteren *Lied der Vollendung* hervorgehoben. Doch schauen wir genau hin: Nach ihrer bedrängenden Höllenvision verspürt Teresa das rege Verlangen, »die Menschen zu fliehen und [sich] gänzlich von der Welt abzusondern. Mein Geist fand keine Ruhe mehr.« Es ging ihr wohl einfach darum, das eher liberale Klosterleben in Avila aufzugeben. Teresa schreibt folgendes über die Idee zur Klostergründung:

Eines Tages nun, als mehrere von uns zusammen waren, geschah es, daß eine von ihnen zu mir sagte: Wenn wir nur Lust hätten, nach Art der Barfüßernonnen zu leben, so wäre die Errichtung eines neuen Klosters möglich. Da ich ohnehin mit solchen Gedanken umging, so besprach ich mich über diese Sache mit jener Witwe, meiner Freundin... (Leben, S. 444)

Zunächst dachte man also an die Gründung eines Reformklosters, in welchem man zurückgezogen und nach einer strengen Regel leben wollte. Von einer gegenreformatorischen Konzeption ist damals noch nicht die Rede gewesen. Der missionarische Aspekt ist offensichtlich erst später hinzugetreten.

Leider ist Teresa immer wieder etwas einseitig als Gegenreformatorin bezeichnet worden. Dabei hat sie sich in ihren Schriften niemals mit der Theologie Luthers auseinandergesetzt. Was sie wußte, wußte sie vom Hörensagen. Sie litt allerdings an der durch Luther verursachten Kirchenspaltung, wollte sie doch die Kirche von innen her reformieren.

Der Plan, ein Reformkloster zu gründen, war unrealistisch. Materielle Mittel waren nicht verfügbar.[31] Noch schlimmer war die öffentliche Reaktion. »Man tadelte, man lachte und bezeichnete das Ganze als Torheit. Mir sagte man, es ginge mir ja ganz gut in meinem Kloster.« Das war Volkes Stimme, doch auch der zuständige Ordensprovinzial sprach sich nach einigem Nachdenken gegen Teresas Plan aus. Ihr eigenes Mutterkloster in Avila war ebenfalls gegen eine Klostergründung. Ihr Beichtvater bezeichnete den Plan als »Weibergrille«, von der sie abzulassen habe. Auch wurde ihr mit der Inquisition gedroht.

Teresa schweigt zu all dem – und bleibt bei ihrem Beschluß. Kein fanatisches Beharren also, sondern ein verschwiegenes Ins-Werk-Setzen ihrer Mission. Heimlich wird ein Haus in Avila gekauft. Später bricht aus ihr noch einmal die Klage hervor:

O mein Herr! Warum gebietest Du mir Dinge, die unmöglich scheinen? Ich bin ja nur ein Weib, aber wäre ich doch wenigstens frei! So jedoch bin ich von vielen Seiten gebunden, habe kein Geld und weiß nicht, wo ich solches ... bekommen soll; was kann ich da ausrichten, o Herr? (Leben, S. 462)

Schließlich wird doch das neue Josephskloster in Avila gegründet; nach den Einweihungsfeierlichkeiten fällt Teresa in eine schwere innere Krise. Sie macht sich Vorwürfe, gegen den Befehl des Provinzials gehandelt zu haben, fragt sich zweifelnd, ob die Bewohnerinnen der strikten Armutsregel überhaupt folgen können. Sie ist sich unsicher, ob sie selbst – geschwächt durch Alter und Krankheit – den Belastungen im neuen Kloster standhalten könne.

Inzwischen breitet sich die Kunde von dem neuen Josephskloster in Avila aus. Teresa wird in ihr Mutterkloster zurückberufen und muß damit rechnen, ins Gefängnis geworfen zu werden. Beinahe ersehnt sie dieses, um endlich Ruhe zu finden. Bei den folgenden Aussprachen verhält sie sich äußerst diplomatisch. Vor dem Ordensprovinzial legt sie ein Schuldbekenntnis ab, bittet aber gleichzeitig um weiteres Wohlwollen. Nun aber begehren die Stadträte von Avila auf, weil das »allgemeine Wohl der Stadt« unter der Neugründung leide. Es gebe schon genug Bettelmönche in der Stadt, die der Bevölkerung auf der Tasche lägen. Die ganze Sache wird an den Hof getragen, und so ziehen sich die Verhandlungen über zwei Jahre hin. Dann klingt die Empörung langsam ab, die Neugründung ist gerettet.

Es blieb nicht bei dieser einen Neugründung. Bis zum Jahre 1582 entstanden siebzehn weitere Klöster, die der strengen Regel der Unbeschuhten Karmeliter folgten. Teresas Mystik bleibt nicht in einem Kreisen um sich selbst befangen, sie übersetzt ihre Erfahrungen in »äußere« Aktivität. Sie durchbricht darüber hinaus souverän die Schranken, die Frauen ihrer Zeit gesetzt waren. Sie maßt sich ein »apostolisches« Amt an, das nur Männern vorbehalten war. Konnte sie schon nicht als Priesterin oder Predigerin wirken, bot sich ihr immerhin die Möglichkeit, als Klostergründerin zu bestehen. Entsprechend indigniert zeigt sich der apostolische Nuntius Felipe Sega, der Teresa als »ruheloses und vagabundierendes Weib« bezeichnet.

Bezeichnend für Teresa ist, daß sie bei ihren Klostergründungen Hilfe bei allen spanischen Ständen sucht. Herausragend sind ihre Beziehungen zu Doña Maria Luisa de la Cerda, »eine der vornehmsten Damen des Reiches«.[32] Diese hatte ihren Mann verloren, und Teresa stand ihr während der Zeit der Trauer tröstend bei. Ihr Ordensprovinzial hatte sie für diese Aufgabe in den Palast von Toledo verpflichtet, zu der Zeit, als das Gründungsprojekt von St. Joseph vorangetrieben wurde. Doña Luisa spielte eine wichtige Rolle bei der Gründung von Teresas dritter Gründung in Malagón (1568) und leistete auch wichtige Hilfsdienste bei der schwierigen Klostergründung in Toledo. Teresa nutzte auch ihre guten Beziehungen zu Maria Enriquez de Toledo, der Herzogin von Alba.[33] Deren Gatte war der gefürchtete Herzog von Alba, der mit harter Hand gegen die protestantischen Geusen in den Niederlanden vorging. Es gelang Teresa, ihn für die Unterstützung ihrer Arbeit zu gewinnen. Dem Einfluß der

Albas ist es zu verdanken, daß die Unbeschuhten Karmelitinnen zu einer selbständigen Ordensprovinz erhoben wurden.

Konfliktreich gestalteten sich die Beziehungen zur Prinzessin Eboli,[34] die aus einer der mächtigsten Familien Spaniens stammte. Die Prinzessin galt als eine der schönsten Frauen ihrer Zeit, glänzte allerdings auch durch Intrigen. Von Teresa erbat sie eine Klostergründung in Pastrana, vielleicht deshalb, weil sie ihrer Cousine Luisa de la Cerda in nichts nachstehen wollte. Zunächst ließ sich alles gut an. Teresa wurde in Pastrana empfangen, doch schon bei den ersten Verhandlungen zeigte sich, daß die Eboli auch an sich selbst gedacht hatte und eher ein repräsentatives »Hofkloster« im Sinne hatte. Teresa konnte und wollte sich auf Sonderwünsche der Prinzessin nicht einlassen. Als der Prinzgemahl intervenierte, besann sich die Eboli. Nach dem Tod ihres Mannes trat sie dann sogar selbst in das Kloster in Pastrana ein, jedoch nur vorübergehend. Teresa beobachtete das alles mit großer Sorge. Es war eindeutig, daß die Schwestern in Pastrana wie »Gefangene« der Eboli behandelt wurden. Und so entschloß sich Teresa, das eben gegründete Kloster nach Segovia zu verlegen, was in einer »Nacht-und-Nebel-Aktion« geschah. Die Prinzessin schäumte und ließ ihrerseits nichts unversucht, um Teresa zu schaden. Eine Anzeige bei der gefürchteten Inquisition war die Folge.

Teresa stand dem weltlichen Leben des Adels sehr kritisch gegenüber. Sie durchschaute die Zwänge adligen Lebens und schreibt angesichts der rigiden Hofetikette:

Das ist doch wahre Knechtschaft; ja es ist eine von den Lügen, welche die Welt spricht, wenn sie solche Personen Herrschaften nennt; denn sie sind meiner Überzeugung nach in tausend Stücken Sklaven. (Leben, S. 472)

Schon gar nichts gab sie auf die Standesehre, die *honra*. Der übertriebene Ehrbegriff, festgelegt in den Statuten über die Reinheit des Blutes, hat in Spanien viel Unheil gestiftet. Vor Teresa fand diese alles beherrschende Konzeption des rassischen und religiösen Ressentiments keine Gnade. So galten für ihre Klöster keine Standesunterschiede mehr:

Das [Pochen auf vornehme Abstammung] kommt hier nicht in Frage; gebe Gott, daß in diesem Haus niemals derartige Dinge einreißen, es wäre die Hölle; vielmehr soll eine, die vornehmer Abstammung ist, den Namen ihres Vaters seltener erwähnen: alle haben gleich zu sein![35]

Teresa hat allen engstirnigen Standes- und Rassenvorurteilen den Kampf angesagt, ihre Klostergründungen waren standesübergreifend. Im Dienst dieses Kampfes steht auch ihre Forderung nach absoluter Armut. Obwohl sie an die ursprüngliche Regel der Unbeschuhten Karmeliter aus dem dreizehnten Jahrhundert anknüpfte, bedeutete die radikale Armutspraxis in ihrer Zeit einen Affront gegen die »Wohlhabenheit«, welche mit dem Prinzip der »Ehre« verbunden war. Das Bestehen auf absoluter Armut war folglich gegen die Vergötzung der Ehre gerichtet, da »die Armen niemals sehr geehrt sind«:

Ehre und Geld gehen fast immer zusammen, und wer Ehre sucht, lehnt Geld nicht ab, wer aber Geld ablehnt, gibt auch nicht viel auf die Ehre.[36]

Anläßlich der Klostergründung in Toledo ist Teresa erneut auf die heißumstrittene Frage der Abstammung eingegangen:

Als ich nicht wußte, wozu ich mich entschließen sollte, wollte unser Herr mich in dieser Angelegenheit erleuchten und so sagte er mir einmal, welchen geringen Wert vor dem Gericht Gottes diese Stammbäume und Stände hätten, und er machte mir große Vorwürfe, weil ich denen Gehör schenkte, die davon sprachen, denn das wären Sorgen, welche die nicht haben sollten, welche die Welt schon geringschätzten.[37]

Teresa hat sich auch nicht einseitig an adlige Fürsprecher gehalten. Wo es um ihre Klostergründungen ging, nahm sie auch die Hilfe von *conversos* in Anspruch. Diese gehörten in der Regel nicht zu den Ärmsten des Landes. Besonders Kaufleute, Bankiers und Handwerker gehörten dazu. Ihr zweites Kloster in Medina de Campo (1567) entstand in einer Hochburg der *conversos*, und mit Sicherheit können wir davon ausgehen, daß sie Teresa bei der Klostergründung beistanden. Dasselbe gilt für die Gründung des Klosters von Toledo (1569). Aber bei allen Anknüpfungen an die maßgeblichen Gesellschaftsschichten läßt sie es mit aller Diplomatie niemals zu, daß ihre Anliegen verwässert werden.

1580 wurde ihr letztes Kloster gegründet. Zwei Jahrzehnte härtester Arbeit waren vergangen, auf neunzehn Gründungen konnte Teresa zurückblicken. Doch nicht nur das Klosterwerk hatte an ihren Kräften gezehrt, obendrein wurde sie durch Nachstellungen der Inquisition lebensgefährlich bedroht.[38] 1559 hatte die spanische Großinquisition ein Verbot für spanisch geschriebene Bücher erlassen, doch 1565 war Teresas *Vida* herausgekommen. Ihr Hauptanliegen, das »innerliche Gebet«, mußte Mißtrauen hervorrufen, zumal besonders in Andalusien und der Estremadura die *allumbrados* verstärkt auftraten. Doch erst 1574 taucht ihr Name zum erstenmal in einem Inquisitionsdokument auf.

Das Inquisitionstribunal nahm seine Untersuchungen auf. Auch in Madrid erfolgte eine Klage, die von der Prinzessin von Eboli eingeleitet worden war. Obwohl es auch positive Gutachten zu Teresas *Vida* gab, kam es 1575 zu Anklagen in Sevilla, wo Teresa einige Monate zuvor ein Kloster gegründet hatte. Hier war es das Zerwürfnis mit Maria del Corro, die sich dem Kloster angeschlossen hatte, sich jedoch nicht der Klostergemeinschaft einpassen konnte. Sie verließ heimlich das Kloster und verklagte Teresa bei der Inquisition, gefährlichster Punkt: Teresa praktiziere das mystische Gebet wie die verketzerten *allumbrados*. Teresa ist gezwungen, Verteidigungsschriften zu verfassen. Sie verteidigt sich nicht in aggressiver Form, sie rechtfertigt sich nicht, sondern läßt ihre Sache für sich sprechen. Nur einmal hat sie sich weit vorgewagt, in ihrem *Lied der Vollkommenheit*:

Reicht es nicht, Herr, daß uns [Frauen] die Welt einpfercht..., daß wir für Euch in der Öffentlichkeit nichts Taugliches tun, noch wagen, einige Wahrheiten zu sagen, die wir im stillen beweinen, als daß Ihr eine so gerechte Bitte nicht erhören müßtet? Nein, Herr, das glaube ich nicht, bei Eurer Güte und Gerechtigkeit, denn Ihr seid ein gerechter Richter und nicht wie die Richter dieser Welt, die Söhne Adams und zudem alle Männer sind, und die auch nicht eine Tugend einer Frau für nicht verdächtig halten. Gewiß, es wird einen Tag geben, mein König, an dem alle es erkennen. Ich spreche nicht für mich, denn die Welt kennt meine Schlechtigkeit bereits, und ich freue mich, daß sie bekannt ist, sondern ich sage das, weil ich die Zeiten so sehe, daß es nicht recht ist, nach Tugend strebende und starke Gemüter zu verachten, auch wenn es Frauen sind.[39]

Es wundert nicht, daß diese Passage der Zensur zum Opfer fiel. Vor dem Inquisitionstribunal hat Teresa nicht so starke Worte gefunden. Ihre Strategie der Verteidigung besteht in einem beharrlichen, aber leisen Insistieren. Diesem Vorgehen war die Inquisition nicht gewachsen. Am Ende mußten die Ankläger klein beigeben.

Es gibt Forscher, die Teresas Lebenswerk daraus ableiten wollen, daß sie selbst einer Familie von *conversos* entstammte. Die Ursache ihrer Souveränität gegenüber ihren Feinden ist tiefer anzusetzen. Es war ihre »freundliche« Mystik, der sie alles zutraute. Stärker als auf einen kompromißlosen Kampf setzte sie auf die Selbstdurchsetzung ihres Werks.

*

Fünf Jahre vor ihrem Tode unternimmt Teresa einen zweiten Versuch, ihre mystischen Erfahrungen darzustellen, diesmal systematischer als in ihrer Lebensbeschreibung.

Seelenburg lautet der Titel dieses Buches, und es hat den Anschein, als habe Teresa hier eine auf Abwehr und Abgrenzung bedachte Religiosität vertreten. Sieben Wohnungen enthält diese Burg, Teresa dringt jedoch nicht in andere Welten vor, sondern immer tiefer in sich selbst, um im letzten Gemach die geistliche Vermählung zu erleben. Das Durchschreiten und Überwechseln in die einzelnen Gemächer ergibt ein Bild von Bewegung und Verwandlung. Wo der Mensch ganz zu sich kommt, gelangt er weit über sich hinaus. So wandelt sich auch das Bild der festungsartigen Burg. Die Seele gleicht »eine(r) Burg, die ganz aus einem Diamant oder einem klaren Kristall« besteht. So ist aus der abgeschlossenen, wehrhaft anmutenden *Seelenburg* ein durchsichtiges, überschaubares Gebilde geworden, ein Kunstwerk, das aufgebaut wird, um die Selbstdurchsichtigkeit der Seele zu gewährleisten. Teresa hat wie alle großen Mystikerinnen die Dunkelheiten, Untiefen und Widerständigkeiten der Seele verwandelt in ein Bild durchsichtiger Klarheit. Und deshalb kann sie auch von »unsrer schönen, beglückenden Burg« sprechen oder vergleicht die Seele mit dem Paradies, in dem »die Lust herrscht«.[40]

Als erstes kehrt Teresa ein in das Gemach der Selbsterkenntnis;[41] sie weist sofort auf die Gefahren einer ausschließlich in sich kreisenden Selbstreflexion hin, welche bei der »Betrachtung der eigenen Armseligkeit« endet. Die mystisch erhobene Seele erfährt ein Übermaß an »Fülle«, »Weite« und »Größe«, weil sie »viel mehr zu fassen imstande ist, als wir uns denken können«. Im zweiten Gemach trainiert die Seele die Tugend der Ausdauer, ein schweres Unterfangen, da sich die »Nattern und Vipern« der äußeren Welt immer noch einschleichen,[42] in der dritten Wohnung schließlich gelingt der Seele eine erste »Loslösung« von den Bindungen und Verstrickungen der Welt.[43] In der vierten Wohnung zeigen sich die ersten Erfolge einer »interesselosen« Meditation. Wir erkennen wieder das Gebet der Ruhe und Sammlung, wobei Teresa jetzt stärker als in der *Vida* das Gefühl der »Weite« zu beschreiben sucht, erklärbar nur aus dem lebensspendenden Kräftestrom des verborgenen »Seelengrundes«.[44] Furcht und Angst scheinen ausgelöscht.[45] Die Seele soll »ohne jegliche Gewalt und ohne innere Erregung das schlußfolgernde Denken einstellen, nicht aber den Verstand oder das Denkvermögen aufzuheben suchen«.[46] Es kommt nicht darauf an, viel zu denken, sondern viel zu lieben.[47]

Für die folgenden Gemächer gelten mehr als in der *Vida* Spontaneität und Unverfügbarkeit der mystischen Erfahrungen.[48] Für die Seele bedeutet das die Bereitschaft einer fortwährend Verwandlung, von Teresa in das Bild der »Seidenraupe« gefaßt:

Es soll da aus einem Samenei von der Art eines kleinen Pfefferkörnleins zur Zeit, in welcher die Maulbeerbäume Blätter treiben, durch die Wärme ein lebendiges Räupchen entstehen. Ich habe dies nie gesehen, sondern nur gehört, weshalb es auch nicht meine Schuld ist, wenn ich etwas Unrichtiges sage. Solange dem Räupchen diese Nahrung noch fehlt, bleibt es ein lebloses Samenei; nun aber nährt es sich von den sprossenden Blättern des Maulbeerbaumes, bis es groß geworden. Man legt ihm dann Zweige hin, unter denen es mit seinem Mäulchen aus sich selber die Seide spinnt, aus der es eine ganz eng anliegende Hülle bildet, in die es sich einschließt. Es wird nun zu einer großen und häßlichen Raupe, die in der Hülle abstirbt und später als ein weißer, gar lieblicher, kleiner Schmetterling wieder aus ihr hervorkommt. (Seelenburg, S. 94 f.)

Teresa entwickelt im Bild der Seidenraupe ihre Auffassung vom Menschen, welcher durch Verwandlung bestimmt wird. Nicht ein statisches Sein, sondern ein verwandelndes Werden bezeichnet den mystischen Menschen. Teresa entnimmt für die Verwandlung des mystischen Menschen das Bild der geistlichen Verlobung und Vermählung aus dem *Hohenlied*. Die geistliche Verlobung kennt allerdings beträchtliche Gefahren,[49] den Hochmut der Verlobten, Übertreibungen im Liebesdienst, aber auch krankmachende Schmerzen der Erwartung werden der Verlobten auferlegt. Vertraute Menschen wenden sich ab, und die Seele verfällt darüber in Melancholie. Die mystisch Verlobte kann sich ihrer Umgebung nicht mehr verständlich machen und steht darüber Qualen aus. Doch die größte Qual besteht darin, von Liebe erglüht, aber nicht verzehrt zu sein. Teresa ringt um das Mysterium der Liebe und weiß, daß diese in ihren tiefsten Quellen dem Menschen nicht verfügbar ist, sich nicht planen oder erzwingen läßt. Erhebung, Schauung und Verzückung sind die mystischen Stichworte, in denen Teresa das Geheimnis unverfügbarer Liebe entdeckt. Die mystische Braut verbleibt lange im Vorgefühl des höchsten Glücks, durchsetzt mit den peinigenden Liebesschmerzen der mystischen »Vorlust«. Teresa ist darüber zur Mystikerin der »Vorfreuden« geworden,[50] wohl wissend, daß es die Spannung von sehnender Erwartung und beglückender Erfüllung ist, welche das wirkliche Geheimnis der Liebe umschreibt. Es sind die Qualen des »glücklichen Todes«, welche die mystische Verlobte auszuhalten hat, Absage an alle Hoffnungen auf ein schnelles Glück. Keine Vollendung ohne die Härte der gespannten Erwartung, das ist die tiefe Erfahrung, die Teresa in der sechsten Wohnung erlebt. Im innersten Gemach ihrer Seelenburg angelangt, kommt Teresa ganz zu sich selbst, erlebt den erfüllten Augenblick:

Wir wollen sagen, die Vereinigung gleicht einer so innigen Zusammenfügung zweier Wachskerzen, daß das Licht von beiden nur ein Licht bildet, oder sie ist jener Verbindung des Wachses, des Dochtes und des Lichtes zu einem Ganzen gleich. Die beiden Kerzen kön-

nen ganz leicht wieder voneinander getrennt werden, so daß man wieder zwei Kerzen hat, und auch den Docht kann man vom Wachs ablösen. Bei der mystischen Vermählung aber ist es, wie wenn Wasser vom Himmel in einen Fluß oder einen Brunnen fällt, wo die beiden Wasser so eins werden, daß sie nicht mehr geschieden werden können; oder wie wenn ein kleines Bächlein sich ins Meer ergießt, wobei eine Aussscheidung des Wassers nicht mehr möglich ist. Oder es ist, wie wenn in ein Zimmer durch zwei Fenster ein helles Licht hineinfällt; obgleich beim Hineinfallen geschieden, wird es im Zimmer doch zu einem Licht. (Seelenburg, S. 209)

Die Erfahrung von Trennung und Vereinigung, von Unterschied und Verschmelzung der Liebenden hat ihre Vollendung gefunden. Der einzelne Mensch wird dabei nicht zerstört und lebt dennoch in einer durchlichteten Einheit. Dies ist Teresas Vermächtnis mystischer Liebe.

MYSTIKERINNEN DES MITTELALTERS

IM RHEINLAND

Hildegard von Bingen (1098–1179)
Elisabeth von Schönau (1129–1164)

IN SCHWEDEN UND ENGLAND

Birgitta von Schweden (1303–1374)
Juliana von Norwich (Ende 14. Jh.)
Margery Kempe (1374–1440)

IN BELGIEN, HOLLAND, FRANKREICH

Ivetta von Hoei (1157–1228)
Christina von St. Trond (1150–ca. 1224)
Odilia von Lüttich (1165–1220)
Maria von Oignies (1177/8–1213)
Luitgard von Aywière (1182–1246)
Ida von Nivelles (1199–1231)
Alix von Schaerbeck († 1250)
Hadewijch (1. Hälfte 13. Jh.)
Ida von Leau († ca. 1260)
Beatrijs von Nazareth (1204/5–1268)
Margarete von Ypern (1216–37)
Douceline von Digne († 1274)
Elisabeth von Spaelbeck (2. Hälfte 13. Jh.)
Ida von Löwen (2. Hälfte 13. Jh.)
Heylewige Bloemardine (ca. 1260–1355)
Beatrice von Ornacieux († 1303)
Marguerite d'Oingt († 1310)
Marguerite Porète († 1310)
Flora von Beaulieu (ca. 1300–1347)
Gertrude von Oosten (1300–1358)

Brigida von Holland († ca. 1390)
Johanna von Maille (1331–1414)
Elisabeth von Herkenrode

IN DEUTSCHLAND, ÖSTERREICH, ELSASS, SCHWEIZ

Mechthild von Magdeburg († 1282/97)
Elisabeth von Thüringen (1207–1231)
Jutta von Sangeshausen (1220–1260)
Christina von Stommeln (1233–1312)
Mechthild von Hackeborn (1241–1299)
Gertrud die Große (1256–1302)
Christina von Retters (1269–1291)
Lukardis von Oberweimar (1274–1309)
Agnes Blannbekin († 1315)
Frauen in Unterlinden/Colmar
Frauen in Adelhausen/Freiburg
Frauen in Oetenbach/Schweiz
Frauen in Katharinenthal b. Diessenhofen
Frauen in Engelthal b. Nürnberg
Frauen in Kirchberg/Sulz
Frauen in Weiler b. Esslingen
Frauen in Töss b. Winterthur
Frauen in Schönsteinach
Christine Ebner (1277–1356)
Luitgard von Wittichen (1291–1348)
Margarethe Ebner (1291–1351)
Elsbeth von Oye (1. Hälfte 14. Jh.)
Elsbeth Stagel († ca. 1360)
Adelheid Langmann (1312–1375)
Dorothea von Montow (1347–1394)
Elisabeth von Reute (1386–1420)
Margareta Beutlerin († 1428)
Magdalena Beutlerin († 1428)
Alijt Bake († 1455)
Ursula Haiderin (1413–1498)
Christina von Hamm (2. Hälfte 15. Jh.)

IN ITALIEN

Bona von Pisa (ca. 1156–1207)
Clara von Assisi (1193–1253)
Helena Enselmini († ca. 1240)

Gerardesca von Pisa (1210–1269)
Umiliana Cerchi (1219–1246)
Margareta Colonna († 1280)
Emila Bicchieri (1238–1314)
Guglielma von Böhmen († 1282)
Margareta von Cortona (1247–1297)
Angela von Foligno (1248–1309)
Aldobrandesca von Siena (1249–1309)
Benevenuta de Bojanis (1255–1299)
Vanna von Orvieto (1264–1306)
Clara von Montefalco (1268–1308)
Agnes von Monte Pulcano (1270–1317)
Clara von Rimini (1280–1346)
Margherita von Città Castello (1287–1320)
Sibyllina von Pavia (1287–1367)
Margareta von Faenza († 1330)
Michelina von Pesaro († 1356)
Caterina Colombini († 1387)
Caterina von Siena (1347–1380)
Maria Mancini (1350–1431)
Ursula Venerii (1375–1408)
Francesca von Rom (1384–1440)
Rita von Cascia († 1457)
Helena von Udine († 1458)
Caterina von Bologna (1413–1463)
Eustochia Calafato (1434–1485)
Paula Montaldi (1443–1514)
Veronica von Binasco (1445–1497)
Caterina von Genua (1447–1510)
Osanna von Mantua (1449–1505)
Clara von Foligno († 1500)
Caecilia von Ferrara († 1507)
Stefana Quinzani (1457–1530)
Camilla Varani (1458–1524)
Columba von Rieti (1467–1501)
Clara Bugni (1471–1510)
Dominica de Paradiso (1473–1553)
Ludovica Albertoni (1474–1533)
Lucia von Narni (1476–1544)

IN SPANIEN

Teresa von Avila (1515–1582)

WERKE UND LITERATUR
ANMERKUNGEN

KAPITEL 1

WERKE UND LITERATUR

Nova S. Hildegardis opera. Hrsg. v. J. P. Pitra (Analecta sacra. Bd. 8). Paris 1882

Hildegard von Bingen: Briefwechsel. Übersetzt u. erläutert v. A. Führkötter. Salzburg 1965

Hildegard von Bingen: Heilkunde [Causae et curae]. Das Buch von dem Grund und Wesen und der Heilung der Krankheiten. Übersetzt u. erläutert v. H. Schipperges. Salzburg 1957^3

Hildegard von Bingen: Lieder. Hrsg. v. P. Barth, M. I. Ritscher u. J. Schmidt-Görg. Salzburg 1969

Hildegard von Bingen: Der Mensch in der Verantwortung. Das Buch der Lebensverdienste [Liber vitae meritorum]. Übersetzt u. erläutert v. H. Schipperges. Salzburg 1972

Hildegard von Bingen: Naturkunde [Physica]. Das Buch von dem inneren Wesen der verschiedenen Naturen in der Schöpfung. Übersetzt u. erläutert v. P. Riethe. Salzburg 1959

Hildegard von Bingen: Welt und Mensch [De operatione Dei]. Übersetzt u. erläutert v. H. Schipperges. Salzburg 1965. *Zitiert mit* »Vom Werk Gottes«.

Hildegard von Bingen: Wisse die Wege [Scivias]. Übertragen u. bearbeitet v. M. Böckeler. Salzburg 1975^6

Vita S. Hildegardis auctoribus Godefrido et Theodorico monachis. Hrsg. v. J. P. Migne (Migne, Bd. 197). Paris 1882

Das Leben der Heiligen Hildegard, berichtet von den Mönchen Gottfried und Theoderich. Hrsg. v. A. Führkötter. Salzburg 1980^2

L. Baillet: Les Miniatures du *Scivias* de Ste. Hildegarde. Paris 1912

M. Böckeler: Beziehungen des Ordo virtutem der Hl. Hildegard zu ihrem Hauptwerk *Scivias*. In: Benediktinische Monatsschriften 7 (1925), S. 25 ff.; 135 ff.

Hildegard von Bingen 1179–1979. Festschrift zum 800. Todestag der Heiligen. Hrsg. v. A. Ph. Brück. Mainz 1979
Katalog zur internationalen Ausstellung vom 15. 9.–21. 10. 1979 im Haus Am Rupertsberg. Hrsg. v. H. Lehrbach. Bingen/Bingerbrück 1979
W. Lauter: Hildegard-Bibliographie. Wegweiser zur Hildegard-Literatur. Alzey 1970
H. Liebeschütz: Das allegorische Weltbild der Hl. Hildegard von Bingen. Leipzig 1930
H. Schipperges: Die Welt der Engel bei Hildegard von Bingen. Salzburg 1979.
M. Schrader: Die Heimat und Abstammung der heiligen Hildegard. In: Studien und Mitteilungen zur Geschichte des Benediktiner-Ordens 54 (1936), S. 199 ff.

ANMERKUNGEN

1 W. Seibrich, in: Hildegard ... Festschrift, S. 55 ff.
2 P. Walter, in: Hildegard ... Festschrift, S. 211 ff.
3 Nova S. Hildegardis opera, S. 409 f.
4 M. Schrader, Heimat und Abstammung, S. 199 ff.
5 S. Sahar, Die Frauen des Mittelalters, S. 24 ff.
6 zum folgenden U. Küsters, Der verschlossene Garten, S. 102 ff.
7 Hildegard, Wisse die Wege, S. 123; 149 f. u. a.
8 Nachweis bei S. Sahar, Die Frauen des Mittelalters, S. 69
9 M. L. Brede, in: Hildegard ... Festschrift, S. 77 ff.
10 Das Leben der Heiligen Hildegard, S. 63
11 ebd., S. 62
12 ebd., S. 77 ff.
13 Vita S. Hildegardis, S. 107C-D. Übersetzung v. Verf.
14 Katalog zur internationalen Ausstellung, S. 67 ff.
15 M. L. Brede, in: Hildegard ... Festschrift, S. 80
16 Das Leben der Heiligen Hildegard, S. 62
17 A. Führkötter, in: Hildegard ... Festschrift, S. 45
18 ebd., S. 50 f.
19 Katalog zur internationalen Ausstellung, S. 59
20 Hildegard, Briefwechsel, S. 203 f.
21 M. Schrader, in: Hildegard ... Festschrift, S. 79
22 Hildegard, Briefwechsel, S. 82

KAPITEL 2

WERKE UND LITERATUR in Kapitel 1

ANMERKUNGEN

1 Hildegard, Wisse die Wege, S. 153; 108; 157
2 R. Zapperi, Der schwangere Mann, S. 9ff.
3 M. O. Métral, Die Ehe, S. 26ff.
4 Hildegard, Der Mensch in der Verantwortung, S. 39
5 Hildegard, Heilkunde, S. 84; 101; 196; 210; 100f.; 103
   Hildegard, Der Mensch in der Verantwortung, S. 153; 191
   Hildegard, Vom Werk Gottes, S. 137; 161; 25f.; 79ff.; 110; 113; 131f.; 172; 189; 204f.; 207; 217
6 Textkritik bei E. Gössmann, in: Dinzelbacher, Frauenmystik im Mittelalter, S. 45
7 Nova S. Hildegardis opera, S. 157
8 vgl. H. Liebeschütz, Das allegorische Weltbild der Hl. Hildegard; K. Clausberg, Kosmische Visionen
9 Hildegard, Vom Werk Gottes, S. 48; 53; 55
10 Hildegard, Vom Werk Gottes, S. 82; 91; 99; 125

KAPITEL 3

WERKE UND LITERATUR in Kapitel 1

ANMERKUNGEN

1 Hildegard, Briefwechsel, S. 168f.
2 ebd., S. 173
3 A. Borst, Die Katharer – G. Müller, in: Hildegard ... Festschrift, S. 379ff.
4 Petrus Damiani, in: J. P. Migne, Bd. 145, S. 379ff.
5 Hildegard, Vom Werk Gottes, S. 137
6 Textkritik bei E. Gössmann, in: P. Dinzelbacher/R. Bauer, Frauenmystik im Mittelalter, S. 36
7 Hildegard, Heilkunde, S. 253 ff.
8 Hildegard, Naturkunde, S. 28
9 ebd., S. 26
10 ebd., S. 66ff.
11 zum folgenden: Hildegard, Heilkunde, S. 275 ff.
12 P. Riethe, in: Hildegard ... Festschrift, S. 351 ff.
13 G. Müller, in: Hildegard ... Festschrift, S. 176f.

14 Das Leben der Heiligen Hildegard, S. 44 f.
15 M.-I. Ritscher, in: Hildegard ... Festschrift, S. 273 ff.
16 Hildegard, Lieder, S. 223 f.
17 F. Jürgensmeier, in: Hildegard ... Festschrift, S. 273 ff.
18 H. Hinkel, in: Hildegard ... Festschrift, S. 385 ff.

KAPITEL 4

WERKE UND LITERATUR

Das Gebetbuch der hl. Elisabeth von Schönau. Hrsg. v. F. W. E. Roth. Augsburg 1886
Die Visionen der hl. Elisabeth und die Schriften der Äbte Ekbert und Emecho von Schönau. Hrsg. v. F. W. E. Roth. Brünn 1884
J. Ibach: Das Leben der hl. Jungfrau Elisabeth von Schönau. Limburg 1898.
A. Nebe: Die hl. Elisabeth und Egbert von Schönau. In: Annalen des Vereins für Nassauische Alterthumskunde und Geschichtsforschung 8 (1866), S. 157 ff. *In Anlehnung an diese Übersetzung wird zitiert.*

R. J. Dean: Manuscripts of St. Elizabeth of Schönau in England. In: Modern Language Review 32 (1937), S. 62 ff.
P. Dinzelbacher: Die Offenbarungen der hl. Elisabeth von Schönau: Bildwelt, Erlebnisweise und Zeittypisches. In: Studien und Mitteilungen zur Geschichte des Benediktinerordens und seiner Zweige 97 (1986), S. 462 ff.
K. Köster: Elisabeth von Schönau. Werk und Wirkung im Spiegel der mittelalterlichen handschriftlichen Übersetzung. In: Archiv für mittelrheinische Kirchengeschichte 3 (1951), S. 243 ff.
K. Köster: Schönauer Elisabeth-Jubiläum 1965. Schönau 1965
K. Köster: Das visionäre Werk Elisabeths von Schönau. Studien zur Entstehung, Überlieferung und Wirkung in der mittelalterlichen Welt. In: Archiv für mittelrheinische Kirchengeschichte 4 (1952), S. 79 ff.
G. J. Lewis: Christus als Frau. Eine Vision Elisabeths von Schönau. In: Jahrbuch für Internationale Germanistik 15, 1 (1983), S. 70 ff.

ANMERKUNGEN

1 K. Köster, Schönauer Elisabeth-Jubiläum
2 J. Loos, in: Hildegard ... Festschrift, S. 264
3 A. Nebe, Elisabeth, S. 170
4 ebd., S. 188 f.
5 ebd., S. 173 ff.
6 ebd., S. 179 f., 192 f., 211

7 ebd., S. 210
8 ebd., S. 163
9 ebd., S. 211 ff.
10 W. Levison, Das Werden der Ursula-Legende
11 A. Nebe, Elisabeth, S. 212
12 Übersetzung nach G. J. Lewis, Christus als Frau, S. 70 ff.
13 A. Nebe, Elisabeth, S. 198 ff.
14 S. Shahar, Die Frauen des Mittelalters, S. 13 ff.
15 A. Nebe, Elisabeth, S. 220
16 J. Haller, Das Papsttum, Bd. 3, S. 111 ff.
17 Visionen der hl. Elisabeth von Schönau, 6,4
18 A. Nebe, Elisabeth, S. 162 f.
19 ebd., S. 164 ff.
20 K. Köster, Das visionäre Werk

KAPITEL 5

LITERATUR

J. Asen: Die Beginen in Köln. In: Annalen des Historischen Vereins für den Niederrhein 110 (1927), S. 81 ff.
J. Béthune: Cartulaire du béguinage de Saint-Elisabeth à Gand. Brügge 1893
D. Coekelberghs/P. Loze: L'église Saint-Jean-Baptiste au béguinage à Bruxelles et son mobilier. Brüssel 1981
Ph. Funk: Jakob von Vitry. Leben und Werke. Leipzig/Berlin 1909
J. Greven: Die Anfänge der Beginen. In: Vorreformationsgeschichtliche Forschungen. Bd. 8. Münster 1912
J. Greven: Der Ursprung des Beginenwesens. In: Historisches Jahrbuch 35 (1914), S. 26 ff.; 291 ff.
H. Grundmann: Zur Geschichte der Beginen im 13. Jahrhundert. In: Archiv für Kulturgeschichte 21 (1931), S. 296 ff.
Jakob von Vitry: Libri duo, quorum prior Orientalis sive Hierosolimitanae alter Occidentalis Historiae nomine inscribitur. Hrsg. v. Franciscus Moschus. Duaci 1597
W. Kothe: Kirchliche Zustände Straßburgs im 14. Jahrhundert. Fribourg 1903
R. E. Lerner: The Heresy of the Free spirit in the Later Middle Ages. Berkeley/Los Angeles/London 1982
E. W. McDonnell: The Beguines and Beghards in Medieval Culture. With Special Emphasis on the Belgian Scene. New York 1969
A. Mens: Oorsprong en betekenis van de Nederlandse Begijnen- en Begardenbeweging. Antwerpen 1947

A. Mens: Die »Kleinen armen van Christus« in de Brabants-Luikse Gewesten. In: Ons Geestelijk Erf 36 (1962), S. 282 ff.; 37 (1963), S. 129 ff.; 353 ff.; 38 (1964), S. 113 ff.; 39 (1965), S. 225 ff.

J. v. Mierlo: De bijnam van Lambertus li Beges en de vroegste beteekenis van het woord begijn. In: Verslagen en Mededeelingen der Kon. Vlaamsche Academie voor Taal- en Letterkunde. Gent 1925, S. 405 ff.; 1926, S. 612 ff.; S. 983 ff.

J. v. Mierlo: Béguinages. In: Dictionnaire d'Histoire et de Géographie ecclésiastiques. Bd. 7. Paris 1933, Sp. 457 ff.

E. G. Neumann: Rheinisches Beginen- und Begardenwesen. Ein Mainzer Beitrag zur religiösen Bewegung am Rhein. Meisenheim a. Glan 1960

O. Nübel: Mittelalterliche Beginen- und Sozialsiedlungen in den Niederlanden. Ein Beitrag zur Vorgeschichte der Fuggerei. Tübingen 1970

A. Patschovsky: Straßburger Beginenverfolgungen im 14. Jahrhundert. In: Deutsches Archiv für Erforschung des Mittelalters 30 (1974), S. 56 ff.

L. J. M. Philippen: De Begijnhoven. Antwerpen 1918

D. Philipps: The Beguines in Strassburg. A Study of the Social Aspects of Beguine Life. Palo Alto 1941

F. Prims: Geschiedenis van Antwerpen. Bd. 1–5. Brüssel 1977²

E. Roeder: Die Beginen in Stadt und Bistum Würzburg. Diss. Würzburg 1932

K. Ruh: Meister Eckart und die Spiritualität der Beginen. In: Perspektiven der Philosophie 8 (1982), S. 323 ff.

J.-C. Schmitt: Mort d'une hérésie. L'église et les clercs face aux béguines et aux beghards du Rhin superieur du XIVe au XVe siecle. Paris 1978

Maria von Oignies
Jakob von Vitry: Vita Mariae Oigniacensis. Hrsg. v. D. Papebroch. In: Acta Sanctorum, 23. Juni, Bd. 5. Paris 1867, S. 542 ff. Übersetzungen v. Verf.

ANMERKUNGEN

1 K. Köster, Elisabeth von Schönau, S. 243 ff.
2 K. Köster, Das visionäre Werk Elisabeths von Schönau, S. 86 f.
3 E. W. McDonnell, The Beguines and Beghards, S. 281 ff.
4 O. Nübel, Mittelalterliche Beginen- und Sozialsiedlungen, S. 1 ff.
5 E. W. McDonnell, The Beguines and Beghards, S. 59
6 H. Grundmann, Religiöse Bewegungen im Mittelalter, S. 181
   J. Greven, Die Anfänge der Beginen, S. 44 f.
   A. Mens, Oorsprong en betekenis, S. 279 ff.
7 J. Greven, Die Anfänge der Beginen, S. 75
8 O. Nübel, Mittelalterliche Beginen- und Sozialsiedlungen, S. 28 f.
9 E. W McDonnell, Beguines and Beghards, S. 122 f.
10 K. Bücher, Frauenfrage im Mittelalter, S. 10

11 P. Norrenberg, Frauenarbeit und -arbeiterinnen, S. 50ff.
12 E. W. McDonnell, Beguines and Beghards, S. 81 f.
13 ebd., S. 63
14 S. Baluzius, Vitae Paparum Avenionensium, Bd. 2, S. 354
15 J. Greven, Der Ursprung des Beginenwesens, S. 46f.
16 O. Nübel, Mittelalterliche Beginen- und Sozialsiedlungen, S. 14ff.
17 A. Mens, Oorsprong en betekenis, S. 385ff.
18 O. Nübel, Mittelalterliche Beginen- und Sozialsiedlungen, S. 32ff.
19 A. Mens, Oorsprong en betekenis, S. 409ff.
   J. Greven, Anfänge der Beginen, S. 158ff.
   J. v. Mierlo, De bijnam van Lambertus li Beges
   O. Nübel, Mittelalterliche Beginen- und Sozialsiedlungen, S. 23ff.
20 E. W. McDonnell, The Beguines and Beghards, S. 162
21 ebd., S. 162
22 ebd., S. 40
23 zum folgenden: P. Funk, Jakob von Vitry
24 Jakob von Vitry, Vita Mariae Oignaciensis, S. 654f.
25 P. Funk, Jakob von Vitry, S. 116ff.
26 ebd., S. 119ff.
27 Jakob von Vitry, Vita Mariae, S. 655
28 E. W. McDonnell, Beguines and Beghards, S. 144
29 A. Hilka, Altfranzösische Mystik und Beginentum, S. 160
30 E. W. McDonnell, Beguines and Beghards, S. 147
31 ebd., S. 477ff.
32 J. Béthune, Cartulaire du béguinage, S. 74
33 E. W. McDonnell, The Beguines and Beghards, S. 272
34 ebd., S. 381
35 P. Funk, Jakob von Vitry, S. 116ff.
36 Jakob von Vitry, Vita Mariae, S. 550ff.
37 E. W. McDonnell, Beguines and Beghards, S. 154ff.
38 L. J. M. Philippen, De Begijnhoven
39 E. W. McDonnell, Beguines and Beghards, S. 270ff., 170f.
40 ebd., S. 170f.
41 Th. Merton, Auserwählt zu Leid und Wonne, S. 40
42 E. W. McDonnell, Beguines and Beghards, S. 205ff.
43 D. Coekelberghs/P. Loze, L'église Saint-Jean-Baptiste, S. 7ff.
44 E. W. McDonnell, Beguines and Beghards, S. 176ff.
45 ebd., S. 185f.
46 F. Prims, Geschiedenis van Antwerpen, Bd. 1, S. 589ff.
47 J. Béthune, Cartulaire du béginage, S. 89
48 ebd., S. 74
49 E. W. McDonnell, Beguines and Beghards, S. 170ff.
   O. Nübel, Mittelalterliche Beginen- und Sozialsiedlungen, S. 29ff.

50 J. Greven, Anfänge der Beginen, S. 151 ff.
51 Jakob von Vitry, Libri duo, S. 306
52 E. W. McDonnell, Beguines and Beghards, S. 281 ff.

KAPITEL 6

LITERATUR ZU DEN BEGINEN in Kap. 5

Ida von Nivelles
Chrysotom Henriquez: Quinque prudentes virgines. Antwerpen 1630
P. Dinzelbacher: Ida von Nijvels Brückenvision. In: Ons Geestelijk Erf 52 (1978), S. 179ff.

Beatrijs von Nazareth
Beatrijs van Nazareth: Van seven manieren van minne. Hrsg. v. H. W. J. Vekeman/J. J. Th. M. Tersteeg. Zutphen 1971
Vita Beatricis. Hrsg. v. L. Reypens. Antwerpen 1974
Chrysotom Henriquez: Quinque prudentes virgines. Antwerpen 1630

Luitgard von Aywière
Thomas von Cantimpré: Vita Lutgardis. Hrsg. v. G. Henschenius. In: Acta Sanctorum, 16. Juni, Bd. 4. Paris 1867, S. 187ff.

Christina mirabilis
Thomas von Cantimpré: Vita beatae Christinae Mirabilis Trudonopoli in Hasbania. Hrsg. v. J. Pinius. In: Acta Sanctorum, 24. Juli, Bd. 5. Paris 1868, S. 637ff.

Ida von Löwen
Vita Idae Lovaniensis, Hrsg. D. Papebroeck. In: Acta Sanctorum, 13. April, Bd. 2. Paris 1866, S. 156ff.
Chrysotom Henriquez: Quinque prudentes virgines. Antwerpen 1630.

Ida von Leeuw
Vita Idae Lewensis. Hrsg. v. R. de Buck. In: Acta Sanctorum, 29. Oktober, Bd. 13. Paris 1883, S. 100ff.
Chrysotom Henriquez: Quinque prudentes virgines. Antwerpen 1630

Hadewijch
Hadewych: Sämtliche Werke. Übersetzt und erläutert v. J. O. Plassmann. Teil 1–2. Hannover 1923. *Nach dieser Übersetzung wird zitiert.*
Hadewych: Brieven. Hrsg. v. J. van Mierlo. Bd. 1–2. Antwerpen 1947

Hadewych: Mengelgedichten. Hrsg. v. J. van Mierlo. Antwerpen 1952
Hadewych: Strofische Gedichten. Hrsg. v. E. Rombauts/N. de Paepe. Zwolle 1961
Hadewych: De visioenen van Hadewych. Hrsg. v. J. van Mierlo. Bd. 1–2. Löwen 1924 f.
P. Dinzelbacher: Hadewijchs mystische Erfahrungen in neuer Interpretation. In: Ons Geestelijk Erf 54 (1980), S. 267 ff.
J. van Mierlo: Hadewijch en Wilhelm van St. Thierry. In: Ons Geestelijk Erf 3 (1929), S. 45 ff.
K. Ruh: Beginenmystik. Hadewych, Mechthild von Magdeburg, Marguerite Porète. In: Zeitschrift für deutsches Altertum und Literatur 106 (1977), S. 265 ff.

Anmerkungen

1 P. Dinzelbacher, Ida van Nijvels, S. 179 ff. Übersetzung v. Verfasser
2 Deutung nach P. Dinzelbacher, ebd., S. 181 ff.
3 Chrysotom Henriques, Quinque prudentes virgines, S. 276
4 zum folgenden: Vita Beatricis, S. 47 ff.
5 ebd., S. 121 ff.
6 ebd., S. 105
7 ebd., S. 114
8 Beatrijs: Van seven manieren van minne, Z. 70 ff.
9 ebd., Z. 335 ff.
10 Thomas v. Cantimpré, Vita Lutgardis, S. 192 B
11 H. Kuhn, Eros-Philia-Agape, S. 140 ff.
   C. Richstätter, Die Herz-Jesu-Verehrung
12 Thomas von Cantimpré, Vita ... Christinae Mirabilis, S. 637 ff.
13 W. Preger, Geschichte der deutschen Mystik, Bd. 2, S. 61
14 Thomas von Cantimpré, Vita Lutgardis, S. 205 C
15 ebd., S. 205 F
16 ebd., S. 198 B
17 Vita Idae Lovaniensis, S. 156 ff.
18 Vita Idae Lewensis, S. 100 ff.
19 Th. Merton, Auserwählt zu Leid und Wonne, S. 125
20 J. v. Mierlo, Béguinages, Sp. 485
   J. Greven, Anfänge der Beginen, S. 78 ff.
21 J. v. Mierlo, Hadewych en Wilhelm van St. Thierry
   E. W. McDonnell, The Beguines and Beghards, S. 492 ff.
22 Hadewych, Sämtliche Werke, S. 104 f.
23 ebd., S. 108
24 Hadewych, Strofische Gedichten, Sp. 170
25 Mechthild, Das fließende Licht, S. 90

26 Hadewych, Sämtliche Werke, S. 46ff.; 93
27 ebd., S. 8
28 ebd., S. 34
29 ebd., S. 25

KAPITEL 7

LITERATUR ZU DEN BEGINEN in Kap. 5

Christina von Stommeln
Codex Iuliacensis. Christina von Stommeln und Petrus von Dacien. Hrsg. P. Nieveler. Mönchengladbach 1975
Petri de Dacia vita Christinae Stumbelensis. Hrsg. v. J. Paulson. Göteborg 1896
A. Steffens: Die selige Christina von Stommeln. Fulda 1912
Th. Wollersheim: Das Leben der ekstatischen und stigmatischen Jungfrau Christina von Stommeln. Köln 1859

Agnes von Blannbekin
B. Pez: Ven. Agnetis Blannbekin. Wien 1731. Übersetzungen v. Verf.
W. Tschulik: Wilbirg und Agnes Blannbekin. Diss. Wien 1925

Marguerite Porète
Corpus documentorum inquisitionis haereticae pravitatis neerlandicae. Hrsg. v. P. Fredericq. Bd. 1–3. Gent/Den Haag 1899ff.
Il movimento del Libero Spiritu. Testi e documenti. Hrsg. v. R. Guarnieri. In: Archivio italiano per la storia della pietà 4 (1965), S. 353ff.
K. Ruh: *Le miroir des simples âmes* der Marguerite Porète. In: Verbum und Signum 2. München 1975, S. 265ff.
K. Ruh: Beginenmystik. Hadewych, Mechthild von Magdeburg, Marguerite Porète. In: Zeitschrift für deutsches Altertum und Literatur 106 (1977), S. 265ff.

Mechthild von Magdeburg
Mechthild von Magdeburg: Das fließende Licht der Gottheit. Hrsg. v. P. Morel. Darmstadt 1976[2]
J. Ancelet-Hustache: Mechthilde de Magdebourg (1207–1282). Paris 1926
H. Neumann: Mechthild von Magdeburg und die mittel-niederdeutsche Frauenmystik. In: Festschrift für F. Normann. London 1965, S. 231ff.
H. Neumann: Problemata Mechthildiana. In: Zeitschrift für deutsches Altertum 82 (1948/50), S. 143ff.
K. Ruh: Beginenmystik. Hadewych, Mechthild von Magdeburg, Marguerite

Porète. In: Zeitschrift für deutsches Altertum und Literatur 106 (1977), S. 265 ff.
M. Schmidt: Mechthild von Magdeburg. *Das fließende Licht der Gottheit.* Einsiedeln, Zürich, Köln 1955
E. Schwarz-Mehrens: Zum Funktionieren und zur Funktion der Compassio im *Fließenden Licht der Gottheit* Mechthilds von Magdeburg. Göppingen 1985

Gertrud die Große
Der Heiligen Gertrud der Großen *Gesandter der göttlichen Liebe.* Hrsg. v. J. Weissbrodt. Stein am Rhein 1979

ANMERKUNGEN

1 Dazu und zum folgenden: E. G. Neumann, Rheinisches Beginen- und Begardenwesen, S. 17 ff. u. a.
2 Dazu und zum folgenden: J. Asen, Beginen in Köln, S. 75
3 E. G. Neumann, Rheinisches Beginen- und Begardenwesen, S. 21 f.
4 J. Asen, Beginen in Köln, S. 89 ff.
5 E. G. Neumann, Rheinisches Beginen- und Begardenwesen, S. 96 ff.
6 J. Asen, Beginen in Köln, S. 101 f.; 112 ff.
7 ebd., S. 105 ff.
8 D. Philipps, The Beguines in Strassburg, S. 27 ff.
9 Petri de Dacia vita Christinae, S. 110
10 Codex Iuliacensis, S. 87
11 H. Thurston, Die körperlichen Erscheinungen, S. 92
12 ebd., S. 62 ff.
13 ebd., S. 64
14 Codex Iuliacensis, S. 58 ff.
15 Petri de Dacia vita Christinae, S. 69
16 ebd., S. 92
17 ebd., S. 133
18 ebd., S. 33
19 ebd., S. 106 f.
20 ebd., S. 75 f.
21 Codex Iuliacensis, S. 70
22 Petri de Dacia vita Christinae, S. 164
23 Codex Iuliacensis, S. 71
24 W. Preger, Geschichte der deutschen Mystik, Bd. 1, S. 47 ff.
   W. Oehl, Deutsche Mystikerbriefe, S. 246 ff.
25 R. Dinzelbacher/D. R. Bauer, Frauenmystik, S. 152 ff.
26 B. Pez, Ven. Agnes Blannbekin, S. 146
27 ebd., S. 37

28 B. Bettelheim, Die symbolischen Wunden, S. 125 ff.
29 R. Beyer, Königin von Saba, S. 105 ff.
30 B. Pez, Ven. Agnes Blannbekin, S. 58 f.
31 H. Grundmann, Religiöse Bewegungen, S. 379 f.
32 ebd., S. 323 ff.
33 A. Hilka, Altfranzösische Mystik, S. 121 ff.
34 Dazu und zum folgenden: H. Grundmann, Religiöse Bewegungen, S. 334–344
35 ebd., S. 402–414
36 ebd., S. 412
37 ebd., S. 433
38 M. D. Lambert, Ketzerei im Mittelalter, S. 259
   F.-J. Schweitzer, Freiheitsbegriff der deutschen Mystik, S. 38 ff.
39 M. D. Lambert, Ketzerei im Mittelalter, S. 258
40 Corpus documentorum inquisitionis ..., Bd. 1, S. 164 ff.; Bd. 2, S. 37 ff.
41 Il movimento del Libero Spirito
42 unsicher bezeugt, vgl.: K. Ruh, Le miroir des simples âmes, S. 371
43 ebd., S. 366 ff.
44 Il movimento del Libero Spirito, S. 532; 523; 526; 529; 566; 597 f.
45 ebd., S. 64; S. 527
   K. Ruh, Le miroir des simples âmes, S. 375 f.
46 Il movimento del Libero Spirito, S. 586
47 ebd., S. 376
48 E. Müller, Das Konzil von Vienne
49 A. Patschovsky, Straßburger Beginenverfolgungen, S. 56 ff.
50 Mechthild, Das fließende Licht, S. 91
51 ebd., S. 78; 121 f.
52 R. Girard, Das Heilige und die Gewalt
53 Mechthild, Das fließende Licht, S. 129; 132; 138; 143; 149; 158; 168; 187 f.; 193; 204; 213; 219; 239
54 M. Schmidt/D. R. Bauer, Eine Höhe, über die nichts geht, S. 71 ff.
55 Mechthild, Das fließende Licht, S. 132; 234
56 ebd., S. 228
57 Realencyclopädie, Bd. 12, S. 482

KAPITEL 8

WERKE UND LITERATUR

Die Adelhausener Chronik
Die Chronik der Anna von Munzingen. Hrsg. v. J. König. In: Freiburger Diözesan-Archiv 13 (1880), S. 129 ff.
E. Krebs: Die Mystik in Adelhausen. In: Festgabe für H. Finke. Münster 1904, S. 42 ff.

Die Chronik von Katharinental
Die Nonnen von St. Katharinental bei Diessenhofen. Hrsg. v. A. Birlinger. In: Alemannia 15 (1887), S. 150 ff.

Luitgard von Wittichen
Berchthold von Bombach: Das Leben der hl. Luitgard von Wittichen. Stein am Rhein 1976

Die Chronik von Kirchberg
Aufzeichnungen über das mystische Leben der Nonnen von Kirchberg bei Sulz. Hrsg. v. F. W. E. Roth. In: Alemannia 21 (1893), S. 103 ff.

Die Engelthaler Chronik der Christine Ebner
Der Nonne von Engelthal *Büchlein über der genaden uberlast*. Hrsg. v. K. Schröder. Stuttgart 1871 (Bibliothek d. Litterarischen Vereins 108)

Chronik des Klosters Töss
Das Leben der Schwestern von Töss. Hrsg. v. F. Vetter. In: Deutsche Texte des Mittelalters 6. Berlin 1906

Adelheid Langmann
Die Offenbarungen der Adelheid Langmann. Klosterfrau zu Engelthal. Hrsg. v. Ph. Strauch. In: Quellen und Forschungen zur Sprach- und Culturgeschichte 26 (1878)

Margareta Ebner von Medingen
Der seligen Margareta Ebner Offenbarungen und Briefe. Hrsg. v. H. Wilms. Vechta 1928
Margareta Ebner und Heinrich von Nördlingen. Hrsg. v. Ph. Strauch. Freiburg/Tübingen 1882

Weitere Chroniken
Die Stiftung des Klosters Oetenbach und das Leben der seligen Schwestern

daselbst. Hrsg. v. H. Zeller-Werdmüller/J. Bächtold. In: Zürcher Taschenbuch NF 12 (1889), S. 213 ff.
Les Vitae sororum d'Unterlinden. Hrsg. v. J. Anchelet-Hustache. In: Archives d'histoire doctrinale et litterae du moyen age 5 (1930), S. 317 ff.

W. Blank: Die Nonnenviten des 14. Jahrhunderts. Diss. Freiburg 1962
S. Ringler: Viten und Offenbarungsliteratur in Frauenklöstern des Mittelalters. Quellen und Studien. München 1980

ANMERKUNGEN

1 H. Grundmann, Religiöse Bewegungen im Mittelalter, S. 208 ff.; 274 ff.; 284 ff.
2 G. Koch, Frauenfrage und Ketzertum, S. 52
3 H. Grundmann, Religiöse Bewegungen, S. 212 ff.; zum folgenden: S. 217 ff.
4 ebd., S. 246
5 H. Wilms, Geschichte der deutschen Dominikanerinnen, S. 33 f.; 46
  H. Grundmann, Religiöse Bewegungen, S. 232 ff.
6 zum folgenden: H. Grundmann, Religiöse Bewegungen, S. 312–316
7 Chronik der Anna von Munzingen, S. 147
8 F. W. Wentzlaff-Eggebert, Deutsche Mystik, S. 70; 60; 67
  W. Blank, Nonnenviten, S. 83
  dagegen aber: O. Langer, Mystische Erfahrung und spirituelle Theologie, S. 46 ff.
  S. Ringler, Viten und Offenbarungsliteratur, S. 13
9 Der Nonne von Engelthal Büchlein, S. 22
10 Chronik der Anna von Munzingen, S. 178 ff.
11 ebd., S. 132 ff.
12 ebd., S. 181
13 ebd., S. 169
14 ebd., S. 161 f.
15 ebd., S. 154
16 ebd., S. 158
17 ebd., S. 156 f.
18 zum folgenden: ebd., S. 166–176
19 Chronik von Katharinental, S. 159
20 Leben der hl. Luitgard, S. 28; 65 ff.
21 ebd., S. 114;
22 zum folgenden: Chronik von Katharinental, S. 155 ff. u. ö.
23 ebd., S. 158; 160; 162; 171 ff.; 176
24 ebd., S. 157
25 E. M. Vetter, in: H. H. Hofstätter, Mystik am Oberrhein, S. 37 ff.

26 ebd., S. 38
27 H. Grundmann, Jubel, S. 160
28 ebd., S. 158
29 Chronik von Kirchberg, S. 113
30 ebd., S. 128
31 Der Nonne von Engelthal Büchlein, S. 113
32 ebd., S. 7f.
33 ebd., S. 14
34 nach W. Blank, Nonnenviten, S. 28
35 E. Arbman, Ecstasy or religious trance, Bd. 1, S. 3 ff.
36 H. S. Denifle, Über die Anfänge der Predigtweise, S. 616 ff.
   H. Grundmann, Die geschichtlichen Grundlagen, S. 400 ff.
37 Chronik von Katharinental, S. 177
38 Chronik des Klosters Töss, S. 5
39 ebd., S. 8f.
40 ebd., S. 4
41 Offenbarungen der Adelheid Langmann, S. 3
42 ebd., S. 5; 22
43 ebd., S. 9
44 ebd., S. 26f.; 36
45 ebd., S. 67
46 ebd., S. 21
47 ebd., S. 44 ff.; 58
48 Der ... Margareta Ebner Offenbarungen, S. 50–54
49 ebd., S. 60 ff.
50 ebd., S. 62
51 ebd., S. 64
52 ebd., S. 77 f.

KAPITEL 9

Werke und Literatur

Il libro della Beata da Foligno. Hrsg. v. L. Thier/A. Calufetti. Grotteferrata 1985

Angela von Foligno: Gesichte und Tröstungen. Nach ihren eigenen Worten aufgezeichnet von Bruder Arnaldus. Übertragen v. J. v. d. Arend. Stein am Rhein 1975

Angela von Foligno: Gesichte und Unterweisungen. Übersetzt u. erläutert v. J. H. Lammertz. Köln/Brüssel/Bonn 1851. *Nach dieser Übersetzung wird in Anlehnung zitiert.*

M. J. Ferré: Ste. Angèle de Foligno. Paris 1927

A. v. Pechmann: Leben und Unterweisungen der seligen Mutter Angela von Foligno. Nach alten Quellen des Franziskus-Ordens bearbeitet. München 1909

ANMERKUNGEN

1 H. Grundmann, Religiöse Bewegungen, S. 89 ff.
2 ebd., S. 253 ff.
3 Acta Sanctorum, Februar, Bd. 3. Paris 1865, S. 304 ff. [Margarete von Cortona]
4 Lexikon für Theologie u. Kirche. Bd. 6, Sp. 314 f.
5 Lexikon für Theologie u. Kirche. Bd. 4, Sp. 273 f.
6 Acta Sanctorum, April, Bd. 3. Paris 1675, S. 249 ff. [Helena von Udine]
7 Acta Sanctorum, Juni, Bd. 3. Paris 1743, S. 925 ff. [Michelina von Pesaro]
8 G. Sainati, Vita. Bologna 1890 [Maria Manchini]
9 Acta Sanctorum, Januar, Bd. 2. Paris 1643, S. 1078. [Ludovica Albertoni]
10 Acta Sanctorum, März, Bd. 1. Paris 1668, S. 719 ff. [Ursulina Venerii]
11 Acta Sanctorum, Mai, Bd. 5. Paris 1866, S. 149 ff. [Columba von Rieti]
12 Lexikon für Theologie u. Kirche. Bd. 8, Sp. 945
13 Acta Sanctorum, April, Bd. 2. Paris 1783, S. 792 ff. [Agnes Pulciano]
14 Acta Sanctorum, März, Bd. 2. Paris 1865, S. 36 ff. [Caterina von Bologna]
15 Lexikon für Theologie u. Kirche. Bd. 3, Sp. 1205
16 Acta Sanctorum, Juni, Bd. 3. Paris 1701, S. 667 ff. [Osanna von Mantua]
17 Acta Sanctorum, Juni, Bd. 1. Paris 1784, S. 887 ff. [Veronica von Binasco]
18 Acta Sanctorum, Mai, Bd. 7. Paris 1888, S. 476 ff. [Camilla Battista Varani]
19 nach J. Jörgensen: In excelsis, S. 242
20 Lexikon für Theologie u. Kirche, Bd. 5, Sp. 984
21 Acta Sanctorum, April, Bd. 3. Paris 1738, S. 466 ff. [Aldobrancesca von Siena]
22 Acta Sanctorum, November, Bd. 2. Paris 1894, S. 509 ff. [Helena Enselmini]
23 Acta Sanctorum, Mai, Bd. 7. Paris 1888, S. 557 ff. [Emilia Bicchieri]
24 A. Guillet, in: A. v. F.: Gesichte und Tröstungen, S. 8
25 Angela: Gesichte und Unterweisungen, S. 34
26 Markus 15, V. 34; Matthäus 27, V. 46
27 Lukas 23, V. 46

28 Johannes 19, V. 30
29 gegen die Übersetzung von Lammertz: Gesichte und Unterweisungen, S. 25
30 Angela: Gesichte und Unterweisungen, S. 79
31 ebd., S. 92
32 Angela: Gesichte und Tröstungen, S. 122

KAPITEL 10

WERKE UND LITERATUR

Caterina von Siena
Katharina von Siena: Briefe. Eingeleitet u. übertragen v. P. Th. Käppeli. Vechta in O. 1931
Katharina von Siena: Briefe. Hrsg. u. eingel. v. A. Kolb. Berlin 1919. In Anlehnung an diese Übersetzung wird zitiert
Caterina da Siena: Il Dialogo della Divina Providenza ovvero libro della divina Dottrina, a cura di Giulania Cavallini. Rom 1980
Caterina da Siena: Epistolario. Rom 1979³
Caterina von Siena: Gespräch von Gottes Vorsehung. Eingeleitet v. E. Sommer von Seckendorff u. Hans Urs von Balthasar. Einsiedeln 1964
Caterina von Siena: Meditative Gebete. Hrsg. u. übersetzt v. P. Hilarius M. Barth. Einsiedeln 1980
Caterina von Siena: Gotteserfahrung und Weg in die Welt. Hrsg., eingel. u. übersetzt v. Louise Gnädinger. Olten/Freiburg 1980.

G. Dolezich: Caterina von Siena. Freiburg 1947
Th. Drane: Die Geschichte der heiligen Katherina von Siena und ihrer Genossen. Dülmen 1880
R. Fawtier: Sainte Catherine de Sienne. Essai de Critique des sources. Bd. 1–2. Paris 1921 ff.
Johannes Gerson: De distinctione verarum visionum a falsis. In: Œuvres complètes. Bd. 3. Paris/Tournai 1960 ff.; S. 26 ff.
A. Levasti: Katharina von Siena. Regensburg 1952
J. Numbauer: Aus dem Liliengarten der heiligen Katharina von Siena. Freiburg 1923
W. Nigg/H. N. Loose: Katharina von Siena. Die Lehrerin der Kirche. Freiburg/Basel/Wien 1980.
B. Pelican: Leben der heiligen Katherina von Siena. Innsbruck 1913
A. Schenker: Das Leben der hl. Katharina von Siena. Düsseldorf 1965

Caterina von Genua

Caterina von Genua: Leben und Schriften. Hrsg. u. übersetzt v. P. Lechner. Regensburg 1859

F. Holböck: Die Theologin des Fegefeuers. Die Hl. Katharina von Genua. Stein am Rhein 1980

ANMERKUNGEN

1 nach W. Nigg/H. N. Loose, Katharina, S. 46
2 G. Dolezich, Caterina, S. 67 f.
3 Dictionnaire de spiritualité ascétique et mystique, Bd. 2, Sp. 327
4 Briefe (Kolb), S. 8
5 G. Dolezich, Caterina, S. 103
6 ebd., S. 117
7 nach W. Nigg/H. N. Loose, Katharina, S. 55
8 ebd., S. 56
9 Briefe (Kolb), S. 10
10 nach W. Nigg/H. N. Loose, Katharina, S. 57 f.
11 G. Dolezich, Caterina, S. 124
12 ebd., S. 128
13 G. Kranz, Politische Heilige, Bd. 1, S. 54
14 Übers. nach G. Dolezich, Caterina, S. 130 ff.
15 D. Kamper/Chr. Wulf, Das Heilige, S. 33 ff.
16 Dictionnaire de spiritualité ascétique et mystique, Bd. 2, Sp. 328
17 ebd., Sp. 328
18 ebd., Sp. 329
19 ebd., Sp. 330
20 Übers. nach B. Pelican, Leben, S. 142 ff.
21 Übers. nach G. Dolezich, Caterina, S. 78 f.
22 B. Pelican, Leben, S. 9 ff.
23 ebd., S. 95 ff.
24 Briefe (Kolb), S. 230
25 B. Pelikan, Leben, S. 121 ff.
26 Th. Drane, Geschichte, Bd. 1, S. 278
27 G. Dolezich, Caterina, S. 156
28 ebd., S. 149
29 Übers. nach Briefe (Kolb), S. 61; 83; 119
30 Übers. nach G. Dolezich, Caterina, S. 86
31 G. Kranz, Politische Heilige, Bd. 1, S. 60
32 Briefe (Kolb), S. 112
33 G. Dolezich, Caterina, S. 9 ff.
34 ebd., S. 114
35 G. Kranz, Politische Heilige, Bd. 1, S. 61

36 Dictionnaire de spiritualité ascétique et mystique, Bd. 2, Sp. 334
37 Th. Reik, Aus Leiden Freuden, S. 413
38 G. Kranz, Politische Heilige, Bd. 1, S. 62
39 G. Dolezich, Caterina, S. 55 f.
40 Übers. nach B. Pelican, Leben, S. 230 f.
41 B. Pelican, Leben, S. 273
42 ebd., S. 284
43 F. Holböck, Theologin des Fegefeuers, S. 10 f.
44 ebd., S. 20
45 ebd., S. 29
46 P. Lechner, Caterina von Genua, S. 47; 94
47 ebd., S. 58
48 ebd., S. 111 ff.
49 ebd., S. 138 ff.
50 ebd., S. 133 f.
51 F. Holböck, Theologin des Fegefeuers, S. 123
52 ebd., S. 124
53 ebd., S. 105
54 ebd., S. 104
55 ebd., S. 117
56 ebd., S. 113
57 ebd., S. 119
58 ebd., S. 123

KAPITEL 11

WERKE UND LITERATUR

Dorothea von Montow

Das Leben der Heiligen Dorothea von Johannes von Marienwerder. Hrsg. v. M. Toeppen. In: Scriptores rerum Prussicarum. Bd. 2. Leipzig 1863

H. Firtel: Dorothea von Montau. Eine deutsche Mystikerin. Frankfurt/M. 1968

R. Stachnik/A. Triller (Hrsg.): Dorothea von Montau. Eine preußische Heilige des 14. Jahrhunderts. Münster 1976

Margery Kempe

The book of Margery Kempe. Hrsg. v. S. B. Meech/E. Allen. London 1940

Anmerkungen

1. R. Stachnik/A. Triller, Dorothea, S. 105 ff.
2. B. Poschmann, in: R. Stachnik/A. Triller, Dorothea, S. 7 f.; 18
3. Leben der Heiligen Dorothea, S. 204–210
4. ebd., S. 212 f.
5. ebd., S. 188; 364
6. R. Stachnik/A. Triller, Dorothea, S. 22 f.
7. ebd., S. 22
8. Leben der Heiligen Dorothea, S. 212
9. ebd., S. 216 f.
10. ebd., S. 284–287
11. ebd., S. 286 f.
12. R. Stachnik/A. Triller, Dorothea, S. 11; 14
13. Leben der Heiligen Dorothea, S. 287
14. ebd., S. 219 ff.
15. ebd., S. 222
16. ebd., S. 246 f.
17. ebd., S. 251
18. ebd., S. 264
19. ebd., S. 265
20. R. Stachnik/A. Triller, Dorothea, S. 15
21. Leben der Heiligen Dorothea, S. 365 f.
22. ebd., S. 298
23. R. Stachnik/A. Triller, Dorothea, S. 29 f.
24. R. Stachnik/A. Triller, Dorothea, S. 14; S. 24
    Leben der Heiligen Dorothea, S. 267
25. Leben der Heiligen Dorothea, S. 332 ff.
26. H. Westphal, in: R. Stachnik/A. Triller, Dorothea, S. 49 f.
27. Leben der Heiligen Dorothea, S. 337
28. D. Knowles, Engl. Mystik, S. 146 ff.
29. The book of Margery Kempe, S. XI
30. D. Knowles, Engl. Mystik, S. 140 f.
31. The book of Margery Kempe, S. 8
32. ebd., S. 9 f.
33. ebd., S 13
34. ebd., S. 20
35. ebd., S. 25–70

KAPITEL 12

WERKE UND LITERATUR

Birgitta von Schweden
Leben und Offenbarungen der heiligen Birgitta. Hrsg. v. L. Clarus. Bd. 1–4. Regensburg 1888 ff.
Offenbarungen an die Heilige Birgitta von Schweden. Hrsg. v. E. Schmöger. Bd. 1–2. Wien 1982
F. Holböck: Gottes Nordlicht. Die Heilige Birgitta von Schweden und ihre Offenbarungen. Stein am Rhein 1983

Juliana von Norwich
Julian of Norwich showings. Hrsg. v. E. College/J. Walsh. New York/Ramsey/Toronto 1978; Übersetzung vom Verfasser
M. Collier-Bendelow: Gott ist wirklich unsere Mutter. Die Botschaft der Juliana von Norwich. Freiburg 1988
R. Maisonneuve: L'Univers visionnaire de Julian of Norwich. Paris 1987

ANMERKUNGEN

1. T. Nyberg, in: Dinzelbacher, Frauenmystik, S. 275
2. Leben und Offenbarungen, Bd. 4, S. 181 ff.
3. F. Holböck, Gottes Nordlicht, S. 48 ff.
4. ebd., S. 85 ff.
5. ebd., S. 57
6. ebd., S. 129 ff.
7. Leben und Offenbarungen, Bd. 4, S. 22
8. ebd., S. 11; 21 f.
9. ebd., S. 14 ff.
10. und zum folgenden: Leben und Offenbarungen, S. 43–51
11. ebd., S. 67 ff.
12. ebd., S. 84
13. ebd., S. 86
14. ebd., S. 86
15. ebd., S. 87 ff.
16. ebd., S. 124
17. Julian ... showings, S. 177
18. ebd., S. 19
19. ebd., S. 177–180
20. ebd., S. 180
21. ebd., S. 181
22. ebd., S. 181

23 Jesaja 66, V. 13; Matthäus 23, V. 37
24 C. W. Bynum, Jesus as Mother
25 vgl. Kap. 4
26 Julian ... showings, S. 193 ff.
27 ebd., S. 197
28 ebd., S. 199 f.
29 ebd., S. 201 f.
30 ebd., S. 203 ff.; 246
31 ebd., S. 209
32 ebd., S. 226
33 ebd., S. 262 f.
34 ebd., S. 293
35 ebd., S. 294 f.
36 ebd., S. 297

KAPITEL 13

Werke und Literatur

Das Leben der heiligen Theresia von Jesus. Hrsg. v. F. Aloisius. Regensburg/ Rom/Wien 1919

Die Seelenburg der heiligen Theresia von Jesu. Hrsg. v. A. Alkofer. München 1938

U. Dobhan: Gott-Mensch-Welt in der Sicht Teresas von Avila. Frankfurt/ Bern, Las Vegas 1978

W. Herbstrith (Hrsg.): Gott allein. Teresa von Avila heute. Freiburg/Basel/ Wien 1982

C. Lapauw: Teresa von Avila. Wege nach innen. Innsbruck/Wien/München 1981

J. Sudbach: Erfahrung einer Liebe. Teresa von Avilas Mystik als Begegnung mit Gott. Freiburg 1979

Anmerkungen

1 Zum folgenden: U. Dobhan, Gott-Mensch-Welt, S. 45 ff.
2 ebd., S. 18 ff.
3 ebd., S. 36 ff.
4 Leben der Hl. Theresia, S. 84 f.
5 ebd., S. 266
6 ebd., S. 8
7 ebd., S. 21 ff.
8 nach U. Dobhan, Gott-Mensch-Welt, S. 360

9 Leben der Hl. Theresia, S. 23
10 ebd., S. 30f.; 46ff.; 56; 52; 74; 31
11 U. Dobhan, Gott-Mensch-Welt, S. 110ff.
12 Leben der Hl. Theresia, S. 34ff.
13 U. Dobhan, Gott-Mensch-Welt, S. 54f.; 217
14 Leben der Hl. Theresia, S. 27; 342
15 ebd., S. 257
16 ebd., S. 302f.
17 ebd., S. 296ff.
18 ebd., S. 156
19 ebd., S. 131
20 ebd., S. 138
21 ebd., S. 138; 190; 373
22 ebd., S. 160f.
23 ebd., S. 177
24 ebd., S. 190
25 ebd., S. 215
26 ebd., S. 198
27 ebd., S. 219
28 ebd., S. 246ff.
29 H. Enomiya-Lassalle, in: W. Herbstrith, Gott allein, S. 235ff.
30 Teresa, Leben, S. 275ff.
31 zum folgenden: ebd., S. 446; 456ff.; 502ff.
32 U. Dobhan, Gott-Mensch-Welt, S. 350ff.
33 ebd., S. 254ff.
34 ebd., S. 274ff.
35 nach U. Dobhan, Gott-Mensch-Welt, S. 336
36 ebd., S. 337
37 ebd., S. 341
38 ebd., S. 342ff.
39 ebd., S. 354
40 Seelenburg, S. 16ff.
41 ebd., S. 29f.
42 ebd., S. 38
43 ebd., S. 54
44 ebd., S. 71
45 ebd., S. 81
46 ebd., S. 79
47 ebd., S. 64
48 ebd., S. 93
49 ebd., S. 118ff.
50 ebd., S. 156ff.

BIBLIOGRAPHIE

Werkausgaben, Lebensberichte und monographische Literatur zu den einzelnen Mystikerinnen befinden sich vor den Anmerkungen zu den jeweiligen Kapiteln.

A. Benvenuti Papi/C. Frugoni: Temi e problemi nella mistica feminile trecentesca. Todi 1983, S. 107 ff.; 137 ff.
Dictionnaire d'histoire et de géographie ecclésiastique. Paris 1912 ff.
Dictionnaire de spiritualité ascétique et mystique. Paris 1932 ff.
G. J. Lewis: Bibliographie zur deutschen mittelalterlichen Frauenmystik. Berlin 1984
Lexikon für Theologie und Kirche. Freiburg 1957 ff.
M. Petrocchi: Storia della spiritualità italiana. Rom 1978 ff.
Ons Geestelijk Erf.
Realencyclopädie für protestantische Theologie und Kirche. Leipzig 1896 ff.
Theologische Realenzyklopädie. Berlin/New York 1977

Agnes von Blannbekin-Literatur: Anmerkungen zu Kap. 7
W. Affeldt/A. Kuhn (Hrsg.): Frauen in der Geschichte. Bd. 7. Düsseldorf 1986
C. Albrecht: Psychologie des mystischen Bewußtseins. Bremen 1951
Angela von Foligno-Literatur: Anmerkungen zu Kap. 9
E. Arbman: Ecstasy or Religious Trance. Bd. 1–2. Stockholm 1963
S. Baluzius: Vitae Paparum Avenionensium. Hrsg. v. G. Mollat. Bd. 1–4. Paris 1914 ff.
Beatrijs von Nazareth-Literatur: Anmerkungen zu Kap. 6
Beginen-Literatur: Anmerkungen Kap. 5
E. Benz: Die Vision. Erfahrungsformen und Bilderwelt. Stuttgart 1969
B. Bettelheim: Die symbolischen Wunden. Pubertätsriten und der Neid des Mannes. Frankfurt a. Main 1982
G. Bevignati: Legenda de vita et miraculis beatae Margheritae de Cortona. In: Acta Sanctorum, Februar Bd. 3. Anvers 1658, S. 300 ff.
R. Beyer: Die Königin von Saba. Engel und Dämon. Der Mythos einer Frau. Bergisch Gladbach 1987
Birgitta von Schweden-Literatur: Anmerkungen zu Kap. 12

A. Borst: Die Katharer. Stuttgart 1953
G. Brinkler-Gaber (Hrsg.): Deutsche Literatur von Frauen. Bd. 1: Vom Mittelalter bis zum Ende des 18. Jahrhunderts. München 1988
K. Bücher: Die Frauenfrage im Mittelalter. Tübingen 1882
C. W. Bynum: Jesus as Mother. Berkeley/Los Angeles/London 1982
Caterina von Genua-Literatur: Anmerkungen zu Kap. 10
Caterina von Siena-Literatur: Anmerkungen zu Kap. 10
Christina Mirabilis-Literatur: Anmerkungen zu Kap. 6
Christina von Stommeln-Literatur: Anmerkungen zu Kap. 7
Chroniken-Literatur: Anmerkungen zu Kap. 8
K. Clausberg: Kosmische Visionen. Mystische Weltbilder von Hildegard von Bingen bis heute. Köln 1980
B. Degler-Spengler: Die religiöse Frauenbewegung des Mittelalters. In: Rottenburger Jahrbuch für Kirchengeschichte. Sigmaringen 1984, S. 75 ff.
H. S. Denifle: Über die Anfänge der Predigtweise der deutschen Mystiker. In: Archiv für Literatur- und Kirchengeschichte des Mittelalters 2 (1886), S. 616 ff.
P. Dinzelbacher: Die Jenseitsbrücke im Mittelalter. Diss. Wien 1973
P. Dinzelbacher: Vision und Visionsliteratur im Mittelalter. Stuttgart 1981
P. Dinzelbacher/D. R. Bauer (Hrsg.): Frauenmystik im Mittelalter. Stuttgart 1985
Dorothea von Montow-Literatur: Anmerkungen zu Kap. 11
P. Douceur (Hrsg.): Le livre de la bienheureuse Angèle de Foligno. Paris/Toulouse 1925
H. M. Enomiya-Lassale: Zen und christliche Mystik. Freiburg 1986
E. Ennen: Frauen im Mittelalter. München 1984
Elisabeth von Schönau-Literatur: Anmerkungen Kap. 4
H. A. Fischer-Barnicol: Carl Albrecht. Das Mystische Wort. Erleben und Sprechen in Versunkenheit. Mainz 1974
Gertrud die Große-Literatur: Anmerkungen zu Kap. 7
R. Girard: Das Heilige und die Gewalt. Zürich 1987
J. v. Görres: Die christliche Mystik. 4 Bde. Regensburg/Landshut 1836 ff.
C. Greith: Die deutsche Mystik im Prediger-Orden (1250–1350) nach ihren Grundlehren, Liedern und Lebensbildern aus handschriftlichen Quellen. Freiburg 1861
H. Grundmann: Die geschichtlichen Grundlagen der Deutschen Mystik. In: Deutsche Vierteljahrsschrift für Literaturwissenschaft und Geistesgeschichte 12 (1934), S. 400 ff.
H. Grundmann: Religiöse Bewegungen im Mittelalter. Untersuchungen über die geschichtlichen Zusammenhänge zwischen der Ketzerei, den Bettelorden und der religiösen Frauenbewegung im 12. und 13. Jahrhundert und über die geschichtlichen Grundlagen der deutschen Mystik. Darmstadt 1970³

H. Grundmann: Ketzergeschichte des Mittelalters. Die Kirche in ihrer Geschichte. Ein Handbuch, hrsg. v. K.-D. Schmidt u. E. Wolf, Bd. 2, Lieferung G, Teil 1. Göttingen 1978³

H. Grundmann: Jubel. In: Ausgewählte Aufsätze, Teil 3. Stuttgart 1978, S. 130 ff.

J. Haller: Das Papsttum. Idee und Wirklichkeit. Bd. 1–5. München 1965

Hadewijch-Literatur: Anmerkungen zu Kap. 6

A. Hauck: Kirchengeschichte Deutschlands. Bd. 1–4. Leipzig 1911 ff.

A. M. Heiler: Mystik deutscher Frauen des Mittelalters. Berlin 1929

Hildegard v. Bingen-Literatur: Anmerkungen zu Kap. 1

A. Hilka: Altfranzösische Mystik und Beginentum. In: Zeitschrift für romanische Philologie 47 (1927), S. 121 ff.

H. H. Hofstätter (Hrsg.): Mystik am Oberrhein und in benachbarten Gebieten. Freiburg 1978

Ida von Leeuw-Literatur: Anmerkungen Kap. 6

Ida von Löwen-Literatur: Anmerkungen zu Kap. 6

Ida von Nivelles-Literatur: Anmerkungen zu Kap. 6

J. Jörgensen: In excelsis. Kempten/München 1910

J. Jörgensen: Das Pilgerbuch aus dem franziskanischen Italien. Kempten/München 1905

Juliana von Norwich-Literatur: Anmerkungen zu Kap. 12

D. Kamper/Chr. Wulf (Hrsg.): Das Heilige. Seine Spur in der Moderne. Frankfurt a. Main 1987

P. Ketsch: Frauen im Mittelalter. Bd. 1–2. Düsseldorf 1983 f.

Kempe, Margery; Literatur: Anmerkungen zu Kap. 11

D. Knowles: Englische Mystik. Düsseldorf 1967

G. Koch: Frauenfrage und Ketzertum im Mittelalter. Berlin 1962

G. Kranz: Politische Heilige. Bd. 1. Augsburg 1958

U. Küsters: Der verschlossene Garten. Volkssprachliche Hohelied-Auslegung und monastische Lebensform im 12. Jahrhundert. Düsseldorf 1985

H. Kuhn: Eros-Philia-Agape. In: Philosophische Rundschau 2 (1945), S. 140 ff.

J. Lacan: Le Seminaire. Hrsg. von J. A. Miller. Bd. 20. Paris 1973

M. D. Lambert: Ketzerei im Mittelalter. Häresien von Bogumil bis Hus. München 1981

O. Langer: Mystische Erfahrung und spirituelle Theologie. Zu Meister Eckharts Auseinandersetzung mit der Frauenfrömmigkeit seiner Zeit. München 1987

G. M. Lechner: Maria Gravida. München/Zürich 1981

P. Lechner: Das mystische Leben der heiligen Margareth von Cortona. Regensburg 1862

W. Levison: Das Werden der Ursula-Legende. In: Bonner Jahrbücher 132 (1927), S. 1 ff.

J. Libris u. a.: L'Androgyne. Cahiers de l'Hermétisme. Paris 1986
Luitgard von Aywière-Literatur: Anmerkungen zu Kap. 6
Marguerite Porète-Literatur: Anmerkungen zu Kap. 7.
Maria von Oignies-Literatur: Anmerkungen zu Kap. 5
Mechthild von Magdeburg-Literatur: Anmerkungen zu Kap. 7
Th. Merton: Auserwählt zu Leid und Wonne. Luzern 1953
M. O. Métral: Die Ehe. Analyse einer Institution. Frankfurt a. Main 1981
F. P. Mittermaier: Lebensbeschreibung der seligen Christina, genannt von Retters. In: Archiv für mittelrheinische Kirchengeschichte 17 (1965)
E. Müller: Das Konzil von Vienne 1311–1312. Seine Quellen und seine Geschichte. In: Vorreformationsgeschichtliche Forschungen. Münster 1934
W. Muschg: Die Mystik in der Schweiz 1200–1500. Frauenfeld, Leipzig 1935
H. Neumann: Texte und Handschriften zur älteren deutschen Frauenmystik. In: Forschungen und Fortschritte 41 (1967), S. 44 ff.
W. Nigg: Die Heiligen kommen wieder. Leitbilder christlicher Existenz. Freiburg/Basel/Wien 1973²
Nonnenviten-Literatur: Anmerkungen zu Kap. 8
P. Norrenberg: Frauenarbeit und -arbeiterinnen in der deutschen Vorzeit. Köln 1980
W. Oehl: Deutsche Mystikerbriefe des Mittelalters 1100–1550. Darmstadt 1972²
A. Patschowsky: Freiheit der Ketzer. In: Geschichte in Wissenschaft und Unterricht 1 (1988), S. 1 ff.
R. Pernoud: La femme au temps des cathédrales. Paris 1980
M. P. Pieller: Deutsche Frauenmystik im 13. Jahrhundert. Diss. Wien 1928
W. Preger: Geschichte der deutschen Mystik. Bd. 1–3. Leipzig 1874 ff.
Th. Reik: Aus Leiden Freuden. Masochismus und Gesellschaft. Frankfurt a. Main 1983
C. Richstätter: Die Herz-Jesu-Verehrung des deutschen Mittelalters. Paderborn 1919
K. Ruh (Hrsg.): Altdeutsche und Altniederländische Mystik. Darmstadt 1964
G. Sainati: Vita. Bologna 1980
M. Schmidt/D. R. Bauer (Hrsg.): Eine Höhe, über die nichts geht. Spezielle Glaubenserfahrung in der Frauenmystik? Stuttgart/Bad Cannstatt 1986
F.-J. Schweitzer: Der Freiheitsbegriff der deutschen Mystik. Frankfurt a. Main 1981
S. Shahar: Die Frauen des Mittelalters. Hamburg 1983
E. Spiess: Ein Zeuge mittelalterlicher Mystik in der Schweiz. Rorschach 1935
Teresa von Avila-Literatur: Anmerkungen zu Kap. 13
J. Thiele (Hrsg.): Mein Herz schmilzt wie Eis im Feuer. Die religiöse Frauenbewegung des Mittelalters in Porträts. Stuttgart 1988
H. Thurston: Die körperlichen Begleiterscheinungen der Mystik. Luzern 1956

E. Underhill: Mysticism. A Study in the Nature and Development of Man's Spiritual Consciousness. London 1911
J.-N. Vuarnet: Extases féminines. Paris 1980
A. Walz: Dominikaner und Dominikanerinnen in Süddeutschland (1225 bis 1966). Meitingen/Freising 1967
F.-W. Wentzlaff-Eggebert: Deutsche Mystik zwischen Mittelalter und Neuzeit. Einheit und Wandlung ihrer Erscheinungsformen. Berlin 1969³
H. Wilms: Geschichte der deutschen Dominikanerinnen. Dülmen 1920
R. Zapperi: Der schwangere Mann. München 1984

REGISTER

Aachen 281, 292
Abraham 222
Accon 112
Adalbert Schwertfeger 280f.
Adam und Eva 36f., 64, 67
Adelhausen 195, 204
Adelhausen, Chronik von 196, 199
Adelheid von Hilgartshausen 204ff.
Adelheid Langmann 212ff.
Adelheid von Breisbach 198
Adorno, Giuliano 271
Ämterkauf, kirchlicher 107
Äther 43
Aggression 68
Agnes von Blannbekin 70f., 168f., 176
Agnes von Montepulciano 218
Agnes von Ungarn 216
Agnes, hl. 257
Agonie 272
Alba 323
Albertus Magnus 165, 173f.
Albigenser 102, 111, 149, 189f.
Alchemie 48
Aldobrancesca von Siena 219
Allmacht 55, 306
Allmachtsgestalt 55
Allumbrados 313, 326
Allverbundenheit 187, 232
Altes Testament 38
Alzey 16
Ammonizioni 266
Anarchie 258

Andlau 37
Andrea Vanni 249
Angela von Foligno 13, 217, 219, 221ff., 224ff., 227f., 230ff., 241ff., 244f., 276
Angstvisionen 81, 231
Anna von Munzingen 197
Anselm von Canterbury 304
Antichrist 277
Antwerpen 124, 152
Apostel 300
Arche Noah 300
Aristoteles 77
Armenhäuser 117
Armenpflege 139
Armentische 117
Armutsnachfolge 114f., 119, 171, 189, 220, 222f.
Armutspredigt 219
Armutsregel 124, 322
Arnaldus 220, 230
Arnold von Mainz 29
Askese 70, 93, 112, 119, 141, 231, 269
Assisi 229
Auferstehung 300
Auflösungsprozeß 182
Aufstieg, mystischer 208
Augsburg 173
Augustin 208
Augustiner 114f.
Augustinerkloster 30
Augustinus 304
Aussätzige 109, 113
Autoritäten, kirchliche 104
Avignon 257f., 261ff., 275, 293, 296f.

Avila 321, 323
Banabo Visconti 258ff.
Bannbulle 258
Barmherzigkeit 171
Basel 174, 216
Beatrijs von Nazareth 118, 139ff., 143ff., 176, 180
Begarden 175
Beginen 102ff., 105ff., 108ff., 111f., 115ff., 121ff., 124ff., 138, 141, 150ff., 157ff., 160, 167f., 171f., 173ff., 179f., 197, 201f., 206
Beginenarbeit 116
Beginenbewegung 13, 106, 110, 120
Beginenhöfe 122, 124f.
Beginenkonvent 139
Beginensiedlungen 121f., 124
Beginenverfolgung 178f.
Beginenmystik 127, 152
Bekehrung 242, 320
Benedikt von Nursia 247
Benediktiner 16, 115, 123, 125, 147, 189
Benediktinerregeln 104
Bernardus Pez 168
Bernhard von Clairvaux 9f., 12f., 23, 33, 141f., 148, 304
Bernhard von Hildesheim 26
Berta von Herten 203
Berufsvision 202
Berufung 92, 202
Berufungsvision 27
Beschneidung 169
Bettelheim, Bruno 169
Bettelmönche 10

Bettelreisen 202
Bewußtseinserweiterung 120
Bezedas 312
Bingen 25
Bizoken 102
Bluthochzeit 249, 254
Blutmystik 224, 249, 251 f.
Blutrausch 249
Boethius 74
Bogomile 59
Bollandisten 86
Bologna 190
Bonifatius VIII. 174
Bonn 72, 79, 99
Brennerstraße 173
Birgitta von Schweden 13, 261, 275, 293–301
Birgittenklöster 297
Brückenvision 127
Bürgerkrieg 257
Bürgerkultur 105, 111
Bürgertum 12
Caesarius von Heisterbach 103, 151
Cambrai 122
Camilla Battista Varani 218 f.
Cassiusstift 79
Caterina von Bologna 218
Caterina von Siena 13, 218, 247–277, 293 f., 296
Caterina von Genua 270–274
Chirurgie 68
Christentum 309
Christine Ebner 206
Christina Mirabilis 148 ff.
Christina von Stommeln 160–167, 171 f., 176
Christobal de Castillejo 309
Christus 166, 208
Christuserfahrung 320
Christusmystik 202
Christusnachfolge 249
Clara von Rimini 217
Clara von Assisi 217
Clarissa Leonard 118
Clemens VI. 293, 296
Clemens V. 174
Codices 101
Colmar 174
Columba von Rieti 218
Columbus 272
Conquistadoren 313

Conversos 310, 325, 327
Coquenunne 102
Cupiditas 227
Dämonisierung 8
Damenstifte 18
Dante 218, 261
Danzig 279 f., 284, 286 f., 292
David von Augsburg 208
Deduktion 77
Depression 68, 144, 214 f.
Dermographien 162
Deutscher Ritterorden 277
Deutz 86
Diätetik 69 f.
Dienste, soziale 118
Dionysios Areopagita 9, 11
Diplomatie 270
Disibodenberg 15, 19, 22, 25 ff., 79
Disibod, hl. 15
Diskretion 70
Diskriminierung 287
Dogmatik 86, 168
Dogmen 9
Dominikaner 157, 165, 173, 179, 189, 191, 193 f., 196, 198, 202 f., 206, 214 f., 218, 247 f., 295
Dominikus, hl. 11, 189 f., 248
Domtür, Augsburger 37
Don Juan Manuel 309
Dornenkrone 161 f., 219
Dorothea von Montow 275–293
Dreieinigkeit bzw. Dreifaltigkeit 33, 100, 183 f., 209, 232
Drogenrezepte 68
Drohpredigt 97
Drohworte 94, 97 f.
Dschingis-Khan 150
Dualismus 59
Ekbert von Schönau 58, 79, 99 f.
Eheleben 43
Eibinger Klosterpraxis 30
Einheit 49, 330
Einsiedlerinnen 104
Ekstase 13, 80, 151, 162, 196, 209, 219, 249, 263, 265, 270, 272, 287, 292, 318 f.

Elisabeth von Herkenrode 163, 172
Elisabeth von Schönau 12, 79–101, 107, 113, 126, 153, 203, 265, 304
Elisabeth von Wackenstein 198
Elsbeth von Stagel 196, 210
Emilia Bicchieri 219
Engelthal 195, 207, 209, 213 f.
Engelthaler Chronik 206
Entrückung 102, 161
Epfach 19
Erbsünde 43
Erinnerung 316 ff.
Erkenntnisweg, visionärer 21
Erleuchtungsberichte 21
Erlöserschaft Marias 301
Erlösungblut 225
Erlösungswerk 225
Eros 147
Ersatzphantasien 200
Erwählung 226
Escalmore von Foix 190
Euphorie 144
Eustochia Calafatti 218
Evangelisten 225
Exaltation 243
Exhibitionismus 232
Exkommunikation 190
Exzentrikerinnen 290
Exzesse 149
Fasten 149
Fegefeuer 149, 273, 294
Fegefeuerdogmatik 273
Fegefeuerqualen 137, 274
Fegefeuerstrafen 150
Feudalherren 29
Feuertod 287
Figuration Gottes 304
Finsta 293
Fischer, Antonius 168
Florenz 259, 262 f., 265 f.
Folterphantasmen 272
fortitudo 120
Fortpflanzung 43, 93
Frachet, Georg 196
Francesca Romana 218 f.
Francisco de Osuna 310, 312 f.
Frankfurt 157
Franz von Assisi 10, 13, 111, 115, 138, 164, 217,

219, 223, 230, 241, 247, 277
Franziskaner 115, 123, 157f., 168, 204, 217, 220, 223
Frau Ava 19
Frauenbewegung 101ff., 108, 110, 118, 122, 172, 217f., 309
Frauenfeindlichkeit 107
Frauengemeinschaften 108, 192
Frauengruppen 120
Frauenklöster, dominikanische 192
Frauenklöster, Gründer der 192f.
Frauenkloster 189
Frauenmystik 127, 144, 216
Frauenunterdrückung 50
Frauenwahlrecht 28
Freiburg 197
Freiheitsbegriff 177f.
Friedensmission 263
Friedrich Barbarossa 30f., 78, 97f.
Friedrich II. 149, 206
Frömmigkeitspraxis 223
Fruchtbarkeit 44
Fulko von Toulouse 116
Galenus 68
Gambacorti 257f.
Gautier von Coincy 171
Geburtsgeschehen, mystisches 286
Gegenpapst Paschalis III. 31
Gegenpapst Viktor IV. 97
Gegenreformation 322
Gegenwart, visionäre 248
Geißler 277
Geist, hl. 66, 91
Geisttaufe 102
Gent 117, 122, 124, 139
Genua 264, 267, 271
Georg XI. 259
Gericht, jüngstes 95
Gerichtsbarkeit 29
Gertrud die Große 186, 188
Geschlechtslehre 65
Geschlechtsorgane 63
Gesteinslehre 70
Getto 242
Geworfenheit 50

Ghibellinen 257
Gilbert von Tournai 103
Gilden 105
Giotto 268
Glaubensgewißheit 9, 12
Glaubensinhalte 9
Glaubensmysterien 50
Gleichnis 316
Glückserfahrung 141, 227
Gnadeninstitutionen 174
Gnadenstufen 177
Gnadenvermittlung 21
Gotland 165, 168
Gottesbegriff 229
Gotteserfahrung 21
Gottesfrau 49
Gottesgeheimnis 50
Gottesglorie 85
Gottesliebe 54, 256
Gottesminne 185
Gottesrede 256
Gottesversenkung 113
Gottesvision 54
Gottfried 20, 24, 30
Gottfried von Disibodenberg 77
gratuitas 143
Gregor XI. 258, 262ff., 293
Gregor XV. 293
Gregor der Große 137, 304
Gregorianik 74
Großinquisitor 152
Gudmarsson, Ulf 294
Guelfen 257, 265
Hadewijch 152ff., 155f., 180
Häresie 277
Häretiker 189
Hainaut 175
Halluzinationen, hysterische 21
Hausfrauenmystik 144
Hawkwood, Sir John 258
Heiligenbiographie 112
Heiligenkult 275
Heiligenlegende 266
Heiligentage 92
Heiligsprechung 275, 287
Heilsgeschichte 33
Heilsmysterium 251
Heinrich von Halle 180
Heinrich von Nördlingen 215
Heinrich von Seuse 11, 13, 196, 205, 210

Heinrich von Virneberg 174
Helena Enselmini 219
Helena von Udine 218
Helfta 185
Herkenrode 148
Herluka 19
Heroisierung der Frau 65
Herrschaft 305
Herrschaftsbegriff 260
Herrschaftspraktiken 263
Herzensminne 198
Herz-Jesu-Minne 150
Herz-Jesu-Verehrung 147
Heylewige Bloemardinne 152
Hildegard von Bingen 12, 15–77, 79f., 90, 94ff., 99ff., 102, 107, 113, 126, 153, 265
Hildelin 86
Hilton, Walter 302
Hochreligionen 41
Hochzeitsbett 231
Höllenvision 320f.
Hohelied 10, 38, 112f., 137, 141f., 226, 329
Homöopathie 68
Honorius von Augsburg 141
Honra 310, 324
Hospitäler der Beginen 124
Hroswitha von Gandersheim 18
Humanität 170
Humiliaten 102
Hunnen 87
Hymnen 74, 243
Hysterie 19
Ida von Nivelles 127, 137f.
Ida von Löwen 150f., 172
Ideal des Menschlichen 45
Ideen 9
Identität 182
Ikonisierung 8
Individualismus, religiöser 9
Inkluse 278, 289
Innozenz VI. 296
Inquisition 175f., 178, 189, 206, 310f., 313, 322, 324, 326f.
Integration der Frauen 109
Interdikt 72, 76f., 214, 259, 263
Investiturstreit 107

Register

Irrlehre, katharische 61
Isaak 222
Islam 309
Ivetta von Hoei 109, 120
Jakob, hl. 294
Jakob von Vitry 8, 106f., 110ff., 113f., 116ff., 119f., 125
Jenseitsvision 137f.
Jerusalem 8, 291, 303
Jesaja 303
Jesuiten, Wiener 168
Jesuskind 199f., 209
Jesuskonzeption 225
Jesusminne 209f.
Jesusnachfolge 210, 242f.
Johann von Orvieto 219
Johanna von Neapel 258
Johannes, Jünger 213
Johannes, Priester 161
Johannes Gerson 264
Johannes Ruysbroec 152
Johannes Tauler 11, 13
Johannes Trithemius 77
Johannes der Täufer 203
Johannes von Dürbheim 106
Johannes von Marienwerder 275, 277ff., 281, 285f., 289
Johannesevangelium 34
Josephkloster 322
Judentum 309
Judenvertreibung 310
Jünger 300
Juliana von Norwich 301-307
Jungfräulichkeit 41ff., 74, 87, 104, 263
Jungfrauen 35, 85, 91, 300
Jungfrauengeburt 34, 75, 286
Justinian 9
Jutta von Sponheim 16
Kalligraphie 139
Karl IV. 197
Karl VI. 168
Karmeliter 323
Karmelitinnen 321, 324
Kasteiungen 140
Kastration, symbolische 169
Katharer 68ff., 71
Katharina von Gebweiler 196

Katharina, hl. 255
Katharinental 203f., 209
Katharinental, Chronik von 199ff.
Kempe, John 290
Ketzer 189
Ketzerbewegungen 12, 102, 190
Ketzerei 103, 121, 125, 173, 198
Ketzerinnen 120, 152
Ketzerkirche 190
Ketzerprotokoll 175
Ketzerbekämpfung 190
Ketzertum 176
Ketzerverdacht 171
Ketzerverfolgung 175, 177
Keuschheit 41, 230, 243
Keuschheitsgelübde 158, 172
Kinderfrömmigkeit 201
Kinderseligkeit 200
Kindervision 200
King's Lynn 290ff.
Kinzigtal 201
Kirchberg, Chronik von 203, 205
Kirchenkritik 57
Kirchenreform 110
Kirchenspaltung 322
Klarissenorden 203, 217
Klause 278
Kloster Cluny 18
Kloster Hirsau 18
Kloster Melk 19
Klosteraufstand 198
Klostergründung 26f., 203
Klostermedizin 68
Klosterordnung 298
Klosterordnung, liberale 173
Knowles, David 290
Köln 11, 26, 58f., 72, 86f., 157ff., 160, 174
Körpersäfte 67
Kommunion 170, 278f.
Konrad von Wallenrod 277
Konstantinopel 272
Konstanz 11, 204
Kontemplation 45, 92, 140
Kontravision 200
Konversen 108, 115, 139
Konversion 217
Konzil von Vienne 178
Konzil von Konstanz 271

Konzil von Lyon 172
Konzilbeschlüsse 179
Kosmosfreudigkeit 71
Kosmosmensch 50ff., 53f., 60
Kräuterlehre 70
Krankheit 66
Kreuzesleid 221
Kreuzesmystik 12
Kreuzesnachfolge 222
Kreuzestod 250
Kreuzigungsgeschichte 225
Kreuzigungskomplex 162
Kreuzzüge 10, 105, 150, 258f., 296
Kreuzzug von Damiette 112
Kriegserklärung 263
Kurfürsten 97
La Vinea 123
Läuterungsprozeß 221
Lambert di Beges 110
Laster 43
Lebensekel 81
Lebensordnung 107, 214
Lebenspraxis 70, 145
Lebensprinzip 59
Lebensschau 77
Lebenssymbole 44
Leibesmystik 173
Leiblichkeit 11, 60, 79
Leidensbegehren 119
Leidensbereitschaft 232
Leidensberichte 225
Leidensbewußtsein 303
Leidensenthusiasmus 13, 164, 224
Leidenserfahrung 225
Leidensfähigkeit 306
Leidensmystik 10, 119, 200, 302f.
Leidensnachfolge 204, 277
Leidensschrei 225
Leidensvision 304
Leidenswünsche 302f.
Leidenswunden 225
Leidenswunden Jesu 188
Lethargie 81
Lichterscheinungen 25
Lichtgeburt 75
Lichtvision 17, 33, 199, 212
Liebe 43, 48f., 55, 62f., 142, 171, 330
Liebesbegegnung 228
Liebesbeziehung, mystische 213

Liebesdienst 329
Liebeserfahrung 229, 232, 241, 243
Liebeserleben 228, 231
Liebesgrade 289
Liebesleidenschaft 274
Liebesminne 203, 224
Liebesmystik 10, 176, 224, 231 f.
Liebesqualen 274
Liebesvollkommenheit 274
Lier 140
Lillois 148
Lobpreisung Marias 299
Löwen 122, 127, 139
Logik, aristotelische 11
Logos 75
Lotossitz 319
Lucca 48, 53
lucida materia 76
Ludovica Albertonia 218
Ludwig von Bayern 215
Ludwig von Maele 124
Lüttich 101, 109 f., 124 f.
Luisa de la Cerda 324
Luitgard 150, 202 f.
Luitgard von Aywière 145, 147 ff., 150
Luitgard von Wittichen 201
Lukardis von Oberweimar 163
Lull, Caspar Peter 162
Luther, Martin 322
Luzifer 33
Lyon 191
Machiavellismus 260
Macht 305
Machtanspruch 260
Machtkirche 125, 189
Madrid 190
Männermystik 320
Männlichkeitsvision 54
Märtyrer 35, 92, 224
Märtyrerinnen 85
Märtyrertod 254 f., 267
Magdeburg 180
Mahnungen 94
Mailand 258 f.
Mainz 22, 26, 31, 58, 71 ff., 76 f., 97, 158
Malagon 323
Malariaepedemie 98
Mantellate 248 f.
Manuel I. 59
Marienwerder 278

Margareta Ebner von Mendingen 214 ff.
Margarete von Cortona 217
Margarete von Navarra 176
Margery Kempe 273 ff., 290
Marguerite Porète 175 f., 178, 180
Maria 213
Maria Enriquez de Toledo 323
Maria Manchini 218
Maria von Oignies 111 ff., 114 f., 118 ff., 148, 150, 163
Mariae Himmelfahrt 85 f.
Mariengesang 299
Marienmystik 301
Marienverehrung 125
Marienvision 301
Martervision 200
Martin Crusius 173
Martyrium 255
Mathias Flacius 77
Matthäus von Paris 157
Mechthild von Hackenborn 186
Mechthild von Magdeburg 153, 179 ff., 182 ff., 185 f., 215, 289
Meditation 313 f., 319 f., 328
Meister Eckart 11, 13, 180, 205, 209 ff.
Melancholie 67
Melchior Cano 314
Menschenbild 45, 48
Menschenwürde 51
Menschwerdung Gottes 33
Michelina von Pesaro 218
Minne 141 ff., 153 ff., 182 f.
Minnedienst 143, 154
Minnefreude 249
Minnegefühl 142
Minnelyrik 143
Minnemystik 12 f., 141
Monreale 37
Montargis 191
Montepulciano 257
Montow 276
Münster 79
Mütterlichkeit 307
Mütterlichkeit Gottes 303 ff., 306
mulieres religiosae 103

Musik 73, 140 f.
Mutterfreuden, mystische 213
Mystik und Politik 256
Nachfolge Christi 119, 219
Nacktheitsvision 232
Nächstenliebe 175, 256
Nahrungsaufnahme 69
Narrengewand 291
Natürlichkeit 79
Naturheilmittel 69
Naturmedizin 69
Neapel 258 f.
Niccolo Tuldo 252, 254 f.
Nikolaus von Bibra 172
Nivelles 110 f., 113
no pensar nada 313
Nördlingen 216
Nonnenbuch 210
Norbert von Xanten 108, 247
Nowgorod 37
Nürnberg 214
Oblatengemeinschaft 218
Obrigkeit 120
obsessio 99
Offenbarung 305
ora et labora 16, 69
Orvieto 257
Osauna von Mantua 218
Otto von Bamberg 16
Pamiers 190
Papelarden 102
Papst Alexander III. 97
Papst Calixt III. 32
Papst Cyriacus 87
Papst Eugen 22, 25
Papst Gregor IV. 77
Papst Hadrian IV. 97
Papst Honorius III. 120
Papst Innozenz III. 149
Papst Paul VI. 247
Papst Pius XII. 86
Papst Victor IV. 98 f.
Papstbulle 121
Papstkirche 12
Papstkritik 242
Papstwahl 97
Paris 11, 175, 190
Parma 218
Paroxysmus 312
Partnerwahl 43
Passion 147, 163, 291 f., 302, 304
Passionschristus 304

Register

Passionsgeschehen 200
Passionsleidenschaft 119
Passionsmystik 125
Paulus, Apostel 17, 184
perfectio 306
Perugia 218, 252
Pest 12, 257, 263, 271, 277, 280
Petrarca 261
Petrus Damiani 62
Petrus von Dacien 160f., 163ff.
Petrus von Stommeln 166f.
Petrus, hl. 23
Philipp II. 310
Pilgerfahrt 87
Pilgern 284
Pilgerreise 283, 291f.
Pisa 251, 257f.
Place de Grève 176
Prämonstratenser 108, 125, 189
Prämonstratenserklöster 109
Predigermönche 11
Predigt 93, 97
Predigtreisen der Hildegard 57
Predigttätigkeit 57, 96
Preisung 181
Priesterwahl 28
Promiskuität 296
Propheten des AT 24f., 44, 53
Prophetie 23
Protest der Frauen 107
Prouille 190
Prunksucht der Kirche 107
Psychologie 232, 317
Quietismus 178
Raimund von Capua 249, 251, 259, 262, 266
Rainald von Dassel 99
Randgruppen, Beginen als 117
Rebellion 219
Reclusae 104
Recogimento 310
Reconquista 310
Reflexion 209
Reformation 275
Reformation, Bekämpfung der 321
Reformbewegungen 107
Reinigungsriten 69

Reliquien 86f.
Renaissance 261
Rezeptlehre 69
Richardis von Stade 28
Richter, göttlicher 55
Ries 173
Rita von Cascia 223
Robert Grosseteste 115
Robert von Béthune 103
Robert von Genf 265
Römerstraße 173
Rolle, Richard 302
Rom 76f., 87, 190, 261ff., 264, 267, 275, 284, 294ff.
Rupert von Deutz 141
Rupertsberg 26ff., 30, 58, 77, 79, 83, 95, 101f.
Rupertus, hl. 25
Säfte 68
Sakrament 278f.
Sakramente 23, 60, 72, 148
Sakramentsmystik 279
Salamanca 311
San Lorenzo 294
San Zeno 37
Sanftheit 187
Santiago de Compostela 294
Saxonia 193
Scheiterhaufen 291, 313
Schisma 31f., 97, 218, 266f., 270
Schönau 79, 86
Schöpfung 51, 60
Schöpfungsfähigkeit 306
Schöpfungsgeschichte 36
Schöpfungsmacht 305
Scholastik 77
Schreibnot 221
Schuldbekenntnis 323
Schultheologie 10
Schwärmer 95
Schwertervision 170
Sega, Felipe 323
Segovia 324
Seherin 29
Selbstaggression 119
Selbstbehauptung 208
Selbstbewußtsein 9, 142
Selbstbewußtsein der Frau 100
Selbstbewußtsein, marianisches 301
Selbstentfremdung 50

Selbsterfahrung 221
Selbstmörder 214
Selbstoffenbarung 96
Selbstpreisgabe 319
Selbstreflexion 328
Selbstsuggestion 162
Selbstverstümmelung 163
Selbstzerstörung 68, 277
Seligsprechungsprozeß 168
Sexualbiologie 63, 65, 70, 74
Sexualethik 72
Sexualität 42, 61ff., 82
Sexualität und Ketzertum 174
Sexuallehre 61
Sexualmoral 208
Sexuelle Lust 61f.
Sexus 147
Siegburg 18
Siena 247, 249, 257, 259, 262f.
Sonnenglorie, göttliche 91
Sophia von Klingnau 211f.
Sozialdienste der Beginen 158
Spekulation 184
Spiritualität 12
Spitäler 110, 117
Spitalgemeinschaft 109
Spoleto 220
Standesunterschiede 324
Standesverfehlungen 295
St. Damian 217
Stefana Quinzana 218
Stefano di Maconi 270
Stellung der Frau 93
Sterbensschrei Jesu 225
Sterbesakramente 191, 302, 312
Stigmata 161f., 164, 176
Stigmatisierung 277
Stigmatisierungsvision 251
Stockholm 293, 295
Stommeln 160f., 165
Strafgerechtigkeit 171
Strafvision 274
Strahlengeburt 300
Stralsund 292
Straßburg 11, 106, 157, 216
St. Damian 217
Subjektivismus 138
Sublimierung 42

Sündenerkenntnis 221
Sündenfall 66
Suggestion 93
Summa theologiae 11
Sverker I. 293
Tabernakel 215
Tannenberg, Schlacht bei 275
Tartaren 150
Tatmystik 256
Tengswich 30
Ten Hooie 122
Ter Kisten, Armenhaus 123
Tertiarierinnen 217
Tertiarierorden 248
Teufelsanfechtung 164
Teufelswerk 76
Teutonia 193
Theoderich 24
Theoderich von Echternach 77
Theodosia Drane 258
Theologie 34, 100, 111
Theologie, scholastische 21
Therapie 68
Teresa von Avila 307–330
Thomas von Aquin 11, 23, 60, 165
Thomas von Cantimpré 105, 110, 145, 147 f., 150, 196
Thomas von Kempen 10
Todesgemeinschaft 255
Todeslos 254
Todessehnsucht 272
Töss 202, 209
Töss, Chronik von 196, 210
Tötungswünsche 223
Toledo 310, 323, 325
Toledo, Edikt von 313
Tongern 145
Trennung 330
Trier 22, 26, 97
Trinität 85, 91, 123, 303, 306 f.
Tristan und Isolde 43
Tugend 39, 41, 43, 70, 120
Tusculum 112
Ulm 157
Ulrich von Königstein 206 f.
Ulvasa 295
unio mystica 137, 166, 194, 209
Universitätstheologie 11

Unsterblichkeit 59
Urban V. 261, 293, 296 f.
Urban VI. 266 f.
Urbino 218
Urgemeinde 103
Urmaterie 76
Urpatient 67 f.
Ursprungsvision 91
Ursula, hl. 74, 87 f., 100
Ursulina Vereni 218
Uterus 286
Uterus Mariae 170
Vadstena 294, 297 f.
Valdes, Fernando 314
Venien 276
Venusminne 152
Verbotspraxis 191
Verbrechertod 255
Verchristlichung des Alltags 243
Verdun 23
Vereinigung, mystische 226, 330
Verena, hl. 87
Verführungsgeschichte 64
Vergänglichkeit 59
Vergangenheit 318
Vergebung 225
Vergessen 317
Vergleichsreihen 52
Vergottungsprozeß 174
Verkündigungsliteratur 10
Verona 218
Veronica con Binasco 218
Verschmelzung 141, 330
Verwaltungshierarchie 23
Verweltlichung der Kirche 58
Verzückung 13, 160, 211, 282
Victoriner 11
Villiers 101, 122 f., 126
virgines continentes 103
Virginität 41 f.
Viriditas 44, 66
Visby 165
Visionsbericht 242
Visionsphantasie 35
Visionsumgang 100
Vision, seraphische 141
Vita activa 255
Vita contemplativa 255
Volkssprache 10, 141
Vollkommenheit 141

Volmar 22, 29, 99
Vorhaut Christi 169 f.
Vorhautvision 170
Wahnsinn 144
Wallfahrt 25, 257, 283, 294
Walter von Villiers 151
Wandermönch 15
Wanderpredigt 190
Wechseljahre 215
Wege zu Gott 92 f.
Wegemystik 9, 12
Weiler 195
Weinkrämpfe, mystische 199
Weisheit 46, 55
Weisung 96
Weisung, visionäre 27
Weltbild 51
Weltenrichter 229
Weltentsagung 248, 255
Weltkraft, kosmische 44
Weltordnung 51
Werdenraut von Düren 205
Wesensmystik 12, 209, 232, 241
Wesensverwandlung 183
Wiesbaden 79
Wigbert 25
Wibert von Gembloux 77, 101
Wilhelm von Paris 175
Wilhelm von St. Amour 171
Wilhelm von Thierry 304
Williambroux 113 ff.
Wladislaus Jagiello 275
Wodan 15
Wonneerfahrung 241
Worms 7
Würzburg 157, 173
Wunderheilung 19
Wundmale 162, 172
Zeiterfahrung 318
Zeitlichkeit 11, 318
Zenmystik 319
Zeugenschaft 220
Zeugungsfähigkeit 53
Zisterzienser 115, 122 f., 125 f., 139 f., 144, 147 f., 150 ff., 163, 189, 202, 207, 294 f.
Zisterzienserkloster 127
Zoutleeuw 118
Zypern 257